Wissenschaftliche Beiträge
aus dem Tectum Verlag

Reihe Geschichtswissenschaft

Wissenschaftliche Beiträge
aus dem Tectum Verlag

Reihe Geschichtswissenschaft
Band 47

Mamina Arinobu

Ordnung des Tisches bei Hofe

Die Rolle und Funktion der Tischzuchtliteratur und die Gast- und Festmähler in der Hofgesellschaft im Hoch- und Spätmittelalter

Tectum Verlag

Mamina Arinobu
Ordnung des Tisches bei Hofe
Die Rolle und Funktion der Tischzuchtliteratur und die Gast- und Festmähler
in der Hofgesellschaft im Hoch- und Spätmittelalter

Wissenschaftliche Beiträge aus dem Tectum Verlag,
Reihe: Geschichtswissenschaft; Bd. 47

Zugl. Diss. Westfälische Wilhelms-Universität Münster 2015

D6

© Tectum Verlag – ein Verlag in der Nomos Verlagsgesellschaft, Baden-Baden 2021
ISBN 978-3-8288-3972-4
ePDF 978-3-8288-6819-9
ePub 978-3-8288-6820-5
ISSN 1861-7468

Gesamtverantwortung für Druck und Herstellung:
Nomos Verlagsgesellschaft mbH & Co. KG
Printed in Germany

Besuchen Sie uns im Internet
www.tectum-verlag.de

Bibliografische Informationen der Deutschen Nationalbibliothek
Die Deutsche Nationalbibliothek verzeichnet diese Publikation in der
Deutschen Nationalbibliografie; detaillierte bibliografische Angaben
sind im Internet über http://dnb.d-nb.de abrufbar.

Vorwort

Die vorliegende Publikation ist die zur Drucklegung überarbeitete Fassung meiner Dissertation „Ordnung des Tisches bei Hofe. Die Rolle und die Funktion der Tischzuchtliteratur und die Gast- und Festmähler in der Hofgesellschaft in Hoch- und Spätmittelalter", die im Sommersemester 2015 an der Philosophischen Fakultät der Westfälischen Wilhelms-Universität Münster vorgelegt und angenommen worden ist.

Ohne die Hilfe, Unterstützung und Geduld zahlreicher Personen wäre die Anfertigung dieser Arbeit nicht möglich gewesen. Größten Dank schulde ich Prof. em. Dr. h. c. Peter Johanek, meinem Betreuer, der mich vielfältig unterstützt hat. Über die wissenschaftliche Begleitung hinaus sorgten er und seine Frau während meiner mehrjährig andauernden Promotion in Münster mit ihrer Gastfreundschaft für mein Wohl. Insbesondere trug das nahe gelegene Arbeitszimmer am Institut für vergleichende Städtegeschichte zur idealen Forschungsumgebung bei. Frau Dr. Ingeborg Johanek brachte mir darüber hinaus die deutsche Kultur und ihre Gewohnheiten nahe, die in meinem Alltagsleben und in meiner Forschung keine unerhebliche Rolle spielen.

Großer Dank gebührt ferner Prof. em. Dr. Tomas Tomasek für die Erstellung des Zweitgutachtens und die Übernahme der Nebenfachprüfung im Rigorosum, bei deren Vorbereitung – das war meine erste mündliche Prüfung an einer deutschen Universität – er mir hilfreiche Hinweise gab. Bis 2008 war Prof. em. Dr. Volker Honemann († 28. 01. 2017) mein Betreuer im Nebenfach: Ohne seine Unterstützung wäre mir das Verständnis für die altdeutschen Quellen nicht so leicht möglich gewesen.

Zu Dank verpflichtet bin ich auch Prof. em. Dr. Gerd Althoff: Die Begegnung mit ihm bei einem internationalen Symposium in meiner Universität in Tokio bildete den allerersten Anstoß für meine Promotion in Münster. Prof. em. Dr. Rüdiger Schnell legte mit seinen Forschungen zudem sowohl für meine Magisterarbeit als auch für meine Dissertation den Grundstein: Das persönliche Gespräch mit ihnen gab mir viele Anregungen.

Ein besonderer Dank gilt dem Institut für vergleichende Städtegeschichte (IStG) und den dortigen sehr hilfsbereiten Kolleginnen und Kollegen, die mich all die Jahre unterstützt haben. Zu nennen sind insbesondere Dr. Daniel Stracke, der von Anfang an bis heute in verschiedener Weise nicht nur beim Korrekturlesen und bei der Recherche geholfen hat, sondern mir auch ein guter Freund ist, wofür ich sehr dankbar bin. Ria Hänisch, M. A. und Dr. Christof Spannhoff haben viele Texte sehr kompetent korrigiert. Die Mittags- und Kaffeepausen mit lustigen Plaudereien mit den Kolleginnen und Kollegen des IStG und der Abteilung für Westfälischen Landesgeschichte waren für mich eine wichtige Zeit; ganz sicher trug sie auch zur Verbesserung meiner Sprachkompetenz im Deutschen bei.

In meiner Arbeit spielen auch Bildquellen eine bedeutende Rolle, und es ist undenkbar, diese Arbeit ohne historisches Bildmaterial zu veröffentlichen. Ich danke den Museen und Bibliotheken für die Veröffentlichungsgenehmigung der Bilder und für die Ermäßigung oder Aufhebung der Gebühren zur Publikation eines wissenschaftlichen Werkes.

Und schließlich danke ich meinen Eltern sehr herzlich für ihren unermüdlichen Rückhalt und die großzügige Förderung.

Münster, im März 2019   *Mamina Arinobu*

Inhaltsverzeichnis

1. Einleitung

1.1 Gemeinschaftliches Essen und Trinken als sozialer Akt und die Forderung angemessenen Verhaltens

„Das Essen in der Gesellschaft war nie und zu keiner Zeit eine einfache, nur der Stillung des Hungers dienende Handlung, und so ist auch im höfischen Tafelzeremoniell die besonders spezialisierte und hochentwickelte Ausformung eines sehr alten Verhaltensmusters wirksam […].“[1]

„Es ist nicht zu bezweifeln, daß das gemeinsame Mahl das Gefühl einer Zusammengehörigkeit schuf und pflegte, zugleich Ausdruck und Begründung einer Gemeinschaft war.“[2]

„Den gemeinschaftstiftenden und -stärkenden Charakter von Mahl, Gelage und Fest kennen alle Gesellschaften. […] Mit diesem Ritual begründete man Gruppen, stiftete Frieden zwischen ihnen und stärkte nicht zuletzt Gemeinschafts- und Gruppenbewußtsein durch seine periodische Wiederholung.“[3]

Wie diese drei Zitate zeigen, ist der Akt des gemeinsamen Essens und Trinkens, innerhalb einer Gruppe wie auch einer Familie, sowohl im Mittelalter als auch heute ein sozialer Akt und hat bestimmte Bedeutungen. Gemeinsames Essen und Trinken ist „eines der Kernelemente des Zusammenlebens menschlicher Gruppen“[4] und in den sozialen Gruppen hatte dieser Akt wichtige Funktionen. „Die Aufnahme in die Tischgemeinschaft bedeutet Aufnahme in die Gruppe“, und „Verweigerung der Tischgemeinschaft bedeutet Ausstoß“.[5] Mahlgemeinschaften und deren gemeinsame Mähler gab es schon seit dem Frühmittelalter und sie spielten beständig eine wichtige Rolle. Ausschluss aus der Mahlgemeinschaft bedeutete im Frühmittelalter Ausschluss aus der Gesellschaft insgesamt und hatte strafende Bedeutung.[6] Beispielsweise sollten laut den Bestimmungen der Synoden die Exkommunizierten, die Kleriker, die Konkubinen hatten, die Juden und die Häretiker aus der Mahlgemeinschaft ausgeschlossen werden.[7] Gewicht, Bedeutung, Funktion und auch die Formen des gemeinsamen Essens und Trinkens wandelten und wandeln sich noch immer ständig und waren je nach Zeit und Gesellschaft unterschiedlich, verloren aber nie die gesellschaftliche Bedeutung.

---

1 LÖWENSTEIN (1995), S. 266.
2 BECK, Heinrich, Art, „Tischgemeinschaft“, in: Reallexikon, Bd. 35, S. 169–172, S. 170.
3 ALTHOFF (1990), S. 203.
4 KRAMER, Karl-Sigismund, Art. „Mahl und Trunk“, in: HRG, Bd. 3, Sp. 154–156, Sp. 154.
5 Ibid., Sp. 154–155, vgl. ALTHOFF (1987), S. 13.
6 Caesarius von Arles sagte das deutlich: „Si enim unus aut duo aut quattuor vel quinque mala ista facere praesumerent, et poterant et debebant non solum a communione suspendi, sed etiam a conloquio vel convivio christiani populi separari […]“ (CAESARIUS VON ARLES, Sermo, 43, cap. 5, S. 192).
7 Synode von Epao (517), can. 15, Synode von Auxerre (561–605), can. 38 und 39, in: CONCILIA GALLIAE, S. 27 und S. 269.

Das Thema des „öffentlichen Mahls" ist ein interdisziplinäres Forschungsthema, das mindestens geschichtswissenschaftlich, soziologisch und anthropologisch zu erforschen ist.[8] Im Hinblick auf die Bedeutung und Rolle des öffentlichen oder gemeinsamen Essens sind für die vorliegende Arbeit besonders die Forschungen von Gerd ALTHOFF maßgebend, der die Bedeutung der öffentlichen Akte in der mittelalterlichen Gesellschaft im Sinne einer „symbolischen Kommunikation" immer wieder analysiert hat. Seine Forschungen zeigen die politische Funktion (den friedens-, bündnis- und gemeinschaftsstiftenden Charakter) des Mahls im Frühmittelalter: Politische Verhandlungen wie Friedenschlüsse wurden durch das anschließende gemeinsame Mahl endgültig besiegelt, Bündnisse oder Freundschaften wurden durch öffentliche gemeinsame Mähler geschlossen. Im Frühmittelalter hatten die gemeinsamen Mähler eine deutlich politische Rolle und Funktion, Gerd ALTHOFF nimmt an, dass das Mahl

> „spätestens im 11. Jahrhundert die herausgearbeiteten Konturen [verliert, M.A.] und [...] dafür andere [gewinnt, M.A.]. [...] So tritt etwa das Mahl beim Abschluss von politischen Bündnissen stark zurück – seine Stellung bewahrt es dagegen in den Gewohnheiten und Ritualen genossenschaftlicher Vereinigungen. Inwieweit das Mahl der höfischen Gesellschaft, namentlich dasjenige im Rahmen der Hoffeste, noch Formen und Bedeutungsinhalte des archaischen Mahlverständnisses spiegelt, und inwieweit es Ausdruck neuer gesellschaftlicher Bedingungen ist, wäre ein interessantes, aber zugleich auch ein neues Thema".[9]

Das öffentliche Mahl scheint zwar von der politischen Bühne des friedens-, bündnis- und gemeinschaftsstiftenden Aktes zurückgetreten zu sein,[10] aber seine gesellschaftliche Rolle beschränkte sich nicht nur auf solche in der frühmittelalterlichen Gesellschaft dominanten politischen „Ergänzungsfunktionen". Das gemeinsame Mahl fungierte auf jeden Fall als Freundschaftsakt und immerhin verlor es seine (anderen) sozialen Bedeutungen im Hoch- und Spätmittelalter nie. Öffentliche (Gast-)Mähler in der Hofgesellschaft (wie das Krönungsmahl) dienten beispielsweise als gesellschaftliche „Bühne", auf der die Gastgeber ihre Macht und ihren Reichtum durch kostbare Kleidung, Speisen und Tafelgeschirr zur Schau stellen konnten.

Wie eine Reihe von Forschungen zur „symbolischen Kommunikation" zeigt, hatten öffentliche Akte in der mittelalterlichen Gesellschaft (der Oberschicht) als „nonverbale" Kommunikationsmittel eine sehr große Bedeutung. Beim „richtigen" oder „angemessenen" Verhalten in der mittelalterlichen Öffentlichkeit geht es nicht nur

---

8 „Essen und Trinken im Mittelalter spielt im Rahmen kulturgeschichtlich orientierter Forschung in der Historie, der Mittelalter-Archäologie, der Mediävistik einschließlich der Kunstwissenschaft und benachbarter Fächer eine große Rolle." (DÜWEL [1989], S. 129). Essen und Trinken selbst ist eher ein anthropologisches Thema und die Bedeutung des öffentlichen oder gemeinsamen Mahls ist soziologisch zu behandeln, weil es oft um die „soziale" Rolle und Funktion eines solchen Aktes in der Öffentlichkeit geht. Was das Mittelalter angeht, werden die Beispiele der öffentlichen Gelage oft aus der Literatur entnommen (z. B. die Hochzeit aus Wittenwilers „Ring" und die ausführliche Beschreibung der Mahlzeit in „Helmbrecht". Vgl. EHLERT [1990]. Siehe Kap. 2.2.3).

9 ALTHOFF (1987), S. 25.

10 Es gab noch weitere Formen des Festessens im Hochmittelalter, welche deutlich politische und gemeinschaftsstiftende Funktion hatten, z. B. das Fasanenfest, das anlässlich der Stiftung des Ordens stattfand. Siehe dazu Kap. 2.2.1.

um politische Verhandlungen, wie sie bei den öffentlichen Mählern im Frühmittelalter typisch waren, sondern auch um ein repräsentatives Ehrgefühl. Im Mittelalter verstand man unter Ehre zunächst die „äußere" Ehre, d. h. Anerkennung in der Gesellschaft und nicht nur ein (inneres) Gefühl, wie man es sich heutzutage in erster Linie vorstellt. Verlust der Ehre bedeutete soziale Verletzung.[11] Falsches oder unangemessenes Verhalten in der Öffentlichkeit konnte leicht zu Ehrverlust führen. Für das öffentliche Gastmahl im Mittelalter sollte diese Regel gelten. Angemessenes Verhalten allgemein bedurfte der Erziehung und der Lehrbücher für junge Adlige, für angemessenes Verhalten bei Tisch lernte man Tischmanieren, die im Mittelalter „Tischzuchten" hießen.

Ein sehr gutes Gegenbeispiel angemessenen Benehmens beim Gastmahl ist das gemeinsame Mahl auf der Burg Canossa am Ende des berühmten „Gangs nach Canossa" im Januar 1077: Heinrich IV. und Papst Gregor VII. saßen zusammen bei Tisch, Heinrich IV. aber „redete fast nichts, rührte die Speisen nicht an und bearbeitete statt dessen die Tischplatte mit dem Fingernagel".[12] Diese Szene zeigt nicht etwa unmanierliches Benehmen oder die schlechte Laune Heinrichs – den beiden Teilnehmenden war nämlich durchaus klar, was Ziel und Zweck dieses Mahls waren. Es handelte sich nicht um ein übliches Gastmahl zwischen Kaiser und Papst, sondern es sollte – als symbolischer Akt – dazu dienen, Frieden zwischen den beiden Betroffenen zu stiften. Heinrich wusste, dass ein erfolgreiches Mahl den Abschluss des Konfliktes mit dem Papst und die Stiftung einer friedlichen Beziehung mit ihm bedeutete. Heinrichs Verhalten in den Jahren nach Canossa zeigt indes,[13] dass er genau das nicht wollte. Er störte absichtlich das Mahl durch sein unangemessenes Benehmen am

---

11 Über die Ehre der Adligen und Ritter im Mittelalter vgl. GÖRICH (2001), S. 2ff., BURKHART (2006), S. 31ff., ALTHOFF (1995), MOEGLIN (1995). Der hohe Stellenwert von Ehre und Schande tritt in der mittelalterlichen höfisch-ritterlichen Literatur deutlich in den Vordergrund. Im „Parzival" Wolfram von Eschenbachs beispielsweise, der Erziehung seines Lehrers Gurnemanz übermäßig folgend, benimmt sich Parzival auf der Gralsburg dadurch fehlerhaft. Dafür wird er von Kundrie vor der Tafelrunde getadelt, verliert seine Ehre und verlässt die Gesellschaft des Artushofs und der Tafelrunde („Parzival", 314, 19–333, 30). Walther von der Vogelweide nennt „êre" in seinem berühmten Gedicht als eines der drei wichtigen Dinge, die er erwerben will; „Ich saz ûf eime steine/ und dahte bein mit beine./ dar ûf sazte ich den ellenbogen/ ich hete in mîne hant gesmogen/ mîn kinne un ein mîn wange./ dô dâht ich mir vil ange,/ wes man zer welte solte leben./ dekeinen rât konde ich gegeben,/ wie man driu dinc erwurbe,/ der deheinez niht verdurbe./ diu zwei sind êre und varnde guot,/ daz dicke ein ander schaden tuot./ daz dritte ist gotes hulde,/ der zweier übergulde./ die wolte ich gerne in einen schrîn./ jâ leider des enmac niht sîn,/ daz guot und weltliche êre/ und gotes hulde mêre/ zesame in ein herze komen. [...]" (L. 8,4, Cormeau, Christoph [Hg.], Walther von der Vogelweide. Leich, Lieder, Sangsprüche, Berlin und New York 1996, S. 11). Die Ehre spielte nicht nur in der mittelalterlichen adligen Gesellschaft eine Rolle, sondern sie war auch in der Neuzeit als Klassenbewusstsein zu beobachten, vgl. „das symbolische Kapital der Ehre" von Pierre Bourdieu (GRIESSINGER [1981], BOURDIEU [1974]).

12 ANSELMUS LUCENSIS, Vita metrica, S. 1224, V. 3205ff., „Quem vero lateat, qui spiritus intima vexat,/ Cum neque letetur nec bona verba ferat,/ Stet fixis occulis tacitus meditansque cibumque/ Horreat in mensam pronus et ungue notans? Gregorius cernit et iam se dampnat, at illum/ Admonet, ut sese iam sapienter agat". Vgl. ALTHOFF (1987), S. 13, SCHNELL (2004) III, S. 130f.

13 Nachdem Heinrichs Kirchenbann wegen dieses „Bußaktes" aufgehoben wurde, griff er den Papst an, vertrieb ihn aus Rom und ließ ihn im Exil sterben. Heinrichs unmanierliches Benehmen beim gemeinsamen Essen in Canossa deutet seine Absicht an.

Tisch und nahm dadurch auch die Gefährdung der Friedensstiftung zwischen ihm und dem Papst in Kauf.

Wie dieser Fall in Canossa zeigt, störte das unangemessene Verhalten am Tisch beim öffentlichen Mahl nicht nur die gute Stimmung beim Essen, sondern auch die friedliche Beziehung zwischen den Tischgenossen, die durch einen (erfolgreichen) Vollzug des Mahls gestiftet werden sollte und die oft politische Bedeutung hatte. Im Gegenteil: Der erfolgreiche Verlauf des Mahls und das angemessene Benehmen aller Tischgenossen waren sogar die Voraussetzung für die Erfüllung seines Zweckes, wie zum Beispiel der Friedensstiftung. Der Zweck des gemeinsamen Mahls war im Frühmittelalter die Vollendung und Bestätigung politischer Beschlüsse (Frieden, Abschluss eines Vertrags, Ende eines Konflikts u. a.). Wie oben erwähnt, nahm die politische Funktion des öffentlichen Mahls im Laufe des Mittelalters ab, im Hoch- und Spätmittelalter aber blieb das öffentliche Mahl ein sozialer Akt, dabei waren nicht alle öffentlichen Mähler ohne politische Bedeutung; das Fasanenfest des Burgunderhofs 1454 etwa, bekannt durch das Spektakel der Unterhaltung während des Mahls, wurde eindeutig mit politischen Intentionen veranstaltet.[14] Auch ohne politische Funktion war die offizielle Zusammenkunft wichtiger Personen am Tisch nicht ohne Bedeutung. Benahmen sich die Mahlteilnehmer beim öffentlichen Mahl dann unangemessen, konnte die friedliche Beziehung zwischen ihnen zerstört werden. Auch Gesichts- oder Ehrverlust des Gastgebers, des „Hauptdarstellers" des Festes oder der Beteiligten konnten die Folge davon sein. Es ist sicher unnötig, zu erklären, dass auch heutzutage das unmanierliche Benehmen beim Essen andere Tischgenossen stört und dadurch die gute Beziehung zwischen den Tischgenossen verletzt werden kann. Das Essen mit anderen, ganz gleich ob mit Freunden oder mit Fremden, ist nicht nur eine Gelegenheit, Nahrung aufzunehmen, sondern auch eine gesellschaftliche Angelegenheit.

1.2 Quellen- und Forschungsgrundlage

Als erstes Fazit darf festgehalten werden, dass die Regeln des Verhaltens in der Mahlgemeinschaft, ihre Einhaltung durch die Teilnehmer am Mahle und ihre Konkretisierung im Ablauf des Mahles wichtige Faktoren der politischen wie der Sozialgeschichte darstellen. Die Erforschung dieses Themenfeldes erfordert einen interdisziplinären Ansatz und Zugriff, um die Realität des Geschehens wie auch die Vorstellungen über seine konkrete Gestaltung zu erfassen. Ganz allgemein gesprochen, stehen dafür mehrere Quellenkomplexe zur Verfügung, die jeweils auch eine besondere methodische Annäherung erfordern.

Zunächst sind die klassischen Zugänge über die dokumentarischen (Rechnungen) und erzählenden Quellen (Chroniken, Relationen und Berichte, Erinnerungsschriften und Biographien) zu nennen. Vor allem spielen die Festberichte (Hoftag, Hochzeit, Herrschertreffen usw.) eine Rolle. Nicht zuletzt ist der Bericht des Mainzer Hoftags

---

14 Vgl. ausführlich Kap. 2.2.1.

von 1184 ein repräsentatives Beispiel einer mittelalterlichen öffentlichen und festlichen Versammlung, weshalb viele bisherige Forschungen über höfische Kultur oder Hoffeste ihn beinahe ausnahmslos erwähnen.

Hinzu tritt der weite Bereich der bildlichen Darstellung, insbesondere die Illustrationen chronikalischer und fiktionaler Texte. Sie bietet indes nicht immer präzise Wiedergaben von tatsächlichen Szenen und bedarf stets einer quellenkritischen Analyse, aber sie enthält sehr umfangreiche visuelle Informationen über die Ess-, Fest- und Sachkultur. In dieser Untersuchung werden daher 40 ausgewählte Bilder und Abbildungen der Gast- und Festmähler von hauptsächlich königlicher und adliger Gesellschaft im damaligen deutschsprachigen Raum im Hoch- und Spätmittelalter behandelt, aber zum Vergleich werden auch Abbildungen in die Analyse mit einbezogen, die den zeitlichen und räumlichen Rahmen dieser Arbeit überschreiten.[15] Was allgemein „gemalte Mahlzeiten" betrifft, ohne zeitliche und räumliche Beschränkung sowie ohne Eingrenzung auf eine soziale Schicht, so gibt es außerordentlich viele Bilder, da die „Mahlzeit" eindeutig eines der beliebtesten Bildmotive war und ist.[16] Dies liegt daran, dass erstens das gemeinsame, öffentliche oder offizielle Mahl stets einen bedeutungsvollen sozialen Akt und zweitens die Mahlzeit generell einen unerlässlichen Bestandteil des menschlichen Lebens darstellt. Gerade die Häufigkeit des Bildmotivs unterstreicht die Bedeutung des Mahls im sozialen Gefüge.

Weiterhin ist das Feld der literarischen, fiktionalen Texte, insbesondere der höfischen Epik, zu berücksichtigen, in denen die Beschreibung von Festen und Festmählern eine nicht unwichtige Rolle spielt. Es handelt sich dabei zwar um fiktionales Erzählen, aber die oft ausführlichen Beschreibungen demonstrieren nicht nur das Ideal der Zeitgenossen, sondern spiegeln auch in konkreten Beispielen der Ess-, Sach- und Festkultur des Mittelalters die zeitgenössische Kultur wider.[17] Hinzu tritt die didaktische Literatur, insbesondere die so genannten „Tischzuchten", die einen Schwerpunkt dieser Arbeit bilden sollen. Die „Tischzuchten" sind eine Quellengattung, die seit langem ein eigenes Forschungsthema darstellt.[18] Sie können als Sonderthema der Erforschung der allgemeinen Erziehung und Verhaltensnormen in der adligen Gesell-

---

15 Beispielsweise wurde Abb. 1 aus dem „Teppich von Bayeux", der im 11. Jahrhundert entstand, als ein frühes Beispiel der Visualisierung eines Bankettes ausgewählt, Abb. 2 und 3 entstammen auch dem Frühmittelalter und wurden wegen des in den beiden Abbildungen dargestellten Essbestecks (Messer und Gabel[?]) ausgesucht. Abb. 26 (entstanden 1518 in Brüssel) wurde als sehr seltenes Beispiel der deutlich abgebildeten Gabel als Essbesteck und Abb. 28 und 29 zum Vergleich der Sitzordnung beim Krönungsmahl hinzugenommen. Dazu noch Abb. 18 (Mahl der personifizierten Tugenden aus „Der wälsche Gast", 15. Jh.) ist auch nicht ein Gast- oder Festmahl, aber als Beispiel der (sicherlich) manierlichen Mahlszene und der Darstellung des Handessens gewählt.

16 Zum Beispiel SCHULZ (2011), Kap. 3 „Die Tafel im Bild", OTTOMEYER (2002).

17 In der Tat wird das höfische Leben im Mittelalter in den höfischen Epen sehr ausführlich und lebendig geschildert. In der älteren Forschung wurden literarische Beschreibungen manchmal (wie historische Quellen) als direkte Quellen für das Verständnis des höfischen Lebens, ohne Unterscheidung zwischen Literatur und Wirklichkeit, behandelt. Beispielsweise rekonstruierte Alwin SCHULZ „das höfische Leben zur Zeit der Minnesinger" anhand zahlreicher mittelalterlicher Literaturwerke aus verschiedenen Sprachgebieten und anderen Quellen sehr detailreich (SCHULZ, 1. Bd. [1879], 2. Bd. [1880]).

18 Über den Terminus „Tischzucht(en)" siehe Kap. 3.1.

schaft betrachtet werden; in der Tat entstanden manche nichtselbständige Tischzuchten als ein Teil der großen Erziehungs- und lehrhaften Schriften, die umfangreiche Verhaltensnormen, selbstverständlich nicht nur beim Essen, behandeln. Aber weil es daneben eine große Menge an selbständigen Tischzuchttexten gibt, wurden die Tischzuchten zu einer eigenen Textgattung und einem eigenen Forschungsobjekt. Bemerkenswert ist, dass im Hoch- und Spätmittelalter viele moraldidaktische Schriften und Werke mit pragmatischen Lehren für die Laienadligen auf Deutsch, oft in Form von Lehrgedichten, verfasst wurden, beispielsweise „Der Renner" Hugo von Trimbergs, Freidanks „Bescheidenheit", „Der wälsche Gast" Thomasin von Zerklaeres, „Der Jüngling" Konrad von Haslaus, „Der Winsbeke" und „Die Winsbekin".[19] Davon werden „Der wälsche Gast" und „Der Jüngling" als nichtselbständige Tischzuchten in dieser Arbeit behandelt.[20] Vergleichend und kontrastierend zu den „höfischen Tischzuchten" (den richtigen Verhaltensregeln beim Essen) werden in sogenannten „grobianischen Tischzuchten" falsche Verhaltensnormen beim Essen als Parodie der höfischen Tischzuchten gezeigt.[21]

Wegen der interdisziplinären Anlage dieser Arbeit (Kap. 2 über die Gast- und Festmähler als soziale Akte, Kap. 3 über die höfischen und grobianischen Tischzuchten, Kap. 4 über die bildliche Darstellung der Mähler) wird die ausführliche Vorstellung des Forschungsstandes und der Quellenlage am Anfang der entsprechenden Kapitel gegeben.

1.3 Ziel, zeitliche und räumliche Einordnung der Untersuchung

Die hier vorgelegte Untersuchung befasst sich eingehend mit der Korrelation zwischen öffentlichen (Fest-)Mählern als sozialen Akten, allgemeinen Verhaltensnormen in der mittelalterlichen Oberschicht – vor allem in der Hofgesellschaft – und schriftlichen Tischzuchten. Es gibt zwar bereits zahlreiche Forschungen zu den einzelnen Themenbereichen – zu öffentlichen Mählern,[22] symbolischer Kommunikation,[23] zum

---

19 Daneben darf nicht übersehen werden, dass im Mittelalter auch viele lateinische didaktische Texte wie „Disticha Catonis" ins Deutsche übersetzt und gelesen wurden. Ausführlich siehe Kap. 3.

20 Siehe Kap. 3.

21 Von den zahlreichen „grobianischen Tischzuchten" werden in dieser Arbeit das Kapitel „von disches vnzücht" aus „Das Narrenschiff" von Sebastian Brant, das Hochzeitsmahl aus „Helmbrecht" von Wernher dem Gärtner, das Hochzeitsmahl aus „Der Ring" von Heinrich Wittenwiler und „Grobianus" (originale lateinische Version von Friedrich Dedekind und deutsche Übersetzung von Kasper Scheidt) behandelt, vgl. Kap. 3.5.

22 ALTHOFF (1987, 1990); OTTOMEYER (2010), S. 118–120; BUMKE (1986); KAISER (2002); OTTOMEYER (2002); SCHULTE (1924); WOLTER (1991). Siehe Kap. 2.1.

23 ALTHOFF (1990, 1997); ALTHOFF I (2001); GARNIER, U. A. (2010).

Essen und Trinken im Mittelalter,[24] zur höfischen Festkultur,[25] Tischzuchtliteratur[26] und zu den Festen in der höfischen Literatur im Mittelalter[27] –, aber mittelalterliche Tischzuchten blieben stets ein selbständiges Thema, das nicht in Korrelation mit anderen Themen wie den öffentlichen Mählern oder der höfischen Festkultur diskutiert wurde. Wie die bisherigen zahlreichen Tischzucht-Forschungen zeigen, war die Existenz von Tischzuchten im Mittelalter bekannt. Die bisherigen Forschungen über das Thema „Essen und Trinken im Mittelalter" haben diese auch berücksichtigt: Sowohl Günther SCHIEDLAUSKY und Joachim BUMKE als auch Ernst SCHUBERT[28] stellen neben der Geschichte und Wandlung der Lebensmittel im Mittelalter die Tischzuchten vor. In der neuesten Forschung zu diesem Thema erwähnt Anne SCHULZ[29] auch die mittelalterlichen Tischzuchten, alle Forschungen ergaben jedoch nur eine Übersicht zu den Tischzuchten und keine weiterführende Diskussion. Im Kontext der mittelalterlichen Hof- und Adelsgesellschaft aber, in der das Verhalten in der Öffentlichkeit im Zusammenhang mit dem Ehrgefühl stets eine wichtige Rolle spielte, sollten Funktion und Stellung von Tischzuchten geklärt werden. Dabei sollten nicht nur die theoretischen Einflüsse der schriftlichen Verhaltensnormen und Tischzuchten auf die Praxis – also das angemessene Verhalten bei öffentlichen Mählern –, sondern auch die Möglichkeit der gegenseitigen Beeinflussung von Praxis (nämlich der Forderung und Ausübung des angemessenen Verhaltens in der Adelsgesellschaft) und Theorie (Tischzuchten) erörtert werden. Das gemeinsame Mahl als sozialen Akt gab es, wie oben erwähnt, seit dem Frühmittelalter mit einer klaren gesellschaftlichen Bedeutung. In allen Gesellschaften kam ihm so auch die Rolle eines Gemeinschafts- oder Freundschaftsaktes zu. Das gemeinsame Mahl war nicht nur in der adligen Oberschicht gesellschaftlicher Faktor, sondern spielte auch im städtischen Bereich eine wichtige Rolle, zum Beispiel beim Zunftmahl und Bruderschaftsmahl der Bürgerschaft. Im Rahmen vorliegender Arbeit wird die Oberschicht (d. h. die königliche und adlige Gesellschaft) von der „höfischen Zeit"[30] bis zum 15. Jahrhundert im damaligen deutschsprachigen Gebiet untersucht.

---

24 BEHRE (1986), BITSCH (1987), BUMKE (1986), CORMEAU (1987), EHLERT (2000), HENISCH (1976), HIRSCHFELDER (2001), LAURIOUX (2002), MOHRMANN (1996), SCHIEDLAUSKY (1956), SCHUBERT (2006), VERDON (1996), VAN WINTER (1982, 1986, 1996), SCHULZ (2011), siehe auch Kap. 2.1. Im Herbstsemester 2010 veranstaltete das Kompetenzzentrum Züricher Mediävistik der Universität Zürich die interdisziplinäre Ringvorlesung „Essen & Trinken im Mittelalter". Von ihren zahlreichen Vorträgen gaben vor allem die Vorträge von Carmen Cardelle de Hartmann „Gespräch am Tisch. Spätmittelalterliche Anleitungen zum geselligen Umgang", von Daniela Mondini „Mit dem Papst zu Tisch. Speiseräume und Speisezettel am päpstlichen Hof" und von Sebastian Scholz „Essen und Trinken im religiösen und sozialen Kontext im Frühmittelalter" dieser Dissertation viele Anregungen (Programm: www.mediaevistik.uzh.ch/de/aktivitaeten/ringvorl esungen.html#11, abgerufen am 25.2.2019).
25 Siehe Kap. 2.1.
26 Siehe Kap. 3.2.
27 Siehe Kap. 2.1.
28 SCHIEDLAUSKY (1956), S. 9ff.; BUMKE (1986); Kap. 4 „Essen und Trinken"; SCHUBERT (2006), S. 281ff.
29 SCHULZ (2011), hier vor allem Kap. 2.2.4.
30 Genau gesagt 12. und 13. Jahrhundert, vgl. BUMKE (1986), S. 14f.

1.4 Struktur der Untersuchung

Im folgenden Teil dieses Kapitels wird zunächst die mittelalterliche Ess- und Sachkultur am Esstisch als Grundlage für das Verständnis der Tischzuchten vorgestellt. In Kapitel 2 werden die verschiedenen öffentlichen Mähler in der Oberschicht und ihre gesellschaftliche Rolle, ihre Funktion und Bedeutung anhand der historischen und literarischen Quellen analysiert. An historischen Quellen bieten sich selbstverständlich die Beispiele der öffentlichen Fest- und Gastmähler in der Oberschicht, daneben kommen die Schilderungen der Fest- und Gastmähler in der damaligen Literatur, nicht zuletzt in den höfischen Epen als literarische Quellen in Betracht. Sie bieten nicht nur zahlreiche und eindeutige Exempel, sondern bieten auch die Möglichkeit, die Vorstellung bzw. das Ideal der damaligen Gesellschaft von den Fest- und Gastmählern mit realen Beispielen zu vergleichen.[31]

In der Germanistik blicken die mittelalterlichen „Tischzuchten" auf eine lange Forschungsgeschichte zurück, sodass ausreichende Textausgaben von Tischzuchten existieren. In Kapitel 3 werden der Terminus „Tischzucht" definiert und die mittelalterlichen Tischzuchten vorgestellt und kategorisiert.[32]

Für die Forschung der öffentlichen Mähler sind neben den schriftlichen Quellen die bildlichen Quellen unerlässlich. In Kapitel 4 werden Bilddarstellungen der Mähler und der Gelage gezeigt, die teilweise schriftliche Quellen ergänzen oder auch mit den schriftlichen Quellen vergleichbar sind.

Am Schluss (Kapitel 5) werden die Korrelation von gesellschaftlicher Rolle und Funktion der öffentlichen Mähler, der Wichtigkeit und der Anforderung des „angemessenen Verhaltens" in der Öffentlichkeit der adligen Gesellschaft im Mittelalter und der zeitgenössischen „Tischzuchten" erläutert sowie die Stellung und die Bedeutung der „Tischzuchten" in der mittelalterlichen Oberschicht erklärt.

---

31 Über die Notwendigkeit und die Möglichkeit der Nutzung der mittelalterlichen Literatur als Quelle siehe BUMKE (1986), S. 17f.

32 Ein Problem – das gilt nicht nur für die Tischmanieren, sondern auch für die Erziehung allgemein – bleibt hierbei ungelöst: Tischmanieren wurden sicherlich nicht nur durch das Lesen der Tischzuchttexte, sondern mündlich und durch die Praxis erlernt. Hier sollen sie jedoch nur anhand der schriftlich überlieferten Tischzuchttexte untersucht werden.

1.5 Ess- und Sachkultur am Tisch im Mittelalter: Geschirr und Essbesteck – Essen ohne Gabel und Teller

In Meyers Konversations-Lexikon wird der Begriff „Tischzuchten" aus der Hygiene-Perspektive erklärt;

> „**Tischzuchten** nannte man im Mittelalter die Vorschriften über Sauberkeit und anständiges Benehmen bei Tisch, deren Einhaltung damals um so wichtiger war, da man ohne Gabel mit der bloßen Hand aß, gewöhnlich ein Herr mit einer Dame von einem Teller."[33]

Dieser Lexikonartikel geht bei der Erörterung von der Vorherrschaft des Handessens aus, da die Gabel als Essbesteck auf einem Esstisch im mittelalterlichen Europa lange nicht zu finden war. Heute isst man Fisch- oder Fleischgerichte mit Messer und Gabel, im Mittelalter aber führten auch die Könige und Adlige allerlei Speisen mit der Hand zum Mund, die Finger mit Soße und Fett beschmierend. Einige Regeln der mittelalterlichen Tischzuchten sind nur unter Berücksichtigung der Tatsache zu verstehen, dass es eine Gabel als Essbesteck im Mittelalter nicht gab. So hatte die Sauberkeit der Hände einen hohen Stellenwert und es wurde nicht nur empfohlen, die Hände vor dem Essen zu waschen, sondern auch verboten, sich während des Essens am Körper zu berühren bzw. zu kratzen. Freilich gab es im Mittelalter verschiedene „Gabeln": Beispielsweise wurde eine große Gabel als Werkzeug in der Landwirtschaft benutzt und im kirchlichen Bereich war die Gabel ein typisches Symbol für das Werkzeug des Teufels.[34] In der Küche benutzte man die Gabel beim Kochen und bei Tisch fand die Tranchiergabel Verwendung, aber die Einführung der Gabel als Essbesteck in Europa erfolgte erst nach einem langen, schwierigen und komplizierten Prozess.

Zunächst wurde die Nutzung der Gabel als Essbesteck nicht gern gesehen, sondern kritisiert und getadelt. Petrus Damiani, der Eremit und Kirchenlehrer des 11. Jahrhunderts aus Ravenna, berichtet von der kleinen goldenen Gabel einer byzantinischen Prinzessin, die Gemahlin eines venezianischen Dogen war. Die goldenen Gabeln brachte sie wahrscheinlich aus ihrer Heimat mit. Sie war sehr empfindlich und vornehm, weswegen sie auch beim Mahl das Essen nicht mit den eigenen Händen berühren wollte, obwohl das so üblich war:

> „Dux Venetiarum Constantinopolitanæ urbis civem habeat uxorem, quæ nimirum tam tenere, tam delicate vivebat, et non modo superstitiosa, sed artificiosa, ut ita loquor, sese jucunditate mulcebat, ut etiam communibus se aquis dedignaretur abluere; sed ejus servi rorem cœli satagebant undecumque colligere, ex quo sibi laboriosum satis balneum procurarent. Cibos quoque suos manibus non tangebat, sed ab eunuchis ejus alimenta quæque minutius concidebantur in frusta; quæ mox illa quibusdam <u>fuscinulis aureis atque bidentibus</u> ori suo, liguriens, adhibebat. Ejus porro cubiculum tot thymiamatum, aromatumque generibus redolebat, ut et nobis narrare tantum dedecus feteat, et auditor forte non credat. Sed omnipotenti Deo quantum hujus feminæ fuerit exosa superbia, manifesta docuit ulci-

---

33 Art. „Tischzuchten", in: Meyers Konversations-Lexikon, Bd. 16, Sp. 909. In diesem Lexikon (erschienen 1897) heißen „Tischmanieren" noch „Tischzuchten".

34 HUNDSBICHLER, Helmut, Art. „Gabel ", in: Lex. MA., Bd. 4, Sp. 1069–1070.

scendo censura. Vibrato quippe super eam divini mucrone judicii, corpus ejus omne computruit, ita ut membra corporis undique cuncta marcescerent, totumque cubiculum intolerabili prorsus fetore complerent;"[35]

Als diese Prinzessin später schlimm erkrankte und infolgedessen unerträglich stank, interpretierte Petrus Damiani dies als Strafe Gottes für ihre zu vornehme Lebensart, die von ihm als „superbia" bezeichnet wurde: Erstens verschmähte sie gewöhnliches Wasser und ihre Sklaven mussten für sie den Tau des Himmels („rorem cœli") sammeln, zweitens wollte sie nicht mit ihren eigenen Händen das Essen berühren, sondern nutzte eine kleine goldene Gabel, drittens musste ihr Zimmer immer nach Thymian und anderen Gewürzen duften.

Heute ist es kaum vorstellbar, ohne Gabel zu speisen. Die allgemeinere Bekanntheit und Einführung bzw. Nutzung der Gabel als Essbesteck war im Mittelalter jedoch eine ganz eigene Sache: Wie die Erwähnung von Petrus Damiani zeigt, erreichte die Gabel als Essbesteck im 11. Jahrhundert Venedig. In einer Handschrift von Montecassino aus dem 11. Jahrhundert sind zwei Mönche dargestellt, die einander gegenüber am Tisch sitzen und mit zweizinkigen Gabeln essen (Abb. 2).[36] Dieses Bild spiegelt wahrscheinlich Elemente der Sachkultur des 11. Jahrhunderts wider. Im 13. Jahrhundert erwähnt der Franziskaner Wilhelm von Rubruck in seinem Bericht über die Essgewohnheiten der Tataren „Messer oder Gabel". Sie sind „ähnlich wie jene, mit denen wir im Wein gekochte Birnen und Äpfel gewöhnlich essen".[37] So lässt sich diesen Beispielen entnehmen, dass die Gabel als Essbesteck bereits im 11. Jahrhundert in Italien und im 13. Jahrhundert in Frankreich bekannt war,[38] was aber nicht bedeutete, dass sie in Italien und in Frankreich auch weit verbreitet war und üblicherweise verwendet wurde. Vom heutigen Standpunkt aus schwer zu verstehen, sträubten sich dennoch viele Adlige gegen die Verwendung der Gabel und bevorzugten weiterhin das Speisen mit den Fingern: Seit jeher war das Handessens üblich und eine Sitte, weshalb sie natürlich psychischen Widerstand hegten, das zu ändern. Später, erst im 16. Jahrhundert, erreichte die Essgabel das Heilige Römische Reich. Ihre Form war dabei eine ganz andere als heute. Was Petrus Damiani „fuscinula bidens" nannte, waren sowohl die Essgabel als auch die Koch- und Tranchiergabel im Mittelalter und auch in der Frühneuzeit noch zweizinkige Spießchen.

---

35 PETRUS DAMIANI, De Veneti ducis uxore, quæ prius nimium delicata, demum toto corpore computruit.

36 Ob die Gegenstände, die von den Mönchen benutzt werden, wirklich Essgabeln sind, ist unsicher. Ihre Form ist anders als die der anderen zweizinkigen Gabeln, die im Spätmittelalter benutzt wurden. Anne SCHULZ und Bridget Ann HENISCH betrachten sie als Essgabeln (SCHULZ [2011], S. 234f., HENISCH [1976], S. 189ff.).

37 „et tunc cum puncto cultelli vel furcinula, quas proprias faciunt ad hoc, cum qua solemus comedere pira et poma cocta in vino" (WILLIAM OF RUBRUCK, Itinerarium fratris Willielmi de Rubruquis de ordine fratrum Minorum, Galli, Anno gratia 1253. ad partes Orientales, cap. 5, „De cobarijs eorum"), vgl. HENISCH (1976), S. 186.

38 Früher wurde oft behauptet, Katharina von Medici habe die Gabeln von Italien nach Frankreich gebracht, als sie Heinrich II. von Frankreich heiratete (1533), oder ihr Sohn Heinrich III. von Frankreich (1551–1589) habe die Nutzung der Gabel eingeführt, aber schon in den Erbschaftsurkunden König Karls V. von Frankreich (1375) und des Herzogs von Berry (1416) finden Gabeln Erwähnung (YAMAUCHI [2000], S. 191).

Bekommt man heute ein Stück Fleisch auf dem Teller serviert, schneidet man davon selbst ein kleineres Stück mit Messer und Gabel ab und führt es mit der Gabel zum Mund. Vor allem Fleischgerichte wurden damals jedoch anders serviert: Das Fleisch ließ sich zuerst in kleine mundgerechte Stücke schneiden, um es dann selbst mit den Fingern zum Mund zu führen. Das Tranchieren bildete im Mittelalter damit eine zentrale wichtige Funktion bei den Mählern. Da die Diener nicht nur Fisch oder Fleisch auf dem Teller des Bedienten tranchierten, sondern auch direkt vor dem Mahlteilnehmer in kleine Stücke schnitten, war das Tranchieren ein „sehr naher" Dienst zum Mahlteilnehmer. Waren die Bedienten besonders vornehm, spielte die Herkunft der Diener aufgrund der körperlichen Nähe eine noch wichtigere Rolle. Die Bedienung am Tisch war in der mittelalterlichen höfischen Gesellschaft somit kein niedriger Dienst, sondern wurde oft von edlen Knappen – meist waren es Kinder von Adligen, die aus Erziehungsgründen auf fremde Höfen geschickt und dort erzogen wurden – geleistet. In der höfischen Literatur wird die Bedienung von „besonderen" Personen geschildert. Als im Wolfram von Eschenbachs „Parzival" Gahmuret während des Essens von Belakane besucht wird, dient sie ihm selbst, um besondere Gastfreundschaft zu zeigen:[39]

> „si [Belakane] was mit juncvrowen kumen.
>
> si kniete nider (das was im leit),
>
> mit ir selber hant si sneit
>
> dem ritter [Gahmuret] sîner spîse ein teil.
>
> diu vrouwe was ir gastes geil." („Parzival", 33, 8–12)

In „Tristan und Isolde" Gottfried von Straßburgs lässt König Marke während eines Gastmahls mit Rual Tristan seinen Stiefvater selbst am Esstisch bedienen, um besondere Gastfreundlichkeit zu demonstrieren.[40]

Im Gegensatz zur Gabel galten Messer und Löffel als relativ „normales" Essbesteck im Mittelalter. Dementsprechend wird in den mittelalterlichen Tischzuchten die Gabel in der Regel gar nicht, Messer und Löffel werden aber häufig erwähnt. Es gehörte jedoch nicht immer zu den Pflichten des Gastgebers, dieses Essbesteck vorrätig zu haben: Manchmal sollte der Gast das eigene Messer sogar selbst mitbringen.[41] Der Löffel gilt als „das älteste Eßgerät"[42] und wurde als Essbesteck sehr lange und weitreichend benutzt. Hergestellt wurde ein Löffel aus verschiedenen Materialien: Waren die Löffel etwa aus Holz gefertigt, war es auch armen Leuten möglich, welche zu verwenden. Löffel aus Silber waren jedoch nicht nur Essbesteck, sondern auch Bestandteil des Vermögens der Reichen. Es gab auch kostbare Löffel aus Perlmutt, die Griffe der kostbaren Löffel und Messer wurden oftmals mit Elfenbein oder Bergkristallen verziert.

---

39 Siehe auch Kap. 2.2.2.5.
40 „Tristan und Isolde", 4093–4118, ausführlicher siehe Kap. 2.2.2.2.
41 SCHIEDLAUSKY (1956), S. 11.
42 Ibid., S. 12.

Es mangelte nicht nur an Essbesteck, sondern auch an Geschirr. Die Mahlteilnehmer bekamen weder eigene Teller noch eigene Trinkgefäße. Statt Teller dienten Brotscheiben (später manchmal ein Holzbrett) als Unterlage für Fisch- oder Fleischgerichte, die in großen gemeinsamen Schüsseln oder Tellern serviert, dann tranchiert und auf dem „Tellerersatz" vorgesetzt wurden. Ein Glas, ein Trinkbecher oder ein Kelch wurde normalerweise von mehreren Mahlteilnehmern gemeinsam benutzt, weil die Anschaffung eines Trinkgefäßes für jeden einzelnen Gast im Mittelalter für die Gastgeber noch zu teuer war. Wurde jedem ein Trinkgefäß angeboten, so war dies ein Zeichen von enormem Luxus. Beim Umtrunk Gahmurets mit Herzeloyde („Parzival", 84, 20–85) bot dieser so viele Pokale aus verschiedenen Edelsteinen an, dass jeder Gast einen allein benutzten konnte. Dieser Umstand wird hier durch Gahmurets Reichtum ermöglicht, eine solche Schilderung bildet auch in der höfischen Literatur allerdings eher eine Ausnahme.[43]

Die gemeinsame Nutzung eines Trinkgefäßes beeinflusste auch die Vorschriften der Tischzuchten. Neben verschiedenen Regeln beim Trinken spielte vor allem das Gebot, sich vor dem Trinken den Mund abzuwischen, eine Rolle:[44] Den Wein mit dem Fett der Speisen zu vermischen, galt ohnehin als nicht fein. Noch unappetitlicher wurde es jedoch, wenn sich einige Tischnachbarn Wein und Gefäß teilten.

Der Esstisch wurde, wie viele Abbildungen von Mahlzeiten zeigen, normalerweise mit dem Tischtuch gedeckt.[45] Servietten aus Stoff – im Mittelalter waren Papierservietten noch undenkbar – gab es meist nicht. Problematisch wurde es immer dann, wenn man sich beim Essen die Nase putzen oder den Mund abwischen wollte. Was den Mahlteilnehmern dafür blieb, waren entweder die eigene Kleidung (vor allem der Ärmel) oder das vorliegende Tischtuch. Die Tischzuchten verboten deswegen, mit dem Tischtuch die Zähne oder die Nase zu putzen.[46] Die Servietten – damit könnte man die Zähne oder die Nase leichter putzen als mit dem Tischtuch – bürgerten sich im Laufe des 15. Jahrhunderts zwar ein, dieses Verbot aber wurde weiterhin tradiert.

1.6 „Rangordnung" der Lebensmittel

Im Mittelalter hatten, wie in anderen Epochen, die einzelnen Lebensmittel eine soziale Wertigkeit inne.[47] Fleisch gehörte selbstverständlich zu den „ranghohen" Lebensmitteln. Im Gegensatz zur heutigen Zeit war Schweinefleisch kostbarer als Rindfleisch. Als Zuchtfleisch war Fleisch vom Rind, Schwein, Schaf, Lamm und Huhn repräsentativ. Daneben wurde freilich das Wildbret gegessen, aber wegen der Jagdprärogative der Herrscher und des Adels gehörte es im Prinzip zur Herrenspeise. Deswegen nannte Wolfram von Eschenbach als besonderes Fleischgericht „das zam

---

43 Siehe Kap. 2.3.2 Speise und Kosten.
44 Siehe Kap. 3.4.4.
45 Siehe Kap. 4 und Bilderkatalog im Anhang.
46 Siehe Kap. 3.4.7.
47 Für die Wertigkeit der Lebensmittel im Mittelalter sei zusammenfassend auf BUMKE (1986) 240ff. verwiesen. Zur ausführlichen Geschichte der Lebensmittel im Mittelalter siehe SCHUBERT (2006).

und daz wilde (das Zuchtfleisch und das Wildbret)" („Parzival", 238, 17). In der höfischen Literatur werden die gejagten Wildvögel oft erwähnt. Im „Parzival" werden (Hauben-)Lerche (550, 29) und Reiher (33, 4) gegessen und im „Willehalm" werden neben Rebhuhn auch Pfau und Fasan aufgetischt (134, 9–14). Im „Helmbrecht" von Wernher dem Gärtner wird die Trappe im Vergleich mit den anderen Fleischgerichten erwähnt (878–879). Vor allem prächtige Wildvögel wie Schwan, Pfau, Reiher und Fasan wurden zu „Schauessen" benutzt: Sie wurden nach dem Braten mit deren eigenen Federn wieder geschmückt, um dann wie lebendig aussehende Vögel serviert zu werden.[48] Der Anteil des Wildfleischs am gesamten Fleischkonsum war im Mittelalter, laut Knochenfunden, auch auf den Burgen sehr gering (unter 5 Prozent).[49] Die Jagd diente eher dem Vergnügen der Könige und Adligen als der Beschaffung frischen Fleisches, wie es in der höfischen Literatur in vielen Jagdszenen geschildert wird, dennoch ist zu vermuten, dass der Konsum des Wildbrets vermutlich höher war als es die Knochenfunde nahelegen. Ernst SCHUBERT weist auf die Möglichkeit hin, dass die Jagdbeute „gleich an Ort und Stelle verzehrt" wurden.[50]

Fisch war ebenfalls nicht leicht zu bekommen, weil die Fischerei unter das Herren- und Gemeinderecht fiel.[51] Dadurch gehörte auch Fisch zur Herrenspeise, weshalb Fischgerichte neben Fleischgerichten oft auf Abbildungen der adligen Tafeln dargestellt sind.[52] Unter bestimmten Bedingungen konnte Fisch jedoch auch von weniger Wohlhabenden erworben werden – nämlich dann, wenn die Fische durch das Einsalzen konserviert waren und dort angeboten wurden, wo es eine gute Anbindung zu den Fischereiorten gab. Die eingesalzenen Heringe waren vor allem während der Fastenzeit ein sehr wichtiges Lebensmittel.[53]

---

48 SCHIEDLAUSKY (1956), S. 28ff. Der Fasan als Schauessen spielte vor allem beim berühmten „Fasanenfest" im Burgunder Hof eine große Rolle, siehe Kap. 2.2.1. In „Carmina Burana" gibt es das Klagelied eines gebratenen Schwans: „Dereinst schwamm ich im Wasser klar,/ dereinst der Stolz der Vogelschar,/ als ich ein schöner Schwan noch war./ Schmerz, o Schmerze!/ Lauter Schwärze,/ verbrannt von Kopf bis Sterz!/ Zuvor war ich so weiß wie Schnee,/ der schönste Vogel auf dem See,/ jetzt schwärzer als ein Rab', o weh!/ Schmerz, o Schmerze!/ Lauter Schwärze,/ verbrannt von Kopf bis Sterz!/ Das Feuer mich gewaltsam brät,/ der Bratenspieß sich dreht und dreht,/ der Koch mich auf die Tafel lädt,/ Schmerz, o Schmerze!/ Lauter Schwärze,/ verbrannt von Kopf bis Sterz!/ Wie wohl fühlt ich im Wasser mich,/ wie leicht flögs in den Lüften sich,/ doch hier im Pfeffer schwimme ich,/ Schmerz, o Schmerze!/ Lauter Schwärze,/ verbrannt von Kopf bis Sterz!/ Nun lieg ich in der Schüssel schon,/ der Fliegekunst nicht mehr gewohn,/ und seh gebleckter Zähne Hohn./ Schmerz, o Schmerze!/ Lauter Schwärze,/ verbrannt von Kopf bis Sterz!" (Carmina Burana, 130, Carmina Burana. Die Lieder der Benediktbeurer Handschrift in vollständiger deutscher Übertragung. Übers. der lat. Texte von Carl Fischer, der mhd. Texte von Hugo Kuhn nach der von B. Bischoff abgeschlossenen kritischen Ausgabe v. Alfons Hilka u. Otto Schumann, Heidelberg 1930–1970, Darmstadt 1975, S. 222f.). Vgl. Abb. 19.
49 SCHUBERT (2006), S. 103, EHLERT (2000), S. 12.
50 SCHUBERT (2006), S. 103.
51 Ibid., S. 126f., LAMPEN (2000), S. 86ff.
52 Siehe Kap. 4.
53 „Heringe sind in den Erzählungen und Sprichworten dagegen Inbegriffe des billigen Lebensmittels, eine Charakterisierung, die auf die mittelalterliche Bedeutung des Herings als Massenspeise und billiges Nahrungsmittel für ärmere Bevölkerungsschichten verweist" (LAMPEN [2000], S. 9). Fischkonsum in den „christlichen Fastengeboten" (während der Fastenzeit und in den Klöstern), vgl. ibid., S. 41ff.

Zu den „rangniedrigen" Lebensmitteln zählten (Weiß-)Kohl, Rüben und Bohnen. Brot wurde als Hauptnahrungsmittel von allen Sozialschichten verzehrt, Weißbrot aber gehörte wiederum zu den ranghohen, Hafer-, Roggen- und Schwarzbrot dagegen zu den rangniedrigen Lebensmitteln. Neben Brot wurde manches Getreide als Brei gegessen, vor allem der Brei des „schwer zu backenden Hafers", der aber einen hohen Nährwert innehatte, spielte als Hauptnahrungsmittel eine Rolle, sodass er „bis ins 18. Jahrhundert hinein eine Stellung als Morgenspeise behauptet" hatte.[54]

Wie die Tischzuchten in den Regeln über den Umgang mit Salz- und Senfgefäßen und auch Pfeffer(-brühe) formulieren, war im Mittelalter eine Reihe von Gewürze bekannt und fanden Verwendung.[55] Die meisten Gewürze wie Pfeffer, Ingwer und Zimt waren sehr teuer, weil sie Importwaren aus dem fernen Orient waren. Stark gewürzte Fisch- oder Fleischgerichte oder auch mit Gewürzsauce verfeinerte Speisen waren Zeichen von Luxus.[56] Dass Salz, Pfeffer und Zucker immer auf dem Tisch zur Verfügung stehen – wie es heute üblich ist –, war im Mittelalter undenkbar. Die Tatsache, dass auch die höfischen Tischzuchten keinen Pfeffer in einem gemeinsamen Gefäß erwähnen, bedeutet, dass er auch in der höfischen Gesellschaft zu teuer war.

Die Rangordnung der Getränke war sehr eindeutig. Wein galt selbstverständlich als ranghohes Getränk. Sehr häufig wurde der Wein gesüßt und gewürzt, vor allem wenn er zuviel Säure aufwies. Genannt werden „sinôpel (französisches Lehnwort: mit Gewürzen angemachter Rotwein)", „clâret (französisches Lehnwort: mit Gewürzen angemachter Wein mit Honig)", „lûtertranc" (weißer Gewürzwein). Daneben gab es „môraz" (Maulbeerwein), „lît" (Fruchtwein) und „mete" (Met, Honigwein).[57] Der Rang des Bieres war als das Getränk der Bürger eher niedrig.[58] So erwähnen die Tischzuchten für die Oberschicht den Wein als (repräsentatives) Getränk, das Bier dagegen kaum,[59] doch sind hier gegebenenfalls regionale Unterschiede zu berücksichtigen.[60] Zu den rangniedrigen Getränken wurden noch Moste und Milch gezählt.

---

54 SCHUBERT (2006), S. 82.
55 Gewürze werden vor allem auch in der reichen Kochbuchliteratur des Spätmittelalters erwähnt (vgl. EHLERT [2000], S. 14f. und einzelne Kochrezepte S. 33ff.) sowie fast regelmäßig in Zollordnungen. Auf diese Quellengruppen wird hier nicht näher eingegangen.
56 „Über die Menge der jeweils verwendeten Gewürze wissen wir sehr wenig, da mittelalterliche Kochbücher fast nie Mengenangaben enthalten; […] Wenn sich Mengenverhältnisse doch einmal ermitteln lassen, wie etwa im Rezept der Sabina Welserin für Nürnberger Lebkuchen (vgl. Rezept S. 209), dann sind die geforderten Mengen für unseren Geschmack so groß, daß die Speise sehr schaft würde, wenn man die Angaben genau übernähme. […] Viertens konnte man dadurch, daß man exotische Gewürze überaus reichlich verwendete, seinen Reichtum demonstrieren" (EHLERT [2000], S. 14).
57 Zu den verschiedenen Weinsorten im Mittelalter vgl. SCHULTZ (1879), 1. Bd., S. 296ff., (u.a. „met(e)" S. 296, „lûtertranc" und „clâret" S. 306f., „sinôpel" S. 307).
58 „‚Bier ist der Armen Malvasier.'[…] ‚Trink Bier, bis du Wein bezahlen kannst.' Die Sprichwörter weisen darauf hin: Wein wird zwar als das geschmacklich bessere Getränk empfunden, das sich viele aber nicht oder zumindest nicht immer leisten können. Selbst in der Weinhandelsstadt Köln, die kein nennenswertes eigenes Brauwesen entwickelt hatte, wurde deshalb Bier zum Volksgetränk." (SCHUBERT [2006], S. 211).
59 Siehe Kap. 3.4.4.
60 Vgl. SCHUBERT (2006), S. 172. Ernst SCHUBERT weist auf den „Siegeszug" des Bieres hin. Bier war in Landshut 1265 teurer als die gleiche Menge Frankenwein mittlerer Qualität, aber billiger als der Frankenwein besserer Qualität (ibd. S. 211).

Milch wurde, anders als heute, nicht überall getrunken. „Milch stand außerhalb jener Gebiete, in denen Rindviehzucht betrieben wurde, gar nicht in ausreichendem Maße zur Verfügung"[61], sie wurde erst nach dem 19. Jahrhundert das Volksgetränk.[62] Wasser war eindeutig das rangniedrigste Getränk und sein Genuss wurde aus Gesundheitsgründen möglichst vermieden.[63] Das Wasser, welches sowohl in den Tischzuchten als auch in der höfischen Literatur beim Essen erwähnt wird, diente nicht zum Trinken, sondern zum Händewaschen.[64] Die Getränke, die die Gäste auf der Bauernhochzeit im „Ring" Heinrich Wittenwilers zu sich nehmen, spiegeln recht deutlich die Rangordnung der rangniedrigen Getränke: Zuerst trinken die Hochzeitsgäste Most, Apfeltrank und Schlehenwein. Danach wird ihnen Milch angeboten, das Wasser bildet das letzte Getränk zu Tisch. Während des Mahls verlangen die Gäste Wein, Met und Bier, die aber vom Gastgeber nie aufgetischt werden.[65]

Im Großen und Ganzen war der Esstisch im Mittelalter „fleischarm": Fleischgerichte bedeuteten Reichtum. In Hartmann von Aues „Erec" treffen Erec und Enite einen Knappen, der im Auftrag seines Grafen ein gekochtes Schulterstück vom Schwein, Brot und Wein bringt. Das Essen und Trinken, das er ihnen vorsetzt, kennzeichnet zusammenfassend die mittelalterliche Herrenspeise. Der Knappe benimmt sich, seinem Stand entsprechend, sehr höflich und holt auch für die beiden Wasser zum Händewaschen.[66] Damit sind die Grundzüge der Herrnkost ganz allgemein gekennzeichnet.

61 SCHUBERT (2006), S. 170.
62 Ibid., S. 113 und 170.
63 „denn dieses (Brunnenwasser) war normalerweise nicht zum Trinken da, es musste mit Wein versetzt werden, nicht um eine schmackhafte Schorle zu gewinnen, sondern um mit dem Alkohol die Krankheitskeime abzutöten." (ibid., S. 170).
64 Ausnahmsweise trinkt Willehalm das Wasser als Askese, siehe Kap. 2.2.2.6.
65 Kap. 2.2.3.2.
66 HARTMANN VON AUE, Erec, 3499–3555.

2. Öffentliche Mähler, Festessen, Gelage

2.1 Forschungsstand und Quellen

Weil Fest- und Gastmähler selbstverständlich Höhepunkte im Leben und in der Gesellschaft darstellten, nicht zuletzt in der adligen und höfischen Gesellschaft, gibt es zahlreiche Forschungen über die höfische Festkultur. „Höfische Kultur" von Joachim BUMKE[67] ist aufgrund ihrer reichen Beispiele aus literarischen und historischen Quellen wohl die umfangreichste Darstellung des höfischen, adligen und ritterlichen Lebens. Sie ist ein Grundstein für jede weitere Beschäftigung mit diesem Thema. Im Jahr 1989 stellte der Mediävistenverband sein Symposium unter das Thema „Feste und Feiern im Mittelalter", in dessen Tagungsband z. B. Beiträge über „Fest und Bündnis", „Fest und Integration", „Spätmittelalterliche Festkultur im Dienste religiöser, politischer und sozialer Ziele" und „Reichsfürstliches Feiern" die gesellschaftliche Funktion und Bedeutung der Feste der Herrenschicht behandeln.[68] Auch die Residenzen-Kommission der Akademie der Wissenschaften in Göttingen hat verschiedentlich in ihren Tagungen und Publikationen diese Thematik aufgegriffen. Zusätzlich ist noch ein Beitrag von Ruth E. MOHRMANN über „Fest und Alltag in der frühen Neuzeit" aus dem Bereich der Volkskunde relevant, da die Festkultur aus soziologischer und volkskundlicher Sicht auch ein entscheidendes Forschungsgebiet darstellt.[69]

Die Feste spielten nicht nur in der Realität der Lebenswelt, sondern auch in der Literatur eine Rolle. Nicht zuletzt ist die Festschilderung im ritterlich-höfischen Epos des Mittelalters der Höhepunkt der Handlung und dient dazu, die Pracht der höfischen Welt darzustellen. Die Festschilderung in der Literatur ist außerdem nicht bloß eine Fiktion, sondern spiegelt die Vorstellung und das Ideal des höfischen Lebens wider und bietet gute Beispiele höfischer Feste, die neben den historischen Quellen zu analysieren und zu vergleichen sind. Barbara HAUPT behandelt die Darstellung der Feste in verschiedenen Werken in ihrer Habilitationsschrift.[70] Rosemarie MARQUARDT analysiert in ihrer Doktorarbeit die Feste in der mittelalterlichen Literatur nach den Festelementen und dem Festverlauf. Besonders bemerkenswert ist ihre Untersuchung der Festtermine, die im Bereich der mittelalterlichen Festtermine-For-

---

67 BUMKE (1986).
68 ALTHOFF, Gerd, „Fest und Bündnis" (S. 29–38), JOHANEK, Peter, „Fest und Integration" (S. 525–540), KÜHNEL, Harry, „Spätmittelalterliche Festkultur im Dienste religiöser, politischer und sozialer Ziele" (S. 71–85), SCHNEIDMÜLLER, Bernd, „Reichsfürstliches Feiern. Die Welfen und ihre Feste im 13. Jahrhundert" (S. 165–180), in: ALTENBURG (1991).
69 MOHRMANN (2000), S. 1–10.
70 HAUPT (1989). Bereits lange Zeit vorher hatte Heinz BODENSOHN das Thema behandelt (BODENSOHN [1936]).

schung als Pendant zur Analyse anhand von historischen Quellen durch Hans-Werner GOETZ wichtig ist.[71] Die Gefahr, die Schilderungen in der Literatur unreflektiert als Quellen der zeitgenössischen Kultur zu benutzen, liegt auf der Hand, aber darüber hinaus weist MARQUARDT auf die Unsicherheit der Festschilderungen in den historischen Quellen hin, die sie zum Vergleich mit den Beispielen der höfischen Literatur benutzt, und präzisiert die Möglichkeiten ihrer Nutzung:

> „Ein solcher Vergleich setzt voraus, daß die mittelalterliche Geschichtsschreibung tatsächlich auch die Realität widerspiegelt. [...] Bei Fest- und Hoftagsberichten in Annalen und Chroniken muß also damit gerechnet werden, daß sie nicht unbedingt wahrheitsgetreu abgefaßt wurden, sondern sich teilweise an vorgeschriebene Leitmuster hielten, teilweise Fakten abänderten.

> Trotzdem halte ich es für möglich, aus einem solchen u. U. entstellenden Bericht ein Stück Realität zu ermitteln und dieses mit den Dichtungen zu vergleichen."[72]

Über Feste in der mittelalterlichen Literatur gibt es noch eine Doktorarbeit von Renate ROOS.[73] Trude EHLERT, die durch ihre Forschung über Essen und Trinken im Mittelalter bekannt ist, behandelt in ihrem Aufsatz nicht zuletzt die Hochzeit unter den höfischen Festen in der Literatur.[74] Insgesamt lassen sich im Vergleich von fiktionalen und historischen Quellen die Idealvorstellungen erschließen, die von Fest und Mahl existierten.

Gemeinsames Essen und Trinken in der Öffentlichkeit oder bei festlichen Gelegenheiten werden nicht nur im Rahmen der Fest-Forschung zur höfischen und adligen Gesellschaft behandelt. Festmähler, Gastmähler und die festliche Tafel sind selbständige Forschungsthemen. Ernst SCHUBERT weist in seinem umfangreichen Band „Essen und Trinken im Mittelalter" ein Kapitel dem „Gastmahl als Gemeinschaftsversicherung" und noch ein weiteres dem Themenkomplex „Essen und Trinken im höfischen Fest des hohen Mittelalters und die normstiftenden Folgen" zu.[75] Für die gesellschaftliche Rolle und Funktion der Gast- und Festmähler sind, wie in Kap. 1.1 erwähnt, die Arbeiten von Gerd ALTHOFF grundlegend. In seinem Buch „Verwandte, Freunde und Getreue" ist ein Kapitel dem Thema „Mähler und Feste" gewidmet[76] und sein Aufsatz „Der frieden-, bündnis- und gemeinschaftstiftende Charakter des Mahles im früheren Mittelalter" gilt als einschlägig, um die gesellschaftliche bzw. politische Funktion der Mähler zu erklären.[77] Auch in einem Aufsatz von Uta LÖWENSTEIN wird die Wichtigkeit des Festessens in der Gesellschaft betont.[78] Das Festmahl ist laut LÖWENSTEIN der Höhepunkt des Festes und „das Essen in Gesellschaft war nie und zu keiner Zeit eine einfache, nur der Stillung des Hungers die-

---

71 MARQUARDT (1985), GOETZ (1989). Über die Festtermine im Mittelalter siehe Kap. 2.2.2.1. Auch Hans-Walther KLEWITZ betont die Festtermine (KLEWITZ [1939]).
72 MARQUARDT (1985), S. 8f.
73 ROOS (1975).
74 EHLERT (1991).
75 SCHUBERT (2006), Teil 3, Kapitel 4 und 5.
76 ALTHOFF (1990), Kap. 5.4 (S. 203–211).
77 ALTHOFF (1987).
78 LÖWENSTEIN (1995).

nende Handlung".[79] Hier werden zwar hauptsächlich die höfischen Feste der Frühneuzeit und der Neuzeit behandelt, aber LÖWENSTEIN weist auf wichtige Elemente
wie Sitzordnung, Einrichtung, kostbares Geschirr, Diener und reichliche Speisen hin,
die auch in den mittelalterlichen Festmählern wichtig waren.[80] Die Ausstellung „Die
öffentliche Tafel. Tafelzeremoniell in Europa 1300–1900", die 2002/2003 vom Deutschen Historischen Museum in Berlin gezeigt wurde, präsentierte zahlreiche gemalte
festliche Tafeln und Tafelgeschirr. Der Katalog zur Ausstellung[81] enthält viele Beiträge über die festliche Tafel, nicht zuletzt die Beiträge von Gerd ALTHOFF „Rituelle
Verhaltensmuster an der Tafel" und von Patricia STAHL über das kaiserliche Krö-
nungsbankett in Frankfurt am Main.[82] Der Leiter dieser Ausstellung Hans OTTO-
MEYER verfasste darüber hinaus in einem anderen Ausstellungskatalog zum Leben
auf mittelalterlichen Burgen einen Beitrag über das Festmahl der Adligen.[83]

Dem Thema „Essen und Trinken" in der mittelalterlichen Literatur widmet sich
Willy PIETH bereits 1909 in seiner Dissertation.[84] Das neueste Buch über Essen und
Trinken im Mittelalter von Anne SCHULZ enthält ein Kapitel „Fest und Mahl: Essen
und Trinken in der höfischen Literatur".[85] Sie stellt in diesem Kapitel nicht nur die
Schilderungen des Essens in den verschiedenen literarischen Werken vor, sondern
vergleicht auch die Schilderungen der Speisen in den Artusromanen Hartmann von
Aues und den französischen Vorlagen von Chrétien de Troyes. Für die nichthöfische
Literatur legte Trude EHLERT einen Aufsatz über das Hochzeitsmahl im „Ring"
Heinrich Wittenwilers vor.[86]

In den folgenden Teilen dieses Kapitels werden die öffentlichen Mähler anhand
von Beispielen aus historischen Quellen und aus der höfischen Literatur vorgestellt
und analysiert. Die Beispiele höfischer Literatur, die in diesem Kapitel zu behandeln
sind, sind „Erec" und „Iwein" Hartmann von Aues, „Tristan und Isolde" Gottfried
von Straßburgs, „Der guote Gêrhart" Rudolf von Ems', „Das Nibelungenlied", „Parzival" und „Willehalm" Wolfram von Eschenbachs, „Wigalois" Wirnt von Grafen-
bergs und „Heinrich von Kempten" Konrad von Würzburgs. Dazu werden zwei Werke der „nichthöfischen" Literatur – „Helmbrecht" von Wernher dem Gärtner und
„Der Ring" von Heinrich Wittenwiler – zum Vergleich mit den Schilderungen der höfischen Literatur behandelt. Wie die bisherigen Hoffest-Forschungen ist der Mainzer
Hoftag von 1184 unter Friedrich Barbarossa auch hier das zentrale Beispiel für das
Hoffest, da über ihn in vielen Chroniken und Annalen ausführlich berichtet wird.[87]

---

79 Ibid., S. 266.
80 Ibid., S. 267ff.
81 OTTOMEYER (2002).
82 ALTHOFF, Gerd, „Rituelle Verhaltensmuster an der Tafel. Vom frühmittelalterlichen Gelage zum
    höfischen Fest", S. 32–37, STAHL, Patricia, „Im großen Saal des Römers ward gespeiset in höch-
    stem Grade prächtig. Zur Geschichte der kaiserlichen Krönungsbankett in Frankfurt am Main",
    S. 58–71, in: OTTOMEYER (2002).
83 OTTOMEYER (2010).
84 PIETH (1909).
85 SCHULZ (2011), Kap. 2.
86 EHLERT (1990).
87 Vgl. BUMKE (1986), S. 276ff., MORAW (1988), WOLTER (1991).

Neben dem Hoftag bieten das Krönungs- und das Hochzeitsmahl repräsentative Beispiele für öffentliche Gast- und Festmähler. Es gibt zahlreiche Forschungen über die Kaiser- und Königskrönung: Aloys SCHULTE beschrieb ausführlich den Verlauf der Kaiser- und Königskrönung.[88] Die Königs- oder Kaiserkrönung findet nicht nur einmal für jeden Amtsträger statt, weil der deutsche König/Kaiser nicht nur bei der Thronbesteigung, sondern auch bei manchen anderen festlichen Gelegenheiten wieder gekrönt wurde. Diese sogenannte Festkrönung behandelt Hans-Walter KLEWITZ, dessen Forschung vor allem wegen der Analyse und Auflistung der Festtermine und Festorte der Krönungen und Festkrönungen bemerkenswert ist.[89] Im Jahr 2000 fand eine Ausstellung unter dem Thema „Krönungen. Könige in Aachen – Geschichte und Mythos" in Aachen statt, dem Krönungsort der deutschen Könige im Mittelalter. Der zweibändige Ausstellungskatalog[90] enthält einen Beitrag von Claudia ROTTHOFF-KRAUS über die Krönungsfestmähler der römisch-deutschen Könige.[91] In Bezug auf das Hochzeitsmahl der Herrenschicht dient nicht zuletzt ein Bericht Ekkehard von Auras über die Hochzeit Kaiser Heinrichs V. mit Mathilde, der auch eine Abbildung enthält, als interessantes Beispiel.[92]

Die Goldene Bulle bietet Informationen bezüglich der Regeln, die verschiedene Aspekte der Fest- und Gastmähler bei den Hoftagen betreffen (wie Teilnehmer, Kosten, die Einrichtung des Speisesaals, die Sitzordnung und die Bedienung durch die Hofämter).[93] Die (großen) Ausgaben für Gastmähler sind zeitgenössischen Rechnungen zu entnehmen.[94] Zusätzlich dazu enthält die Vita der Heiligen Elisabeth von Thüringen wertvolle Hinweise zum Essen oder zum Gastmahl des Hochadels.

Der Aspekt der „Vorstellungsgeschichte"

Die von Leopold von Ranke begründete klassische (damals noch „moderne") Geschichtswissenschaft hatte anhand der Quellenkritik danach gestrebt, in den historischen Quellen zu finden, „wie es eigentlich gewesen" war.[95] Gemeint sind Tatsachen, Geschehnisse in der Vergangenheit, die sicher wirklich geschehen sind, d. h. die sogenannte objektive Wahrheit. Um die objektive Wahrheit in den Quellen zu finden und damit die richtige Geschichte der Menschen zu rekonstruieren, sollten die Histo-

---

88 SCHULTE (1924).
89 KLEWITZ (1939), siehe Anm. 71.
90 KRAMP (2000).
91 ROTTHOFF-KRAUS (2000).
92 EKKEHARD VON AURA, Chronica, S. 247f., siehe Kap. 2.3.1 und Kap. 4.2.1.
93 DIE GOLDENE BULLE, siehe Kap. 2.3.
94 HEGER, Hedwig (Hg.), Das Lebenszeugnis Walthers von der Vogelweide. Die Reiserechnungen des Passauer Bischofs Wolfger von Erla, Wien 1970. SALOMON, Richard, Ein Rechnungs- und Reisetagebuch vom Hofe Erzbischof Boemunds II. von Trier. 1354–1357, in: Neues Archiv der Gesellschaft für ältere deutsche Geschichtskunde, 33 (1908), S. 399–434.
95 „Man hat der Historie das Amt, die Vergangenheit zu richten, die Mitwelt zu Nutzen zukünftiger Jahre zu belehren, beygemessen: so hoher Aemter unterwindet sich gegenwärtiger Versuch nicht: er will bloß sagen, wie es eigentlich gewesen" (RANKE [1885], S. VII, Vorrede zur ersten Ausgabe, Oktober 1824).

riker davon ausgehen, dass nicht alles, was in den Chroniken, Annalen und sonstigen historischen Quellen geschrieben ist, eine präzise Niederschrift von Tatsachen ist. Solange die historischen Quellen von Menschenhand geschrieben wurden, enthalten sie nicht nur die Fehler, sondern auch absichtlich hinzugefügte Fiktionen, Fälschungen und parteiische Gedanken der Autoren. Vor allem scheint im Mittelalter, anders als heute, die Grenze zwischen Wirklichkeit, Ideal, Phantasie und Fiktion (bzw. Lügen) weniger deutlich wahrgenommen worden zu sein und dementsprechend fiktions- und phantasievoller waren historische Schriften wie Chroniken und Annalen gestaltet.[96] Um die objektive Wahrheit bzw. echte Geschehnisse in der Vergangenheit herauszufiltern, müssen Fiktion, Lüge, Ideal, Fälschung und Phantasie, die von den Zeitgenossen geschaffen und von den Autoren zwischen den Niederschriften der Tatsachen hinzugefügt wurden, beseitigt werden.

Aber wenn ein Idealbild in einer Gesellschaft erforscht werden soll, bedeutet das von den Zeitgenossen vorgestellte und vom Autor in einer historischen Quelle beschriebene Ideal nicht per se pure Fiktion, sondern die damalige Wahrnehmung, wie die Zeitgenossen sich etwas vorgestellt haben, spiegelt demnach also auch deren Wahrheit wider. Die Möglichkeit einer solchen Erforschung der Vorstellungen, der Wahrnehmungen der Zeitgenossen in der Geschichte, ist unter dem Begriff der Vorstellungsgeschichte[97] bekannt. Hans-Werner GOETZ erklärt sie folgendermaßen:

„Die ‚Vorstellungsgeschichte‘ wendet sich dagegen [gegen die Ereignisgeschichte und die Strukturgeschichte, M.A.][98] an den Verfasser der Quelle selbst und fragt nach dessen Eindrücken, Auffassungen und Urteilen über die Vergangenheit, nach der Stellungnahme und Einstellung eines betroffenen, nämlich in den Ereignissen und Strukturen befangenen Zeitgenossen zu seiner Umwelt. Sie fragt also: ‚Wie hat der Zeitgenosse das Faktum X gesehen?‘ (wobei X ebenso Ereignis wie Struktur sein kann). Sie will also nicht mehr bis zu der vergangenen Wirklichkeit im Sinne der ‚traditionellen‘ Geschichtswissenschaft vordringen, sondern untersucht, wie sich diese (objektive) Wirklichkeit in der subjektiven Sicht der Zeitgenossen abgespielt hat. […] Verändert erscheint vor allem auch das Verhältnis zur Quelle, die nicht länger ein bloßes Medium zum historischen Faktum ist, über das sie berichtet, sondern den unmittelbaren Zugang zu ihrem Verfasser als dem Gesprächspartner des Historikers erlaubt.“[99]

„‚Vorstellungsgeschichte‘ fragt demnach, wie der Mensch seine Umwelt gesehen hat oder sehen wollte. Dabei interessieren letztlich weder (oder nur bedingt) das Geschehen selbst, das Faktum (wobei ‚Faktum‘ hier Ereignis, Vorgang, Situation, Zustand, Prozeß oder Struktur sein kann) bzw. werden die – dargestellten – Vorstellungen selbst zu einem ‚Faktum‘, noch die Frage, wie realitätsnah die Perspektive des mittelalterlichen Betrachters ist, sondern allein die menschlichen Auffassungen davon.“[100]

---

96 Ein gutes Beispiel der Fiktion in der Geschichtsschreibung ist die Erwähnung des „Wartburgkriegs“, des fiktiven Sängerwettkampfs auf der Wartburg, der als Komplex der Streitgedichte im Mittelalter entstand, und seiner fiktiven Figur, des Zauberers namens Klingsor in der thüringischen Geschichtsschreibung im Zusammenhang der Geburt der heiligen Elisabeth, vgl. ARINOBU (2012).

97 Über die „Vorstellungsgeschichte“ vgl. GOETZ III (2007) (davon vor allem GOETZ [1982], GOETZ [2003]), GOETZ (2011), LE GOFF (1990).

98 Über die Ereignisgeschichte und Strukturgeschichte siehe GOETZ (1982), S. 7f.

99 GOETZ (1982), S. 8f.

100 GOETZ (2011), S. 20.

Die „Vorstellungsgeschichte" strebt nach der sogenannten „subjektiven Wahrheit", den Vorstellungen, Wahrnehmungen, Wertungen, dem Verständnis sowie dem Ideal der Autoren und Zeitgenossen der Quellen. In der Forschung der „Vorstellungsgeschichte" existiert die Gegenüberstellung der „traditionellen" Geschichtswissenschaft von „Ideal und Wirklichkeit" oder „Fakt und Fiktion" nicht mehr. Wie die damaligen Menschen sich die Welt vorstellten, wie sie damals etwas wahrnahmen, gehört ebenso zur historischen Realität, „wie der Mensch selbst Teil der Geschichte ist".[101] GOETZ zeigt ein Beispiel aus der Anekdotensammlung über Karl den Großen, in dem es um eine Verhandlung zwischen einem Schmied und einem Dämon geht. Es ist nicht bekannt, ob zu Lebzeiten Karls des Großen wirklich ein Dämon existierte, aber „für den mittelalterlichen, von der Religion geprägten Menschen gehör[t]en Dämonen zur Wirklichkeit".[102]

Der Aspekt der „Vorstellungsgeschichte" spielt in der vorliegenden Untersuchung eine sehr bedeutende Rolle, weil hier das Ideal einer Gesellschaft – der Gesellschaft der Oberschicht im Hoch- und Spätmittelalter im deutschsprachigen Gebiet – behandelt wird; das (im weiten Sinne) angemessene und gewünschte Verhalten beim Essen. In den folgenden Kapiteln, vor allem in diesem, werden verschiedene Beispiele von Festen, Festmählern, öffentlichen Mählern und Streitigkeiten um die Sitzordnung bei wichtigen öffentlichen Gelegenheiten aus Chroniken, Annalen und einer Heiligenvita (in dieser Arbeit wird die Vita der heiligen Elisabeth von Thüringen herangezogen)[103] im Zusammenhang mit den damaligen „Verhaltensnormen" in der Öffentlichkeit und dem angemessenem Verhalten beim Essen gezeigt. Manche Beispiele sind zwar nicht glaubwürdig, aber in dieser Arbeit wird nicht versucht, zu klären, ob und inwiefern die Berichte in den Quellen, die hier behandelt werden, „wahrheitsgetreu" sind. Vielmehr gehören die Ereignisse um öffentliche Gast- und Festmähler, von denen in den historischen Quellen berichtet wird, auch wenn sie fragwürdig oder vollkommene Erfindungen der Autoren sind, zur Wahrheit im Sinne der zuvor dargestellten Vorstellungsgeschichte. Sie spiegeln Werte und Vorstellungen der Zeitgenossen, was sie bei einem öffentlichen Mahl für wichtig hielten und wie es sein sollte, wider – unabhängig davon, wie es eigentlich gewesen ist. Nicht zuletzt sind die Beispiele aus der Heiligenvita ohne die Theorie der „Vorstellungsgeschichte" sehr schwierig oder kaum zu benutzten. Die Anekdoten über das Festmahl und die Kleidung der heiligen Elisabeth bei wichtigen öffentlichen Gelegenheiten werden immer von ihrer lobenden asketischen Lebensart und Gottes Wunder begleitet. Eine Heiligenvita ist zwar die Biographie einer heiligen Person, dabei handelt es sich aber eher um eine Anekdotensammlung, deren Zweck zum großen Teil das Lob der betreffenden Person ist. Im Zuge der Zitation von Anekdoten (häufig der Wundertaten) aus einer Heiligenvita, solange es um Geschichtswissenschaft, nicht um die Religionswissenschaft oder um Theologie geht, ist klar, dass nicht über die Glaubwürdigkeit einzelner Wunder Gottes oder Wundertaten des oder der Heiligen zu diskutieren ist.

---

101 GOETZ (2003), S. 24.
102 GOETZ (2011), S. 14.
103 DIETRICH VON APOLDA, Vita sancte Elysabeth.

Der Aspekt der „Vorstellungsgeschichte" gibt gute theoretische Unterstützung für ihre Nutzung, trotz des (aus heutiger Sicht) eher unwahrscheinlichen Inhaltes: Tatsächlich wichtig ist, in den Berichten der Heiligenvita zu erkennen, welche Information zur „objektiven Wahrheit" bzw. historischen Realität im Sinne der klassischen Geschichtswissenschaft und welche zur „subjektiven Wahrheit der „Vorstellungsgeschichte" gehören, um sie dann entsprechend abzuhandeln. Inhaltlich unwahrscheinliche oder unrealistische Schilderungen sind als Realität der Zeitgenossen zu deuten, welche Vorstellung sie sich von etwas machten, wie sie etwas verstanden oder verstehen wollten und was sie für wichtig hielten.

Die Beispiele aus den Chroniken, Annalen, der Heiligenvita und sonstigen historischen Quellen werden im Folgenden aus dem Blickwinkel der „Vorstellungsgeschichte" behandelt, denn hier sind – da einer der Forschungsschwerpunkte in den Idealen und Verhaltensnormen liegt – die „subjektive Wahrheit", die Wertung, Deutung, Vorstellung und Wahrnehmung der Zeitgenossen relevanter als die „historische Realität" und „objektive Wahrheit". So sei das Beispiel des gemeinsamen Mahls nach dem Fall von Canossa angeführt, dessen Zweck die Feststellung der Versöhnung zwischen dem Kaiser und dem Papst nach dem Bußakt des Kaisers und der Aufhebung der Exkommunikation gegen ihn war. Laut der Schilderung von Anselmus benahm sich der Kaiser dabei überaus unhöflich. Ob dies wirklich der Tatsache entsprach und der Kaiser die Stimmung beim gemeinsamen Mahl verdarb, muss man hier nicht nachweisen, um dieses Fallbeispiel heranzuziehen. Die „Vita metrica", in der Anselmus von diesem Mahl berichtete,[104] entstand erst, nachdem das Ergebnis dieses „Gangs nach Canossa" feststand: Der Bußakt des Kaisers in Canossa und das gemeinsame Mahl ereigneten sich 1077, der Papst starb 1085 und die „Vita metrica" entstand zwischen 1096 und 1099. Auch wenn die Szene des Mahls in Canossa in der „Vita metrica" eine Fiktion Anselmus' nach dem Streit zwischen Kaiser und Papst, der mit Gregorius' Niederlage und Tod auf der Flucht in Salerno endete, wäre, verliert dieses Fallbeispiel nicht seinen Wert. Es zeigt, sei es Faktum oder Fiktion, im 11. Jahrhundert erstens die Notwendigkeit eines solchen gemeinsamen Mahls als Versöhnungsritus nach einem Konflikt und zweitens ein Beispiel des erwarteten Benehmens bzw. der Art und Weise, wie man sich beim gemeinsamen Mahl mit einem politischen Zweck – hier der Stiftung des Friedens zwischen dem Kaiser und dem Papst – benehmen sollte, wenn jemand der Betroffenen keine Versöhnung wünschte.

---

104 Vgl. Kap. 1.1 und Anm. 12.

2.2 Öffentliches Mahl als sozialer Akt im Mittelalter

2.2.1 Öffentliche Mähler im Hoch- und Spätmittelalter

Wie die bisherigen Forschungen zeigen, kam den öffentlichen gemeinsamen Mählern im Frühmittelalter eine politische Rolle zu; sie hatten einen „frieden-, bündnis- und gemeinschaftstiftenden Charakter".[105] Sie sicherten politische Beschlüsse wie den Abschluss eines Konfliktes, die Stiftung von Bündnissen und Frieden und sie „ergänzten" politische Aktivitäten. Wenn das Mahl beim Abschluss von politischen Bündnissen zurückgetreten und es in der höfischen Zeit wirklich „ein neues Thema" wäre,[106] sollten die Rolle und Bedeutung des Mahls in der höfischen Gesellschaft auf andere Art erörtert werden.

Selbstverständlich haben die öffentlichen Mähler nicht alle ihre politischen Funktionen verloren. Im Hoch- und Spätmittelalter fanden zahlreiche politische „convivia" statt. Drei repräsentative Formen öffentlicher Mähler in der höfischen Zeit, die bestimmte politische Funktionen hatten, können als Beispiele genannt werden: Das Hochzeitsmahl, das Krönungsmahl und das Gastmahl anlässlich des Herrschertreffens.

Das Hochzeitsmahl

Abb. 4: Heinrich V. und Mathilde beim Hochzeitsmahl (12. Jh.)

---

105 Vgl. Kap. 1.1 und ALTHOFF (1987), SCHUBERT (2006), S. 268ff.
106 Vgl. Kap. 1.1.

Heirat war in der mittelalterlichen Herrenschicht natürlich eine politische und diplomatische Angelegenheit. Sie bedeutete nicht nur die Vermählung eines Mannes mit einer Frau und die Gründung einer neuen Familie, sondern auch eine neue Bindung von zwei Herrscherfamilien oder Dynastien. Eine Hochzeit und ihr Hochzeitsmahl waren ein Ritus, der symbolisierte, dass die Teilnehmer diese neue Bindung anerkannten und ihr festlich zustimmten. Wie in der Einleitung erwähnt, war das öffentliche Mahl eine gute Gelegenheit, eigene Macht und Reichtum zu demonstrieren. Beim Hochzeitsfest funktioniert nicht das Hochzeitsmahl allein, sondern das Fest als Ganzes als solche Gelegenheit. Ekkehard von Aura berichtet von der Hochzeit Kaiser Heinrichs V. mit Mathilde, Tochter des englischen Königs. Zwar wird von der 1114 abgehaltenen, standesgemäß organisierten Trauung der beiden Brautleuten aus Königsfamilien relativ ausführlich berichtet (nicht nur die Schönheit, sondern auch die hohe Herkunft der Braut wird hier gelobt), die zahlreichen vornehmen Teilnehmern und die Gaukler, die vom Kaiser beschenkt wurden, werden geschildert,[107] ebenso die demonstrierte Pracht der Feier, aber das Hochzeitsmahl ist interessanterweise im Text nicht erwähnt; stattdessen ist es auf der Seite dieses Berichtes als Abbildung dargestellt.[108] So ist leider unklar, wie reichlich, dem Reichtum der „Hauptdarsteller" entsprechend, tatsächlich getafelt wurde. Außer Acht gelassen werden darf jedoch nicht, dass das Hochzeitsmahl, obwohl es hier im Bericht keine Erwähnung findet, die repräsentative Komponente eines Festes darstellt. Als Heinrich von Kärnten beispielsweise 1315 seine Hochzeit mit Adelheid von Braunschweig feierte, nutzte er diese Gelegenheit: Für die Hochzeitsfeier bot er eine übermäßige Menge an Essen und Trinken auf, wodurch es ihm gelang, sein Prestige zu steigern.[109]

Das Krönungsmahl

Abb. 22: Ansicht eines Krönungsmahls (1485)

---

107 Ausführlicher siehe Kap. 2.3.1.
108 Ausführlichkeit dieses Festberichtes und die Text-Bild-Beziehung siehe Kap. 4.2.1.
109 SCHUBERT (2006), S. 277.

Abb. 28: Krönungsmahl Ferdinands I. (1595)

Da schon die germanische Gesellschaft die gemeinschafts- oder freundschaftsstiftende Funktion des gemeinsamen Mahls kannte, ist es kein Wunder, dass die Tradition des Krönungsmahls seit dem Frühmittelalter ständig als der letzte und unerlässliche Teil der Königskrönung existierte. Das Krönungsmahl war nicht nur die Feier für den neu gekrönten König, sondern ein Ritus der allgemeinen Anerkennung des neuen Herrschers in aller Öffentlichkeit[110] wie es das Jubeln der Untertanen und des „Volkes" am Ende des Einsetzungsritus war. Zunächst waren es nur ausgewählte Teilnehmer, die zum Krönungsmahl geladen wurden. Wie die Bestimmungen der Sitzordnung des Krönungsmahls in der Goldenen Bulle von 1356[111] und die Abbildungen der Krönungsmähler zeigen (Abb. 22, 28), nahmen nur der neu gekrönte König und die Kurfürsten und gelegentlich noch einige Adligen daran teil. Durch die Teilnehmer des Mahls wurde der neue Herrscher anerkannt und dessen Einsetzung bestätigt. Im Spätmittelalter wandelte sich das Krönungsmahl teilweise in eine Art „Volksbelustigung" mit einem gebratenen Ochsen auf dem Marktplatz der Krönungsstadt.[112] Das war „eine Einbeziehung der Öffentlichkeit in rechtssichernder, der Zukunft verpflichteter Absicht".[113]

---

110 SCHUBERT (2006), S. 265.
111 Die Sitzordnung in der Öffentlichkeit repräsentierte die Rangordnung und Anerkennung der Teilnehmer direkt und deutlich. Weil es im Mittelalter deswegen ernste Streitigkeiten um die Sitzordnung gab, musste sie präzise bestimmt werden. Die Bestimmung der Sitzordnung in der Goldenen Bulle von 1356 behandelt nicht nur die Sitzordnung beim Krönungsmahl, sondern auch die der anderen Sitzungen. Siehe Kap. 2.3.3.
112 SCHUBERT (2006), S. 266.
113 Ibid., S. 266.

Abb. 30: Der gefüllte Ochse (1563)

Beim Krönungsmahl Friedrichs III. in Aachen (1442) ließ dieser einen mit verschiedenen Tieren gefüllten Ochsen braten und aß nur das erste Stück davon – die Reste durften die übrigen Teilnehmer essen (Abb. 30). Darüber hinaus wurde ein Brunnen mit Wein aufgestellt und Brot sowie die Reste der Speisen des Krönungsmahls gespendet. Dabei ging es – im Gegensatz zum Geschehen an der Herrschertafel – häufig recht ungeordnet und improvisiert zu. Der Knappe Andreas von Lappitz aus dem Gefolge Friedlichs III. berichtet vom Krönungsmahl 1452 im Lateran, das mit reichlicher Verspätung stattfand: „da nahmen wir unser Speiß ainer im Eysenhuet, der ander in ain Pruststeckh, der dritt auff ain hollen Ziegel, wie ein jeder mecht […]".[114] Nicht nur die Kurfürsten und die „Großen", sondern auch das „Volk" und die Untertanen haben quasi mitgegessen und mitgefeiert. Dadurch wurde der neue Herrscher von allen „Festteilnehmern" aufgenommen und anerkannt.

---

114 COLLECTANEA GENEALOGICO, S. 64, JOHANEK (1991), S. 538f., ibd. auch zum Hochzeitsmahl von Friedrich III. und Eleonore in Neapel.

Das Gastmahl anlässlich des Herrschertreffens

Abb. 12: Festbankett zu Ehren Kaiser Karls IV. und Wenzels in Paris (um 1380)

Abb. 17: Festbankett zu Ehren Kaiser Karls IV. und Wenzels in Paris (um 1450/60)

Gastmähler waren und sind in allen Sozialschichten und zu allen Zeiten eine Freund-schaftsaktivität. Das Treffen und das Gastmahl der Herrscher waren eine Gelegenheit, bei der gute oder friedliche Beziehungen der Teilnehmenden in der Öffentlichkeit gestiftet, festgestellt und gezeigt werden konnten. Freundschaft zwischen Herrschern bedeutete, wie in der oben erwähnten Heirat zwischen den Herrscherfamilien gezeigt, keine private Angelegenheit, sondern war Ausdruck freundlicher bzw. friedlicher Beziehungen zwischen zwei Machthabern. Das Treffen und das Gastmahl der Herrscher war ohne Zweifel ein Akt der Diplomatie. Wegen dieser wichtigen Bedeutung wurden von den Herrschertreffen in den Chroniken nicht nur berichtet, sondern sie wurden oft auch sehr ausführlich und präzise ausgemalt.

In den „Grandes Chroniques de France" (um 1380) gibt es eine unter Mediävisten bekannte Abbildung[115] des Festbanketts König Karls V. von Frankreich zu Ehren Kaiser Karls IV. und König Wenzels (Abb. 12), das im Louvre am Dreikönigstag 1378 stattgefunden hatte. Als Esstisch dient die königliche Tafel, gebührend prächtig mit goldenem Geschirr gedeckt. In der Mitte am Tisch sitzt der Gastgeber König Karl V., zu seiner Rechten Kaiser Karl IV. und zu seiner Linken König Wenzel. Zu beiden Seiten der drei Hauptpersonen sind die Bischöfe dargestellt. An der Frontseite des Tisches tragen Diener die Speisen auf. Während des Essens wird ein Schauspiel über die Kreuzzüge und die Eroberung Jerusalems durch Gottfried von Bouillon aufgeführt. Dieselbe Szene wurde in den anderen „Grandes Chroniques de France" um 1450 wieder abgebildet (Abb. 17). Diese Abbildung ist jedoch viel schlichter als die ältere, vor allem ohne das Schauspiel, aber die wichtigsten Personen dieses Banketts –Karl V., Karl IV. und Wenzel – sind exakt abgebildet.

Abb. 20: Friedrich III. und Karl der Kühne (1474/1483)

Die „Grosse Burgunderchronik" (1474/1483) zeigt das Gastmahl in Trier beim Zusammentreffen Friedrichs III. mit Karl dem Kühnen von Burgund aus der Vogelper-

---

115 Diese Abbildung wird in verschiedenen Büchern benutzt, z. B. BUMKE (1986), EHLERT (2000), OTTOMEYER (2002), ROHR (2002), SCHIEDLAUSKY (1956).

spektive (Abb. 20). Diesem Gastmahl, das am 7. Oktober 1473 stattfand, wohnten neben Friedrich III. und Karl dem Kühnen viele hochherrschaftliche Gäste bei. Die Hauptpersonen dieses Gastmahls (Friedrich III., Karl der Kühne und die Bischöfe von Mainz, Trier, Lüttich und Utrecht) sitzen zusammen an einem Tisch, rechts oben im Bild dargestellt, die Höflinge sitzen an den anderen drei Tischen. Im Hintergrund dieser Abbildung ist ein Wandteppich mit dem Emblem des burgundischen Ordens vom Goldenen Vlies zu erkennen.

In der Abbildung des Gastmahls König Sigismunds hingegen (13. November 1430 in Ulm, Abb. 24) sitzt der Kaiser allein am Tisch und ein Bote des türkischen Sultans (links in der Abbildung) macht ihm seine Aufwartung. Der Truchsess und der Mundschenk stehen zu beiden Seiten des Kaisers, der Kanzler steht vor dem Tisch mit einem Turnierbrief. Die übrigen Teilnehmer sitzen an einem anderen Tisch.

Abb. 24: Gastmahl bei König Sigismund (1513)

Alle drei dargestellten Formen des gemeinsamen Mahls hatten eine politische Funktion. Solange solche Mähler eben politisch bedeutende öffentliche Angelegenheiten waren, mussten sie selbstverständlich glücklich und erfolgreich vollzogen werden. Dafür musste der Gastgeber oder der Veranstalter sich zuerst darum bemühen, angemessene Personen als Gäste auszuwählen und einzuladen. Die Geladenen sollten standesgemäß aufgenommen, behandelt und bewirtet werden.[116] Dabei war die angemessene Sitzordnung der Teilnehmer unerlässlich, um unnötige Streitigkeiten zwi-

---

116 Dabei spielen die Speisen des Festmahls eine Rolle, vgl. Kap. 2.3.2.

schen den Teilnehmern zu vermeiden.[117] Wie oben erwähnt ist das gebührende Verhalten von Gastgeber und Gästen für einen erfolgreichen Verlauf eines solchen wichtigen Gastmahls selbstverständlich erforderlich. Natürlich gehören nicht alle öffentlichen (Gast-)Mähler oder Festgelage zu den oben genannten drei Kategorien, aber die (Gast-)Mähler und Festessen der Herrenschicht waren öffentliche Veranstaltungen und hatten so immer verschiedene soziale, politische und gesellschaftliche Funktionen.

Neben den oben genannten politischen und gesellschaftlichen Rollen und Funktionen waren die Feste und öffentlichen Mähler gute Gelegenheiten für Adlige und Reiche, durch Almosenspende die christlichen Tugenden der Freigebigkeit und Barmherzigkeit zu demonstrieren. Selbstverständlich gab es verschiedene Arten von Almosen, aber es war eine der repräsentativen und einfachen Formen, Essen (bzw. Speisereste) direkt unter den Armen und Hungrigen zu verteilen. Es galt als sündhaft, wenn die Reichen die Armen vor der Tür ignorierten:

> „Es war aber ein reicher Mann, der kleidete sich in Purpur und kostbares Leinen und lebte alle Tage herrlich und in Freuden. Es war aber ein Armer mit Namen Lazarus, der lag vor seiner Tür voll von Geschwüren und begehrte sich zu sättigen mit dem, was von des Reichen Tisch fiel." (Lukas, 16, 19–21)

Als die beiden starben, brachte ein Engel den armen Lazarus „in Abrahams Schoß" und der Reiche, der Lazarus nicht berücksichtigt hatte, fuhr in die Hölle.

Essen soll geteilt werden, wenn jemand etwas zu essen hat und ein anderer nicht. Als 5000 Menschen Jesus folgten und er die Frage stellte, „Wo kaufen wir Brot, damit diese zu essen haben?", war da ein Kind, das fünf Gerstenbrote und zwei Fische dabeihatte. Jesus nahm die Brote und die Fische, dankte und verteilte sie unter den versammelten Leuten. Alle wurden damit satt und es blieb noch etwas von den Speisen übrig (Johannes, 6, 1–13).[118]

In der mittelalterlichen höfischen Literatur sind viele Szenen der Freigebigkeit, oft anlässlich von Festen, geschildert,[119] weil die Freigebigkeit eine der wichtigsten ritterlichen und höfischen Tugenden darstellte.[120] Der Protagonist des „Der guote

---

117 Vgl. Kap. 2.3.3.
118 Der Akt, das Essen zu teilen, hat in der Bibel, vor allem im Neuen Testament, symbolische Bedeutung und spielt eine Rolle, wie die Szene des letzten Abendmahls zeigt: „Als sie aber aßen, nahm Jesus das Brot, dankte und brach's und gab's den Jüngern und sprach: Nehmet, esset; das ist mein Leib. Und er nahm den Kelch und dankte, gab ihnen den und sprach: Trinket alle daraus; das ist mein Blut des Bundes, das vergossen wird für viele zur Vergebung der Sünden (Matthäus 26, 26–28)". Das Teilen des Essens war ein symbolischer Akt, Gemeinschaft zu schaffen oder festzustellen. Die symbolische Bedeutung dieses Aktes spielt auch in den mittelalterlichen Epen eine Rolle. Als Engelhart, der Protagonist in Konrad von Würzburgs „Engelhart", sich von seinen Eltern verabschiedet, da seine Abreise bevorsteht, gibt sein Vater ihm drei Äpfel und den Rat, einen guten Freund zu finden. Engelhart soll also jemanden finden, der gerne mit ihm einen Apfel teilt und isst. Engelhart findet Dieterich, der den von Engelhart erhaltenen Apfel schält, genau halbiert und ihm eine Hälfte gibt. Sie bleiben für immer beste Freunde.
119 Siehe Kap. 2.2.2.
120 In den mittelalterlichen höfischen Epen sind Ritter normalerweise adliger oder königlicher Herkunft und reich, tapfer, stark, schön und tugendhaft. Ein guter Ritter muss reich sein, weil er die

Gêrhart" ist ursprünglich ein reicher Kaufmann, aber als er sich in den „guten Gerhard" verwandelt, schämt er sich und bekennt sein altes Verhalten;

„Wolt ich tuon iht guotes,

diu krankheit mînes muotes

nam mir den guoten willen abe

sô gar daz ich mit kranker habe

den armen vreut in sîner nôt.

sûrez bier und roggîn brôt

was mîn almuosen für mîn tor,

swenn ich den armen sach dâ vor

mit kumberlîchen nœten sîn" (Rudolf von Ems, „Der guote Gêrhart", 941–949).

Armen Leuten Speisereste zu spenden, darf als effektiver performativer Akt des öffentlichen Almosengebens betrachtet werden: Es vollzog sich bei der Mahlzeit, man gedachte damit der Hungrigen und bezog die Armen in die Mahlgemeinschaft mit ein. Dafür lassen sich mehrere Beispiele anführen. Als der päpstliche Legat Martin von Parma im 13. Jahrhundert hohe Kleriker zum Essen einlud, ließ einer der Gäste, Rigaldus, der damalige Erzbischof von Rouen, zwei große Silberschüsseln aufstellen, eine für ihn und die andere für Almosen:

> „Und der Mundschenk brachte stets zwei Platten von jeder Sorte Speisen, in der Reihenfolge der Mahlzeit, und stellte sie vor Bruder Rigaldus. Der behielt eine Platte für sich, von der er aß, die andere aber schüttete er für die Armen in die Schüsseln. Und so tat er bei jedem Gericht und jedem neuen Gang".[121]

Der später heiliggesprochene König Ludwig IX. von Frankreich lud die Armen und Leprosen zum Essen. Dabei verteilte er nicht nur das Essen mit seinen eigenen Händen, sondern wusch auch ihre Füße, so wie Christus es mit seinem Apostel getan hatte. Damit erhielt der Akt des Almosengebens einen religiösen, durch die Evangelien legitimierten Aspekt.

---

ritterliche Tugend der Freigebigkeit ohne Reichtum nicht ausüben kann. Als sich Gachmuret von der Familie verabschiedet und in die Welt hinausziehen will, teilt sein älterer Bruder gerne mit ihm das Vermögen und sagt, „liecht gesteine, rôtez golt,/ liute, wâpen, ors, gewant,/ des nim sô viel von mîner hant,/ daz du nâch dînem willen varst/ unt dîne mildekeit bewarst" (WOLFRAM VON ESCHENBACH, Parzival, 9, 6–10). Deswegen müssen manche Protagonisten klagen oder sich schämen, wenn ihnen das Vermögen fehlte, welches jedoch für die ritterliche Ehre unbedingt nötig ist. So beispielsweise Engelhart: „sich, got herre, wie sol ich/ gedienen werder liute grouz?/ ich wæne, an mir verderben muoz/ ritters name und ouch sîn amt./ ich fürhte, ich müeze ir beider samt/ ledic unde blôz gestân,/ swenn ich des geldes niht mac hân/ dâ mite ich mir gewinnen müge/ lop daz mînen êren tüge/ die von geburt mich erbent an" (KONRAD VON WÜRZBURG, „Engelhard", 288–297).

121 „Et portabat dapiter semper duo fercula de quolibet ciborum genere secundum diversitates ciborum et ponebat ante fratrem Rigaldum. Ille vero unum ferculum retinebat sibi, de quo comedebat, aliud vero pro pauperibus refundebat in concas. Et sic faciebat de qualibet appositione et diversitate ciborum" (SALIMBENE VON PARMA, Chronica, S. 434, vgl. BUMKE [1986], S. 241).

Es versteht sich, dass eine der wichtigsten sozialen Funktionen der Gastmähler die Stiftung einer (freundschaftlichen) Verbindung zwischen den Anwesenden war. Von den oben genannten drei Formen öffentlicher Mähler dienten das Hochzeitsmahl und das Gastmahl anlässlich des Herrschertreffens dazu, „externe" Personenbeziehungen zu stiften oder zu verstärken: Beide stellten demnach diplomatische Aktivitäten dar. Daneben fungierten die Gastmähler auch als Festigung für eine „interne" Verbindung; als Integrationsritus innerhalb eines bestimmten Personenkreises. Beim oben genannten Krönungsmahl ging es eindeutig um den Integrationsritus eines internen Personenkreises, d. h. zwischen dem neu gewählten Herrscher und dem „Volk". Auch das Gastmahl im Rahmen des Herrschertreffens diente unter bestimmten Bedingungen der Stiftung oder dem Verstärken der internen Personenbeziehung einer Gruppe, beispielsweise ein Gastmahl bei einem übermächtigen Herrscher wie dem königlichen bzw. kaiserlichen Hoftag des Heiligen Römischen Reichs.

Es gibt noch zwei weitere interessante Beispiele für (Gast-)Mähler als internen Integrationsritus: Das Fasanenfest des Burgunderhofs und die gemeinsamen Mähler der städtischen Genossenschaften wie das Bruderschaftsmahl und das Zunftmahl. Sie stehen zwar außerhalb der Sozialschicht oder des behandelten Themengebietes dieser Arbeit, aber wegen ihrer ausgesprochen und stark sozialen Bedeutung und zum Vergleich werden sie hier kurz vorgestellt.

Das Fasanenfest (Banquet du faisan/ Banquet des vœux du faisan)[122] war ein einzigartiges und einmaliges,[123] aber weit bekanntes Fest des Burgunderhofs am 17. Februar 1454 unter dem burgundischen Herzog Philipp dem Guten. Das offizielle Ziel des Festes war der Aufruf zum Kreuzzug gegen das Osmanische Reich anlässlich der Eroberung Konstantinopels durch die Osmanen im Jahr zuvor. Der Kreuzzug gegen die Osmanen war schon 1453 von Papst Nikolaus V. ausgerufen worden, aber der burgundische Herzog hatte einen eigenen Grund dafür: Philipps Vater Johann Ohnefurcht war während des Kreuzzugs gegen die Osmanen bei der verlorenen Schlacht von Nikopolis 1396 gefangengenommen worden. Johann war zwar gegen Lösegeld befreit worden, aber seitdem war es der Wunsch der burgundischen Familie, sich an den Osmanen zu rächen. Philipp der Gute selbst gründete den Orden vom Goldenen Vlies, der auf die „Verteidigung des Glaubens" abzielte; die Anhänger dieses Ritterordens waren unter den Hauptteilnehmern des Fasanenfestes.

Neben den luxuriösen Speisen beim Gastmahl dieses Festes spielten zwei Veranstaltungen eine sehr wichtige Rolle. Eine davon war das „entremets". „L'entremets" oder das Entremets ist heutzutage ein so genannter „Zwischengang", eine kleine Speise nach der Hauptspeise. Entsprechend der Wortbedeutung war ein „Entremets" ursprünglich etwas „zwischen den Gerichten", aber im mittelalterlichen prächtigen Festmahl war es eine „Speise", die eher die Augen erfreuen sollte, oder die Gelegen-

---

122 OLIVIER DE LA MARCHE, Mémoires, S. 340ff., CARTELLIERI (1921), JOHANEK (1991), HUIZINGA (1975), LAURIOUX (2002).

123 Dem Fasanenfest gingen zwei Feste voraus; das erste Fest fand am 20. Januar 1454 auf Geheiß Herzogs Johann von Kleve (Neffe Philipps des Guten) in Lille statt, das zweite am 5. Februar 1454. Das Fasanenfest war das dritte und bedeutendste.

heit zur Unterhaltung zwischen den Speisen bot.[124] Das Entremets des Fasanenfestes war ein großes Schauspiel mit verschiedenen Darstellern und Tieren, verbunden mit dem Aufruf zum Kreuzzug. Zur Darstellung kamen beispielsweise die Kirche, ein Spendenkasten, die Statue einer nackten Dame als die bedrohte Kirche oder das eroberte Konstantinopel, ein Riese als Verkörperung der Osmanen, ein Schauspiel über die Abenteuer Jasons, d. h. über den Ursprung des Goldenen Vlieses und damit des nach ihm benannten Ritterordens; selbst in der Pastete befanden sich 28 Musizierende.[125] Als durch das „Entremets" die Stimmung für den Kreuzzug angefacht geworden war, kam der wichtigste Teil der Veranstaltung: Der Kreuzzugsschwur auf einen lebenden Fasan durch die Teilnehmer des Festes, worauf der Name „Fasanenfest" beruht. Schöne Vögel wie Schwan und Pfau spielten oft beim Gastmahl eine Rolle als besondere Speise, wahrscheinlich weil sie wegen ihres schönen Aussehens für mysteriös und heilig gehalten wurden.

Mit dem Kreuzzugsschwur auf den Fasan wurde das offizielle Ziel des Festes zwar erreicht, auch wenn der Kreuzzug nie zustande kam, doch gab es daneben ein weiteres Ziel. Zu diesem Zeitpunkt hatte das burgundische Herzogtum eine sehr große Ausdehnung erreicht, der Herzog war mächtiger und reicher als der König von Frankreich. Es bestand jedoch aus einem Komplex weit verstreuter Territorien, die der burgundische Herzog versuchte, einheitlich zu beherrschen. Vor diesem Hintergrund hatte das Fasanenfest die Rolle eines Integrationsritus in die burgundische Herrschaft, nicht zuletzt durch den Orden vom Goldenen Vlies, der aus Adligen des Herzogtums von großem politischem Gewicht bestand.[126] Die Intention der einheitlichen Herrschaft über die burgundischen Territorien war umso bedeutender in der Zeit unmittelbar nach dem Hundertjährigen Krieg. Durch das Fasanenfest demonstrierte der burgundische Herzog seine große Macht, seinen Reichtum und seinen großen politischen Einfluss.

Im Gegensatz zur adligen und königlichen Gesellschaft ging es bei den gemeinsamen Mählern im städtischen Bereich deutlich um die „internen" Beziehungen. In den mittelalterlichen Städten, nicht zuletzt im Spätmittelalter, waren gemeinsame Mähler verschiedener Gemeinschaften zu sehen. Die städtischen Korporationen wie Zünfte, Gilden und Bruderschaften hielten regelmäßig (einmal in der Woche, einmal pro Monat) ohne Ausnahme eigene gemeinsame Mähler und auch jährliche Gelage

---

124 Vgl. Entremets „gehörten zu jedem Festmahl als Abwechslung und Unterhaltung zwischen den verschiedenen Gängen und wurden offensichtlich mit großer Sorgfalt und Phantasie hergestellt. Sie konnten aus einem Schaugericht bestehen, wie zum Beispiel einem Pfau in seinen Federn oder dem Kopf eines Wildschweines" (VAN WINTER [1982], S. 340). Das prächtige Entremets wurde am Burgunder Hof sehr beliebt und entwickelte sich weiter. Auch bei der dritten Hochzeitsfeier Karls des Kühnen (Sohn Philipps des Guten) wurde ein großes Entremets mit einem Wal, Riesen, Sirenen und zwölf Rittern abgehalten, gleichwohl war es nicht auf Burgund beschränkt. Das Schauspiel über die Kreuzzüge und die Eroberung Jerusalems durch Gottfried von Bouillon beim oben genannten Festbankett König Karls V. von Frankreich (Abb. 12) galt auch als Entremets.

125 „La seconde table, qui estoit la plus longue, avoit premierement ung pasté, dedans lequel avoit vingt huit personnaiges vifz jouans de divers instrumens, chascun quant leur tour venoit" (OLIVIER DE LA MARSCHE, Mémoires, S. 351).

126 Vgl. HARAGUCHI (2009), S. 97.

als unerlässliche wichtige Veranstaltungen ab.[127] Beispielsweise enthalten die Statuten der Catharinen-Bruderschaft an St. Lamberti in Münster fünf Kapitel über das Bruderschaftsmahl.[128] Dem Kapitel 8 folgend soll man am Tag nach dem Catharinentag zwei Messen halten, danach soll das Bruderschaftmahl stattfinden:

> „Kap. 9: Item danach, wenn die zwei Messen gehalten sind, soll eine Mahlzeit sämtlichen Brüdern angerichtet werden in des Hausherrn Haus immer innerhalb des Kirchspiels, sofern alsdann ein gut geeigneter Fleischtag liegt. […]
>
> Kap. 10: Item wenn es keinen gut gelegenen geeigneten Fleischtag nach dem Catharinentag gibt, sollen die Vorsteher dieser Bruderschaft einen geeigneten Tag zur Mahlzeit benennen und danach anordnen, wann Vigilie und Messe gehalten werden, im Einverständnis mit der vorgenannten Bruderschaft.
>
> Kap. 11: Item wenn diese Mahlzeit gehalten wird, soll man nur drei Gerichte haben und ein Quart Wein für je zwei Brüder, mit einem Weiß- und einem Roggenbrote zu jedem Gericht. Das erste Gericht soll sein gefüllte gekochte Hühner, das zweite Senffleisch, das dritte Braten. Was man von diesen Speisen abträgt, soll nicht verkommen, sondern unverzüglich den armen Leuten gegeben werden.
>
> Kap. 13: Item sodann Butter und Käse aufgesetzt und abgetragen sind, soll man Äpfel und Nüsse aufsetzen, und der Kaplan soll Gratias beten mit Miserere und De profundis und Kollekte für alle verstorbenen Brüder und Schwestern."[129]

Aus diesen Bestimmungen wird ausführlich die Art der Speisen des Bruderschaftsmahls ersichtlich. Es sollte unbedingt Fleisch gegessen und nicht Bier, sondern Wein getrunken werden. Nicht zu übersehen ist, dass Kapitel 11 fordert, die Speisereste dieses Mahls unverzüglich den Armen zu geben.

Es braucht wahrscheinlich keine weitere Erörterung, dass solche gemeinsamen Mähler und Gelage der Verstärkung des Genossenschaftsbewusstseins und dem Zugehörigkeitsgefühl der Mitglieder der Bruderschaft oder der Zunft dienten. Die regelmäßigen gemeinsamen Mähler und die jährlichen Gelage waren Gelegenheiten zur Versammlung der Angehörigen einer Gruppe und hatten die Funktion eines Integrationsaktes der städtischen Gemeinschaften. Die Mitglieder der Catharinen-Bruderschaft in Münster hatten jedoch auch ohne die gemeinsame Mahlzeit die Gelegenheit, sich zu versammeln und sich zu treffen, da Kapitel 14 des Statuts vorschrieb, gemeinsam die Messe zu feiern und anschließend die Wahl der Ämter der Bruderschaft durchzuführen. Ein Zusammentreffen allein wurde aber für den Integrationsakt als nicht ausreichend betrachtet: Erst gemeinsames Essen, Trinken und Feiern besaß die ausreichende Integrationskraft, um der Bruderschaft festen Zusammenhalt zu geben.

---

127 Die Bruderschaften „waren gekennzeichnet durch gemeinsame Statuten (mündlich oder schriftlich), Mahlzeiten und Trinkgelage sowie religiöse Verrichtungen an bestimmten Kirchen, Kapellen und Altären" (HERGEMÖLLER, Bernd-Ulrich, Bruderschaft, in: Lex. MA., Bd. 2, Sp. 738–740, Sp. 739). Das Wort „gilde" bedeutete im Mittelalter nicht nur die Zunft, sondern auch die Gelage der Gilde.

128 Die Statuten wurden wegen der Täuferbewegung in Münster 1536 erneut geschrieben und umfassen insgesamt 18 Kapitel. Daneben gibt es zusätzliche Regeln für das gemeinsame Mahl, siehe KETTELER (1993), S. 32ff.

129 Ibid., S. 32f.

2.2.2 Schilderungen der Mähler in der höfischen Literatur

In der höfischen Literatur, vor allem in den ritterlichen Epen, spielen die Feste und Gastmähler eine bedeutende Rolle und bilden neben der Schilderung des ritterlichen Spiels die Höhepunkte der Geschichten. Interessanterweise (oder bedauerlicherweise) unterlassen manche höfischen Autoren eine ausführliche Schilderung des Fest- und Gastmahls, wie etwa Hartmann von Aue („Erec", „Iwein"), Gottfried von Straßburg („Tristan und Isolde"), Rudolf von Ems („Der guote Gêrhart") und der unbekannte Autor des „Nibelungenliedes".

2.2.2.1 Hartmann von Aue, „Erec" und „Iwein"[130]

In Hartmanns „Erec" finden sich sieben Szenen mit (Gast-)Mählern; zweimal Gastfreundschaft bei Enite (366–395, 1386–1399), die Hochzeit Erecs mit Enite (2118–2221), die Übernachtung im Wirtshaus und die Versuchung des Grafen (3654–3667), das erzwungene Essen Enites mit dem Grafen (6352–6549), das Abendessen zu Brandigan („Joie de la curt", 8359–8366) und das Frühstück vor dem Kampf im Baumgarten („Joie de la curt", 8646–8652). In „Iwein" sind drei Szenen beschrieben; das Pfingstfest zu Karidol (59–76), Kalogrenants Übernachtung auf einer Burg (348–368) und die Gastfreundschaft auf einer Burg (6542–6573).

Der Autor neigt dazu, die Beschreibung des Essens zu vermeiden, wobei er andere Elemente wie die Nennung der vornehmen Teilnehmer, die Sitzordnung oder die Unterhaltung (Tanzen, Buhurt[131] usw.) betont. So wird in der zweiten Gastfreundschaft bei Enite (1386–1399) erwähnt, dass genügend Speisen von Herzog Imain gebracht wurden, bei der Hochzeit Erecs und Enites (2118–2221) ist beschrieben, dass die Gäste gut bewirtet werden, der Autor ist jedoch bei der Beschreibung des Essens sehr zurückhaltend.[132]

Die Schilderung des Abendessens zu Brandigan („Joie de la curt", 8359–8366) ist sehr einfach, und man erfährt nicht, was und wie gegessen wird:

„nû ist zît daz man gê.

der wirt vuorte si ezzen.

nû enwart dâ niht vergezzen

si enheten alles des die kraft

---

130 Textausgaben: Hartmann von Aue, Erec. Mit einem Abdruck der neuen Wolfenbütteler und Zwettler Erec-Fragmente, herausgegeben von Albert Leitzmann, fortgeführt von Ludwig Wolff, 7. Auflage besorgt von Kurt Gärtner, Tübingen 2006; Hartmann von Aue, Iwein, Text der siebten Ausgabe von Georg Friedrich Benecke, Karl Lachmann und Ludwig Wolff, Übersetzung und Nachwort von Thomas Cramer, Berlin und New York 2001.
131 Buhurt ist ein ritterlich-höfisches Kampfspiel.
132 Anne SCHULZ vergleicht Hartmanns „Erec und Enite" und „Iwein" mit den französischen Vorlagen von Chrétien de Troyes und erklärt, wie die ausführlichen Schilderungen des Essens bei Chrétien de Troyes Vorlagen in Hartmanns Werken beseitigt wurden (SCHULZ [2011], S. 28–44). Über die Hartmanns passive Haltung gegenüber dem Essen vgl. ROOS (1975), S. 354, ausführlicher siehe Kap. 2.2.2.9.

daz man dâ heizet wirtschaft.

nû hânt si vol gezzen

und sint dar nâch gesezzen

und redeten aller hande" („Erec", 8359–8366).

Nur beim Frühstück vor dem Kampf im Baumgarten („Joie de la curt", 8646–8652) ist erwähnt, was Erec isst: „abe einem huone er gebeiz/ drîstunt, des dûhte in genuoc" und „tranc sant Jôhannes segen" (8649–8652). Hartmann erwähnt das Essen zwar wenig, aber wie oben erwähnt, erzählt er gern von anderen Begebenheiten beim Fest oder Festmahl. Beim Fest zu Karadigan („Erec", 1611–1805) mit Artus' Tafelrunde zählt der Autor die Teilnehmer, vor allem die Ritter der Tafelrunde auf. Bei der Hochzeit Erecs und Enites sind viele sehr vornehme Personen zu Gast und werden einzeln genannt (1902–1953, 2086–2117): Die Anwesenheit solch erhabener Personen ist Ehre und Zierde der Veranstaltung. Diese Hochzeit findet zu Pfingsten in Artus' Königsschloss statt. Die (kirchlichen) Hochfeste waren im Mittelalter beliebte Anlässe für Hoftage oder Hoffeste sowohl in der Wirklichkeit als auch in der damaligen Literatur,[133] und Pfingsten war der beliebteste und meist genutzte Festtermin. Nach einer Analyse von Rosemarie MARQUARDT finden in 31 Werken mittelalterlicher Literatur 35 Hochzeitsfeste, 26 Hoftage bzw. Hoffeste, 21 Krönungsfeiern, zwölf Feste zur Schwertleite, acht Pfingstfeiern, zwei Frühlingsfeiern und elf Feste mit unterschiedlichen Anlässen statt.[134] Davon werden insgesamt 21 Feste zu Pfingsten gefeiert. Zwar enthält nur etwa ein Drittel der Festberichte in den Dichtungen Zeitangaben, davon aber finden 55 % zu Pfingsten, 10 % zu Ostern und 7 % zu Weihnachten statt.[135] Tatsächlich wurde auch der berühmte Mainzer Hoftag Friedrich Barbarossas von 1184 an Pfingsten abgehalten, zudem wählten König Heinrich VI. (1189) und sein Bruder Philipp (1197) Pfingsten als Termin für Feiern. Im Weiteren hielt Philipps Gegner Otto IV. einen Hoftag an Pfingsten (1209), der mit dem Mainzer Hoftag von Barbarossa zu vergleichen ist.[136]

Von dieser Hochzeit ist auch zu erfahren, dass vorher eine Jagd (2029–2063) und während der Feier Tanz und Buhurt veranstaltet werden (2142): All das waren beliebte Formen höfischer Kurzweil. Solche ritterlichen und höfischen Vergnügungen sind dem Autor viel wichtiger als das Essen:

---

133 GOETZ (1989), MARQUARDT, (1985), SCHALLER (1974).

134 Beispielsweise beginnt „Iwein" mit dem Pfingstfest zu Karidol unter König Artus.

135 In der Auflistung von MARQUARDT werden insgesamt 94 Feste in den folgenden 31 Werken behandelt: Kaiserchronik, König Rother, Alexanderlied (Straßburger Fassung), Graf Rudolf, Eneide (Heinrich von Veldeke), Lied von Troja (Herbort von Fritzlar), Münchener Oswald, Erec, Iwein, Nibelungenlied, Lanzelet (Ulrich von Zazikhoven), Parzival, Heinrich und Kunigunde, Wigalois, Tristan, Eraclius, Athis und Prophilias, Der Mantel, Die Krone, Willehalm, Daniel vom blühenden Tal, Karl und Galie, Flore und Blanscheflur, Herzog Ernst, Der gute Gerhard, Morant und Galie, Prosa-Lancelot, Walther und Hildegund, Willehalm von Orlens, Alexander (Rudolf von Ems), Kudrun (MARQUARDT [1985], S. 24 und S. 105ff.).

136 Bernd SCHNEIDMÜLLER weist darauf hin, dass der Mainzer Hoftag den Höhepunkt der Macht Barbarossas zeigte und dass „Otto IV. seinen politischen Durchbruch ebenfalls zu Pfingsten 1209 herausstellen" konnte (SCHNEIDMÜLLER [1991], S. 169ff.).

„dâ was sô manec ritter guot

daz ich iu ze einer mâze

will sagen von ir vrâze:

wan si ahten mêre

ûf andere êre

danne daz si vræzen vil" („Erec", 2129–2134).

Bei Tanz und Turnier haben die Festteilnehmer bessere Möglichkeiten, ihre höfischen Fertigkeiten zu demonstrieren, als beim Mahle. Beim Essen Enites mit Erec in einem Wirtshaus (3654–3667) und beim erzwungenen Essen mit dem Grafen (6352–6549) geht es vor allem um die Sitzordnung. Beim Abendessen im Wirtshaus sitzt Erec am Tisch Enite gegenüber, doch sollten sie eigentlich als Ehepaar nebeneinandersitzen. Diese ungewöhnliche Sitzordnung zeigt die unfreundliche Beziehung zwischen Erec und Enite. Als Enite danach vom dortigen Grafen entführt und gezwungen wird, mit ihm zu essen, lässt er sie am Tisch ihm gegenübersitzen, obwohl er die Absicht hat, sie zu seiner Ehefrau zu nehmen. Weil sie bei diesem Essen glaubt, Erec sei tot, nur weint und nichts isst, schlägt er sie und wird von seinen Untertanen dafür getadelt. Der Graf erwidert, Enite sei schon quasi seine Ehefrau und er habe daher das Recht, sie zu schlagen.[137]

Wie im „Erec" beschreibt Hartmann im „Iwein" das Essen kaum. Beim Pfingstfest zu Karidol (59–76) ist nur in einer Zeile erwähnt, dass währenddessen gegessen wird („dô man des pfingestes enbeiz", 62), aber der größte Teil der Beschreibung des Festes besteht wiederum in den höfischen und ritterlichen Vergnügungen wie Konversation mit den Damen, Tanzen, Singen, Wettlauf, Musik usw. In der Nacht nach diesem Pfingstfest erzählt Kalogrenant von seinem misslungenen Abenteuer. Als er unterwegs bei einem Burgherrn übernachtet, lässt dieser seine Tochter vor dem Essen mit ihm eine Unterhaltung führen und weiter mit ihm speisen, weil ihre Begleitung ihn sehr erfreue (348–368). Beim Abendessen auf dieser Burg und auch bei einer weiteren Gastfreundschaft auf einer Burg (6542–6573) wird geschildert, dass ein Dienstbote kommt, um den Gast (Kalogrenant oder Iwein) zum Essen zu rufen, und dass der Gast sehr gut bewirtet wird.[138] Genaueres von den Speisen wird jedoch nicht geschildert.[139]

---

137 Vgl. im „Nibelungenlied" schlägt Siegfried seine Frau Kriemhild als Strafe (894).

138 „ouwê immer unde ouwê,/ waz mir dô vreuden benam/ ein bote der von dem wirte kam!/ der hiez uns beidiu ezzen gân./ dô muose ich rede und vreude lân. […] ouch enwart dâ niht vergezzen/ wirn heten alles des die kraft/ daz man dâ heizet wirtschaft./ man gap uns spîse, diu was guot,/ dâ zuo den willigen muot." („Iwein", 348–368), „nû was ez ouch alsô spâte/ daz in ein bote seite/ daz ezzen wære gereite./ Nû giengen sî ouch ezzen,/ und enwart des niht vergezzen,/ sî enbuten dem gaste/ volleclîchen vaste/ alsô grôze êre/ daz ez nie wirt mêre/ sînem gaste baz erbôt/ des was er wert und was im nôt./ dâ was mit volleclîcher kraft/ wirde unde wirtschaft" („Iwein", 6542–6554).

139 Im „Iwein" wird selbstverständlich die Hochzeit Laudines und Iweins (2418–2449) groß gefeiert, aber das Hochzeitsmahl findet keine Erwähnung, weswegen diese Szene hier nicht behandelt wird.

2.2.2.2 Gottfried von Straßburg, „Tristan und Isolde"[140]

Die Tendenz der höfischen Epen, dass die Autoren das Essen kaum oder nicht beschreiben, fällt vor allem bei Gottfried von Straßburgs „Tristan und Isolde" auf. Da in diesem Werk überirdische Kraft der Liebe eine zentrale Rolle spielt, sollen die materiellen Elemente wie Essen und Trinken im Hintergrund bleiben.[141] Sogar die Feste, die in den meisten höfischen Epen als Höhepunkt des ritterlich-höfischen Lebens gerne geschildert werden, finden in diesem Werk kaum statt. Die einzige ausführliche Festschilderung ist das Maifest unter König Marke (534ff.), an dem Riwalin, Tristans Vater, teilnimmt und Blanscheflur, Tristans Mutter, kennenlernt. Die Festschilderung beginnt mit der ausführlichen Beschreibung der schönen Jahreszeit Mai (544–584), besteht ansonsten aus der Erwähnung der ritterlich-höfischen Vergnügungen wie Tanzen, ritterliches Spiel und Schönheit der Damen. Die Schönheit Blanscheflurs ist herausragend und „diu sælege ougenweide/ diu machete ûf der heide/ vil manegen man frech und fruot,/ manec edel herze hôhgemuot" (639–642).[142] Vom Festmahl wird nur kurz erwähnt, dass die Kleidung und Speisen reichlich vorbereitet sind:

„ouch vant man dâ rât über rât,

als man ze hôhgezîten hât,

an spîse und edeler wæte"(„Tristan und Isolde", 601–603).

Sonst sind von diesem Werk nur ein Gastmahl für Rual (4093–4118) und ein Fest für die Rittererhebung der Söhne Ruals (5717–5741) zu behandeln. Die Schilderung des Hochzeitsfestes von König Marke und Isolde ist auch sehr schlicht und kurz (12597ff.) und so wird das Hochzeitsmahl gar nicht erwähnt.

Als Tristans Stiefvater Rual Tristan endlich findet, lädt König Marke Rual zum Essen ein. Vor dem Essen waschen sie sich die Hände, dieser Umstand findet sich auch in vielen anderen Werken wieder.[143] Marke setzt sich zuerst an den Tisch, lässt Rual sich setzen und heißt Tristan, „gâ balde dar,/ nim selbe dînes vater war!" (4099f.). Während des Essens bedient Tristan ihn: Die Bedienung einer hochgestell-

---

140 Textausgabe: MAROLD, Karl (Hg.), „Gottfried von Straßburg, Tristan", Bd. 1: Text, unveränderter fünfter Abdruck nach dem dritten mit einem aufgrund von Friedrich Rankes Kollationen verbesserten kritischen Apparat, besorgt und mit einem erweiterten Nachwort von Werner Schröder versehen, Berlin und New York 2004.

141 Dieses Merkmal von „Tristan und Isolde" fällt besonders in der Episode der Minnegrotte (16683ff.) auf. Während Tristan und Isolde in der Minnegrotte leben, ernähren sie sich nur von der Liebe und brauchen keine Lebensmittel („si sâhen beide ein ander an,/ dâ generten sî sich van:/ der wuocher, den daz ouge bar,/ daz was ir zweier lîpnar;/ si enâzen niht dar inne/ wan muot unde minne", 16820–16824), vgl. KUHN, Hugo, Art. „Gottfried von Straßburg", in: VL, Bd. 3, Sp. 153–168, Sp. 165, KOLB (1973).

142 Die schönen höfischen Damen als Freude der Augen, vgl. Kap. 2.2.2.4.

143 „Parzival" (Gastmahl auf der Gralsburg [237, 7–12], Empfang auf Clinschors Zauberburg [622, 14–17]), „Willehalm" (133, 23 und 312, 32), „Helmbrecht" (Familienessen anlässlich der Heimkehr Helmbrechts, 861), „Der Ring" (Hochzeitsmahl, 5572ff.), „Das Nibelungenlied" (606, 1898), und „Heinrich von Kempten" (159ff.).

ten Person beim Essen (hier durch Tristan) ist eine Art, dem Gast Ehre zu erweisen.[144] Für Rual ist die Anwesenheit Tristans die beste Bewirtung:

> „ouch az Rûal der guote
>
> mit willeclîchem muote,
>
> wan Tristan tete in fröudehaft.
>
> Tristan der was sîn wirtschaft:
>
> daz er Tristanden ane sach,
>
> das was sîn meiste gemach" („Tristan und Isolde", 4105–4110).

Erst nach dem Ende des Essens fragt König Rual nach seiner Reise, der Suche nach Tristan und nach seinem Land.

Bei der Rittererhebung der Söhne Ruals besorgt Tristan auf seine Kosten alles, was für das Fest nötig ist:

> „er hiez ime gewinnen
>
> schœniu ros und edele wât,
>
> <u>spîse</u> und anderen rât" („Tristan und Isolde", 5720–5722).

Hier ist neben dem Pferd und der Kleidung „spîse" für das Fest der Rittererhebung erwähnt, was vermuten lässt, dass auch ein Festmahl stattfindet; seine Schilderung aber unterbleibt. Der Gastgeber lädt „die besten von dem lande,/ an den des landes kraft dô stuont" (5726f.) ein, womit er den Söhnen Ehre erweisen will.

2.2.2.3 Rudolf von Ems, „Der guote Gêrhart"[145]

Auch in „Der guote Gêrhart" Rudolf von Ems' werden trotz der mehrmaligen Erwähnung der Mahlzeiten und Gelage keine Details geschildert. In der langen Szene der Hochzeitsfeier und Rittererhebung des Sohnes[146] von Gerhard (3405–5098) wird zwar mehrmals gegessen, aber eine ausführliche Darstellung des Essens erfolgt nicht. Wie die Autoren der oben genannten anderen höfischen Werke betont Rudolf von Ems andere wichtige Elemente. Vor allem spielt die Sitzordnung in den verschiedenen Szenen dieser Geschichte, nicht nur beim Festessen, eine Rolle. Als Kaiser Otto Gerhard ruft und ihn darum bittet, seine gottgefälligen Taten zu erzählen (788–900), will Gerhard standesgemäß auf dem Holzstuhl sitzen, da er bloß ein Kölner Kaufmann ist, aber er wird vom Kaiser gedrängt, neben ihm zu sitzen.[147]

---

144 Beispielsweise bedient im „Parzival" die Königin (Belakane) selbst Gahmuret beim Essen und während Parzival sich bei Gurnemanz aufhält, lässt er seine Tochter Liaze neben ihm sitzen und ihn bedienen, vgl. Kap. 2.2.2.5 und Kap. 2.3.4.

145 Textausgabe: ASHER, John A. (Hg.), „Der guote Gêrhart von Rudolf von Ems", Tübingen 1989.

146 Der Sohn von Gerhard wird im ganzen Werk nicht genannt.

147 Am vorigen Abend kommt der Kaiser in Köln an, um Gerhard zu sehen und wird vom Kölner Erzbischof empfangen und bewirtet (695–722). Vom Essen ist nichts bekannt.

Die Hochzeitsfeier und Rittererhebung des Sohnes von Gerhard (3405–5098) ist eine der zwei ausführlichen Festbeschreibungen in diesem Werk. Diese Szene enthält viele wichtige Elemente des Festes wie Festtermin, Festteilnehmer, ritterliche Spiele und die Bewirtung durch die Gastgeber (Gerhard und seinen Sohn). Als Vorbereitung für das Fest besucht Gerhard den Kölner Erzbischof und die Rittererhebung des Sohnes wird bestimmt. Gerhard wählt Pfingsten als Festtermin. Gerhard lädt zuerst den Erzbischof, die Adligen und andere vornehme Leute (insgesamt über 300 Personen), danach auch die Bürger zum Fest ein. Er lässt einen Kampfplatz für das ritterliche Spiel bauen. Die Gäste kommen in Begleitung von vielen Rittern an und als der (Kölner) Erzbischof eintrifft, findet am (Pfingst-)Abend das erste Gastmahl statt.

„mîn herre der erzbischof

kam ouch mit fürstenlîchen siten

mit mir in mîn hûs geriten

mit schalle ûf daz gestüele dar.

sî sâzen und enbizzen gar.

Dô der imbîz geschach,

mîn herre sîne man gesprach,

grâven, vrîen, dienestman" („Der guote Gêrhart", 3468–3475).

Am Pfingstsonntag vermählt der Erzbischof Gerhards Sohn mit der norwegischen Prinzessin Erene und anschließend finden der Buhurt und das Hochzeitsmahl statt. Der Erzbischof sitzt auf Bitte Gerhards neben der Prinzessin. Die Gäste werden von Gerhard und seinem Sohn als Gastgeber sehr gut bewirtet, aber was und wie die Gäste speisen, schreibt der Autor nicht. Am darauffolgenden Tag nach der Messe wird der Sohn zum Ritter erhoben, im Weiteren turnieren die Ritter wieder. Als die Damen Platz nehmen, endet der Buhurt und das Bankett beginnt. Gerhard bestimmt die Sitzordnung der Gäste. Die Damen sitzen auf der einen, die Ritter auf der anderen Seite der Tafel. Wie am Abend zuvor wird die norwegische Prinzessin vom Kölner Erzbischof begleitet und sitzt neben ihm:

„dô teilte ich nâch ir wirde kraft

ieglîcher geselleschaft

daz gestüele als ez gezam.

den einen teil des ringes nam

diu ritterschaft durch hôhen muot,

den andern teil die vrowen guot;

daz gegenstüele gab ich sâ

vrîen unde grâven dâ.

dannoch was ieglîchem bereit

> ein sitz nâch sîner werdekeit.
>
> mîn herre bî der vrowen saz" („Der guote Gêrhart", 3671–3681).

Dann wird das Wasser zum Händewaschen gebracht. Die Knappen und wiederum der Gastgeber Gerhard selbst bedienen die Gäste sehr aufmerksam. Auch an dieser Textstelle finden die Speisen, was und wie gegessen wird, keine Erwähnung. Während dieses Gelages taucht Willehalm, König von England und verschollener Verlobter von Erene, auf. Nachdem Willehalm Gerhard davon in Kenntnis setzt, sagt Gerhard dem Erzbischof, dass er jetzt mit einem anderen Gast, nämlich mit Willehalm essen solle;

> „ich sprach: ‹lieber herre mîn,
>
> lât dester müezeclîcher sîn
>
> daz ezzen und daz sitzen hie,
>
> wan ich nû einen gast enphie,
>
> der mit iu noch enbîzen sol.
>
> der bedarf genâden wol,
>
> der kam niuwelîchen her.›" („Der guote Gêrhart", 4179–4185).

In diesem Textabschnitt wird besonders deutlich ausgedrückt, welche Integrationskraft von einem Mahl zu erwarten ist. Während der gesamten Hochzeitsfeier spielt wieder die Sitzordnung, vor allem die Belegung des Sitzplatzes neben dem Erzbischof eine Rolle. Zwar sind Gerhard (der Gastgeber), sein Sohn (Bräutigam) und Erene (Braut) die Hauptpersonen der Feier, aber der Kölner Erzbischof stellt die vornehmste Person des Festes in der Sitzordnung dar. Erene wird immer vom Erzbischof begleitet und sitzt neben ihm, weil sie eindeutig die Wichtigste bei dieser Feier ist; sie ist die Braut und eine norwegische Prinzessin. Nach der Ankunft des richtigen, ursprünglichen Bräutigams lässt Gerhard Willehalm neben dem Erzbischof und Erene sitzen (4556–4566). Diese Feier verwandelt sich in die Hochzeitsfeier für Willehalm und Erene. Vor ihrer Vermählung wird Willehalm, wie er seinem Schwiegervater verspricht, zum Ritter erhoben. Am darauffolgenden Tag nach der Messe findet der letzte Akt der Feier, wieder mit Gelage, statt (5069–5080).

> „Dô das ambet was getân,
>
> swaz von vreuden mac ergân,
>
> daz geschach aldâ vil gar.
>
> ûf daz gestüele wider dar
>
> diu ritterschaft volkomen was,
>
> dâ man die varnden liute las,
>
> die herren al gelîche.
>
> mit werder gâbe rîche
>
> enphienc daz volc dâ gâbe vil.

<u>nâch des imbîzes zil</u>

dô nâmen gar mit vreuden siten

die ritter urlob und riten" („Der guote Gêrhart", 5069–5080).

Hier spielen die Fahrenden und werden reich beschenkt. Nach dem Ende des Festmahls verabschieden sich die Festteilnehmer und das ganze Fest endet.

Das zweite „richtige" Fest in „Der guote Gêrhart" wird anlässlich der Rückkehr
Willehalms nach England (5807–6420) abgehalten. Wie ein Hoftag besteht dieses
Fest („hôchzît") aus einer Feier und politischer Verhandlung, vor allem dem Gericht
über die Herrscher, die während Willehalms Abwesenheit sein Land ausnutzten.[148]
Die Festbeschreibung beginnt mit der Nennung der eingeladenen Gäste. In England
werden „die herren" und „des küniges mâgen und dienstman" eingeladen und von
außerhalb Englands die Könige von Wales, Schottland, Cornwall und Norwegen. Daneben nehmen die Fürsten von Irland und „Îbern" mit edlen Rittern teil. Die Gäste
übernachten teilweise in Unterkünften in London, teilweise in Zelten außerhalb der
Stadt. Auch für dieses Fest wird die Sitzordnung erwähnt. Eines frühen Morgens
trifft König Reinmund von Norwegen mit seinen 1000 Rittern ein. Er wird von Willehalm und seiner Gemahlin empfangen und ihm wird der besondere Platz gegenüber
dem König Willehalm zugewiesen, da Reinmund als Schwiegervater Willehalms ein
besonderer Gast ist. Wegen der Teilnahme so vieler vornehmer Gäste ist das Fest mit
dem Krönungsfest von König Artus zu vergleichen (5908–5916), alle Teilnehmer
sind sehr luxuriös gekleidet. Zuerst wird jedoch einfach gefeiert:

„swar iemen gie oder reit

durch die herberge über al,

der hôrte anders niht wan schal

und aber schal von schalle grôz,

vil galmes unde tambûr dôz

des dônes galm parrieren,

videln und vloytieren

ze buhurt und ze tanze gar

vor maniger ritterlîcher schar,

die mit rîchen vreuden ganz

huoben buhurt unde tanz

vor den gezelten ûf den plân.

dâ wart mit schalle widertân

---

148 Die erste Besprechung über die Missstände im Land wird vor dem Fest geführt. Als Folge der Besprechung werden die „unproblematischen" Herren und Untertanen vom richtigen König Willehalm
erneut belehnt. Die „problematischen" Herrscher bekommen sechs Wochen Zeit, um sich entweder
zu verteidigen oder um die Gnade des Königs zu erbitten.

swes man durch schal ze vreuden phlac

von den rittern gar den tac" („Der guote Gêrhart", 5942–5956).

Tanzen, Musik und Buhurt sind die typischen ritterlich-höfischen Unterhaltungsformen, die oft in der höfischen Literatur erwähnt werden.

Dann kommt die Nacht und das Gastmahl findet statt. Wieder wird die Szene des Speisens gar nicht geschildert, jedoch die reichliche Bewirtung. Im Weiteren wird die Sitzordnung erklärt, die Ritter und die Damen sitzen während der Gelage getrennt. Das Mahl wird vom schönen Spiel eines Sängers begleitet:

„man hôrte minneclîche

vor den fürsten vreuden vil,

maniger hande seitenspil

in süezer wîse erklingen,

von minnen schône singen,

von âventiuren sprechen wol,

daz man mit zuht vernemen sol,

von minnen und von ritterschaft

sprechen suoze in süezer kraft" („Der guote Gêrhart", 5980–5988).

Willehalm reitet durch die Menge der Gäste und begrüßt sie.

Am nächsten Tag findet wieder ein Festmahl statt, währenddessen erneut die Sitzordnung eine Rolle spielt. Willehalm drängt Gerhard und seinen Sohn, die besten Plätze zu nehmen, nämlich Gerhard neben Königin Erene und der Sohn neben dem König. Gerhard hält das für eine zu große Ehre: „ich weiz von rehter wârheit daz/ nie dekein mîn genôz/ gesaz mit êren alsô grôz/ noch mit sô rîcher werdekeit" (6038–6041).

Während die anderen Festteilnehmer nach dem Essen wieder turnieren, hält der König Gericht über die schuldigen Herrscher, die seine Abwesenheit ausnutzten. Willehalm versucht danach, Gerhard reichlich zu belohnen, aber trotz der enormen Ausgabe für das Königspaar weigert sich Gerhard, viele Lehen und Schätze anzunehmen. Am Ende der dreitägigen Feier werden die Ritter und die Fahrenden großzügig beschenkt und gehen nach Hause.[149] Obwohl der Protagonist dieses Werkes ein reicher Kaufmann ist, gehört die Geschichte insgesamt zur ritterlich-höfischen Welt, vor allem die beiden Feiern, deren Beschreibung gut ein Drittel des ganzen Werkes ausmacht, werden ritterlich abgehalten. Auch die Hochzeitsfeier von Gerhards Sohn wird wie die anderen ritterlich-höfischen Feste der zeitgenössischen Literatur beschrieben – der einzige Unterschied besteht darin, dass auch die Bürger zur Feier eingeladen werden.

---

149 Vgl. die Schilderung der Freigebigkeit im „Nibelungenlied", siehe Kap.2.2.2.4.

2.2.2.4 „Das Nibelungenlied" [150]

Im „Nibelungenlied" gibt es sieben Hoffeste und Gastmähler zu behandeln: Das Hoffest anlässlich der Schwertleite Siegfrieds (27–42), das Hoffest zu Pfingsten nach dem Sachsenkrieg (265–324), das Empfangsfest für Brünhild (579–626), das Hoffest anlässlich der Einladung Siegfrieds und Kriemhilds nach Worms (775–813), die Hochzeit Kriemhilds mit Etzel (1336–1375), die zweite Gastfreundschaft [151] beim Markgrafen von Bechelaren (1650–1712) und das Gastmahl unmittelbar nach der Ankunft der Burgundern an Etzels Hof (1806–1817). Veranstaltungen erbringen Integrationsleistungen. Dagegen spielt das letzte geschilderte Gastmahl bei Etzel (1898–1968) eine Sonderrolle, weil es wegen des Kampfs zwischen den Burgundern und Hunnen von Anfang an gestört wird. Die intendierte Integration schlägt also fehl. Lediglich zwei Punkte bei diesem Mahl sind hervorzuheben; das Händewaschen der Mahlteilnehmer vor dem Essen (1898) und die Teilnahme Kriemhilds mit ihrem kleinen Sohn. Damit wird ein Signal ausgesendet, das die natürliche Verbundenheit der Teilnehmer durch Verwandtschaft und Verschwägerung unterstreichen soll. Gerade diese Handlung wird jedoch zum Anknüpfungspunkt für die Auslösung der Katastrophe. Grundsätzlich wird im „Nibelungenlied" immer wieder die Reichlichkeit der Bewirtung (Speisen und Getränke) angeführt, doch auch „nie konkrete Einzelheiten" [152] wie in „Der guote Gêrhart".

Das erste Hoffest im „Nibelungenlied" ist die festliche Rittererhebung Siegfrieds (27–42). Im Vorhinein macht sein Vater bekannt, ein Fest feiern zu wollen (26) und viele Leute, vor allem „diu edeln kinderlîn", die jungen Adligen, die zusammen mit Siegfried während dieses Festes das Schwert empfangen sollen, werden aus verschiedenen Ländern eingeladen. Zuerst findet die Schwertleite Siegfrieds statt: Er bekommt mit 400 Knappen das Schwert und die Ritterkleidung. Dann wird das ritterliche Kampfspiel (Buhurt) abgehalten. Dem Spiel folgt das Festessen. Wie in den oben genannten zeitgenössischen Werken ist die Beschreibung des Festessens im „Nibelungenlied" ebenfalls sehr schlicht. Man erfährt nur, dass die Gäste reichlich bewirtet werden:

---

150 Textausgabe: „Das Nibelungenlied". Nach dem Text von Karl Bartsch und Helmut de Boor ins Neuhochdeutsche übersetzt und kommentiert von Siegfried Grosse, Stuttgart 1997.

151 Auf der Reise ins Hunnenland zur Hochzeit mit Etzel werden Kriemhild und ihr Gefolge beim Markgrafen von Bechelaren empfangen und bewirtet (1304–1327). Diese erste Gastfreundschaft beim Markgrafen wird hier nicht behandelt, weil das Gastmahl nur kurz erwähnt wird und an dieser Stelle eher Willkommen und Abschied zu werten sind: Es spielen vor allem die Art und Weise der Begrüßung der Frau und Tochter des Markgrafen und die wechselseitigen Geschenke zwischen Gastgebern und Gästen eine große Rolle. Zuerst werden die Markgräfin (1305, 1312–1315) und später ihre Tochter (1319) begrüßt. Hier wird ausführlich erzählt, wie sie ihre neue Herrin begrüßten. Die Markgräfin lobt das schöne Aussehen Kriemhilds. Bei der Abreise beschenken die Gastgeber und die Gäste einander, z. B. mit „zwelf armbouge rôt" und „guot gewant" (1322).

152 Ibid., S. 741 (Anmerkung für Str. 37).

„Dô giengen 's wirtes geste, dâ man in sitzen riet.

vil der edelen spîse si von ir müede sciet

unt wîn der aller beste, des man in vil getruoc.

den vremden und den kunden bôt man êren dâ gnuoc"

(„Das Nibelungenlied", 37).

Während des Festes, das sieben Tage andauert, dienen die Fahrenden der Kurzweil der Festteilnehmer. Am Ende des Festes werden sie ziemlich reich beschenkt. Über die gesamte Länge des Werkes wird die Freigebigkeit der Herrscher und Ritter immer wieder betont und geschildert, da sie als eine herausragende Ritter- und Herrschertugend anzusehen ist. Während dieses Festes beschenken die Teilnehmer so großzügig, als ob sie nur noch einen Tag zu leben hätten (41).

Nach der Schwertleite reist Siegfried nach Worms, um Kriemhild als seine Ehefrau zu umwerben. Bevor er sie sehen darf, muss er eine lange Wartezeit in Kauf nehmen und durch sein Verhalten das Vertrauen der Burgunder gewinnen. Diesem Ziel dient seine Teilnahme an einem Kriegszug gegen die Sachsen. Das Hoffest nach dem Sachsenkrieg (265–324) ist das wichtigste Hoffest im „Nibelungenlied". Die ehemaligen Feinde – der König Liudegast von Dänemark und Fürst Liudeger aus dem Sachsenland – werden eingeladen, um den Frieden zwischen den Burgundern und den zwei Gegnern wiederzuherstellen. Das Fest findet zu Pfingsten[153] statt. Die Gäste werden höflich empfangen und beschenkt. Zuerst werden die ritterlichen Spiele veranstaltet. Die Schilderung des Festmahls ist, was Speisen und ihre Folge angeht, auch hier sehr kurz und einfach gehalten:

„In der hôchgezîte der wirt der hiez ir pflegen

mit der besten spîse. er hete sich bewegen

aller slahte scande, die ie künec gewan.

man sah in vriwentlîche zuo den sînen gesten gân"

(„Das Nibelungenlied", 309).

Direkt im Anschluss an dieses Festmahl folgen politische Verhandlungen um den Abschluss des Friedensvertrags. Es ist schwer zu sagen, ob das Festmahl in diesem Fall als das friedensstiftende Element gelten kann wie es für das gemeinsame Essen im Frühmittelalter galt oder ob nicht das Festmahl selbst, sondern das Fest insgesamt friedensstiftende Funktion hat. Das „Nibelungenlied" entstand zwar um 1200, im Hochmittelalter, in der Zeit als, nach Gerd ALTHOFF, die friedens-, bündnis- und gemeinschaftsstiftende Funktion des gemeinsamen Essens zurücktrat. Das „Nibelungenlied" wurde jedoch nicht erst um 1200 gedichtet, sondern es entstand im Kern noch früher und unter dem Einfluss historischer Ereignisse im Frühmittelalter. Außerdem ist es umstritten, ob das „Nibelungenlied" zeitgenössische historische Ereig-

---

153 Es wird am Ende des Kriegs bestimmt, dass alle Betroffenen des Kriegs sich in sechs Wochen wiedertreffen sollen (257).

nisse widerspiegelt.[154] Es liegt auf der Hand, dass das „Nibelungenlied" im Hochmittelalter inhaltlich „modernisiert" wurde, weil in diesem Heldenepos viele Elemente, die sicher unter dem Einfluss hochmittelalterlicher höfischer Kultur hinzugefügt wurden, zu finden sind.[155] Bei der Frage, welche Rolle man dem Fest und dem Festmahl zuschreiben soll, spielen die Einflüsse der damaligen höfischen Kultur und der Realität auf das „Nibelungenlied" eine große Rolle. Trotz solcher Einschränkungen wird man doch festhalten müssen, dass innerhalb einer solchen Festbeschreibung das Mahl ein unverzichtbares Erzählelement darstellt.

Was die politischen Verhandlungen zwischen den Burgundern und den ehemaligen Gegnern Liudegast und Liudeger bei diesem Fest betrifft, so nehmen die Geschenke einen wichtigen Stellenwert ein. Das Geschenk ist neben dem Empfang der Gäste in der Öffentlichkeit sehr wichtig und nicht die bloße Gelegenheit, Freigebigkeit zu zeigen, denn „dem Rang entsprechend empfangen, gesetzt, beschenkt und verabschiedet zu werden, gehörte zu den wichtigsten und konfliktträchtigsten Zeremonialhandlungen im mittelalterlichen Gruppenleben".[156] Das von Liudegast angebotene Geschenk lehnt Gunther nach Beratung mit Siegfried ab und fordert stattdessen den ewigen Frieden zwischen ihnen. Schließlich beschenken die Gastgeber die Gäste und das Fest endet.[157]

Das dritte Fest im „Nibelungenlied" ereignet sich anlässlich der Ankunft Brünhilds und ihrer Hochzeit mit Gunther (579–626). Hier wird zunächst die große Bedeutung der Begrüßung zwischen den Gastgebern und den Gästen betont und ausführlich geschildert, dass die Gäste höflich und angemessen empfangen werden sollen und dass die Gastgeber und die Gäste einander angemessen begrüßen. Nach erfolgreicher Reise zwecks Brautwerbung kommen Gunther, Hagen, Siegfried und ihre Gefolgsleute mit Brünhild zurück. Sie werden von Ute und Kriemhild empfangen und küssen einander. Diese herzliche Begrüßung dauert sehr lange (588–591). Während die Damen einander begrüßen, findet gleichzeitig das Ritterspiel statt.

Die Schilderung des Festmahls ist hier viel umfassender als in den anderen Festschilderungen, obwohl nur ganz kurz und einfach erzählt wird, was und wie beim Mahl gegessen wird:

„Vil manic hergesidele mit guoten tavelen breit

vol spîse wart gesetzet, als uns daz ist geseit.

---

154 THOMAS (1990).
155 „Höfisierung" im „Nibelungenlied", vgl. CURSCHMANN, Michael, Art. „„Nibelungenlied' und ,Klage'", in: VL, Bd. 6, Sp. 926–969, Sp. 949.
156 ALTHOFF (1990), S. 184.
157 Im Zusammenhang mit diesen Zeremonialhandlungen und der „Höfisierung" im „Nibelungenlied" ist auch der erste Auftritt Kriemhildes bei diesem Fest (277ff.) zu erwähnen. Eine besondere höfische Freude vor allem für die Männer in der mittelalterlichen höfischen Kultur war es, schöne höfische Damen zu sehen. Die Anwesenheit der schönen Damen war die Zierde des Festes. Außerdem spielen die Begrüßung und der Empfang der wichtigen handelnden Personen der Gastgeberseite im „Nibelungenlied" immer eine außerordentlich wichtige Rolle. Der erste Gruß Kriemhilds an Siegfried auf diesem Fest (292) ist in diesem Sinn der standesgemäße Gruß von Seiten des Gastgebers, aber seine Funktion im Text ist hauptsächlich die Belohnung für Siegfrieds Bemühungen im Sachsenkrieg.

des si dâ haben solden, weil wênec des gebrast!

dô sach man bî dem künege vil manigen hêrlîchen gast"

(„Das Nibelungenlied" 605).

Brünhild als Königin sitzt neben Gunther. Zuerst wird das Wasser zum Händewaschen im goldenen Becken gebracht. Der wichtige Punkt besteht nicht im Festmahl selbst, sondern in der Forderung, die von Siegfried vor dem Essen gestellt wurde.[158] Er will Gunther an das Versprechen erinnern, dass er Gunthers Schwester Kriemhild zur Ehefrau bekommen soll, falls er Gunther bei der Brautwerbung hilft und es ihm gelingt, mit Brünhild wieder nach Worms zurückzukehren. Es könnte symbolische Bedeutung haben, dass Siegfried nicht nach, sondern vor dem Essen die Zusage der Belohnung fordert. Das Festmahl ist dann als die Beglaubigung dieser Zusage zu verstehen, wie es den Verhältnissen des frühen Mittelalters entspricht. Nach dem Essen wäre es zu spät und die Gelegenheit, die Forderung zu stellen, wäre verstrichen. Im Frühmittelalter hatte das gemeinsame Essen oft starke politische Bedeutung und vor allem beim Mahl, das nach Verhandlungen oder einem besonderen Ereignis stattfand, mussten die Tischgenossen oder die vom Ereignis Betroffenen sich vorsichtig und zurückhaltend benehmen. Es gab einige Fälle, in denen einer der Betroffenen ablehnte, beim gemeinsamen Essen etwas zu essen, solange sein Wunsch von den anderen nicht erfüllt wurde oder das Problem zwischen ihnen nicht gelöst war.[159] In dieser Szene ist der Einfluss solcher historischer Fälle zu erkennen.[160]

Durch diese Verhandlung wird Siegfrieds Wunsch erfüllt und er bekommt Kriemhild zur Frau. Wieder sind auch hier Probleme bei der Sitzordnung relevant: Wie oben erwähnt, sitzt Brünhild als Ehefrau neben König Gunther, Siegfried sitzt dem König gegenüber, neben ihm Kriemhild (617–618). Da Brünhild noch glaubt, Siegfried sei Gunthers Untertan, beginnt sie zu klagen, dass eine Königsschwester neben einem Untertanen sitzt (620).[161] Rangfragen dieser Art stören im „Nibelungenlied" immer wieder das Einvernehmen und damit die Ordnung am Hof.

Nach einigen Jahren werden Siegfried und Kriemhild nach Worms eingeladen (775ff.). Gunther fordert Brünhild auf, die Gäste angemessen zu empfangen, so wie sie auch bei ihrer Ankunft in Worms von Kriemhild gut empfangen wurde. Nach der Ankunft der Gäste findet das Ritterspiel statt und dem folgt das Gastmahl. Details der Mahlszene werden wieder nicht geschildert, aber die Vorbereitung der Gelage (777) und die großzügige Bewirtung (801–804) werden deutlich ausgeführt. Zu Beginn des Essens sitzt Gunther mit den Gästen am Tisch und lässt Siegfried den „alten Platz" (d. h. den Platz gegenüber dem König, denselben Platz wie beim letzten Festessen) einnehmen. Um ihn sitzen seine 1200 Krieger. Da die Gäste reichlich bewirtet werden, werden viele kostbare Kleider (der Festteilnehmer) an diesem Abend von ver-

---

158 „Ê daz der vogt von Rîne wazzer dô genam/ dô tet der herre Sîfrit, als im dô gezam" (607).

159 Zum Beispiel beim Mahl Gregor von Tours' mit König Chilperich, vgl. ALTHOFF (1987), S. 15ff.

160 Anne SCHULZ interpretiert Siegfrieds Verhandlung vor dem Essen als „Unterbrechung des Ablaufs" und nennt die Gefahr, dass diese Unterbrechung „die bereits aufgetragenen Speisen sicher erkalten ließ" (SCHULZ [2011], S. 134).

161 Vgl. GOETZ (1992), S. 12.

schüttetem Wein nass (804). Während dieses Aufenthaltes gibt es schließlich einen Streit zwischen den beiden Königinnen Kriemhild und Brünhild, der als ein gutes Beispiel für Konflikte um Sitzordnung und Reihenfolge in der Öffentlichkeit, in denen sich soziale Rangordnung widerspiegelt, betrachtet werden kann.[162] Die beiden Rivalinnen versuchen etwa auch, jeweils als erste ins Münster von Worms einzutreten, um symbolisch ihren höheren Rang zu demonstrieren.[163] Dieses Fest endet mit einer Jagd, dem für den Adel damals typischen Zeitvertreib, bei der Siegfried als Folge dieses Streites von Hagen ermordet wird.

Das fünfte Fest im „Nibelungenlied" ist die Hochzeit Kriemhilds mit Etzel (1336–1375). Auf der Reise ins Hunnenland werden Kriemhild und ihr Gefolge beim Markgrafen Rüdiger von Bechelaren empfangen.[164] Die Hochzeitsfeier findet in Wien statt und als Feiertermin wird wieder Pfingsten gewählt. Vor der Anreise in Wien hält sich Kriemhild kurz in Tulln auf, wo Etzel, sein Bruder Blödel, Dietrich von Bern und andere Festteilnehmer eintreffen und sie empfangen. Auch die übrigen Hochzeitsgäste, die sich in Tullun versammeln, werden in acht Strophen ausführlich vorgestellt: Es kommen Gruppen aus verschiedenen Länder mit unterschiedlichen Sprachen und Glaubensrichtungen wie Russen, Griechen, Polen, Walachen,[165] die Ritter von Kiew und die „wilden Petschenegen".[166] Die vornehmen Personen werden von vielen Gefolgsleuten begleitet.[167] Diese Aufzählungen hat die Funktion, den großen Einfluss- und Machtbereich des Hunnenkönigs zu demonstrieren. Wie auf den anderen Festen turnieren die Ritter vor und nach der Feier. Das Hochzeitsfest dauert 17 Tage und es heißt, „ein so großes Fest hätte noch kein König je veranstaltet" (1367). Leider fehlt hier die Erwähnung des Hochzeitsmahls und der größte Teil der Festbeschreibung besteht aus dem großzügigen Beschenken durch die Festteilnehmer

---

162 Im Laufe der Handlung im „Nibelungenlied" ist die Eskalation des Streites um die Rangfrage zwischen den beiden Königinnen zu beobachten, die mit der Sitzordnung beginnt. Diese wird hier wiederholt. Ihre Rangfrage wird wiederum zum Problem, dieses Mal bleibt der Fall nicht mehr friedlich, so dass der entsprechende Teil (14. Âventiure, 814–876, über den berühmten Streit am Eingang des Münsters [831ff.]) „Wie die Küneginne einander schulten" genannt wurde (z. B. Hs. A: München, Bayerische Staatsbibliothek, Cgm 34). Vgl. andere Überschrift für 14. Âventiure: „Wie die chviginnen an ander schvlten" (Hs. d: „Ambraser Heldenbuch", Wien, Österreichische Nationalbibliothek, Cod. Ser. nova 2663), „Auentv wie die chuniginne mit ander zerwrfen" (Hs. C: Karlsruhe, Landesbibliothek, Cod. Donaueschingen 63), „Aven. wi Chrimhilt vnd brynhilt sich mit ein ander vschvlden." (Hs. D: München, Bayerische Staatsbibliothek, Cgm 31), „Wie sich der zoren vnder den frawen hvop." (Hs. I: Berlin, Staatsbibliothek, mgf 474), GROSSE, Siegfried (Hg. u. Übers.), Das Nibelungenlied, Stuttgart 1997, S 811.

163 „si (Brünhild) hiez vil übelîche Kriemhilde stille stân:/jâ sol vor küniges wîbe nimmer eigen diu gegân'" *(838)*.

164 Die erste Gastfreundschaft beim Markgrafen von Bechelaren, siehe Anm. 151.

165 „Von Riuzen und von Kriechen reit dâ vil manic man./ den Pœlân unt den Wálachen sach man swinde gân" (1339).

166 „Von dem lande ze Kiewen reit dâ vil manic degen/ unt die wilden Petschenære. dâ wart vil gepflegen" (1340). Die Petschenegen sind ein finnisch-ugrischer Stamm, siehe GROSSEN, Siegfried, „Das Nibelungenlied", Stuttgart 1997, S. 863 (Anmerkung für die Strophe 1340).

167 Herzog Ramung aus dem Land der Walachen kam mit 700 Gefolgsleuten (1343), Fürst Gibech mit „herrlichen Truppen" (1343), Hawart aus Dänemark, Iring und Imfried von Thüringen brachten insgesamt 1200 Männer mit (1345–1346), und Etzels Bruder Blödel kam mit 3000 Männern (1346).

(1366, 1369–1373). Als Folge der großzügigen Geschenke werden die Spielleute reich:

> „Wärbel unde Swemmelîn, des küniges spileman,
>
> ich wæne ir ieslîcher zer hôhgezît gewan
>
> wol ze tûsent marken oder dannoch baz,
>
> dâ diu schœne Kriemhilt bî Etzel under krône saz"
>
> („Das Nibelungenlied", 1374).

Nach sieben Jahren lädt Kriemhild die Burgunder ins Hunnenland ein, um sich für den ermordeten Siegfried vor allem an Hagen zu rächen (1408ff.). Unterwegs ins Hunnenland werden die Burgunder vom Markgrafen von Bechelaren empfangen. Rüdiger, seine Frau und seine schöne Tochter begrüßen sie herzlich. Zuerst findet der Willkommensumtrunk statt.[168] Die Tochter geht mit Giselher, die Markgräfin mit Gunther Hand in Hand und der Markgraf tritt mit Gernot in den Saal ein, wo den Gästen guter Wein gereicht wird (1668). Beim Umtrunk sitzen die Ritter und Damen zusammen. In dieser Gastfreundschaft ist die Anwesenheit der schönen Dame bedeutsam. Wie das Erscheinen Kriemhilds für Siegfried eine große Freude war (292–298), wünschen die Ritter, die äußerst schöne Tochter des Markgrafen zu sehen (1669–1670). Beim Gastmahl jedoch sollen die Damen und Ritter „nâch gewonheite" getrennt speisen (1671), nur die Markgräfin speist mit den (männlichen) Gästen. Die Abwesenheit der Tochter ist für die Gäste ärgerlich (1672). Erst nach dem Essen kommen die Damen in den Saal zurück, wo die (männlichen) Gäste speisen. Beim Abschied beschenken sich Gastgeber und Gäste wechselseitig sehr freigiebig und begründen damit die festen Bande einer persönlichen Freundschaft, die später die Schlacht an Etzels Hof desto trauriger und schmerzhafter macht.[169]

Als die Burgunder am Sonnenwendabend bei Etzels Hof ankommen, werden sie von Etzel herzlich empfangen und begrüßt. Zuerst lässt er die Gäste trinken, danach findet das erste Gastmahl statt.

> „Er brâhte si zem sedele, dâ er selbe saz.
>
> dô schancte man den gesten (mit vlîzen tet man daz)
>
> in wîten goldes schâlen met, môraz unde wîn,
>
> und bat die ellenden grôze willekomen sîn. (1812)
>
> [...]
>
> An sunewenden âbent die herren wâren komen
>
> in Etzeln hof des rîchen. vil selten ist vernomen

---

168 Bei der ersten Gastfreundschaft beim Markgrafen findet ein ähnlicher Umtrunk zwar statt (1316), aber die Beschreibung ist zu schlicht, um sie zu behandeln.

169 Da das freigiebige Beschenken im „Nibelungenlied" immer eine sehr große Rolle spielt, ist dieser Akt ausführlich beschrieben. Hier ist die Szene des wechselseitigen Beschenkens mit 16 Strophen (1691–1706) außergewöhnlich umfänglich geschildert.

von alsô hôhem gruoze, als er die helde enpfie.

nu was ouch ezzens zît: der künic mit in ze tische gie. (1816)

Ein wirt bî sînen gesten schôner nie gesaz.

man gab in volleckîchen trinken und maz.

alles des si gerten, des was man in bereit.

man hete von den helden vil michel wunder geseit (1817)".

Beim Willkommensumtrunk wird ausnahmsweise geschildert, welche Getränke getrunken werden („met", „môraz", „wîn"), aber vom Gastmahl erfährt man nur, dass die Gäste reichlich bewirtet werden.

2.2.2.5 Wolfram von Eschenbach, „Parzival"[170]

Im „Parzival" gibt es insgesamt zehn Szenen mit Mahlzeiten oder Festen mit Mählern.[171] Die Einstellung des Autors zur Beschreibung der Mahlzeit ist nicht konsequent. Einerseits unterlässt er es in zwei Szenen deutlich, die Speisen zu beschreiben. Beim Fest auf Clinschors Zauberburg (636, 15–641, 15) wird beschrieben, wie die Mahlteilnehmer am Tisch Platz nehmen. Der Hausherr und die Damen werden von Mädchen bedient und die Ritter von Knappen. Der Autor beschreibt zwar am Anfang der Szene, dass der Esstisch mit einem weißen Tischtuch und Brot gedeckt wird, aber der Autor liefert keine Erklärung zu den Speisen und begründet dies wie folgt:[172]

„Mîn kunst mir des niht halbes giht,

ine bin solh küchenmeister niht,

daz ich die spîse künne sagen,

diu dâ mit zuht wart vür getragen" („Parzival", 637, 1–4).

Als die Nacht kommt, werden viele Kerzen angezündet, was damals als großer Luxus zu werten ist.[173]

Über die Hochzeit Itonjes mit Gramoflanz (730, 23–731, 12) erzählt Wolfram, dass Ginover sich um die Hochzeit kümmert und ritterliche Kampfspiele wie bei den anderen Festen stattfinden, aber er weigert sich wieder, vom Hochzeitsmahl zu erzählen, behauptend, „des nahtes umbe ir ezzen/ muge wir maere wol vergezzen" (731, 9–10).[174]

---

170 Textausgabe: Wolfram von Eschenbach, „Parzival", Mittelhochdeutscher Text nach der Ausgabe von Karl Lachmann, Übersetzung und Nachwort von Wolfgang Spiewok, Stuttgart 1981, Bd. 1: Buch 1–8, Bd. 2: Buch 9–16.

171 Davon wird das Frühstück bei Gurnemanz (169, 21–170, 6) hier wegen der Kürze der Beschreibung nicht behandelt.

172 Vgl. BUMKE (1986), S. 245f.

173 Vgl. Kap. 2.3.2.

174 In einer Handschrift von „Parzival" gibt es eine Darstellung dieser Hochzeit, in der trotz des Schweigens des Autors das Hochzeitsmahl gemalt ist (Bayerische Staatsbibliothek München, cgm 19, 49v). Vgl. Abb. 5-a im Anhang und Kap. 4.1.1.

Andererseits zögert Wolfram in vielen Szenen nicht, die Speisen zu beschreiben. Bei der Bewirtung oder Übernachtung der Protagonisten (Gahmuret, Parzival und Gawan) wird immer erzählt, wie sie bewirtet werden und was für Speisen serviert werden. Als Gahmuret Zazamanc erreicht und sich dort aufhält, wo Königin Belakane regiert, findet das Abendessen in seiner Unterkunft statt (32, 27–34, 29). Es wird ausführlich geschildert, wie Gahmuret und seine Ritter gut bedient werden, was für Speisen auf dem Esstisch sind, wer am Tisch sitzt. Belakane besucht mit ihren Dienerinnen seine Unterkunft. Die Königin kniet am Tisch und tranchiert selbst die Speisen für Gahmuret. Sie bedient ihn weiter, wodurch er das Gefühl hat, zu ehrenvoll behandelt zu werden:[175]

> „ichn hân michs niht genietet,
>
> als ir mirz, vrouwe, bietet,
>
> mîns lebens mit söhlen êren.
>
> ob ich iuch solde lêren,
>
> sô waere hînt sân an iuch gegert
>
> eins pflegens des ich waere wert,
>
> sonne wært ir niht her ab geriten.
>
> getar ich iuch des, vrouwe, biten,
>
> Sô lât mich in der mâze leben.
>
> ir habt mir êre ze vil gegeben" („Parzival", 33, 21–30).

Die Königin besucht auch seine Knappen und empfiehlt, gut zu essen. Von den Speisen ist erwähnt, dass der Tisch mit Reiher(-Braten), Fisch und Getränken bedeckt ist. Zusammen mit Gahmuret sitzen seine Spielleute und der Kaplan am Tisch. Am Ende des Besuchs geht sie zu den Gastgebern, nämlich dem Burggrafen und seiner Frau, und bittet darum, Gahmuret und seine Leute gut zu behandeln. Zum Abschied hebt sie den Pokal. Der Abschiedstrank ist, wie Wolfram erklärt, eine Form des Abschiedsgrußes; als Gahmuret nach der Ankunft in Zazamanc Belakane besucht und sie ihm die Situation ihres Landes erzählt, lässt sie am Ende die Getränke bringen. Gahmuret versteht, dass er sie jetzt verlassen muss, weil dieser Akt das Zeichen des Abschieds ist: „dar nâch hiez si schenken sân:/ getorste si, daz waere verlân./ ez müete si deiz niht beleip,/ wand ez die ritter ie vertreip/ die gerne sprâchen wider diu wîp (29, 9–13).

Das Gastmahl auf der Gralsburg beim ersten Besuch Parzivals (229, 9–240, 22) ist die ausführlichste Beschreibung einer Mahlzeit im „Parzival". Die Beschreibung beginnt mit dem Aufbau der Tische. Zuerst bringen die edlen, schön bekleideten Jungfrauen und Damen die Kerzen, zwei Elfenbeinstützen und eine sehr kostbare Tischplatte aus Granathyazinth für Anfortas, einen luxuriösen Esstisch, der dessen Reichtum unterstreicht (233, 1–24). Danach kommen andere schöne Jungfrauen mit

---

175 Belakanes besondere Bedienung Gahmurets rührt teilweise von ihrer Zuneigung zu ihm und teilweise von ihrer Verbundenheit, weil er ihr vorher versprach, ihr Land zu verteidigen.

Tüchern und Messern aus Silber. Am Ende bringt Repanse de Schoye den Gral. Dann werden die übrigen Esstische hereingebracht, für je vier Ritter wird ein Tisch aufgestellt und mit weißen Tischtüchern gedeckt. Zum Händewaschen werden massive goldene Becken und weiße Handtücher zur Verfügung gestellt. Am Anfang des Mahls waschen sich Parzival und Anfortas die Hände und bekommen Handtücher aus Seide. Die Ritter, die keine Tafel bekommen, werden je von vier Knappen aufmerksam bedient:

> „zwêne knieten und sniten:
>
> die andern zwêne niht vermiten,
>
> sine trüegen trinken und ezzen dar,
>
> und nâmen ir mit dienste war" („Parzival", 237, 17–20).

Die Ritter benutzen kostbares goldenes Geschirr. In dieser Szene sind die Speisen sehr detailliert beschrieben, wahrscheinlich um die Wunderkraft des Grals zu zeigen, der alle möglichen Arten von Speisen verfügbar macht, sodass sehr großzügig getafelt werden kann. Auf die Tische kommen „brôt" (238, 4), „spîse warm, spîse kalt" (238, 15), „spîse niuwe unt dar zuo alt" (238, 16), „das zam und daz wilde" (238, 17), „salssen, pfeffer, agraz" (238, 27) und als Getränke „Môraz, wîn, sinôpel rôt" (239, 1). Sie sind „allez von des grâles craft" (239). Nach dem Essen werden das Geschirr und die Esstische fortgebracht, dann wird Parzival zum Schlafzimmer geführt, wo er wieder vor dem Schlafen isst und trinkt („môraz", „wîn", „lûtertranc", „obez der art von pardîs", 244, 13, 16).

Beim zweiten Gastmahl auf der Gralsburg anlässlich der Rückkehr Parzivals als Anfortas' Nachfolger (808, 14–815, 30) werden wieder die vom Gral kommenden Speisen geschildert, allerdings diesmal kürzer und zusammenfassend („spîse wilde unde zam, met, wîn, môraz, sinôpel, clâret", 809, 26–29). Den Gral bringt wie beim ersten Gastmahl Repanse de Schoye, begleitet von insgesamt 25 Jungfrauen (808, 28–809, 14). Zahlreiche Diener bringen Wasser (zum Händewaschen) und die Esstische. Die Erklärung, wie viele Goldschalen gebracht werden und wie die Ritter sitzen, wird hier ausgelassen. So bleiben die Mahlteilnehmer außer Anfortas, Parzival und Feirefiz unerwähnt. Die Schilderung allerdings, dass diesmal für die Gäste mehrere Tischplatten sowie vierzig Teppiche und Sitze mehr als bei Parzivals erstem Besuch auf der Gralsburg herbeigebracht werden, deutet an, dass außer den beim ersten Gastmahl auf der Gralsburg genannten Rittern noch viele weitere Leute teilnehmen. Vor Feirefiz werden viele Speisen gebracht, aber wahrscheinlich wegen seines Liebeskummers für Repanse de Schoye isst er nichts (813, 4–8). Da er ungetauft ist, kann er den Gral nicht sehen und nicht wissen, woher Essen und Trinken kommen (813, 17–21). Am Ende des Mahls werden die Tische weggebracht. Die Jungfrauen verneigen sich und verlassen mit Repanse de Schoye den Saal. Die Gastmahlszene ist insgesamt länger als beim ersten Gastmahl auf der Gralsburg, aber diesmal ist die Schilderung des Mahls selbst (Speisen, Sitzordnung, Einrichtung der Tische) sehr kurz. Stattdessen wird über die Liebe Feirefizs zu Repanse de Schoye und seine Andersgläubigkeit ausführlich erzählt.

Es liegt auf der Hand, dass die Schilderung der hier genannten zwei Gastmähler auf der Gralsburg die Höhepunkte dieses Werkes darstellen. In den beiden Szenen sind sowohl der Luxus der Einrichtung und des Geschirrs als auch der Umfang der Speisen im Vergleich mit den anderen Fest- und Gastmahlschilderungen in diesem Werk herausragend. Die Schilderung der außergewöhnlich kostbaren Einrichtung zeigt einerseits den Reichtum Anfortas', wie beim ersten Gastmahl auf der Gralsburg erwähnt (233, 24), andererseits dient sie dazu, die Besonderheit der Welt um die Gralsburg anzudeuten, da sie als eine andere, quasi überirdische Welt, die nicht jeder finden oder erreichen kann, gilt.[176] Der Gral hat verschiedene Wunderkräfte,[177] davon spielt das „Speisewunder" in diesem Werk eine besondere Rolle.[178] Der Gral sorgt nicht nur beim Gastmahl für Essen und Trinken, sondern ernährt die Gralsritter ständig (469, 3–4). Sigune, die Parzivals Cousine ist und um den Tod ihres Verlobten klagt, wird auch vom Gral ernährt, obwohl sie nicht auf der Gralsburg wohnt (438, 29–439, 5). Es lässt sich vermuten, dass Wolfram bei den beiden Gastmählern auf der Gralsburg die Speisen und Getränke besonders ausführlich beschreibt, um die Wunderkräfte des Grals zu betonen.

Obwohl die Bewirtung ärmlich ist, wird das Abendmahl beim Fährmann vor dem Abenteuer „lit marveile" (549, 23–552, 4) ausführlich erläutert. Da der Fährmann nicht begütert ist, muss sich seine Familie selbst um den Übernachtungsgast Gawan kümmern. Einer der beiden Söhne des Fährmanns bereitet das Lager vor, der andere deckt den Tisch. Nach dem Händewaschen bittet Gawan den Fährmann darum, mit dessen Tochter Bene speisen zu dürfen. So darf sie neben Gawan sitzen und ihn bedienen. Zum Abendessen werden drei vom Sperber gejagte „galander" mit Brühe, weißem Brot und Salat mit Essig serviert (550, 28–551, 21). Dem Gemüsesalat mit „purzeln" und „lâtûn" gibt der Autor eine negative Beurteilung:

„ze grôzer craft daz unwaeger

ist die lenge solhiu nar:

man wirt ir ouch niht wol gevar.

sohl varwe tuot die wârheit kunt,

die man sloufet in den mut.

gestrichen varwe ûf daz vel

---

176 Von der Besonderheit der „Gralsgesellschaft", vgl. BUMKE, Joachim, Art. „Wolfram von Eschenbach", in VL, Bd. 10, Sp. 1376–1418, Sp. 1389f.

177 Die Wunderkräfte des Grals werden von Trevrizent erzählt; alle Gralsritter werden stets vom Gral ernährt (469, 3–4). Der Gral hilft dem Phönix bei der Wiedergeburt (469, 8–13). Wer den Gral sieht, bleibt sicher eine Woche am Leben, auch wenn er sehr schwer krank ist (469, 14–17). Der Gral versorgt mit Essen und Trinken, die Quelle dieser Kraft kommt von der Oblate, die ihm eine Taube am Karfreitag bringt (470, 1–18), auf dem Gral erscheinen manchmal die Schriften, die die Namen der vom Gral eingeladenen Personen zeigen (470, 21–27). Über den Gral vgl. auch SCHÄFER (1985), S. 45–93.

178 „Im 5. Buch, bei Parzivals erstem Besuch in Munsalvaesche, erscheint der Gral als ein Wunderding mit magischen Kräften. Im Mittelpunkt steht das Speisewunder" (BUMKE, Joachim, Art. „Wolfram von Eschenbach", in: VL, Bd. 10, Sp. 1376–1418, Sp. 1388f.).

ist selten worden libes hel.

swelch wîplîch herze ist staete ganz,

ich waen diu treit den besten glanz" („Parzival", 551, 22–30).

Bene bittet Gawan, einen der drei „galander ([Hauben]Lerchen)" ihrer Mutter zu geben. Er erfüllt ihren Wunsch. Daraus lässt sich schließen, dass die Mutter ebenfalls mit dem Gast speist.

So wie Hartmann beim Fest oder beim Gastmahl die (vornehmen) Teilnehmer und die (ritterlichen) Veranstaltungen als wichtige Elemente betont, schenkt Wolfram den Tischmanieren und der Sitzordnung beim Essen große Beachtung. Tischmanieren oder das Verhalten beim Essen werden insgesamt sehr selten in der Literatur erwähnt. Beim ersten Abendessen bei Gurnemanz (165, 26–166, 4) beschreibt der Autor, dass Parzival, der noch nicht erzogen ist, das Essen gierig und schnell „frisst". Nach der Erziehung durch Gurnemanz benimmt er sich beim Essen nie wieder gierig. Als Parzival das Land von Condwiramurs erreicht, sieht er hungrige Leute, weil das Land belagert wird. In dieser Situation ist ironisch beschrieben, dass die Leute wegen des Mangels an Essbarem nichts Unmanierliches beim Essen taten:

„der zadel vuogte in hungers nôt.

sine heten kaese, vleisch noch brôt,

si liezen zenstüren sîn,

und smalzten ouch deheinen wîn

mit ir munde, sô si trunken" („Parzival", 184, 7–11).

Das Verbot, den Wein (oder irgendwelche Getränke) mit dem fettigen Mund zu verunreinigen, ist in den zeitgenössischen Tischzuchten zu finden (vgl. Kap. 3.4.4).

In manchen Szenen mit Gastmählern im „Parzival" bestimmen wichtige Personen die Sitzordnung. Bei einem anderen Abendessen bei Gurnemanz (175, 19–176, 27) wird Parzival vom Gastgeber angewiesen, zwischen ihm und seiner Tochter zu sitzen, die Gurnemanz auffordert, den Gast zu bedienen. Gurnemanz rechnet damit, dass seine Tochter Parzival gefiele und er (als ihr Ehemann) hier bliebe, um seine verstorbenen Söhne zu ersetzen. Parzival aber wünscht sich Kampf und Abenteuer. Beim Gastmahl Gawans mit Orgeluse nach dem Abenteuer „lit marveile" (621, 20–623, 9), wieder beim Fährmann, sitzt Orgeluse „durch sîne (Gawans) bete" (621, 24) neben Gawan. Dieses Mahl ist quasi der Versöhnungsritus zwischen den beiden, denn die hochnäsige Orgeluse beleidigte ihn vor diesem Abenteuer im „schastel marveile" ständig. Den beiden werden die Speisen, „zwêne gebrâten gâlander" (622, 8) und „zwei blakiu wastel (zwei Weißbrote)" (622, 10) auf weißem Tuch und „wîn ein glesîn barel" (622, 9) serviert. Sie waschen sich die Hände (622, 14–17). Beide trinken aus einem Pokal, zuerst Orgeluse, dann Gawan. Dass einige Mahlteilnehmer einen Trinkbecher gemeinsam benutzten, war im Mittelalter nicht ungewöhnlich, aber in dieser Szene hat dieser Akt eine besondere Bedeutung: Der gemeinsame Gebrauch des Pokals mit Orgeluse ist quasi eine Versöhnungsgeste zwischen Orgeluse und Gawan. Es wird beschrieben, wie glücklich Gawan dies macht:

„swenn si daz barel im gebôt,

daz gerüeret hete ir munt,

sô wart im niuwe vröude kunt

daz er dâ nâch solt trinken.

sîn riuwe begunde hinken,

und wart sîn hôchgemüete snel" („Parzival", 622, 22–27).

Am Anfang des Festes in „schastel marveile" (636, 15–641, 15) wird, wie oben erwähnt, die Sitzordnung der Festteilnehmer beschrieben. Die „Ritter" sitzen auf der einen, die weiteren Mahlteilnehmer (Damen) auf der anderen Seite. Die Sitzpositionen der wichtigen Personen wie Gawan, seine beiden Schwestern (Cundrie und Itonje), Lischoys, Sangives (Gawans Mutter), Turkoytes (Florand, Sangives Ehemann), Orgeluses („diu herzoginne clâr") und Arnives (Gawans Großmutter) bestimmt Gawan selbst.

„den sedel schuof hêr Gâwân.

der turkoyte zuo ze im saz,

Lischoys mit Gâwâns muoter az,

der clâren Sangîven.

mit der küneginne Arnîven

az diu herzoginne clâr.

sîn swester bêde wol gevar

Gâwân zuo ze im sitzen liez:

iewedriu tete als er si hiez" („Parzival", 636, 22–30).

Für diese Personen gilt die generelle Regel, dass Ritter und Damen getrennt sitzen, nicht, denn Gawan lässt seine Schwestern neben ihm sitzen. Wie oben erwähnt, lehnt der Autor es ab, die Speisen zu beschreiben.

Auch beim Gastmahl für Parzival und seinen Halbbruder Feirefiz (760, 7–764, 4) wird sehr ausführlich über die Sitzordnung berichtet. Gawan ist der Gastgeber, das Mahl findet in seinem Zelt statt. Da Parzival und Feirefiz Hunger haben, lässt Gawan das Abendessen als Gastmahl früher als sonst beginnen. Die Sitzgelegenheiten für die Gäste werden luxuriös eingerichtet:

„matraze dicke unde lanc,

der wart ein wîter umbevanc.

kultern maneger künne

von palmât niht ze dünne

wurden dô der matraze dach.

tiure pfelle man drûf gesteppet sach,

beidiu lanc unde breit.

> diu Clinschores rîcheit
>
> wart dâ ze schouwen vür getragen.
>
> dô sluoc man îf (sus hôrte ich sagen)
>
> von pfelle vier ruclachen
>
> mit rîlîchen sachen,
>
> gein ein ander viersîte,
>
> darunde senfte plumîte,
>
> mit kultern verdecket,
>
> ruclachen drüber gestecket" („Parzival", 760, 11–26).

Die Gefolgsleute und die Ritter der Herzogin Orgeluse sitzen zur rechten Seite Gawans, auf seiner linken Seite speisen die Ritter von Clinschor fröhlich. Gegenüber von Gawan sitzen die schönen Damen, die ehemaligen Geiseln Clinschors. Mit diesen Damen sitzen Parzival und Feirefiz. Florand sitzt seiner Frau Sangive gegenüber und der Herzog von Gowerzin seiner Frau Cundrie. Gawan und Jofreit sitzen an einem Tisch. Neben Gawan sitzt seine Großmutter Arnive und ihr gegenüber sitzt Orgeluse und speist mit ihr. In diesem Kreis hat „diu rehte unzuht" (763, 7) keinen Platz und die Speisen werden „bescheidenlîche" (763, 9) und „zühteclîche" (763, 11) vor die Ritter und Damen gebracht. Nachdem das Mahl endet und die Tische abgedeckt werden, begrüßen die Mahlteilnehmer Feirefiz. Musik wird gespielt und Artus mit seinem Gefolge besucht Feirefiz in Gawans Zelt (764, 24ff.). Für diesen Empfang bittet Jofreit Artus vor dem Abendessen darum, früh zu Abend zu essen und mit den geschmückten Rittern und Damen Feirefiz zu besuchen (761, 11–17). Bei diesem Mahl werden die höfischen Vergnügungen wie Musik und Unterhaltung erst nach dem Ende des Essens abgehalten. Zwar wird das Mahl selbst ausführlich beschrieben, aber Details der Speisen und des Verhaltens der Gäste beim Essen werden nicht erwähnt. Im „Parzival" fehlt die vorangestellte Teilnehmervorstellung bzw. die Teilnehmeraufzählung, aber Wolfram nennt einzelne wichtige Personen bei der Beschreibung der Sitzordnung namentlich.

2.2.2.6 Wolfram von Eschenbach, „Willehalm"[179]

Wolfram beschreibt die Speisen und das Verhalten beim Essen noch ausführlicher in seinem anderen Werk „Willehalm". Da der größte Teil dieser Erzählung aus der Schilderung des Kriegs besteht, den Gyburgs ehemaliger Ehemann Tybald und ihr Vater Terramer gegen Willehalm führen, enthält es kaum höfische oder festliche Szenen. Es existieren fünf Gast- und Festmähler, die in diesem Zusammenhang behandelt werden.

---

179 Textausgabe: SCHRÖDER, Werner (Textausgabe) und KARTSCHOKE, Dieter (Übersetzung, Vorwort und Register), Wolfram von Eschenbach, Willehalm, Berlin und New York 2003.

Nach dem ergebnislosen Kampf gegen Tybald und Terramer geht Willehalm nach einer Beratung seines Bruders Arnalt nach Laon (Munleun), wo der römische König Loys, sein Schwager, einen Hoftag abhält (121, 12–29).[180] Seine Eltern sind auch dazu eingeladen. Da Willehalm in Laon von niemandem beachtet wird und auch seine Schwester ihn nicht empfangen will (127, 1–130, 16), bewirtet ihn ein dort ansässiger Kaufmann namens Wimar (130, 17–136, 11). Als Willehalm sich die Hände wäscht, serviert Wimar ihm verschiedene kostbare Speisen, aber Willehalm will nur Brot und Wasser zu sich nehmen, bis es ihm gelingt, mit Verstärkung zu Gyburg zurückzukommen. Für die Bewirtung gibt Wimar so viel aus wie „soltz im lœsen sinen lip,/ sone möht er selbe und ouch sin wip/ des nimmer baz genemen war" (133, 17–19). Die Speisen, die er serviert, aber von Willehalm nicht gegessen werden, umfassen Fisch und Fleisch, gebraten und gekocht, Wildbret und Schlachtfleisch,[181] ein gebratener Pfau mit der besten Soße, Kapaun, Fasan, Lampreten in Gelee und Rebhühner.[182] Auch sehr gute Getränke werden serviert (133, 30–134, 1). Wolfram schildert die Speisen bei dieser Bewirtung so ausführlich, um zu zeigen, auf wie viele und schöne Gerichte Willehalm während seiner Askese wegen seiner Frau verzichtet. Auch auf das weiche Bett verzichtet er (136, 12).

Am nächsten Tag besucht Willehalm den Königshof, an dem seine Eltern und Brüder anwesend sind, um die militärische Verstärkung des Königs zu erbitten. Willehalm und seine Familie beklagen die im letzten Krieg gefallenen Verwandten und versuchen zusammen, den König zu überreden. Aber weil die Königin, Willehalms Schwester, die nicht nur am vorhergehenden Abend vor ihm die Tür schließen ließ, sondern sich auch jetzt noch gegen die Unterstützung ausspricht, wird Willehalm wütend und misshandelt sie. Während sie noch klagen, bitten und streiten, empfiehlt Willehalms Vater Heimrich dem König, das (Hof-)Fest wie geplant zu feiern:

„herre, nu tuot dem gelich

daz ir hochgezit hat.

durh unser klage daz niht lat!

got mac uns wol ergetzen.

heizet die vürsten setzen

und dienen ane schande.

hie sint von mangem lande

vürsten wert und hoch" („Willehalm", 173, 2–9).

---

180 Loys ist verheiratet mit Willehalms Schwester. Sie wird im gesamten Werk nicht genannt.

181 „daz was gebraten und gesoten/ vil niuwer spise reine,/ vische und vleisch gemeine,/ beidiu daz wilde und ouch daz zam." („Willehalm", 133,12–15).

182 „der pfawe vor im gebraten stuont,/ mit salsen diu dem wirte kunt/ was, daz er bezzer nie gewan./ den kapun, den vasan,/ in galreiden die lampriden,/ pardrise begund er miden" („Willehalm", 134, 9–14).

Der König befiehlt den Dienstleuten, die Sitzordnung der „edlen Vasallen" und der „Vornehmen" gut zu berücksichtigen:

„seht wie ir mine werde man

wol setzet, und nemet des war

daz ir dise und die hohen gar

setzet nach minen eren" („Willehalm", 173, 20–23).

„Ich bin nicht genauer unterrichtet", schreibt Wolfram, „in welcher Rangfolge die Fürsten saßen/während sie dort speisten" (175, 16–18), aber die Sitzordnung der anderen wichtigen Teilnehmer des Festmahls gibt er wieder. An einer Seite des Königs sitzen seine Frau (Willehalms Schwester) und seine Tochter Alyze, an der anderen Heimrich (Willehalms Vater) und seine Frau Irmschart (175, 19–23). Willehalm ruft auch Wimar und lässt ihn mit am Tisch sitzen. Wimars oben genannte Bewirtung wird belohnt; er bekommt 200 Mark und freut sich über die Ehre, zusammen mit dem König zu tafeln (175, 26–176, 5). Willehalm isst wieder nichts anderes als schwarzes Brot mit Wasser, obwohl ihm reiche Speisen und Getränke serviert werden:

„Durh daz er miden wolde

swaz man truoc oder tragen solde

vür in, daz wilde und daz zam,

gepigmentet claret alsam,

den met, den win, daz moraz:

durh der neheinez er vergaz

siner gelübde. […]" („Willehalm", 177, 1–7).

Obwohl alle Betroffenen (König Loys und seine Familie, Willehalm und seine Familie) zusammen tafeln, spielt dieses gemeinsame Essen keine Rolle bei der Friedens- und Freundschaftsstiftung zwischen dem König und Willehalm.[183] Es handelt sich lediglich um den Vollzug des geplanten Hoffestes und die Unterbrechung von Klage und Streit. Während des Essens und danach müssen Willehalm und seine Familie versuchen, den König zu überzeugen, Verstärkung gegen Tybald und Terramer zu geben.

Nach beharrlichen Verhandlungen gelingt es Willehalm, die Verstärkung und Unterstützung des Königs und seiner Familie zu erlangen und damit nach Orange zurückzureiten, wo Gyburg in der belagerten Burg aushält. Als er glücklich in Orange ankommt, bittet Willehalm sie darum, die Leute gut zu bewirten, die er zu ihrer beider Unterstützung mitbringt (234, 13–22). Sein Vater und die Edelleute („die werden", 246, 1) werden eingeladen (246, 1ff.). Die Damen ziehen sich schön an (247, 1–5, 248, 12–13). Heimrich kommt mit dem König von Tandarnas und seinem Sohn.

---

183 Weil Willehalm die Gemahlin des Königs misshandelt, ist der König verärgert über ihn.

Beim Empfang der Gäste geht es dann darum, in welcher Reihenfolge die Angereisten einen Empfangskuss von der „Herrin" (der Gastgeberin Gyburg) bekommen:

> „Heimrich an siner hende
>
> vuorte den künec Schilbert (=König von Tandarnas)
>
> gein der küneginne wert,
>
> und bat in küssen. daz geschach.
>
> ir gruoz si gein ir sweher sprach,
>
> unde wolt ouch den geküsset han.
>
> do sprach der wol gezogene man:
>
> ,[V]rouwe, des sul wir noch niht tuon,
>
> ich noch dehein min sun,
>
> e die vürsten, die iu vremeder sint
>
> danne ich und miniu kint,
>
> den kus von iu enphahen.
>
> wir ensulen uns niht vergahen:
>
> swaz ir uns danne ze eren tuot,
>
> da gein haben wir dienestes muot. [...]'" („Willehalm", 249, 28–250, 12).

Heimrich ruft die einzelnen Gäste mit ihren Namen und Ländern auf und führt sie an der Hand. Die Ritter sitzen zwischen den Damen und am Ende bekommen Heimrich und seine Söhne einen Gruß von Gyburg. Der alte Heimrich wünscht, „wirt" zu sein. Nach der Bitte Willehalms (261, 15–30) zeigt er den wichtigen Personen (Könige, Willehalms Brüder, Fürst aus Frankreich usw.) die Sitzordnung. Als wichtigste Person gilt Königin Gyburg:

> „daz sitzen er mit zühten gap
>
> dem jungen künege von Tandarnas,
>
> eine siten uf dem palas,
>
> diu gein der künegin über stuont.
>
> er tet dem scetise kunt,
>
> er solte dem künege sitzen bi,
>
> und Buove von Kumarzi,
>
> und Bernart von Brubant.
>
> die viere heten eine want.
>
> die vürsten uz Franchriche

er do sazte riterliche,

die der rœmische künic sande dar.

er bat ir schone nehmen war" („Willehalm", 263, 14–26).

Heimrich befiehlt, sie gut zu bewirten, woraufhin sie die edlen Ritter bedienen. Danach bestimmt er die Sitzplätze der anderen Anwesenden (Ernalt von Grunde, Bertram, Gybert und vier vornehme Personen des Landesherrn) und Heimrich selbst nimmt den Platz neben Gyburg (264, 25–265, 5) ein. Gereicht werden Brot, Maulbeer-, Würz- und Traubenwein und gute Speisen (265, 10–11). Die Mahlteilnehmer werden sehr gut bedient: „doch was ir williger muot/ vil bezzer danne diu spise gar" (265, 12–13). Zunächst essen Heimrich und Gyburg nichts, weil er sie nach ihrem Unglück fragt. Die beiden klagen und Gyburg erzählte die tragische Geschichte des Kriegs um sie (265, 22–268, 30). Da Willehalm jetzt nicht mehr nur Brot und Wasser zu sich nehmen und auf die anderen Speisen verzichten muss, trinkt und isst er alles, was ihm aufgetischt wird (269, 15–19). Als Rennewart hereinkommt, lässt Heimrich ihn in der Nähe der Königin sitzen, woraufhin sie ein Tischtuch auf seinen Knien ausbreitet (274, 1–14). Rennewart benimmt sich unmanierlich, weil er – wie Parzival vor der Erziehung – nicht standesgemäß erzogen ist:[184]

„Mit moraz, mit wine, mit clarete

durh des alden Heimriches bete

wart sin gephlegen alda ze stunt,

baz danne im da vor ie wart kunt.

er verschoup also der wangen want

mit spise die er vor im da vant,

daz ez drin niht dorfte snien.

ez enheten zehen bien

uz den napfen niht so vil gesogen,

mich enhabe diu aventiure betrogen.

si bede wenic azen,

diez im da heten lazen

uf der tavelen gestanden.

[…]

,[…] mer danne ein kleiniu zise,

möht ich vor iuwerem schimphe.

nu hüetet iuch vor ungelimphe.'

Rennewarte was zer spise gach.

---

184 Rennewart ist eigentlich Gyburgs Bruder, wurde aber entführt und an den römischen König verkauft, als er klein war. Dort arbeitet er in der Küche.

> dane dorfte niemen nigen nach,
>
> daz er von der tavelen sente.
>
> siropel mit pigmente,
>
> claret und dar zuo moraz,
>
> die starken wine im gevielen baz
>
> danne in der küchen daz wazzer.
>
> die spise ungesmæhet azer.
>
> doch lert in ungewonheit,
>
> daz starke trinken überstreit
>
> sine kiusche zuht und leret in zorn,
>
> den edelen hohen wol geborn" („Willehalm", 274, 27–276, 14).

Rennewart füllt seine Wangen mit Essen und frisst die Speisen ohne Rücksicht auf die anderen (275, 1–9). Ein solches Verhalten wird in den mittelalterlichen Tischzuchten gerügt. Er trinkt zu viel und wird betrunken. Als Rennewart in diesem Zustand die Knappen mit seiner Riesenstange vertreibt, endet das Gastmahl und Willehalm, Gyburg und die Fürsten versorgen die anderen Krieger mit Essen (277, 12–278, 5).

Am darauffolgenden Tag, früh am Morgen, halten die Fürsten eine Versammlung ab, um über den kommenden Kampf zu beraten. Danach essen sie zusammen am Hofe wie am Abend zuvor. Heimrich sagt jedem Fürsten, „als man iuch gestern sitzen sach,/ ieslîche haben die selben want" (311, 12–13). Er fordert Rennewart auf, bei der Königin auf dem Teppich (auch wie am vorigen Abend) Platz zu nehmen (312, 6–8). Vor dem Essen wird den Gästen das Wasser (zum Händewaschen) gebracht (312, 1–4). Die Tafel ist reichlich gedeckt (311, 7–9):

> „wart nie bezzer spise erkant
>
> und also willecliche gegeben.
>
> swer guotes willen kunde leben,
>
> den gap wirt und wirtin" („Willehalm", 312, 18–21).

Hier wird allerdings nicht erläutert, was gegessen wird. Nach dem Essen ziehen alle in die Schlacht gegen Tybald und Terramer.

Mit dem Sonnenuntergang wird die heftige Schlacht unterbrochen (447, 8–11). Die Christen finden eine große Menge an Lebensmitteln, die ihre Gegner liegenlassen:

> „ine mac niht geben sunder namen
>
> ir spise, dem wilden und dem zamen,
>
> und ir trinken maneger slahte
>
> von kostenlîcher ahte,

moraz, win, siropel.

Kyper und Vinepopel

hant so guoter trinken niht gewalt

als si da vunden manecvalt.

geleschet nach der hitze

wart da maneger, daz sin witze

niht gein Salomone wac" („Willehalm", 448, 3–13).

Die Christen essen und trinken und „da wart manec verhouwen hut/ mit unkunder spise erschoben" (447, 28–29).

2.2.2.7 Wirnt von Grafenberg, „Wigalois"[185]

Im „Wigalois" gibt es nur eine Szene einer Mahlzeit. Gawan wird auf eine Burg entführt, wo ein Mahl stattfindet (3, 707–725). Wie im „Iwein" kommt ein Dienstbote, um ihn zum Essen zu rufen. Der König sitzt mit Gawan am Tisch, die Königin aber speist von ihnen getrennt in der Kemenate und erst nach dem Essen sieht er die Königin und andere Damen:

„dô man gaz, dô fuorte in sâ

der künic zuo den vrouwen;

die mohte er gerne schouwen.

als er in den sal gie,

diu küniginne in enpfie,

dar nâch ein sô schœniu maget

daz ninder lebte, sô man saget,

ir gelîche bî der zît" („Wigalois", 3, 718–725).

Was und wie gegessen wird, wird kaum erwähnt: „Man gap im guote spîse dâ" (717).

2.2.2.8. Konrad von Würzburg, „Heinrich von Kempten"[186]

„Heinrich von Kempten" Konrad von Würzburgs beginnt mit dem Osterfest. Dabei wird ausführlich geschildert, wie der Esstisch für das Festmahl nach der Ostermesse gedeckt wird. Das Festmahl kann zwar nicht wie geplant stattfinden, da Heinrich noch vor dem Beginn des Essens den Kaiser am Tisch angreift und die Situation stört,

---

185 Textausgabe: KAPTEYN, Johannes Marie Neele (Textausgabe), SEELBACH, Sabine und SEELBACH, Ulrich (Übersetzung, Erläuterung und Nachwort), Wirnt von Grafenberg, Wigalois, Berlin und New York 2005.

186 Textausgabe: Konrad von Würzburg, „Heinrich von Kempten, Der Welt Lohn, Das Herzmaere", mittelhochdeutscher Text nach der Ausgabe von Edward Schröder, übersetzt, mit Anmerkungen und einem Nachwort versehen von Heinz Rölleke, Stuttgart 1968.

aber trotzdem soll diese Szene wegen der guten Beschreibung des Esstisches behandelt werden. In Bamberg veranstaltet der Kaiser das Osterfest (25ff.). Während der Messe wird der Tisch gedeckt, sodass der Kaiser gleich nach der Messe Hände waschen und essen kann (35ff.). Auf dem Tisch werden Brote und schöne Trinkgefäße verteilt (42–44). Als der kaiserliche Truchsess mit dem Stab die Verteilung der Speisen leitet, kommt ein „juncherr" adliger Herkunft, nimmt ein Stückchen vom Brot und isst es (60ff.). Der Truchsess schlägt ihn mit dem Stab. Da Heinrich diese Strafe für unangemessen hält, schlägt er den Truchsess tot. Dann kommt der Kaiser, wäscht sich die Hände, sitzt am Tisch und bemerkt das Blut des Truchsesses (159–163). Als Kaiser Heinrich den Täter wegen dieser Mordtat zum Tode verurteilt, verteidigt sich dieser und greift den Kaiser an:

> „hie mit der ûzerwelte man
>
> geswinde für den keiser spranc,
>
> er greif in bî dem barte lanc,
>
> und zuhte in über sînen tisch:
>
> es wære fleisch oder visch
>
> daz man dâ für in hæte brâht,
>
> daz wart gevellet in ein bâht" („Heinrich von Kempten", 262–268).

Der Ablauf des Festessens wird so bereits vor seinem Beginn zerstört, dennoch erwähnt diese Szene viele wichtige Elemente des Festessens wie das Essen und Trinken (Brot, Trinkgefäße, Fleisch und Fisch), den Festtermin (Ostern), die Festteilnehmer („grâven", „frîen", „dienestman", „keiserlichen voget", „fürsten"), der Dienst eines „juncherr", die Rolle des Truchsesses und das Händewaschen vor dem Essen.

2.2.2.9 Fazit – Tendenz der höfischen Literatur

Trotz des Bewusstseins über die Wichtigkeit, beim Fest- oder Gastmahl die Gäste reichlich mit guten und kostbaren Speisen und Getränken zu bewirten, vermeiden die meisten Autoren der höfischen Literatur die detaillierte Beschreibung, was und wie gegessen wird. Sie erzählen normalerweise nur, dass die Gäste gut oder reichlich bewirtet werden. Von den Manieren der Mahlteilnehmer ist noch weniger zu erfahren. Wolfram beschreibt die Speisen und Getränke im „Parzival" und „Willehalm" ausnahmsweise relativ ausführlich, aber mit einer bestimmten Intention: Im „Parzival" beschreibt er die Speisen und Getränke beim Gastmahl auf der Gralsburg sehr umfassend, um die Wunderkraft des Grals darzustellen, mit dem alle Speisen und Getränke ausgegeben werden („Speisewunder" des Grals, vgl. Kap. 2.2.2.5). Im „Willehalm" beschreibt er die Speisen und Getränke der Gastmähler während der Askese Willehalms so eingehend, um durch deren Kostbarkeit die Strenge seiner Askese zu zeigen, wie Willehalm nur Brot und Wasser zu sich nimmt. Wolfram hat bei seinen Erzählungen jedoch keine Tendenz zur Detailbeschreibung von Essen, da er es, wie oben erwähnt, im „Parzival" zweimal ablehnt, die Speisen zu beschreiben, und es im

„Titurel" keine Szene der Gast- oder Festmähler gibt; einmal begründet er dies mit seiner Unkenntnis bezüglich der Speisen („Parzival", 637, 1–4). Im „Erec" lehnt Hartmann auch die Erwähnung des Festessens ab („Erec", 2129–2134). Anne SCHULZ vergleicht Hartmanns „Erec" mit dessen französischer Vorlage von Chrétien de Trois und zeigt, dass Hartmann trotz der vielen „kulinarischen Ausführungen" in Chrétiens Werk nichts davon in seine Version übernommen hat.[187] Hartmann schildert bevorzugt Anderes wie die höfisch-ritterlichen Veranstaltungen, Kurzweil und Spiele.[188]

Die übrigen Autoren der höfischen Literatur erwähnen zwar das Festessen, sie beschreiben aber nicht, wie und was gegessen wird. Stattdessen erwähnen sie zumeist andere wichtige Elemente der Fest- und Gastmähler wie die Festtermine, die Vorbereitung (Einladung), die Teilnehmer, die Sitzordnung, ritterlich-höfische Veranstaltungen (Turniere, Tanzen, Spiele, Musik usw.) sowie die Bedienung.

Bei der Vorbereitung eines Festes oder eines Gastmahls werden der Termin und die Teilnehmer bestimmt. Nur bei einem Drittel der Feste in der Literatur werden die Festtermine erwähnt,[189] aber es ist bemerkenswert, dass die Terminauswahl in der Literatur die der Wirklichkeit widerspiegelt. In den hier behandelten Werken finden die Festmähler an dem im Mittelalter meistgewählten Termin, zu Pfingsten, statt: Die Hochzeit Erecs und Enites, das Pfingstfest unter König Artus („Erec", 1611–1805, „Iwein", 59–76), die Rittererhebung und die Hochzeit des Sohnes Gerhards sowie das Gastmahl für den Friedensabschluss nach dem Sachsenkrieg („Nibelungenlied", 265–324). Kaiser Otto feiert das Osterfest („Heinrich von Kempten", 25ff.) und die Burgunder werden ins Hunnenland zur Sommersonnenwende eingeladen („Nibelungenlied", 1718ff., Erwähnung des Festtermins 1412). Ansonsten gibt es keine Zeitangaben für die Feste oder Gastmähler.

Die Fest- und Mahlteilnehmer und ihre Sitzordnung spielen immer eine Rolle, weil die Personen in der höfischen Literatur adliger oder königlicher Herkunft sind. Außerdem wird oft besonders geschildert, welche vornehmen Personen zum Fest oder zum Gastmahl kommen, um den Gastgeber zu beehren. In der Literatur gilt für die höfische und adlige Gesellschaft die Regel der Realität, dass edle Leute „dem Rang entsprechend empfangen, gesetzt, beschenkt und verabschiedet"[190] werden sollen. Neben der Vornehmheit der Teilnehmer ist die Anwesenheit schöner Damen beim Gastmahl von Wichtigkeit: Sie waren am Hofe Freude für die Augen (selbstverständlich für die „Ritter") und Zierde des Festes, manchmal jedoch speisten „Ritter" und die Damen auch getrennt voneinander.

Bei der Bedienung sind nicht nur Qualität und Sorgfalt (durch Knappen und Mägde oder Ritter) für die Gäste wichtig, sondern auch die Bedienung durch eine besondere Person bemerkenswert, beispielsweise wenn Gahmuret von Belakane, Rual

---

187 SCHULZ (2011), S. 29ff. Darauf weist auch Klaus DÜWEL kurz hin (DÜWEL [1989], S. 131).
188 Renate ROOS interpretiert Hartmanns passive Haltung gegenüber dem Essen aus der Handlung „Erecs". „Für Hartmann ist die übermäßige Hingabe an leibliche Genüsse nicht so recht vereinbar mit dem Streben nach der wahren ‚êre'" (ROOS [1975] 197, S. 354), vgl. SCHULZ (2011), S. 41.
189 Vgl. Kap. 2.2.2.1.
190 ALTHOFF (1990), S. 184.

von Tristan oder Parzival von Liaze bedient wird. Darin zeigt sich die Bedeutung des bedienten Gastes.

Trotz der vielen Szenen von Mählern in der höfischen Gesellschaft ist in den höfischen Epen von den Tischmanieren außer dem Händewaschen kaum etwas zu lesen. Nur Wolfram zeigt Interesse für die Tischmanieren, schildert aber außer Händewaschen immer nur unmanierliches Benehmen: Im „Parzival" schreibt er, dass Parzival vor der Erziehung von Gurnemanz das Essen einfach „frisst" (132, 1–3, 165, 27–29) und dass die hungrigen Leute während der Belagerung wegen des Mangels an Lebensmitteln die Unmanierlichkeit, den Wein mit dem fettigen Mund zu verunreinigen, vermeiden (184, 10–11). Im „Willehalm" wird erzählt, wie der unerzogene Rennewart ohne Rücksicht auf andere Mahlteilnehmer die Speisen „frisst" und vor dem Ende des Mahls vor Wut rast.

2.2.3 Nichthöfische Literatur im Vergleich: „Helmbrecht" und „Der Ring"

Im Gegensatz zur oben genannten höfischen Literatur neigt die zeitgenössische „nichthöfische" Literatur – wie „Helmbrecht" von Wernher dem Gärtner und „Der Ring" von Heinrich Wittenwiler – dazu, Mahlzeiten und Speisen ausführlicher zu schildern. Die beiden Werke sind zwar „bäuerlich", aber enthalten Nachahmung, Satire und Parodie auf die höfische Welt. In diesem Sinne sind diese Werke für den Vergleich mit der höfischen Literatur geeignet.[191]

„Helmbrecht" ist die Geschichte eines Bauernsohnes, der die Grenze des Standes überschreiten und Ritter werden will, was die damalige Gesellschaft überhaupt nicht erlaubte. Der Autor Wernher der Gärtner ist nur durch dieses einzige Werk bekannt. Er ist urkundlich nicht bezeugt. Der Name „Wernher der Gärtner" steht in den Schlussversen im „Helmbrecht":

„Swer iu ditze mære lese

bitet daz im got genædec wese

und dem tihtære,

Wernher dem Gartenære" („Helmbrecht", 1931–1934).

„Helmbrecht" entstand zwar im 13. Jahrhundert, ist aber nur in zwei späteren Handschriften aus dem 15. und 16. Jahrhundert überliefert.[192]

„Der Ring" beschreibt die Hochzeit eines Bauernpaares als Parodie auf das höfische Leben. Der Autor Heinrich Wittenwiler wird mit einer Person identifiziert, die in den Urkunden als adliger Advokat und später als Hofmeister am Bischofshof zu Konstanz im 14. Jahrhundert auftritt. „Der Ring" ist das einzige literarische Werk

---

191 Textausgaben: Heinrich Wittenwiler, „Der Ring", nach dem Text von Edmund Wießner ins Neuhochdeutsche übersetzt und herausgegeben von Horst Brunner, Stuttgart 1991; Wernher der Gärtner, „Helmbrecht", herausgegeben, übersetzt und erläutert von Fritz Tschirch, Ditzingen 2004.
192 Siehe Anhang „Überlieferungen und Textausgaben/-editionen der Tischzuchtliteratur".

Wittenwilers, das nur in einer Handschrift (1410/1420) überliefert ist.[193] Die Datierung dieses Werkes ist ungewiss; t. p. q. ist 1360 und t. a. q. ist die Datierung der Handschrift, 1410/1420. „Der Ring" entstand wahrscheinlich um 1408/1410 im Umfeld des Konstanzer Bischofs Albrecht Blarer.[194]

2.2.3.1 Wernher der Gärtner, „Helmbrecht"

In „Helmbrecht" gibt es zwei Szenen der Mähler. „Helmbrecht" ist die Geschichte der misslungenen Ambition eines Bauernsohnes namens Helmbrecht, der nicht Bauer wie sein gleichnamiger Vater und Großvater, sondern Ritter werden will und dafür seine Familie verlässt. Er wird aber kein richtiger Ritter, sondern Raubritter und kommt einmal nach Hause zurück. Das erste Mahl findet anlässlich der Heimkehr Helmbrechts statt. Für ihn bereitet seine Familie ein gutes Essen zu (859–898). Das Mahl ist eigentlich ein Abendessen für die Familie Helmbrechts, aber wie ein Gastmahl für den „verlorenen Sohn" ausgerichtet. Der Autor beschreibt sehr ausführlich Details der Speisen:

> „ich [der Autor] wil iu [den Lesern] nennen die êrsten traht
>
> [...]
>
> ein krût vil kleine gesniten;
>
> veizt und mager, in bêden siten,
>
> ein guot vleisch lac dâ bî" („Helmbrecht", 863–869).

Das Weißkraut („krût") als die typische Speise der Bauern[195] wird später, gegen Ende des Hochzeitsmahls, von Gotelint, der Schwester Helmbrechts, als die Speise des Hauses ihres Vaters erwähnt (1604). Als zweiter Gang werden fette und mürbe Käse (871) und eine gut gemästete und am Spieß gebratene Gans (874–875) genannt. Die Gans „was michel unde grôz,/ gelîch einem trappen" (878–879). Dazu werden noch ein gebratenes und ein gekochtes Huhn serviert. Dieses Gericht hätte auch ein Herr genommen, „swenne er gejeides phlæge/ und ûf einer warte læge" (884–886). Noch verschiedene weitere Gerichte werden Helmbrecht serviert, die den Bauern unbekannt waren (887–888) und nicht weiter erklärt werden.

Gegen Ende des Essens sagt der Vater, dass es bei ihm keinen Wein gebe (891ff.), und bietet stattdessen Quellenwasser „aller besten ursprinc" an (893f.). In der höfischen Literatur wird Wasser normalerweise nicht getrunken, ausgenommen Willehalm, der während der Askese nur Wasser und Brot zu sich nimmt. Wasser als rangniedrigstes Getränk im Mittelalter findet sich auch nicht in den mittelalterlichen Tischzuchten, die auf die Herrenschicht gerichtet waren.[196] Nachdem Helmbrecht sich eine Weile bei seiner Familie aufhält, klagt er über das Essen und das Wasser bei

---

193 Siehe Anhang „Überlieferungen und Textausgaben/-editionen der Tischzuchtliteratur".
194 BRUNNER, Horst, Art. „Wittenwiler, Heinrich", in: VL, Bd. 10, Sp. 1281–1289, Sp. 1283.
195 Das Weißkraut wird auch im Hochzeitsmahl der Bauern in „Der Ring" gereicht, siehe Kap. 2.2.3.2.
196 Siehe Kap. 3.4.4.

seinem Vater: Helmbrecht kann über eine Woche keinen Wein trinken, wodurch er dünner wird (1118–1121), er vermisst auch Rindfleisch (1122ff.).

Das zweite Mahl, das in „Helmbrecht" geschildert wird, ist das Hochzeitsmahl für Lämmerschling mit Helmbrechts Schwester Gotelint (1535–1650). Helmbrecht will seinen Genossen Lämmerschling mit seiner Schwester vermählen. Die Hochzeit kann indes nicht bis zum Ende vollzogen werden, weil ein Richter mit Gerichtsdiener zur Hochzeit kommt, um Helmbrecht und seine Genossen zu verhaften, sodass die Hochzeitsfeier schließlich abgebrochen wird.

Anders als die Beschreibung des oben genannten Familienmahls beim Vater Helmbrechts erzählt der Autor kaum von den Speisen des Hochzeitsmahls und beschreibt stattdessen andere Elemente des Festessens. Als Nachahmung des höfischen Lebens werden für dieses Hochzeitsmahl zuerst die Hofämter ernannt und jeder Dienst benannt (1539ff.): Schlingsland (Slintezgeu) ist Hofmarschall und „der fulte den rossen wol ir balc" (1540), Schluckenwidder (Slickenwider) ist Mundschenk, Höllensack (Hellesac) zeigt als Truchsess den Fremden (Gästen?) die Plätze. Rüttlenkasten (Rütelschrîn) ist Erzkämmerer und Kühefresser (Küefrâz) verteilt als Hofküchenmeister alle Speisen, die in der Küche gekocht werden. Zerschlagenkelch (Müschenkelh) teilt das Brot aus, aber sein Amt bleibt unklar. Am Ende des Mahls, beim Eingriff des Richters, wird erwähnt, dass „spilliute" da sind (1609).[197]

Der Autor erwähnt, wie schlimm die Hochzeitsteilnehmer „fressen" und wie schnell die Speisen verschwinden (1552–1565), es wird aber nur nebensächlich angedeutet, dass Fleisch gegessen wird („ob der hunt iht nüege/ nâch in ab dem beine?", 1564–1565). Gegen Ende des Mahls vergleicht die verängstigte Gotelint das (Weiß-)Kraut bei ihrem Vater mit dem Fisch bei ihrem Bräutigam:

„Dar nâch vil schiere sach diu brût,

daz si dâ heime ir vater krût

hêt gâz ob sînem tische

für Lemberslindes vische" („Helmbrecht", 1603–1606).

Der Unterschied zwischen den Beschreibungen des Familienmahls und denen des Hochzeitsmahls liegt wahrscheinlich darin begründet, dass sie unterschiedlichen Welten angehören. Das Familienmahl beim Vater Helmbrechts gehörte zur Welt seines Vaters, zur Bauernwelt, und der Autor beschreibt gerne jede Speise wie auf einer Speisekarte. Zwar gehört die Bauernwelt zur niedrigeren Sozialschicht, aber der Vater führt dort standesgemäß ein ordentliches Leben, weshalb sich auch der Verlauf des Familienmahls entsprechend „ordentlich" zeigt. Das Hochzeitsmahl wiederum findet in der Gesellschaft Helmbrechts, in der „(pseudo)ritterlich-höfischen" Welt statt: Hier werden die Elemente des höfischen Festmahls betont, während die Beschreibung des Essens zurückhaltend bleibt wie in der oben behandelten höfischen Literatur. Jedoch sind Helmbrecht und seine Genossen keine echten Ritter, die zur

---

197 Helmbrechts „geselle" werden bereits im Gespräch mit seinem Vater von Helmbrecht genannt (1185ff.), aber sie werden hier erneut namentlich genannt, vgl. TSCHIRCH, (1973). Über die Bedeutung der Namen der „geselle", vgl. SEELBACH (1987), S. 155f.

echten höfischen Gesellschaft gehören, sondern Raubritter: Ihre „höfische" Welt bleibt deswegen nur eine „Fälschung" der höfischen Welt; dementsprechend unordentlich verläuft das Hochzeitsmahl.

2.2.3.2 Heinrich Wittenwiler „Der Ring"[198]

Die Schilderung des Hochzeitsmahls eines Bauernpaares im „Ring" Heinrich Wittenwilers enthält viele wichtige Elemente (Bewirtung, Teilnehmer, Bedienung), die mit den oben behandelten höfischen und adligen Festmählern zu vergleichen sind. Ein Bauer Bertschi Triefnas will eine Bäuerin Mätzli Rüerenzumph heiraten, schließlich findet die Hochzeit statt. Nach der Geschenkübergabe beginnt das Hochzeitsmahl (5533–6186). Das Mahl verläuft vom Anfang bis zu Ende chaotisch und die Beschreibungen des Benehmens der Mahlteilnehmer sind vorbildliche Gegenbeispiele der Tischzuchten.[199]

Bewirtung beim Mahl – Essen und Trinken

Bei diesem Hochzeitsmahl wird, im Gegensatz zu solchen in der höfischen Literatur, sehr ausführlich geschildert, wer was und wie isst und trinkt. Interessanterweise wird die Suppe serviert, bevor die Tische gedeckt werden (5540). Die Hochzeitsgäste können nicht vermeiden, sogar die Suppe zu „fressen" (5541–5553). Danach werden Säcke als Tischdecken auf dem Gras ausgebreitet, die man mindestens einmal pro Jahr wäscht (5557–5558). Salz, Messer und geschnittenes Brot fehlen, stattdessen gibt es Gerstenlaibe und Roggenbrot (5565).

Als „daz erst gericht" (5630) werden Äpfel, Birnen, Nüsse und Käse („Öpfel, pieren, nuss und chäs", 5633) gebracht. Das zweite Gericht ist ein Eselsbraten, „daz daucht sei sein [Diener Spiegelmeise] ein willprät edel" (5685–5686). Das dritte Gericht ist Kraut mit Speck und Fisch. Die Gäste freuen sich über das fette Kraut (5722). Da die Gäste fressen und sich um jede Speise reißen, macht sich der Gastgeber Bertschi Sorge um die Kosten des Mahls und hält eine Gesundheitsrede, in der er dazu aufruft, dass die Gäste aus Gesundheitsgründen nicht zu viel essen und trinken sollen (5954–5960). Dagegen verlangen die Gäste Würste und Schinken (5969), die wahrscheinlich nicht serviert werden. Nach dem flegelhaften Fischessen, durch das ein Gast namens Fahrindwand ums Leben kommt (5871ff.), werden Eier gegessen (6019ff.). Zwischen den Eiern und dem letzten Gang gibt es eine kurze Unterhaltungseinlage mit einer Erzählung und Gesang, aber weil keiner zuhören will, wird sie abgebrochen. Als das letzte Gericht (vermutlich der Nachtisch) wird verschiedenes Obst (Kirschen, Weintrauben, Feigen und Pflaumen) serviert (6117ff.). Während des Essens werden viele Brotlaibe gegessen. Beim Eieressen essen Knotz und Troll die

---

198 Textausgabe: Heinrich Wittenwiler, „Der Ring", nach dem Text von Edmund Wießner ins Neuhochdeutsche übersetzt und herausgegeben von Horst Brunner, Stuttgart 1991.
199 Zum Vergleich der Unarten beim Hochzeitsmahl im „Ring" mit den Tischzuchten, siehe Kap. 3.5.2.

servierten Brote auf und verlangten weitere Laibe, aber es gibt kein Brot mehr (6087ff.).

Die Gäste trinken auch über alle Maßen. Meist wird „most" aus dem Krug getrunken (z. B. 5645f.). Daneben werden Apfeltrank (5682, 5994), Birnenmost und Schlehenwein (5994f.) serviert. Die Gäste verlangen gelegentlich andere bessere Getränke wie Wein, Met und Bier, diese werden jedoch nicht aufgetischt (5813–5815, 5991f.). Als der Most ausgetrunken ist, wird den Gästen (saure) Milch gegeben, die „die (Gäste) trunkens wol" (5998). Als es auch keine Milch mehr gibt, muss Wasser getrunken werden (6101f.).

In den Beschreibungen der Speisen und Getränke wird Wittenwilers Bewusstsein der Rangordnung der Lebensmittel erkennbar. Die Speisen und Getränke, die bei diesem Hochzeitsmahl serviert werden, gehören deutlich zum niederen Rang und sie werden manchmal mit denen des höheren Rangs verglichen. Gersten- und Roggenbrote werden als ganze Laibe aufgetragen statt „durchsnitten" (5563). Zwar gibt es Fleischgerichte, aber weder vom Rind noch vom Schwein oder Huhn. Wie oben erwähnt, beschreibt der Autor, dass der Eselsbraten für den Diener Spiegelmeise „edles Wildbret" ist (5685–5686). Echtes Wildbret kann aber nicht auf den Bauerntisch kommen, weil das Jagdrecht im Mittelalter ein Privileg der Adligen war.[200] Wie bei Helmbrechts Vater wird auch hier Kraut mit Speck gegessen. Wein[201] wird zwar von den Gästen verlangt, aber was sie eigentlich trinken, sind Most, Apfeltrank, Milch und Wasser. Sogar Met und Bier werden nur genannt und nicht getrunken. Was die Getränke angeht, werden für diese Bauernhochzeit die rangniedrigsten gewählt.

Für eine gute Bewirtung ist nicht nur die Qualität, sondern auch die Quantität der Speisen und Getränke ausschlaggebend. Selbstverständlich ist es nachteilig, wenn es beim Festessen nicht genug zu essen und trinken gibt. Es scheint, dass die Hochzeitsgäste von Bertschi und Mätzli nicht genug versorgt sind, weil sie ständig über Hunger und Durst klagen. In diesem Sinne bedeutet dieses Hochzeitsmahl eine schlechte Bewirtung, was aber nicht am Gastgeber, sondern eher an den Gästen liegt, da sie übermäßig „fressen" und trinken.

Für das höfische Gastmahl hatten die großen Ausgaben für die Bewirtung eine positive Bedeutung, da sie Macht und Reichtum des Gastgebers zeigen und ihn ehren. Beim Hochzeitsmahl unter den (nicht reichen) Bauern dagegen kommt es nicht in Frage, Macht und Reichtum zu zeigen. Der Gastgeber Bertschi Triefnas macht sich wegen der maßlosen Fresserei Sorgen um die Ausgaben und will verhindern, dass die Gäste noch mehr essen:

„Triefnas sach den ungelimph

An essen und an trinken.

Daz haubet ward im sinken;

---

200 Wolfram von Eschenbach erwähnt Wildbret oft in den Schilderungen des Festessens in seinen Werken, weil die Personen seiner Werke im Prinzip königlicher oder edler Herkunft sind, siehe Kap. 2.2.2.5 und 2.2.2.6.

201 Vgl. Helmbrechts Klage über das Leben ohne Wein während des Aufenthaltes bei seinem Vater, siehe Kap. 2.2.3.1.

Die zerung bswäret in vil ser

Und gedacht im an die ler:

Chlaineu hochzeit schol er haben,

Der sich hüeten wil vor schaden.

Dar umb so was sein fröd zerstört.

Des hiet er ärtznei auch gehört

Und gie da hin vil maisterleich.

‚Hört, ir herren arm und reich‘,

Ruofft er ze der selben stund,

‚Daz essen ist euch nicht gar gsund!

So tuot euch auch daz trinchen we:

Dar umb stet auf und esst nit me!“ („Ring“, 5946–5960).

Teilnehmer des Mahls

Wie oben erwähnt, nennt die höfische Literatur in vielen Fällen die (vor allem vornehmen) Gäste, weil die Teilnahme vornehmer Personen das Fest ehrte.[202] Beim Hochzeitsmahl im „Ring“ wird jeder Mahlteilnehmer namentlich genannt. Weil aber alle Bauern sind, können sie weder Ehre noch Zierde des Festes darstellen. Im Gegenteil: Sie benehmen sich ständig unmanierlich und „bäuerlich“. Durch die Nennung der Namen wird die Beschreibung, wer welche Untat begeht, ausführlicher und lebendiger: Frau Else („fro Els“) wäscht zu lange die Hände, Penz Trinkviel („Pentza Trinkavil“) trinkt zu viel Most, Fahrindwand („Varindwand“) stirbt, weil er das Kopfstück des Fisches zu schnell herunterschluckt, Jänsel und Burkhart („Purkhart“) geraten beim Eieressen miteinander in Streit, Kriembold („Chrimbolt“) verschluckt ein ganzes Ei usw. Jeder hat quasi eine herausragende Rolle während des Mahls, jedoch im negativen Sinne.

Bedienung beim Mahl

Bei diesem Hochzeitsmahl wird keine besondere Bedienung von irgendeiner wichtigen Person erwähnt, wie z. B. vom Gastgeber oder von der Gastgeberin im „Parzival“, in „Der guote Gêrhard“ oder „Tristan und Isolde“. Die Bedienung durch die Diener wird dabei trotzdem relativ ausführlich geschildert: Es gibt mehrere Diener, von denen einer namentlich genannt wird, weil er, wie andere namentlich genannte Gäste, als Diener eine besondere Rolle (wiederum im negativen Sinne) spielt. Als Frau Else endlich mit dem Händewaschen fertig ist, bringt Spiegelmeise („Spiegel-

---

202 Vgl. Kap. 2.2.2.1.

mäs") ihr „mit bloßer Hand" Birne, Äpfel, Nüsse und Käse (5632–5633). Es wird weiter erzählt, wie er Obst und Käse behandelt:

> „Den chäs den legt er für sei do
>
> Also gantz; des was sei fro
>
> [...]
>
> Die nusse paiss er mit dem zan,
>
> Daz im daz pluot hin nach da ran.
>
> Die öpfel huob der selbig man
>
> Pei dem stil zbeschnaiden an
>
> Und die pieren pei dem haubt" („Der Ring", 5635–5643).

Danach will er den Most nachschenken und er lässt ihn überlaufen (5652).

Beim zweiten Gang (Kraut mit Speck, Fisch) wird die „höfliche Sitte" der Diener (samt Spiegelmeise) erwähnt. Sie halten die Schüssel (mit dem Kraut) am Bauch und verschütten die Hälfte. Die Reste verteilen sie „Und wurfens für recht, sam eim kalb/ Man gäb daz gras in einem stal/ In die chripp und überal" (5718–5720). Als die Diener sich die Hände waschen, endet das Hochzeitsmahl (6185f.).

2.3 Merkmale des öffentlichen Mahls: Literarische und historische Quellen im Vergleich

Die Elemente, die öfter in den Schilderungen der höfischen Feste und Festmähler der oben behandelten höfischen Literatur erwähnt oder betont werden, zeigen die Merkmale der öffentlichen Mähler in der höfischen Gesellschaft: Festtermine, Einladung und Vorbereitung des Festes oder Festmahls, Vorstellung und Aufzählung der Teilnehmer, Sitzordnung, Bedienung und reichliche Bewirtung.[203] Die höfischen Epen sind zwar Fiktion und keine Aufzeichnung der wirklichen Ereignisse, aber sie spiegeln zeitgenössische Kultur und bestimmte Neigungen der Zeitgenossen wider. Zum Teil zeigen ihre Festschilderungen Ähnlichkeiten mit jenen in den historischen Quellen.

Joachim BUMKE wählte in seinem berühmten Buch „Höfische Kultur" folgende Punkte zum Kapitel über „Essen und Trinken" aus:[204] „Herrenspeise", darunter behandelt er die Rangordnung und Unterschiede des Essens und Trinkens zwischen den Herren und Armen, „die Sitzordnung", „die Bedienung", „das Tafelgeschirr" und „die Organisation". Dazu erwähnt er das gute und schlechte Benehmen beim Essen, d. h. „Tischzuchten" und „Sauf- und Freßliteratur". Letztere beide Aspekte werden in Kapitel 3 beschrieben. Hier sollen die oben genannten Elemente mit Beispielen der Festmähler aus den historischen Quellen und aus der oben behandelten höfischen Li-

---

203 Vgl. Kap. 2.2.2.9.
204 BUMKE (1986), Kapitel 4 Essen und Trinken, S. 240ff.

teratur nach folgenden Punkten geordnet dargestellt werden: Teilnehmer, Speise/ Kosten (darunter fallen die Bewirtung, „Herrenspeise" und „Tafelgeschirr"), Sitzordnung, Bedienung/Hofämter und angemessene bzw. kostbare Kleidung der Teilnehmer der öffentlichen Mähler.

2.3.1 Teilnehmer öffentlicher Mähler

Wie oben erwähnt, bedeutete die Teilnahme vornehmer Personen wie Kaiser, König, Adlige und hochrangige Kleriker Prestige für das Fest des Mittelalters. Dazu spielte auch die Anzahl der Teilnehmer eine Rolle; je größer die Teilnehmerzahl, desto bedeutender die Veranstaltung. Sowohl in der höfischen Literatur als auch in den historischen Quellen sind die ausführliche bzw. namentliche Erwähnung der Teilnehmer und deren Zahl beliebt. Zudem ist im Mittelalter noch die Anwesenheit von Frauen (in der höfischen Literatur vor allem von schönen Damen) bedeutsam. Da die Teilnehmer der Feste oder der Versammlungen auch die Teilnehmer der Fest- oder Gastmähler bei den entsprechenden Veranstaltungen sind, werden hier die Festteilnehmer von den Mahlteilnehmern nicht unterschieden.

In „Der guote Gêrhart" spielt der Kölner Erzbischof bei der Hochzeit von Gerhards Sohn eine besondere Rolle. Für das Prestige dieser Hochzeit und für die Rittererhebung seines Sohnes lädt Gerhard den Erzbischof ein, der die vornehmste Person des Hochzeitsfestes ist. Der Sitzplatz neben ihm ist bei diesem Fest der beste Platz und hat eine besondere Bedeutung. Da der Sohn Gerhards vor der Heirat zum Ritter geschlagen werden muss, sodass ein Kaufmannssohn sich mit einer norwegischen Prinzessin vermählen kann, soll das Hochzeitsfest eine ritterlich-höfische Zeremonie werden. Dafür lädt Gerhard neben dem Kölner Erzbischof Adlige und andere vornehme Leute, insgesamt über 300 Personen ein, die in Begleitung von zahlreichen Rittern kommen. Da er selbst ein Kaufmann ist, lädt er auch Bürger zur Hochzeit ein. Zum zweiten Fest in „Der guote Gêrhart", bei dem die Rückkehr des echten Königs Willehalm nach England gefeiert wird und das gleichzeitig das Gericht über die Herrscher bedeutet, wird eine große Anzahl an Herrschern aus England und anderen Ländern eingeladen. Aus den Nachbarländern kommen die Könige; einer davon ist König Reinmund von Norwegen, der Schwiegervater Willehalms, der in Begleitung von 1000 Rittern erscheint. Auch die Fürsten von Irland und „Îbern" kommen mit edlen Rittern.

Nicht zuletzt zählt Hartmann von Aue die Festteilnehmer leidenschaftlich auf: Beim Fest zu Karadigan mit der Tafelrunde im „Erec", das wegen der fehlenden Beschreibung einer Mahlzeit im Kap. 2.2.2.1 nicht behandelt wird, werden die Teilnehmer namentlich vorgestellt. Am Anfang der Festschilderung werden „diu küneginne [d. h. Ginover, 1611]", „si [d. h. Enite, 1611]" und „künec [d. h. Artus, 1613]" erwähnt. Danach werden die Ritter der Tafelrunde und Erec als Teilnehmer in 75 Versen (1619–1693) namentlich vorgestellt. Der Grund einer solchen ausführlichen Nennung ist, dass die Teilnehmer als Ritter der Tafelrunde die Auserwählten, „die tugendhafte[…] schar (1695)" sind. Die einzeln genannten Teilnehmer sind zwar insgesamt 80 Personen (König Artus, Königin Ginover, Enite, Erec und 76 Ritter der Tafelrunde), aber der Autor schreibt als „die richtige Anzahl" der Teilnehmer 140 (1696–1697). Hartmann nennt wieder sehr ausführlich die Gäste zur Erecs Hochzeit (2118–2221). Der Grund scheint eindeutig zu sein: Alle eingeladenen Gäste sind vornehme Leute und damit nichts anderes als eine Ehre für den Gastgeber Erec. Zu seiner Hochzeit werden zehn Herzöge und Grafen (1902ff.), fünf junge Könige (1954ff.) und fünf frühere Könige (2073ff.) eingeladen. Graf Brandes von Doleceste führt 500 „gesellen" mit, Graf Libers von Treverin kommt mit 100 „gesellen", Herzog Guelguenzins mit „hêrlîcher schar", König Jernis von Riel mit 300 „gesellen" und König Bilei mit großer „gesellschaft". Jeder der jungen Könige wird von 300 Untertanen begleitet.

Im „Nibelungenlied" werden die Hochzeitsgäste von Etzel und Kriemhild wie in Hartmanns Werk ausführlich aufgezählt. Die Gäste sind sehr „international", aus verschiedenen Ländern; sie sprechen unterschiedliche Sprachen und gehören verschiedenen Religionen an (1338). Sie sind „Riuzen", „Kriechen", „Pœlân", „Wálachen" (1339), viele Ritter aus „dem lande ze Kiewen" und die „wilden Petschenære" (1340). Etzel selbst wird von etwa 24 Fürsten begleitet, die „vrô und vil rîche, höfisch unt gemeit" sind (1342). Davon werden die wichtigsten Personen einzeln vorgestellt: Herzog Ramung aus dem Land der Walachen kommt mit 700 Gefolgsleuten (1343) und Fürst Gibech mit „herrlichen Truppen" (1343). Zudem sind Hawart aus Dänemark, Iring und Irnfried von Thüringen anwesend, sie bringen insgesamt 1200 Männer mit (1345–1346), und Etzels Bruder Blödel kommt mit 3000 Männern (1346). Es liegt auf der Hand, dass die große Teilnehmerzahl Stolz und Ehre für die Veranstaltung und den Gastgeber bedeuten und auch die Macht und den Reichtum der einzelnen Gäste aufzeigen, indem sie so viele Gefolgsleute mitbringen können. Eine solch ausführliche Teilnehmeraufzählung dient dazu, die Veranstaltung in ihrer Herrlichkeit zu schildern. In beiden Werken werden die vornehmen Teilnehmer, nicht zuletzt adlige und königliche Personen, mit ihrem Gefolge ausführlich beschrieben. Bei der Hochzeit Etzels mit Kriemhild im „Nibelungenlied" zeigt die Vorstellung der Teilnehmer nicht nur die große Teilnehmeranzahl an der Veranstaltung, sondern auch den beachtlichen Umfang von Etzels Herrschaft, der seine Macht symbolisiert. Zur Charakterisierung der „Internationalität" seiner Gäste (d. h. Etzels Untertanen und die Herrscher der Nachbarländer) werden diese ausdrücklich erwähnt.

Die Vorstellung der Festteilnehmer bei Hartmann und beim anonymen Autor des „Nibelungenliedes" ist interessanterweise im gleichen Stil auch in den historischen Quellen zu finden. Gislebert von Mons zählt ebenso die Teilnehmer am Anfang seiner Schilderung des Mainzer Hoftags von 1184 auf:

> „[...] ad curiam principibus, archiepiscopis, episcopis, abbatibus, ducibus, marcionibus et comitibus palatinis et aliis comitibus et viris nobilibus et ministerialibus fuerunt numero iuxta veram extimationem milites in curia illa 70 milia, exceptis clericis et cuiuscumque conditionis hominibus."[205]

---

205 GISLEBERT VON MONS, „Chronicon Hanniense", S. 142.

Laut Gislebert hatte der Mainzer Hoftag über 70.000 Teilnehmer. Wie Hartmann erwähnt er die wichtigsten Teilnehmer einzeln mit ihrem Gefolge: Der Herzog von
Böhmen kam mit 2000, der Herzog von Österreich mit 500, der Herzog von Sachsen
mit 700, der Pfalzgraf bei Rhein mit über 1000 und der Landgraf von Thüringen mit
über 1000 Rittern; Graf von Hennegau (Gisleberts Herr) wird ohne Angabe der Anzahl der Ritter erwähnt.[206] Nach der Schilderung des Festvorgangs erwähnt Gislebert
die Teilnehmer erneut, aber ausführlicher. Im Zusammenhang mit dem geplanten,
aber wegen des Sturms abgesagten Turnier wird zuerst die gesamte Teilnehmeranzahl
von 70.000 diesmal als die Anzahl der Ritter genannt.[207] Die Vorstellung der wichtigsten Fürsten mit der Anzahl des Gefolges wird teilweise wiederholt. Dazu werden
noch einige wichtige geistliche Fürsten mit der Ritteranzahl hinzugefügt: Der Erzbischof von Mainz mit 1000, der Erzbischof von Köln mit 1700, der Erzbischof von
Magdeburg mit 600 und der Abt von Fulda mit 500 Rittern. Davon sind die Erzbischöfe von Mainz (Konrad) und Köln (Philipp) namentlich genannt. Danach werden
vier Erzbischöfe (nicht namentlich), 16 Bischöfe (teilweise namentlich),[208] drei Äbte
(nicht namentlich) und zwölf sonstige weltliche Fürsten (teilweise namentlich)[209]
einzeln vorgestellt. Insgesamt werden sieben Erzbischöfe, 16 Bischöfe, vier Äbte
und 17 weltliche Fürsten einzeln aufgeführt. Darüber hinaus werden weitere Teilnehmer erwähnt:

> „[…] aliisque multis archiepiscopis, episcopis, abbatibus, ducibus, marchionibus et comi-
> tibus palatinis et comitibus landgraviis nominatis aliisque multis comitibus et viris nobili-
> bus et ministerialibus, cum omnes in Bawaria, Saxonia, Suevia, Franconia, Austria, Boe-
> mia, Burgundia, Lothoringia ad hoc invitati fuerint."[210]

Gislebert betont nicht nur die Teilnahme zahlreicher vornehmer Personen wie weltliche Fürsten, Erzbischöfe, Äbte und Bischöfe, sondern auch die große Reichweite des
Rufs des Gastgebers Kaiser Friedrich I., wie es der anonyme Autor vom „Nibelungenlied" bei der Erzählung der Hochzeitsgäste für Etzel und Kriemhild tut. Somit
lässt sich auch hier zeigen, wie groß und prächtig die Veranstaltung war.

Von der Hochzeit Heinrichs V. mit Mathilde berichtet Ekkehard von Aura in
einer langen und ausführlichen Beschreibung der Hochzeitsgäste. Er betont zweimal,
wie viele Gäste anwesend waren.[211] Zur Hochzeit kamen Erzbischöfe, Bischöfe, Herzöge, Grafen, Äbte, Pröpste und noch andere Geistliche. Danach nennt Ekkehard die
Anzahl der Erzbischöfe (5), Bischöfe (30) und Herzöge (5). Wie im „Nibelungenlied" und in der „Chronicon Hanoniensi" von Gislebert ist nicht nur die große Anzahl

---

206 Ibid., S. 142, davon sind der Herzog von Österreich, der Herzog von Sachsen und der Pfalzgraf bei
     Rhein namentlich genannt.
207 „Satis autem constat in curia illa, sicut supra dictum est, 70 milia milites fuisse, cum iam nominati
     princeps tot habuerunt ibi milites" […] (ibid., S. 143).
208 „[…] domino Rogero Cameracensi episcopo, domino Radulpho Leodiensi episcopo" (ibid., S. 144).
209 „[…] duce Otone Bawarie, Theoderico comite palatino Bawarie, […] Welffone duce Bawarie seni-
     or, […] Bertoldo duce Cheringiorum […]" (ibid., S. 144).
210 Ibid., S. 144.
211 „[…] tantam multitudinem tantorum primatuum in uno conventu convenisse. […] Comitum vero et
     abbatum atque prepositorum numerus a nullo presenti licet multum sagaci potuit comprehendi"
     (EKKEHARD VON AURA, Chronica, pars altera, S. 248).

der Teilnehmer, sondern auch die Vielfältigkeit der Gäste beschrieben. Am Ende der Schilderung des Hochzeitsfestes wird erwähnt, dass zahllose Gaukler, Schauspieler und noch viele Leute „aus verschiedenen Völkern" anwesend waren.[212] Bei Ekkehard besteht der größte Teil des Hochzeitsberichtes aus der Schilderung der Gäste, sodass die Erwähnung des Hochzeitsmahls vernachlässigt wird.[213]

Beim Gast- und Festessen im Mittelalter war, abgesehen von Hochzeiten, die Anwesenheit der Frauen nicht üblich. Es ist leicht vorzustellen, dass die Frauen vor allem von der politischen Versammlung oft ausgeschlossen blieben. In den Aufzählungen der Teilnehmer in den oben genannten Quellen sind keine weiblichen Gäste vermerkt. Bei der Hochzeitsfeier Heinrichs V. mit Mathilde war die Braut Mathilde die einzige weibliche Person, deren Teilnahme an dieser Veranstaltung bekannt ist. Die Möglichkeit, dass die weiblichen Teilnehmer wie die Gattinnen der in den Quellen aufgezählten männlichen Teilnehmer einfach nicht erwähnt wurden, ist denkbar, doch auch in vielen Bildern der öffentlichen politischen Mähler (beispielsweise Gastmähler anlässlich des Herrschertreffens) sind Frauen nicht dargestellt (Abb. 12, 24). Die Bestimmung über die Sitzordnung in der Goldenen Bulle, die auch die des Krönungsmahls ist, beschreibt nur die Sitzordnung der Kurfürsten. Kap. 28 über die (Ess-)Tische behandelt aber die Höhe des Tisches der Kaiserin bzw. der Königin. Diese Bestimmung zeigt, dass nur die Gemahlin des Kaisers bzw. des Königs die Gelegenheit hatte, am Krönungsmahl oder an sonstigen Festmählern teilzunehmen. Wo ihr Tisch aufgestellt wurde, ist aber unklar und in den Bildern des Krönungsmahls werden nur die männlichen Teilnehmer gezeigt (Abb. 22, 28).

In der höfischen Literatur spielt die Anwesenheit der schönen edlen Damen bei einem Gast- oder Festmahl eine besondere Rolle; neben der Teilnahme der zahlreichen vornehmen Personen sind die schönen Damen die Zierde der Veranstaltung und Freude für die Augen (vor allem der männlichen Teilnehmer). Beim Pfingstfest zu Karidol unter König Artus (59–76) im „Iwein" werden einige ritterlich-höfische Vergnügungen erwähnt, eine davon ist die Konversation mit den Damen. In der Nacht dieses Festes erzählt Kalogrenant, wie er bei einem Burgherrn bewirtet wurde: Der Burgherr erlaubt ihm als Zeichen seiner Gastfreundlichkeit, sich vor dem Essen mit seiner Tochter zu unterhalten und anschließend mit ihr zu speisen, da ihre Begleitung Kalogrenant erfreut.

Besonders im „Nibelungenlied" spiegelt sich die Idee der schönen edlen Damen in der ritterlich-höfischen Kultur wider. Siegfried kann nach einjährigem Aufenthalt in Worms Kriemhild noch nicht sehen (138). Nach der Beratung Gernots bekommt Siegfried als Lohn für seine große Leistung im Sachsenkrieg nicht nur einen Gruß von Kriemhild beim Fest des Friedensabschlusses (265–324), sondern erfreut sich

---

212 „[…] vel quae ipse imperator ex se innumerabili multitudini ioculatorum et istrionum atque diverso generi diversarum gentium distribuit, quemandmodum nullus camerarius ipsius vel qui recepit vel qui distribuit potuit numerare, ita nullus eiusdem imperatoris chronographus potuit litteris comprehendere" (ibid., S. 248).

213 Das sicher damals abgehaltene, aber von Ekkehard nicht berichtete Hochzeitsmahl wurde auf derselben Seite des Hochzeitsberichtes abgebildet, siehe Kap. 2.2.1 und 4.2.1.

auch sehr an ihrem Erscheinen. Ferner ergreift sie seine Hand, was mit folgenden freudigen Worten beschrieben wird:

> „Bî der sumerzîte und gein des meien tagen
>
> dorft' er in sîme herzen nimmer mêr getragen
>
> sô vol der hôhen vreude, denn' er dâ gewan,
>
> dô im diu gie enbhende, die er ze trûte wolde hân"

(„Das Nibelungenlied", 294).

Gernot empfiehlt, Siegfried durch Kriemhild grüßen zu lassen, nicht nur aus Dankbarkeit für Siegfrieds Dienst, sondern aus taktischen Gründen. Er denkt, dass der Gruß seiner schönen Schwester so wertvoll ist, dass man damit den außergewöhnlich tapferen Siegfried weiter auf der Seite der Burgunder halten kann (289). Nicht nur Kriemhild ist bei diesem Fest anwesend: Obwohl es hauptsächlich eine politische Versammlung im Kontext des Friedensabschlusses nach dem Sachsenkrieg darstellt, empfiehlt Ortwin, die Ehrwürdigkeit dieser „hôhgezîte" durch das Erscheinen der schönen Frauen, vor allem Kriemhildes, zu unterstreichen (273), da die Männer nichts glücklicher machen kann als schöne Mädchen und herrliche Frauen zu sehen (274). In der Tat wünschen viele Männer, die Damen zu sehen, und Kriemhild ist besonders begehrt (300):

> „Vil manec recke tumber des tages hete muot,
>
> daz er an ze sehene den frouwen wære guot,
>
> dau er dâ für niht næme eins rîchen küneges lant.
>
> si sâhen die vil gerne, die sie nie heten bekannt"

(„Das Nibelungenlied", 277).

Selbstverständlich ist Kriemhild die „Hauptdarstellerin" und die schönste. Sie wird von ihrer Mutter und von über 100 schön gekleideten Frauen begleitet. Auf die Schilderung der Schönheit Kriemhilds und ihres Kleides werden drei Strophen verwendet (281–283). Während des mehrtägigen Festes erscheint Kriemhild jeden Tag vor den Gästen, Siegfried darf sie dabei immer begleiten.

Beim Empfang des Markgrafen (1650–1712) begrüßen nicht nur der Markgraf, sondern auch seine Frau und Tochter die Gäste; die Tochter geht mit Giselher und die Markgräfin mit Gunther Hand in Hand. Zudem bleiben die beiden Damen auch während des Umtrunks bei den Gästen, weil vor allem die Tochter äußerst schön ist, sodass die Ritter sie sehen wollen (1669–1670). Leider speisen die Tochter und andere Damen, außer der Markgräfin, während des Gastmahls „nâch gewonheite" getrennt von den Rittern (1671); die Abwesenheit der schönen Tochter ist für die Gäste ärgerlich (1672). Nach dem Essen kommt sie zu den Gästen zurück. Die schönen edlen Damen zu sehen, gehört zu den höfischen Freuden, aber schöne, junge und unverheiratete Frauen dürfen mit den männlichen Gästen nicht zusammensitzen und speisen. Zur Freude der männlichen Gäste lassen die Gastgeber im „Nibelungenlied" die jungen Frauen, die noch unverheiratete Kriemhild und die Tochter des Markgrafen, vor den Gästen erscheinen. Die Gemahlinnen der Gastgeber bleiben oft beim Gastmahl bei den männlichen Gästen. Beim letzten Gastmahl an Etzels Hof (1898ff.) sitzt Kriemhild als Gastgeberin zusammen mit Etzel und den Gästen am Tisch.

Im „Parzival" besucht Belakane zwar Gahmuret zum Abendessen in seiner Unterkunft (32, 27–34, 29), um ihn das Fleisch tranchierend zu bedienen, aber sie speist nicht mit ihm. Nicht nur ihre Bedienung, sondern auch ihr Besuch mit ihren (schönen) Dienerinnen selbst bedeuten Gastfreundschaft und Ehre für Gahmuret, weil sie sehr schön und als Königin von Zazamanc so edel ist. Als Parzival sich bei Gurnemanz wegen der ritterlichen Ausbildung aufhält, lässt Gurnemanz seine Tochter beim Abendessen neben Parzival sitzen und ihn bedienen. Gurnemanz wünscht sich heimlich, dass sie Parzival gefällt und dieser Gurnemanzs Schwiegersohn würde. Diese Hoffnung wird nicht erfüllt.

Während des Abendessens beim Fährmann Plippalinot vor dem Abenteuer „lit marveille" bittet Gawan den Fährmann um die Gesellschaft seiner Tochter Bene. Plippalinot macht sich zwar Sorgen, dass sie dadurch hochmütig würde, weil sie noch nie bei einem edlen Mann gespeist oder mit ihm gesessen hat, aber er erlaubt ihre Begleitung (550, 16–22). Beim Gastmahl nach dem Abenteuer „lit marveile" (621, 20–623, 9) sitzt Orgeluse auf seinen Wunsch neben Gawan.

Bei dem Fest in „schastel marveile" (636, 15–641, 15) speisen die Damen und die Ritter zusammen, aber die Damen werden auf der einen Seite des Esstisches platziert und die Ritter auf der anderen. Ausnahmsweise sitzen die Hauptpersonen wie Gawan, Gawans zwei Schwestern, Lischoys, Sangive (Gawans Mutter), Florand (Sangives Ehemann), Orgeluse und die Königin Arnive (Gawans Großmutter) nicht nach Geschlechtern getrennt; die Damen und Ritter speisen bei diesem Fest zusammen. Auch beim Hochzeitsmahl in „Der guote Gêrhard" (3405–5098) finden die Damen auf einer Seite und die Ritter auf der anderen Seite der Tafel Platz. Die Braut sitzt mit dem Kölner Erzbischof separat. Beim Gastmahl für Parzival und seinen Halbbruder Feirefiz (760, 7–764, 4) sitzen und speisen die Ritter und Damen zusammen; Gawan, Jofreit, die Ritter von Orgeluse und Clinschor auf einer Seite, auf der anderen Seite die schönen Damen, die Clinschor zur Geisel nahm. In der Mitte dieser Damen sitzen Parzival und Feirefiz. Zudem speisen hier Florant und seine Frau Sangive, der Herzog von Gowerzin und dessen Frau Cundrie. Gawans Großmutter Arnive sitzt zwischen Gawan und Orgeluse.

Beim letzten Gastmahl im „Parzival" auf der Gralsburg (808, 14–815, 30) wird nicht eindeutig erwähnt, wer am Tisch Platz findet, aber sicher Parzival, Feirefiz und Anfortas; die Anwesenheit von Condwiramurs, Parzivals Ehefrau, lässt sich vermuten. Nach den genannten Beispielen scheint es so, als ob im „Parzival" die Damen beim Fest- und Gastmahl immer anwesend wären, bei manchen anderen Gastmählern jedoch werden die Frauen ausgeschlossen. Wie oben erwähnt, besucht zwar Belakane Gahmuret während des Abendessens, aber sie speist nicht mit ihm, sondern wahrscheinlich nur seine Knappen. Beim Gastmahl auf der Gralsburg bereiten Repanse de Schoye und schöne Damen das Mahl zu; Repanse de Schoye bringt den Gral und die Damen die Tischtücher und Silbermesser. Beim Essen aber sind nur die Männer (Parzival, Anfortas, die Ritter und die Knappen als Diener) anwesend.

Wolfram lässt in seinem anderen Werk „Willehalm" die Männer und Frauen gemischt zusammensitzen und tafeln. Beim Festmahl während des Hoffestes unter König Loys (173, 1ff.) wird die Sitzordnung erklärt. Auf einer Seite des Königs sitzen seine Frau und seine Tochter Alyze, auf der anderen Seite Heimrich und seine Frau Irmschart. Dazu lässt Willehalm als Dank für die Bewirtung am vorherigen Abend den Kaufmann Wimar mit dem König tafeln. Neben Willehalm, seiner Familie, König Loys, seiner Familie und Wimar sind die edlen Vasallen und die Vornehmen anwesend, aber davon wird nichts Ausführliches, auch nicht die Anzahl erwähnt. Wieder beim Gastmahl auf Willehalms Burg in Orange (234, 13ff.) nehmen die Männer und die Frauen gemeinsam an der Tafel Platz; die Ritter zwischen den Damen und Heimrich neben Gyburg. Noch dazu sind Willehalm, seine Brüder, die Könige, Fürsten aus Frankreich und vier vornehme Personen des Landesherrn beim Gastmahl anwesend. Nach einer Weile kommt Rennewart dazu.

Sowohl die Autoren der höfischen Literatur als auch die mittelalterlichen Chronisten und Annalisten haben die gleiche Tendenz in der Art und Weise der Schilderung der Festteilnehmer: Sie betonen die große Anzahl der Teilnehmer und dadurch den Umfang der Veranstaltung. Die vornehmen Teilnehmer werden einzeln mit ihrer Funktion oder manchmal namentlich genannt. Die große Teilnahme vor allem auch der vornehmen Personen bedeutet sowohl in der Literatur als auch in der Geschichtsschreibung Stolz und Ehre für die Veranstaltung. Außerdem betonen Rudolf von Ems, der anonyme Autor des „Nibelungenliedes" sowie die Chronisten die „Internationalität" der Gäste, wodurch sie die große Reichweite der Herrschaft des Gastgebers und seines Namens darzustellen versuchen.

In Wolframs Werken sind viele prächtige Feste und Festmähler zu finden, deren vornehme Teilnehmer bekannt sind, aber anders als es die allgemeine Tendenz der übrigen Autoren zeigt, liefert Wolfram keine übliche Vorstellung des Gastes. Die Teilnehmer der Fest- oder Gastmähler bei Wolfram werden normalerweise durch die Beschreibung der Sitzordnung namentlich genannt. Nur bei den Gastmählern auf der Gralsburg im „Parzival" (233–239, 808–815) wird die große Anzahl der Teilnehmer durch die Aufzählung der für die Gäste gebrachten Teppiche, Sitze oder Tische gezeigt. Der Autor will damit jedoch eher den Reichtum des Gastgebers (d. h. Anfortas') verdeutlichen, als die Anzahl der vielen Ritter darstellen.[214]

2.3.2 Speisen und Kosten

„Herrscherspeise war für die adlige Gesellschaft des hohen Mittelalters ein ebenso wichtiges Standes- und Herrschaftsattribut wie die vornehme Kleidung."[215] Die großen Ausgaben für kostbare Speisen und Geschirr bei Fest- und Gastmählern sind ein einfaches, sichtbares Mittel für den Gastgeber, eigene Macht und Reichtum zu demonstrieren. Ferner offenbart sich in der Qualität der Bewirtung die Stellung des

---

214 Vgl. Kap. 2.3.2.
215 BUMKE (1986), S. 242.

Gastgebers zu den Gästen: Eine reichliche Bewirtung erweist den Gästen Ehre und Wohlwollen, eine mangelhafte oder unfreundliche Bewirtung symbolisiert Missachtung.

Lebensmittel besaßen im Mittelalter eine eindeutige Rangordnung. Es ist leicht zu verstehen, dass Fleisch als ein ranghohes Lebensmittel galt. Unter anderem gehörten das Fleisch wilder Tiere und Fisch wegen des Jagdprivilegs, das nur den Herrschern zustand, meistens zur Tafel der Herrscher und Adligen.[216] Zu den ranghohen Lebensmitteln gehörten neben Fleisch und Fisch Weißbrot und Wein, zu den rangniedrigen Lebensmitteln zählten Bohnen, (Weiß-)Kraut, Schwarzbrot, Bier und Wasser. Die Menge des Fleisches ist ein eindeutiger Parameter für den Wert des Festessens oder Gastmahls und das servierte Jagdfleisch, vor allem das der Wildvögel, gilt als Kennzeichen der adligen Tafel. Joachim BUMKE weist darauf hin, dass die Gerichte der Fest- und Gastmähler in den Chroniken und Annalen leider nicht ausführlich, sondern – wie in den Werken Hartmann von Aues – nur summarisch beschrieben sind.[217] In manchen historischen Quellen werden jedoch große Mengen an Vorräten und umfangreiche Vorbereitungen der Lebensmittel erwähnt, sodass sich verschwenderische Gast- und Festmähler erahnen lassen. Beispielsweise werden die Festmähler des Mainzer Hoftages von 1184 nur kurz erwähnt wie in der Chronik Ottos von St. Blasien „Crastina itaque sacra die cum maxima leticia sollempniter celebrata exquisitisque conviviis sumptuosissime exhibitis gloriose peracta [...]"[218] oder in der Chronik Gislebert von Mons' „Feria secunda et feria tercia post prandia, ipsi imperatoris filii gyrovagari ceperunt, [...]"[219]. Otto von St. Blasien berichtet von – neben den für diesen Hoftag neu gebauten Häusern und Zelten – bunten Kleidern, geschmückten Pferden, Veranstaltungen und „habundancia victualium".[220] Alles war so reichlich vorbereitet, dass „nichilque hic ad ostendandam mundane miserie gloriam".[221] Er beschreibt dadurch zwar die Pracht des Hoftages und den Reichtum des Kaisers und der teilnehmenden Fürsten, nimmt aber kritische Stellung und schreibt als Folge dieses übermäßigen Luxus den Sturm zu,[222] der während des Hoftags aufzog und Häuser und Zelte zerstörte:

> „[...] filiis huius seculi prudencia sua, que *stulticia est apud Deum*, in generatione sua abutentibus. Quod evidenti indicio divina potencia futura presagiens demonstravit. Nam sacre noctis crepusculo ventus validissimus ab occidente ortus palatio imperatoris oratorium eius contiguum multaque alia edificia, inhabitantibus vix evadentibus, funditus evertit maximoque terrore perculsos, ut pene loco cessissent, omnes dubitantes reddidit."[223]

---

216 Ibid., S. 242f.
217 Ibid., S. 245.
218 OTTO VON ST. BLASIEN, „Chronica", S. 38.
219 GISLEBERT VON MONS, „Chronicon Hanoniensi", S. 143.
220 OTTO VON ST. BLASIEN, „Chronica", S. 38.
221 Ibid., S. 38.
222 Auch Gislebert von Mons berichtet über den Sturm während des Hoftages: GISLEBERT VON MONS, „Chronicon Hanoniensi", S. 143.
223 OTTO VON ST. BLASIEN, „Chronica", S. 38.

Arnold von Lübeck berichtet sehr ausführlich über den Überfluss an Lebensmitteln.[224] Beispielsweise wurde dort eine solche Menge an Wein gesammelt wie „beim Mahl des Ahasuverus".[225] Ferner wird berichtet, dass zwei Häuser gebaut und mit Hähnen und Hennen gefüllt wurden:

> „Fuerunt ibidem erecte due magne et spacionse domus intrinsecus, undique perticate, que a summo usque deorsum ita gallis sive gallinis replete fuerant, ut nullus eas suspectus penetrare potuerit, non sine ammiratione multorum, qui tot gallinas in omnibus finibus illis vix esse credebant".[226]

Es versteht sich, dass für so viele Teilnehmer[227] dieses mehrtägigen Hoftages große Mengen an Lebensmitteln und Wein nötig waren, aber aus den Beschreibungen des Mainzer Hoftages lässt sich vermuten, dass die übergroßen Vorräte nicht nur als ausreichende Ernährung für die Teilnehmer, sondern überdies für den verschwenderischen Verzehr in luxuriösen Gelagen gedacht waren. Die Autoren der historischen Quellen schildern die Festmähler des Mainzer Hoftages gar nicht ausführlich. Nur Otto von St. Blasien berichtet, dass die Festmähler sehr luxuriös waren. Die Spuren der luxuriösen Gelage anlässlich der Herrscherversammlungen wie dem Hoftag sind aber noch in den anderen Quellen zu finden. Beispielsweise wird in Kapitel 12 „De congregatione principium" der Goldenen Bulle von 1356 die übermäßige Teilnahme an Gelagen als eine der möglichen Ursachen für die Verzögerung von Verhandlungen erwähnt. Um die Verzögerung zu vermeiden, verbietet dieses Kapitel die feierlichen Einladungen der Fürsten während des Hoftags oder der Zusammenkunft der Fürsten:

> „Pretea ne tractatus communis salutis et pacis per tractum et moram solacii seu excessivam frequentationem convivii retardetur, ut aliquando fieri est consuetum, concordi voluntate duximus ordinandum, ut deinceps curia seu congregatione prefata durante generales omnium principum celebrare alicui non liceat invitatas, particulares vero, que agendorum expeditionem non impediant, cum moderamine sint permisse."[228]

Dieses Verbot deutet an, dass während des Hoftages oder der Versammlung Gelage von den teilnehmenden Fürsten abgehalten wurden, die manchmal so häufig und verschwenderisch waren, dass sie den Verlauf der wichtigen Verhandlungen störten oder verzögerten. Passend zu dieser Bestimmung führt der Herausgeber der Goldenen Bulle als Beispiel die Bewirtung während eines Frühstücks beim Erzbischof Boemund von Trier an. Dazu eingeladen waren der Kaiser, die Erzbischöfe von Mainz und Köln, die Pfalzgrafen Ruprecht der Ältere und der Jüngere, Herzog Rudolf von Sachsen, Markgraf Ludwig von Brandenburg, die Bischöfe von Würzburg, Straßburg und Osnabrück, der Abt von Fulda und viele weitere Herzöge, Grafen, Freiherren und Edle. Verzehrt wurden dabei u. a. vier Ochsen, sieben Schweine, 13 Kälber, 18

---

224 „Quid de <u>habundantia, immo de supereffluentia victualium</u> dixerim, que illic de omnibus terris congesta erat, que sicut erat inestimabilis, ita cuilibet linguarum manet inedicibilis" (ARNOLD VON LÜBECK, „Chronica Slavorum", S. 87f.).

225 „Illic copia vini, que per descensum sive per ascensum Reni advecta fuerat, sicut in convivio Assueri, sine mensura pro uniuscuiusque possibilitate vel voluntate hauriebatur" (ibid., S. 88).

226 Ibid., S. 88.

227 Zur Anzahl der Teilnehmer dieses Hoftages siehe Kap. 2.3.1.

228 DIE GOLDENE BULLE, Kapitel 12, S. 358.

Ferkel, 178 Rebhühner, 700 Einer, zwölf Pfund Pfeffer, acht Pfund Zimt, 32 Pfund Rosmarin, sodass die Kosten bereits ohne Wein 175 Pfund 17 Schilling und zehn Heller betrugen.[229] Boemund speiste jeden Tag mit einer vornehmen Person, häufiger aber vor allem mit dem Kaiser während seines 23-tägigen Aufenthaltes in Nürnberg ab dem 22. Dezember 1354. Das oben beschriebene Frühstück stellte sozusagen den Höhepunkt seiner Gastmahl-Reihe dar.[230] Die Kosten des Gastfrühstücks betrugen mehr als ein Fünftel der Gesamtausgaben in Höhe von 745 Pfund und vier Hellern (ohne Wein) während Boemunds Aufenthalts in Nürnberg. Allein von der Häufigkeit der Einladungen für den Kaiser, die Fürsten und sonstigen Adligen im Dezember 1354 in Nürnberg lässt sich ableiten, wie wichtig das gemeinsame Essen für die Gesellschaft der Adligen war und warum die Bestimmung im zwölften Kapitel der Goldenen Bulle nötig war.

In der in Kapitel 2.2.2 behandelten höfischen Literatur werden die Speisen oft nicht beschrieben, aber die reichliche Bewirtung wird immer erwähnt. Im Gegensatz zu den meisten Autoren der höfischen Literatur beschreibt Wolfram von Eschenbach die Speisen der Gast- und Festmähler ausführlich. Das in Wolframs Werken erwähnte Essen und Trinken spiegelt die Rangordnung der Lebensmittel wider. Als „ranghöhere" Speisen und Getränke geben sie Auskunft über den hohen Rang und den Reichtum des Gastgebers. Außerdem symbolisieren die kostbaren Speisen die Pracht der höfisch-ritterlichen Welt und sind Ausdruck der Freigiebigkeit oder Gastfreundschaft des Einladenden. Im „Parzival" und „Willehalm" wird bei den Fest- und Gastmählern nicht nur Fleisch von Haustieren, sondern auch von Wildtieren (z. B. „spîse wilde unde zam", „Parzival" 809), vor allem von Wildvögeln wie Reihern, Fasanen und Rebhühnern serviert. Das Angebot wilder Fleischsorten impliziert das damit verbundene Jagdprivileg und war Zeichen einer Mahlzeit in adligen Kreisen. Außerhalb von Fest- und Gastmählern wird der Verzehr von Wildgeflügel einmal im „Parzival" erwähnt, als Parzival, noch jung und unerzogen, in Jeschutes Zelt drei gebratene (?) Rebhühner (d. h. gejagte Vögel) verschlingt (131–132).

Ebenso wird in „Helmbrecht" die Rangordnung der Lebensmittel deutlich gezeigt. Helmbrechts Vater ist zwar Bauer, aber begüterter Meier und das Abendessen bei ihm fällt dementsprechend reichlich mit verschiedenen Fleischgerichten aus. Zuerst wird zwar als rangniedrige Bauernspeise (Weiß-)Kraut serviert, danach aber folgen Käse, Gans, gebratenes und gekochtes Huhn und noch weitere Speisen. Gans und Huhn gehören eigentlich zur Herrenspeise, wie es auch in „Helmbrecht" erwähnt ist (883f.). Die Gans bei diesem Mahl ist gut gemästet und „si was michel unde grôz,/ gelîch einem trappen" (877–878), aber Jagdfleisch kommt nicht auf den Tisch.

---

229 „Coquina habuit 4 boves, 7 porcos, 6 porcellos and schaley, 13 vitulos, 12 porcellos, pisces pro 31 lb. 10 s., 106 pullos, 140 perdices, 38 perdices, carnes ferinas pro 7 2/1 lb. h., volucres pro 36 s. hl., 700 ova; 4 quartas mellis, poma pro 7 s., granata 8 s. 4 d., 6 talenta piperis, 4 talenta zuntiberis, 1 talenta amigdul(arum), 15 talenta risi, 16 talenta rosinorum mari. Summarum istius diei preter vinum 157 lb. 17 s. 10 hl." (DIE GOLDENE BULLE, S. 359, Anm. 61, SALOMON, Richard, „Ein Rechnungs- und Reisetagebuch vom Hofe Erzbischof Boemunds II. von Trier. 1354–1357", in: Neues Archiv der Gesellschaft für ältere deutsche Geschichtskunde, 33 [1908], S. 399–434, S. 424).
230 Ibid., S. 423ff.

Helmbrecht klagt nach einer Weile, trotz der reichlichen Fleischgerichte, dass ihm Wein und Rindfleisch fehlen. Gotelint erwähnt später an ihrer Hochzeit das (Weiß-)Kraut als (repräsentatives) Gericht bei ihrem Vater im Vergleich zum Fischgericht bei ihrem Bräutigam (1603–1606).[231]

Im „Ring" werden beim Hochzeitsmahl Fisch, Fleisch und Eier gegessen, als drittes Gericht aber gibt es (Weiß-)Kraut mit Speck, wobei sich die Bauern über das fette Kraut freuen (5722). Das Fleischgericht ist Eselbraten, das dem Diener des Hochzeitsmahls so edel wie Wildbret erscheint (5685–5686). Sowohl in „Helmbrecht" als auch im „Ring" werden Fleischgerichte mit Wildbret verglichen, was jedoch nie auf den Bauerntisch kommt. Helmbrechts Vater entschuldigt sich, weil es keinen Wein, sondern Quellwasser zu trinken gibt. In der höfischen Literatur wird in der Regel kein Wasser getrunken, sondern verschiedene Weine (normaler Traubenwein, „sinôpel", „clâret", „môraz").[232] Ausnahmsweise wird beim Essen Wasser getrunken, da Willehalm wegen der Askese nur Brot und Wasser zu sich nimmt. Im „Parzival" bieten Kyot und Manphilyot Condwiramurs und ihren belagerten und hungrigen Leuten Brot, Schulterstücke, Schinken, Käselaibe und Wein an (190, 9–15). Als die mit Lebensmitteln beladenen Schiffe zufällig bei der belagerten Stadt stranden und die Hungersnot beenden, muss keiner mehr Bier trinken:

> „ich waer dâ nu wol soldier:
>
> wan dâ trinket niemen bier,
>
> si hânt wîns und spîse vil"(„Parzival", 201, 5–7)

Im „Ring" wird meistens Most getrunken; neben Apfeltrank und Birnenmost wird auch Schlehenwein angeführt. Wenn der Most ausgetrunken ist, wird saure Milch angeboten, am Ende Wasser, das im höfischen Epos nur während der Askese getrunken wird. Die Hochzeitsgäste fordern gelegentlich Wein und Bier, was aber nie wirklich aufgetischt wird.

Wie oben erwähnt, neigen die meisten Autoren der höfischen Epen dazu, Detailbeschreibungen der Speisen zu vermeiden, aber sie vergessen jedoch auch nicht, die Reichlichkeit oder Kostbarkeit der Bewirtung zu erwähnen. Auch wenn ihre Ausführungen kurz und summarisch sind, wird die Bedeutung der reichlichen Bewirtung auf den Festen oder der Gastfreundschaft als unerlässliches Element nicht unterschätzt.

Reichtum und Gastfreundschaft des Gastgebers werden nicht nur durch die kostbaren und edlen Speisen, sondern auch durch die kostbare Einrichtung (Teppiche, Kissen, Sitzpolster, Tischplatten usw.) und durch kostbares Tafelgeschirr aus Gold, Silber oder Edelsteinen gezeigt. Beim Umtrunk Gahmurets mit Herzeloyde („Parzival", 84, 20–85, 4) werden wertvolle Pokale benutzt, die aus verschiedenen Edelsteinen (Smaragden, Karneolen und Rubinen) gefertigt sind. Ursprünglich sind sie Geschenke von Isenhart für Belakane und wahrscheinlich brachte Gahmuret diese Pokale von ihr mit.

---

231 Vgl. BUMKE (1986), S. 241.
232 Zur Bedeutung von „sinôpel", „clâret" und „môraz" siehe Kap. 1.6.

Für das Gastmahl auf der Gralsburg beim ersten Besuch („Parzival", 229, 9–240, 22) wird ein besonders kostbarer Esstisch für Anfortas gebaut. Die zwei Stützen sind aus Elfenbein gefertigt und darauf ist eine Tischplatte aus einem riesigen Edelstein montiert, die so dünn geschliffen wird, dass das Sonnenlicht hindurchscheint (233, 16–18). Mit einem solch kostbaren Tisch wird der Reichtum des Burgherrn deutlich demonstriert („dâ obe der wirt durch rîchheit az", „Parzival", 233, 24). Für die Ritter werden hundert Tafeln gebracht und wieder wird erwähnt, dass der Reichtum des Gastgebers (d. h. Anfortas') das ermöglichte:

„man sach dâ rîcheit genuoc.

Der taveln muosen hundert sîn,

die man dâ truoc zer tür dar în.

man sazte jeslîche schiere

vür werder ritter viere" („Parzival", 236, 30–237, 4).

Manche Ritter bekommen aber keine Tafel und ihnen dienen je vier Knappen als Tischersatz (237, 13–20).[233] Für die Gäste werden scharfe Silbermesser auf Servietten, vier Servierwagen mit goldenem Geschirr und viele Kerzen gebracht. Parzival und Anfortas bekommen zum Händewaschen ein buntes Seidentuch. Der Stoff der Handtücher für die anderen Gäste wird zwar nicht erwähnt, das Becken zum Händewaschen aber ist aus Gold (236, 26). Auch im „Nibelungenlied" wird beim Gastmahl für Brünhild eine goldene Schüssel zum Händewaschen benutzt (606). Beim zweiten Gastmahl anlässlich der Rückkehr Parzivals als Nachfolger Anfortas' (808, 14–815, 30) wird die Einrichtung im Vergleich zum ersten Gastmahl auf der Gralsburg beschrieben. Vierzig Teppiche und Sitze mehr als beim ersten Gastmahl werden gebracht und vor allem die für Feirefiz und Anfortas werden besonders prächtig eingerichtet (808, 17–19). Auch die Anzahl der Tischplatten übersteigt die des ersten Gastmahls. Die große Zahl an Tischen, Sitzen und Teppichen zeigt nicht nur den Reichtum des Gastgebers, sondern ist gleichzeitig Ausdruck für die große Anzahl an Teilnehmern dieses Mahls. Bedienung, Geschirr und Speisen werden bei diesem Essen nur zusammenfassend beschrieben, auch hier werden wieder viele Servierwagen mit kostbaren Goldschalen erwähnt (809, 20–21).

Auch beim Gastmahl für Parzival und Feirefiz (760, 7–764, 4) wird die Vorbereitung, z. B. die Einrichtung der Sitze für die Gäste, ausführlich geschildert:

„matraze dicke unde lanc,

der wart ein wîter umbevanc.

kultern maneger künne

von palmât niht ze dünne

wurden dô der matraze dach.

tiure pfelle man drûf gesteppet sach,

---

233 Vgl. Kap. 2.2.2.5.

beidiu lanc unde breit.

[…]

dô sluoc man ûf (sus hôrte ich sagen)

von pfelle vier ruclachen

mit rîlîchen sachen,

gein ein ander viersîte,

darunde senfte plumîte,

mit kultern verdecket,

ruclachen drüber gestecket"("Parzival", 760, 11–26).

Besonders betont wird hier, dass die Decken und Polster aus kostbarer Seide sind. Noch dazu wird Clinschors Schatz zur Schau gestellt. Das Gastmahl findet in Gawans Zelt statt, das so groß ist, dass sechs normale Zelte darin Platz finden könnten (760, 27–29). Auch wenn weder Geschirr noch Speisen Erwähnung finden, so zeigen schon allein das riesige Zelt und die Sitze aus kostbaren Stoffen Gawans Reichtum.

Abgesehen von der Einrichtung der Tische und Sitze, dem Geschirr aus Silber, Gold und Edelsteinen und den kostbaren Speisen ist die großzügige Verwendung von Kerzen ein Merkmal des Reichtums eines Gastgebers. Sowohl beim ersten Gastmahl auf der Gralsburg (229, 9–240, 22) als auch auf dem Fest auf Clinschors Zauberburg ("schastel marveille") (636, 15–641, 15) wird von vielen Kerzen berichtet. Grundsätzlich ist der freigebige Einsatz von Kerzen – also nicht nur für Gast- und Festmähler bis in die Nacht hinein – eines der wesentlichsten Merkmale des weltlichen Luxuslebens einer aktiven Gesellschaft. Von der Reiserechnung Wolfgers von Erla, der damals Bischof von Passau war und in der Literaturgeschichte als einer der Mäzene Walthers von der Vogelweide und als der mögliche Gönner des „Nibelungenliedes" bekannt ist, sind neben den leinenen Tischtüchern im Reisegepäck die hohen „Beleuchtungskosten" bekannt:

> „Der hohe Herr (i.e. Wolfger) trinkt ihn (in Zeiselmauer gekauften guten Wein) nicht allein. Allwöchentlich beschafft man Kerzen und Unschlitt-Lichter, nach dem Kaufpreis in großer Menge. Offensichtlich bleibt die Gesellschaft abends gerne zusammen, auch wenn es inzwischen dunkel geworden ist. […] Und wenn man fröhlich beim Glase sitzt, möchte man sein Unterhaltungsbedürfnis befriedigen."[234]

Wolfger war zwar ein Bischof, hatte zuvor aber viele Jahre – bis zum Tod seiner Frau – als Laie gelebt. Nach der Priesterweihe und dem Beginn seiner „Klerikerkarierre" hatte er seinen weltlichen Lebensstil, der sich u. a. in den Reiserechnungen widerspiegelt, jedoch nie aufgegeben.

Da historische Quellen häufig keine Informationen zu Festmählern liefern, ist es schwierig, entsprechende Erwähnungen zu Geschirr oder Einrichtung wie beim Fest-

---

234 GOEZ (1983), S. 299. Von der Reiserechnung Wolfgers von Erla siehe HEGER, Hedwig, „Das Lebenszeugnis Walthers von der Vogelweide. Die Reiserechnungen des Passauer Bischofs Wolfger von Erla", Wien 1970.

und Gastmahl im „Parzival" zu finden. In den Chroniken wird jedoch versucht, die Pracht eines wichtigen Fest- und Gastmahls durch die Abbildung reichlicher Speisen, kostbaren Geschirrs und der prächtigen Einrichtung zu schildern. Besonders aussagekräftig ist die Abbildung des Festbankettes König Karls V. von Frankreich zu Ehren Kaiser Karls IV. und Wenzels in Paris in den „Grandes Chroniques de France". Dieses Festbankett fand im Schloss Louvre am Dreikönigstag 1378 statt und ist in den zwei Handschriften der „Grandes Chroniques de France" abgebildet (Abb. 12 und 17), die goldenes Geschirr auf der Tafel zeigen. Der Esstisch ist mit zweierlei Tischtüchern – einem farbigen und einem weißen – gedeckt. Schöne Stoffe schmücken die Wände des Speisesaals. Hinter den Gästen lassen sich vor allem drei blaue Stoffbahnen mit der „fleur-de-lis" erkennen, dem Symbol des Königtums von Frankreich. Besonders auffällig erscheinen in Abb. 12 die goldenen schiffförmigen Salzfässer und in Abb. 17 die weißen Servietten und zwei Messer für jeden Mahlteilnehmer. Sowohl der Speisesaal als auch die Tafel sind dem Gastgeber und den vornehmen Gästen entsprechend sehr luxuriös eingerichtet.

In der „Großen Burgunderchronik" von Diebold Schilling dem Älteren ist das Gastmahl beim Zusammentreffen Friedrichs III. mit Karl dem Kühnen von Burgund 1473 in Trier dargestellt (Abb. 20). Auf der Abbildung sind die Tafeln mit Tischtüchern gedeckt. Wegen Platzmangels ist das Geschirr in den meisten Bildern vermutlich nur schlicht gemalt, aber in diesem Fall sind verschiedene Tischgeräte (Kelche oder Gläser mit und ohne Deckel, Kannen, kleine Teller für jeden Gast, mit Speisen gefüllte große Schüsseln, Messer usw.) zu sehen, wobei ein Kelch oder ein Glas für fast jeden einzelnen Gast vorgesehen ist. Die meisten Tischgeräte in dieser Abbildung sind golden, bei diesem Gastmahl wurde also ausschließlich kostbares Geschirr aus Edelmetall (goldenes Geschirr oder vergoldetes Silbergeschirr) benutzt. Im Hintergrund sind die Wandteppiche mit dem Emblem des burgundischen Ordens vom Goldenen Vlies zu sehen, das mit Karl dem Kühnen in Verbindung steht. Stühle und Bänke sind geschmückt. Das große Bemühen des Malers, das Gastmahl als reichlich und prächtig darzustellen, ist deutlich zu erkennen.

Zwar lässt sich aus verschiedenen Quellen (Rechnungen, Bilder, Erwähnungen der Lebensmittelvorräte in den Chroniken usw.) klar ableiten, dass Könige und Adlige ihre Gast- und Festmähler mit großen (manchmal übermäßigen) Mengen an Fleisch, Fisch und Wein abhielten – sie waren unerlässliches Element der adligen Gesellschaft –, manche Chroniken und Annalen aber vermeiden die Erwähnung oder die Schilderung der Mähler. Neben kostbaren Speisen waren wertvolles Geschirr und auch Einrichtungsgegenstände wie Tische und Kissen als sichtbarer Ausdruck von Macht und Reichtum des Gastgebers in den Abbildungen sehr wirkungsvoll. Daher wurden diese Details in Bildern und Literatur bevorzugt gemalt oder beschrieben, wohingegen bei der Darstellung des Essens gespart wurde. Sowohl in der Literatur als auch in den historischen Quellen spiegelt sich die mittelalterliche Rangordnung der Lebensmittel wider, dabei werden Fleisch und Wein ständig erwähnt. In den historischen Quellen wird über eine große oder außergewöhnliche Menge an Fleisch und Wein als Merkmal für das Ausmaß der Gelage berichtet.

2.3.3 Sitzordnung

Wer bei einem öffentlichen Mahl speist, muss freilich am Tisch sitzen. Wann immer Personen an einer Veranstaltung teilnehmen, ist die Sitzordnung relevant, ganz gleich, ob bei einem öffentlichen Mahl, einer politischen Sitzung oder einem Ritual.[235] In der hohen Gesellschaft hatte und hat die Sitzordnung während einer öffentlichen Zusammenkunft immer eine Bedeutung. Es liegt auf der Hand, dass die Position des Sitzplatzes in einer offiziellen Versammlung die eigene gesellschaftliche Stellung widerspiegelt. In der mittelalterlichen Hofgesellschaft, in der Ehre und Ansehen immer besonders wichtig waren, spielte die Sitzordnung damit eine umso wichtigere Rolle. Solange der Sitzplatz die soziale Stellung zeigte, musste jeder Sitzplatz angemessen vergeben werden. Die „falsche" Sitzordnung und die Forderung eines hohen oder höheren Sitzplatzes verursachten häufig unnötigen Streit, manchmal sogar blutige Auseinandersetzungen. Lampert von Hersfeld berichtet über einen Streit zwischen dem Bischof von Hildesheim und dem Abt von Fulda in der Kaiserpfalz in Goslar an Weihnachten 1062. Die Kämmerer des Bischofs und des Abtes versuchten, je für den eigenen Herrn den Platz neben dem Mainzer Erzbischof zu sichern, auf dem gewöhnlich der Abt von Fulda beim Zusammentreffen der Bischöfe gesessen hatte. Der Streit um den Platz eskalierte bis hin zur Gewalttat zwischen den beiden Kämmerern.[236]

Die Qualität eines Platzes wurde im Prinzip durch die Nähe zur wichtigsten Person und durch die Position zu dieser bestimmt. Beispielsweise berichtet Liudprand von Cremona, wie er in Konstantinopel beim Empfangsmahl verachtend behandelt wurde. Obwohl als kaiserlicher Bote angereist, bekam er an 15. Stelle, fern von Basileus, einen schlechten Platz – ohne Tischtuch.[237] Für Liudprand war diese herabwürdigende Behandlung nicht nur gegen ihn, sondern auch gegen seinen Auftraggeber, Kaiser Otto den Großen gerichtet.[238] Beim Hoftag ist die wichtigste Person zweifellos der Kaiser oder der König. Nach der mittelalterlichen Gewohnheit hat der rechte Sitz Vorrang vor dem linken. Ein sehr häufig angeführtes Beispiel für die Bedeutung der Sitzordnung als direktes Zeichen von Ehre und Ansehen in der Öffentlichkeit ist der Streitfall beim genannten Mainzer Hoftag 1184 um den Platz zur linken Seite des Kaisers. Der Erzbischof von Köln nahm den Platz links vom Kaiser ein, den jedoch der Abt von Fulda ebenfalls für sich beanspruchte. Er behauptete, wenn ein Hoftag in Mainz stattfände, sollte der Erzbischof von Mainz den rechten Platz und der Abt von Fulda den linken Platz zum Kaiser einnehmen:

---

235 Über die Sitzordnung und Streitigkeiten um die Sitzordnung im Mittelalter allgemein siehe GOETZ (1992), SPIESS (1997) und PELZER (2009).
236 GOETZ (1992), S. 25ff., Lampert von Hersfeld, Annales, a. 1063 (LAMPERT VON HERSFELD, „Opera", S. 81).
237 „Liutprandi relatio de legatione constantinopolitana", cap. XI (LIUTPRAND VON CREMONA, Opera, S. 181f.).
238 GOETZ (1992), S. 24f., „Liutprandi relatio de legatione constantinopolitana", cap. XVIIII (LIUTPRAND VON CREMONA, Opera, S. 185).

„Cumque in sancto die pentecostes iam instante processionis hora, inperator ecclesiam intrasset, et coram eo sederent summi pontifices et principum conventus, surrexit domnus abbas Vuldensis et sic ei locutus est: *Rogamus serenitatem vestram, domine, ut audiatis.* Ad hec imperator: *Audio.* Et ille: *Domine, diu est*, ait, *quod domnus Coloniensis, qui assidet, Vuldensem ecclesiam sive cenobium, quod gratia Dei et vestra munificentia regimus, quodam iure suo privavit.* Cui imperator: *Assignate, quod dicitis.* Et ille: *Vuldensis*, ait, *ecclesia hanc habet prerogativam ab antiquis imperatoribus traditam, ut quotiescunque Moguntie generalis curia celebratur, domnus archiepiscopus huius sedis a dextris sit imperatoris, abbas Vuldensis sinistram eius teneat. Et quia diu domnus Coloniensis nos in hac parte supplantavit, rogamus, ut vestro interventu hodie locum nobis debitum sibi non usurpet. Et dixit imperator archiepiscopo: Audistis, quid dixerit abbas? Secundum petitionem ipsius rogamus, ut hodie iocunditatem nostrum non turbetis et locum, quem sui iuris affirmat esse, ei non negetis.*"[239]

Der Kölner Erzbischof überließ dem Abt seinen Platz, bat aber den Kaiser um die Erlaubnis, den Hoftag verlassen zu dürfen. Der Pfalzgraf bei Rhein, der Graf von Nassau, der Herzog von Brabant und noch viele weitere vornehme Männer wollten ihm folgen. Letzten Endes wurde der Wunsch des Abtes jedoch nicht erfüllt. Der Hoftag in Anwesenheit des Kaisers war eine der höchsten öffentlichen Versammlungen und umso bedeutender war die Sitzordnung. Es lässt sich vermuten, dass dieser oben genannte Fall nicht der einzige Streitfall um einen Sitzplatz bei einem Hoftag war. Beweis dafür ist die sehr genau geregelte Sitzordnung der Kurfürsten in der Goldenen Bulle von 1356. In Kapitel 3 wird die Sitzordnung der drei Erzbischöfe „bei allen öffentlichen kaiserlichen Handlungen, d. h. Gerichtssitzungen, Lehensverleihungen und Festmählern sowie bei Beratungen und bei allen anderen Handlungen" genau bestimmt.[240] Die Regel um die Sitzverteilung rechts und links des Kaisers oder Königs ist kompliziert, weil dort der Mainzer Erzbischof (Erzkanzler des Reichs) und der Kölner Erzbischof („coronator" des Königs) sitzen. „Innerhalb seiner Diözese und Kirchenprovinz und außerhalb seiner Kirchenprovinz in seinem ganzen deutschen Kanzlerbereich, jedoch mit Ausnahme der Kirchenprovinz Köln"[241] nimmt der Mainzer Erzbischof den Sitz rechts des Kaisers/Königs – also den besten Platz – ein. Innerhalb der Kölner Diözese, der Kirchenprovinz und außerhalb seiner Kirchenprovinz in ganz Italien und Gallien nimmt der Kölner Erzbischof den Sitz rechts des Kaisers/Königs ein. Wenn der Mainzer Erzbischof auf der rechten Seite des Kaisers Platz nimmt, dann der Kölner Erzbischof auf der linken Seite und umgekehrt. Der Trierer Erzbischof sitzt immer dem Kaiser gegenüber.[242] Im oben genannten Streitfall auf dem Mainzer Hoftag 1184 verlangte der Abt von Fulda den Sitzplatz zur linken Seite des Kaisers, wo damals der Kölner Erzbischof saß, und nach der Behauptung des Abtes sollte der Mainzer Erzbischof auf der rechten Seite des Kaisers und der Abt von Fulda auf der linken Seite sitzen, wenn der Hoftag in Mainz stattfindet. Dieser Hoftag wurde über 200 Jahre vor der Entstehung der Goldenen Bulle von 1356

---

239 ARNOLD VON LÜBECK, „Chronica Slavorum", S. 88f.
240 DIE GOLDENE BULLE, Capitulum III „De sessione Treverensis, Coloniensis et Maguntinensis archiepiscoporum" (S. 338ff.).
241 Ibid.
242 Ibid.

abgehalten und im Prinzip sollte der Kölner Erzbischof, „coronator" des Königs als die wichtigste Person unter den Kurfürsten immer den besten Platz auf dem Hoftag einnehmen. Es lässt sich vermuten, dass die Sitzordnung der Erzbischöfe von Köln und Mainz bereits damals gewohnheitsmäßig flexibel gehandhabt wurde, wie es die Bestimmung im 3. Kapitel der Goldenen Bulle formuliert, und dass der Erzbischof von Mainz aus Gewohnheit zur rechten Seite des Kaisers saß, weil der Hoftag zu Mainz in seinem „Territorium" stattfand. Einmal stritten die Kölner und Mainzer Erzbischöfe einander um den Sitz rechts des Königs. Beim Festmahl während der Versammlung der Fürsten in Nürnberg 1298 unter dem neuen König Albrecht I. verlangte der Kölner Erzbischof den rechten Sitz zur Seite des Königs. Der Erzbischof von Mainz verteidigte aber bereits mit Gewalt diesen Platz, woraufhin der Erzbischof von Köln wütend wurde und den Saal verließ. Aus diesem Streit ergab sich ein Antrag auf Zweikampf zwischen den beiden Erzbischöfen.[243]

Die Sitzordnung der weltlichen Kurfürsten „in jeder Sitzung" auf dem königlichen/kaiserlichen Hoftag – „bei [der] Beratung wie bei Tisch und an jeglichen anderen Orten, wo der Kaiser oder Römische König mit den Kurfürsten Platz zu nehmen hat" – wird getrennt im nächsten Kapitel bestimmt.[244] Diesem Kapitel folgend nimmt der König von Böhmen den zweiten Platz auf der rechten Seite des Kaisers, der Pfalzgraf bei Rhein den dritten Platz ein. Dem Herzog von Sachsen stehen der zweite Platz auf der linken Seite des Kaisers und der dritte Platz dem Markgrafen von Brandenburg zu.[245] Ferner wird in Kapitel 28 ausführlich bestimmt, wie die Tische und Stühle des Kaisers bzw. des Königs und der Kurfürsten gestellt und eingerichtet werden sollen: Dabei soll der Tisch des Kaisers/Königs selbstverständlich der höchste sein und der Tisch und der Stuhl der Kaiserin/Königin sollen drei Fuß tiefer als der königliche/kaiserliche Tisch, aber drei Fuß höher als die Stühle der Kurfürsten sein. Die Höhe der Tische und Stühle der Kurfürsten soll wiederum gleich sein. Drei Tische sollen ihren Platz auf der rechten Seite des Kaisers/Königs, drei weitere auf der linken Seite des Kaisers/Königs finden, der siebte Tisch soll gegenüber dem Kaiser/König, wo nach der Sitzordnung in Kapitel 3 der Erzbischof von Trier sitzt, gestellt werden.[246]

---

243 BUMKE (1986), S. 250f. Das war nicht das einzige Mal. Die Erzbischöfe von Köln und Mainz als mächtigste Erzbischöfe des Reichs haben sich auf Hoftagen und anderen Versammlungen lange und oft um den Sitzplatz und dadurch um den Vorrang gestritten (vgl. PELZER [2009], S. 101–104). Die komplizierte Bestimmung der Sitzordnung der Erzbischöfe von Köln und Mainz in der Goldenen Bulle spiegelt diese „Vorgeschichte" wider und versuchte, weitere zukünftige Streitigkeiten zu vermeiden.

244 DIE GOLDENE BULLE, Capitulum IIII „De principibus electoribus in communi" (S. 340ff.). Freilich sitzen der Kaiser, drei Erzbischöfe und vier weltliche Kurfürsten zusammen im Hoftag.

245 Diese Sitzordnung ist auf dem Bild des Krönungsmahls Maximilians II. (16. Jh.) noch zu finden, vgl. Abb. 29.

246 DIE GOLDENE BULLE, Capitulum XXVIII, S. 388f. Die ausführliche Bestimmung bedeutete leider keine endgültige Lösung des Streites um die Sitzordnung. Im Spätmittelalter stand der Goldenen Bulle ein neues Problem gegenüber: Die Kurfürsten und Fürsten – sogar manchmal auch der König oder Kaiser – selbst kamen zur Reichsversammlung nicht, stattdessen schickten sie die Stellvertreter. In der Goldenen Bulle von 1356 gibt es keine Regel, wie die Sitzordnung der Stellvertreter der Kurfürsten behandelt werden soll. Auf dem Reichstag in Wiener Neustadt 1455 diskutierten

Trotz der Lagebestimmung des Tisches der Kaiserin/Königin in der Goldenen Bulle ist in den Abbildungen des Krönungsmahls (Abb. 22 und 28) oder der Sitzordnung (Abb. 29)[247] die Kaiserin/Königin nicht zu finden. Es ist nicht schwer vorzustellen, dass die politischen Versammlungen, auch die öffentlichen Mähler mit ihrer politischen Bedeutung oft ausschließlich eine „männliche" Sache waren. Auch in der höfischen Literatur lassen die Gastgeber die Frauen und Männer bei den Fest- oder Gastmählern oft getrennt sitzen. Vor allem junge unverheiratete Töchter dürfen nicht mit den Männern sitzen und speisen. Beispielsweise sitzen beim Willkommensumtrunk des Markgrafen von Bechelaren (1668–1669) im „Nibelungenlied" zwar Damen und Ritter beieinander, beim Gastmahl jedoch gilt die Trennung der Geschlechter: Die Damen sollen, so auch die Tochter des Markgrafen, „nâch gewohheite (1671)" in einer anderen Kammer speisen. Nur die Markgräfin bleibt während des Mahls bei den Gästen (1672). Im „Parzival" besucht Belakane Gahmuret und bedient ihn beim Abendmahl (32, 27–34, 29), jedoch speist sie nicht mit ihm. Beim ersten Gastmahl auf der Gralsburg (229, 9–240, 22) spielt Repanse de Schoye als Trägerin des Grals eine Rolle, aber auch sie ist beim Essen nicht zugegen und das Gastmahl ausschließlich „männlich".

Selten und in Ausnahmefällen dürfen unverheiratete jungen Frauen die männlichen Gäste beim Essen begleiten, wenn ihre Väter entweder aus Gastfreundlichkeit oder mit einer besonderen Absicht ihre Töchter die Gäste bedienen oder sie mit ihnen speisen lassen. Im „Iwein" zum Beispiel lässt der Burgherr Kalogrenant aus Gastfreundlichkeit mit seiner Tochter speisen (348–368), da ihre Gesellschaft ihn freut. Im „Parzival" erlaubt der Fährmann, dass seine Tochter mit Gawan nach dessen Wunsch speist, möchte jedoch nicht unerwähnt lassen, dass sie noch nie neben einem Mann gesessen und gespeist hat (550, 14–22). Gurnemanz lässt Parzival während des Abendessens zwischen ihm und Liaze sitzen, die Parzival schließlich bedient (175, 19–176, 27).

Frauen und Männer werden beim Essen zwar manchmal räumlich nicht getrennt, sitzen aber nicht nebeneinander. Beim Hochzeitsmahl von Gerhards Sohn (3405–5098) in „Der guote Gêrhart" sitzen die Damen auf der einen und die Ritter auf der anderen Seite der Tafel. Beim ersten Festmahl anlässlich der Rückkehr Willehalms („Der guote Gêrhart", 5807–6420) speisen Damen und Ritter getrennt. Beim Fest in „schastel marveile" („Parzival", 636, 15–641, 15) sitzen Ritter und Damen getrennt, abgesehen von den wichtigen Personen, denen Gawan eine andere Sitzordnung zu-

---

die Teilnehmer über die „Sitzstreitigkeiten zwischen kurfürstlichen Vertretern und auswärtigen Gesandtschaften" heftig, obwohl das nicht Thema ihrer Versammlung war. Zu diesem Reichstag kam unter den sieben Kurfürsten nur der Erzbischof von Trier selbst. Der Kaiser ließ die Goldene Bulle vorlesen und fragte die Anwesenden nach ihrer Meinung. Der Bischof von Siena (Enea Silvio Piccolomini) konstatierte, die Goldene Bulle helfe in diesem Fall nicht, da sie nicht die kurfürstlichen Stellvertreter erwähne. Das Problem war, ob die Sitzordnung der kurfürstlichen Stellvertreter nach der Sitzordnung ihrer Herren, nämlich der Kurfürsten selbst, oder nach dem Rang der Stellvertreter selbst bestimmt werden soll (RTA 5, 3. Teil, S. 232–237). Vgl. ANNAS (2009).

247 Die Abbildungen des Krönungsmahls spiegeln die Sitzordnung der Goldenen Bullen wider, wie in Kap. 2.3.1 erwähnt.

weist. Im „Parzival" sitzt Ginover einmal am Esstisch getrennt von Artus (218, 15–16).

Wie oben erwähnt bestimmt die Nähe zur ranghöchsten bzw. wichtigsten Person die Qualität der Sitzplätze, sodass der beste Platz direkt neben der wichtigsten oder ranghöchsten Person ist und dementsprechend die weiter entfernten Plätze an Bedeutung verlieren. Wie in Kap. 2.2.2.3 erwähnt, spielt diese Sitzordnung in „Der guote Gêrhart" immer eine Rolle. Bei der Hochzeit von Gerhards Sohn mit der norwegischen Prinzessin Erene (3405–5098) sitzt der Kölner Erzbischof als „erste" Person und direkt neben ihm aufgrund ihrer hohen Herkunft die Braut. In der Regel sollten eigentlich Braut und Bräutigam als Hauptpersonen in der Mitte sitzen, aber hier läuft der Bräutigam mit seinem Vater als Gastgeber zwischen den Gästen umher. Beim ersten Fest anlässlich seiner Rückkehr (5807–6420) lässt Willehalm seinen Schwiegervater Reinmund als die wichtigste Person ihm gegenübersitzen. Am nächsten Tag jedoch drängt Willehalm beim Festmahl Gerhard und seinen Sohn, die besten Plätze neben ihm und Erene zu nehmen, um Gerhard Dank und Ehre zu erweisen. Als der Kaiser am Anfang dieses Werkes Gerhard ruft und darum bittet, seine gottgefällige Tat zu erzählen, lässt er Gerhard neben ihm sitzen (788–900). Beim Festmahl auf dem Hoffest unter dem König Loys im „Willehalm" (173, 1ff.) nehmen seine Frau, seine Tochter und Willehalms Eltern die besten Plätze neben dem König ein (175, 16–23). Willehalm ruft den Kaufmann Wimar zu diesem Festmahl und lässt ihn als Dank für dessen Bewirtung am Abend zuvor mit dem König tafeln. Das ist ein Höhepunkt in Wimars Leben (175, 30–176, 3).

Das Gegenteil zeigt die Sitzordnung beim Gastmahl für Brünhild im „Nibelungenlied" (579–626). Brünhild sitzt als seine Braut neben Gunther. Diesem gegenüber sitzen Siegfried und Kriemhild (617–618), die sich gerade miteinander verloben. Brünhild nimmt an, Siegfried sei Gunthers Untertan (620) und klagt über die Herabwürdigung Kriemhilds, die als Königsschwester neben einem „Untertanen" sitzt. Beim Festmahl anlässlich der Einladung nach Worms (775–813) sitzen diese vier nach der „alten" Sitzordnung – der Sitzordnung beim Empfangsfest für Brünhild.

Einerseits sollen die Damen, vor allem unverheiratete junge Frauen, oft getrennt von den Rittern beim Essen sitzen, andererseits gibt es viele Beispiele der „gemischten" Sitzordnung bei Gast- und Festmählern. Während des Festes in „schastel marveille" (636, 15–641, 15) im „Parzival" sitzen die übrigen Damen und Ritter zwar getrennt, Gawan aber zeigt die „andere" Sitzordnung für besondere Personen wie Gawan selbst, seine beide Schwestern (Cundrie und Itonje), Lischoys, Sangive (Gawans Mutter), Florand (Sangives Ehemann), Orgeluse („diu herzoginne clâr") und Arnive (Gawans Großmutter):

> „den sedel schuof hêr Gâwân.
>
> der turkoyte zuo ze im saz,
>
> Lischoys mit Gâwâns muoter az,
>
> der clâren Sangîven.
>
> mit der küneginne Arnîven

az diu herzoginne clâr.

sîn swester bêde wol gevar

Gâwân zuo ze im sitzen liez:

iewedriu tete als er si hiez" („Parzival", 636, 22–30).

Auch beim Gastmahl für Parzival und Feirefiz (760, 7–764, 4) zeigt Gawan sich als Gastgeber und bestimmt die Sitzordnung. Im Mittelpunkt sitzt Gawan selbst, neben ihm seine Großmutter Arnive und ihr gegenüber Orgeluse. Jofreit als guter Freund Gawans sitzt mit ihm an einem Tisch. Auf Gawans rechter Seite sitzen die Gefolgsleute und die Ritter der Herzogin Orgeluse, zu seiner Linken die Ritter von Clinschor. Gawan gegenüber sitzen die schönen Damen der ehemaligen Gefangenen Clinschors und mit diesen auch Parzival und Feirefiz. Die Ehepaare (Florand und Sangive, der Herzog von Gowerzin und Cundrie) sitzen sich gegenüber. Bei der Bewirtung der militärischen Verstärkung in Orange im „Willehalm" (234, 13ff.) sitzen die Ritter zwischen den Damen. Heimrich gibt als „wirt" die Sitzordnung (263, 10–26) vor. Er selbst sitzt neben Gyburg. Ihr gegenüber lässt er den König von Tandarnas sitzen und neben ihm „Schetis", Buove von Kurmazi und Bernard von Burbant. Diese vier sitzen entlang einer Wand. Danach lässt Heimrich die Fürsten aus Frankreich Platz nehmen. Weiterhin lässt er seine Söhne (Ernalt von Grunde, Bertram, Gybert) und vier vornehme Personen des Landesherrn entlang der anderen Wand des Saals sitzen. Rennewart, der später zum Essen kommt, erhält den Platz am Ende der langen Tafel, aber in Gyburgs Nähe. Beim Essen am darauffolgenden Morgen (311, 7ff.) weist Heimrich die gleiche Sitzordnung wie bei der letzten Bewirtung an. Rennewart sitzt wieder auf dem Teppich nahe Gyburg. Willehalm sieht das und „daz liez der marhcrave [d. h. Willehalm] ane haz,/ swie nahe er bi der küneginne saz" (312, 15–16).

Es liegt auf der Hand, dass die Sitzordnung in der mittelalterlichen adligen Gesellschaft sowohl in der Literatur als auch in der Realität eine sehr wichtige Rolle spielte, da sie direkt und deutlich die Stellung in der Gesellschaft widerspiegelte und die sichtbare Rangordnung jeder Person darstellte. Die oben erwähnten Beispiele der Streitigkeiten um die Sitzordnung in der Öffentlichkeit zeigen – und auch Hans-Werner GOETZ weist darauf hin –, dass die Sitzordnung im Mittelalter „beim repräsentativen Mahl, dessen rechtsstiftende Bedeutung bekannt ist, leicht zum Anlass von Konflikten gerade bei ‚offiziellen' Veranstaltungen werden [konnte, M.A.]: Die Sitzordnung wurde dann zu einem Mittel der Politik. Sicher hat man kaum pausenlos um die Sitzordnung gestritten".[248] Im Gegensatz zur konfliktträchtigen Sitzordnung in der Wirklichkeit ist die Sitzordnung in der Literatur im Prinzip sehr „friedlich". Sie spielt zwar immer eine Rolle beim Fest- und Gastmahl, wird aber nur vorgestellt, von Streitigkeiten ist kaum die Rede. Im „Nibelungenlied" streiten Kriemhild und Brünhild ausnahmsweise darum, wenn auch nicht während des Festmahls, wer von ihnen als erste ins Münster eintreten soll, da der Ranghöheren der Vortritt gebührte. Dieser Streit führt zunächst zur Ermordung Siegfrieds und schließlich zur blutigen Auseinandersetzung zwischen Kriemhild und den Burgundern.

---

248 GOETZ (1992), S. 33.

2.3.4 Die Bedienung der Gäste und die Hofämter

Die Bedienung beim Essen sieht im Mittelalter teilweise anders aus als heute, denn es gehörten nicht nur das Servieren der Speisen dazu, sondern auch das Tranchieren und das Austeilen der Speisen aus einer gemeinsamen Schüssel oder von einem großen Teller. Da man im Mittelalter das Essen mit drei Fingern vom Teller zum Mund führte, sollte das Gericht, vor allem das fleischhaltige, vorher in mundgerechte Stücke geschnitten werden. Diese Arbeit gehörte auch zur Bedienung beim Essen. Weil dieser Dienst direkt am Mahlteilnehmer geleistet wurde, war die Herkunft der Diener an der fürstlichen Tafel bedeutsam. Königlichen oder adligen Mahlteilnehmern durften dementsprechend nur edle Personen als Diener nah kommen. Wegen der körperlichen Nähe des Dienstes hatte die Bedienung beim Essen im Mittelalter eine andere Bedeutung als heute.[249]

Die Bedienung, vor allem der Dienst am Tisch, wurde beim adligen Festmahl im Mittelalter in der Tat von edlen Personen verrichtet. Beispielsweise wurden die fünf Hofämter (Kanzler, Marschall, Kämmerer, Truchsess, Mundschenk) beim Hoftag von den Kurfürsten besetzt. Dabei hatten Truchsess und Mundschenk im Prinzip mit dem Mahl zu tun, aber die übrigen Amtsträger, außer dem Marschall, nahmen nach den Bestimmungen im Kapitel 27 der Goldenen Bulle von 1356,[250] das die Träger der Hofämter und die Aufgaben jedes Hofamtes ausführlich behandelt, ebenfalls die Bedienung am Tisch auf: Der Herzog von Sachsen als Erzmarschall[251] behandelt Hafer mit einem silbernen Maßkorb und einem silbernen Stab, die beide ein Gewicht von zwölf Mark Silber haben. Nach dem Dienst nimmt der Vizemarschall („vicemarescallus") von Pappenheim Pferd, Stab und Maßkorb vom Herzog an sich und teilt den Hafer weiter aus. Wenn der Kaiser oder König am Tisch sitzt, stehen die Erzbischöfe (von Köln, Mainz und Trier) vor ihm und segnen ihn. Danach bekommen sie als Erzkanzler einen Stab mit Stempel und Siegel („sigilla et typaria") vom Hofkanzler. Der Markgraf von Brandenburg bringt als Erzkämmerer („archicamerarius") dem Kaiser oder König zwei silberne Becken mit Wasser und ein Handtuch zum Händewaschen. Danach übernimmt der Vizekämmerer („subcamerarius") von Falkenstein das Pferd und die Becken vom Markgrafen. Der Pfalzgraf bei Rhein bringt als Erztruchsess („archidapifer") vier silberne Schüsseln mit Speisen und stellt sie vor dem Kaiser oder König auf den Tisch ab. Der Küchenmeister („magister coquine") von Nordenberg nimmt Pferd und Schüsseln vom Pfalzgrafen an sich. Der König von Böhmen bringt als Erzmundschenk („archipincerna") einen silbernen Pokal mit Deckel oder eine Deckelkanne mit einer Mischung aus Wein und Wasser und bietet dem Kaiser oder König das Getränk an. Der Vizemundschenk („vicepincerna") von Limpurg nimmt Pferd und Kanne vom Erzmundschenk an sich.[252] Da der Erzmarschall, der

---

249 Über die Bedienung in der mittelalterlichen höfischen Gesellschaft siehe BUMKE (1986), Kap. 4 „Essen und Trinken", Abs. „Die Sitzordnung" (S. 248ff.) und Abs. „Die Bedienung" (S. 254ff.).

250 DIE GOLDENE BULLE, Capitulum XXVII "De officiis principum electorum" (S. 384ff.).

251 In diesem Kapitel ist das Amt des Hezogs von Sachsen nicht genannt („officium suum"), aber vom Kontext lässt sich sagen, dass sein Amt „archimarescallus (Erzmarschall)" heißen soll.

252 Ibid.

Erzkämmerer, der Erztruchsess und der Erzmundschenk zu Pferd zum Kaiser oder König kommen, sollten nicht nur Gegenstände wie Schüsseln, Kanne oder Stab, sondern auch die Pferde von den anderen Dienern abgenommen werden, wahrscheinlich so, dass die Kurfürsten gleich nach der Vollziehung jedes Dienstes am Tisch sitzen können, weil laut Kapitel 28 der Goldenen Bulle die Tische für die Kurfürsten bereits bedeckt sind. Die Kurfürsten dürfen laut Kapitel 28 aber nicht sofort nach der Ausübung des eigenen Amtes am Tisch sitzen, sondern sollen warten, bis alle anderen Kurfürsten mit dem im Kapitel 27 bestimmten Dienst fertig sind:

> „Non liceat autem alicui predictorum secularium principum electorum peracto officii sui debito se locare ad mensam sibi paratam, donec alicui suorum conprincipum electorum eius officium restat agendum; sed cum aliquis eorum vel aliqui ministerium suum expleverint, ad preparatas sibi mensas transeant et iuxta illas stando expectent, donec ceteri ministeria sua expleverint supradicta, et tunc demum omnes et singuli pariter ad mensas sibi positas se locabunt."[253]

Hier geht es nur um die weltlichen Kurfürsten („secularium principum electorum"), wobei es unklar ist, wann die drei Erzbischöfe Platz nehmen durften. Die Bedienung am Esstisch für den König oder Kaiser war quasi ein Ehrendienst. Arnold von Lübeck erwähnt vier Hofämter beim Mainzer Hoftag 1184: Die Ämter des Truchsesses, des Mundschenks, des Kämmerers und des Marschalls durften nur von Königen, Herzögen und Markgrafen wahrgenommen werden.[254] In der Hochzeit Heinrichs V. mit Mathilde wird besonders erwähnt, dass unter den fünf Erzbischöfen, 30 Bischöfen und fünf Herzögen, die zur Hochzeit kamen, der Herzog von Böhmen der oberste Mundschenk war.[255] In „Helmbrecht" werden bei der Hochzeit Lämmerschlings mit Gotelint (1535–1650) die Hofämter benannt. Dabei wird der Dienst jedes Amtes erklärt, weil Helmbrecht und seine Genossen das höfische Leben nachahmen wollen. Der Hofmarschall ist Schlingsland, der die Pferde pflegt, der Mundschenk ist Schluckenwidder, der Truchsess ist Höllensack, der den Fremden die (Sitz-)Plätze zeigt, und der Erzkämmerer ist Rüttlenkasten, dessen Dienst nicht erklärt wird. Zerschlagenkelch bekommt kein Amt, aber er teilt das Brot aus. Hier spiegelt sich die Idee der höfischen Gesellschaft wider, dass der Dienst der Hofämter mit der Bedienung währende eines Festes nicht den rangniedrigen Personen obliegt, da diejenigen, die bei dieser Hochzeit zu Amtsinhabern ernannt werden, die Genossen Helmbrechts und Lämmerschlings sind. Im „Nibelungenlied" werden am Anfang der Geschichte die wichtigen Personen der Burgunder wie die Königsfamilie und ihre wichtigen Untertanen vorgestellt und die Hofämter werden genannt. Dankwart, der Bruder Hagens, der der stärkste und wichtigste Untertan und ein Verwandter des Königs ist, ist Marschall, sein Neffe Ortwin von Metz ist Truchsess. Sindold ist Mundschenk und Hunold der Kämmerer (11). Rumold, „ein ûz erwelter degen" (10), ist Küchenmeister und mit Sindold und Hunold für die Sachen „des hoves unt der êren" zuständig (10).

---

253 DIE GOLDENE BULLE, S. 388.
254 „Officium dapiferi sive pincerne, camerarii vel mariscalci, non nisi reges vel duces aut marchiones amministrabant", ARNOLD VON LÜBECK, „Chronica slavorum", S. 88.
255 EKKEHARD VON AURA, „Chronica", S. 248.

Am Burgunder Hof werden die Hofämter von wichtigen Rittern ausgeübt. In der Vorbereitung des Festes anlässlich der Einladung Siegfrieds und Kriemhilds nach Worms (775–813) wird beschrieben, dass Hunold und Sindold bei diesem Fest als Truchsess und Mundschenk zuständig sind und viel arbeiten, Rumold als Küchenmeister lässt seine Untertanen die Speisen für die Gäste vorbereiten (776–777). Rumold ist dabei nicht nur der Küchenmeister, sondern wie Hagen auch einer der Ratgeber des Königs. Er versucht später, den König zu überreden, die Einladung von Kriemhild nicht anzunehmen und in Worms zu bleiben (1465–1469).

In der höfischen Literatur gibt es viele Beispiele für die gastfreundliche Bedienung besonderer Personen. Im „Parzival" beispielsweise bedient die Königin Belakane Gahmuret, das ihn sehr freut (32, 27–34, 29). Beim Abendessen bei Gurnemanz bedient seine Tochter Liaze Parzival (176, 13–27). Während des Abendessens beim Fährmann Plippalinot begleitet dessen Tochter Bene den Gast Gawan beim Essen und bedient ihn (549, 23–552, 4). Im „Tristan und Isolde" fordert König Marke Tristan auf, seinen (Stief-)Vater Rual zu bedienen, nachdem Rual endlich Tristan findet und mit dem König tafelt (4093–4118). Auf der Hochzeit von Gerhards Sohn in „Der guote Gêrhart" bedienen die Gastgeber selbst zusammen mit den Knappen – Gerhard und sein Sohn – die Gäste fleißig und sorgfältig (3405–5098).

Die hier gezeigten zahlreichen Beispiele verdeutlichen, welche Rolle die Bedienung beim Fest- und Gastmahl spielte und wie wichtig es war, wer die Bedienung beim Essen übernahm. Da das Bedienen am Tisch, nah an den vornehmen Personen, keinen niedrigen Dienst bedeutete, wurde er sowohl in der Literatur als auch in der Wirklichkeit bei Fest- und Gastmählern manchmal von wichtigen Personen oder gar von Personen des gleichen Standes geleistet, um den Gästen Ehre zu erweisen. Um ein Missverständnis zu vermeiden, sei darauf hingewiesen, dass es sich bei den hier behandelten Beispielen nicht um eine allgemeine Form der Bedienung, sondern nur um die Bedienung zu besonderen Gelegenheiten handelt. Selbstverständlich gab es reguläres Dienstpersonal für die alltäglichen Mahlzeiten. Auch bei den Fest- und Gastmählern in der höfischen Literatur kamen sie zum Einsatz, wie Knappen und Mägde; in Kapitel 27 der Goldenen Bulle sind unbenannte Hofdiener und Hofämter erwähnt. Während der Vorbereitung des Mahls zur Osterfeier in Babenberg im „Heinrich von Kempten" wird der kaiserliche Truchsess von Heinrich totgeschlagen (71–158). Dieser kaiserliche Truchsess ist wahrscheinlich kein „Erztruchsess", gehört also zu den „normalen" Dienern des kaiserlichen Hofes, da der Kaiser damals „mit sîner fürsten rotte" (46) in der Messe sitzt, wozu dieser Truchsess nicht gehört.

Wie am Anfang dieses Kapitels erwähnt, gehörten zur Bedienung im Mittelalter das Servieren der Speisen und das Tranchieren. Was die Diener bringen sollten, waren aber nicht nur die Speisen, sondern auch das Wasser zum Händewaschen vor dem Essen, das wegen des Handessens ohne Gabel damals wichtig war. Diese Tatsache zeigt sich z. B. in der Goldenen Bulle: Wie oben erwähnt, ist es laut Kapitel 27 der Goldenen Bulle die Aufgabe des Markgrafen von Brandenburg als Erzkämmerer, dem König/Kaiser das Wasser in zwei silbernen Becken und ein Handtuch zum Händewaschen zu bringen. Das Händewaschen wird auch in vielen höfischen Epen in verschiedenen Formen erwähnt.[256] Manche Werke geben nur an, dass die Hände vor dem Beginn des Mahls gewaschen werden, aber im „Parzival" beispielsweise wird geschildert, dass zum Händewaschen goldene Becken und weiße Handtücher gebracht werden („Parzival", 237, 7–12, Gastmahl auf der Gralsburg beim ersten Besuch Parzivals). Im „Nibelungenlied" wird beim Gastmahl für Brünhild das Wasser (zum Händewaschen) „in Becken aus rotem Gold" von den Kämmerern gebracht (606). Auch vor dem Beginn des letzten Gastmahls wird Wasser zum Händewaschen gebracht (1898). Im „Parzival" wird sowohl das Bringen der Becken als auch explizit das Händewaschen geschildert, im „Nibelungenlied" dagegen wird das Händewaschen nur indirekt durch das Bringen des Wassers angedeutet, der Akt selbst wird nicht beschrieben.

Sowohl in der Goldenen Bulle als auch im „Parzival" und im „Nibelungenlied" werden nur die Becken als Wassergefäße erwähnt. Üblicherweise aber wurden die Hände nicht nur im Becken gewaschen, sondern manchmal wurde das Wasser mit einem Gießgefäß wie Kanne, Aquamanile oder Krug auf die Hände gegossen. In diesem Fall wurde ein Becken bzw. eine Schale unter den Händen aufgestellt, um das Wasser aufzunehmen.[257] Wie in Abb. 9 dargestellt, gehörte es zur Aufgabe der Diener, das Wasser beim Händewaschen auf die Hände der Mahlteilnehmer zu gießen. Als ein extremes Beispiel der Bedienung beim Händewaschen ist Ulrich von Lichtensteins „Frauendienst" sehr bekannt.[258] Der Protagonist bekennt, dass er „vor liebe" das Wasser trinkt, mit dem seine Herrin ihre Hände wusch, und dadurch seine „Trauer („trûren", hier ist Liebeskummer zu seiner Herrin gemeint)" gelindert wird:

„Mîn vreude was vil ofte grôz,

swenne ich kom dâ man wazer gôz

der herzenlieben vrowen mîn

ûf ir vil wîzen hendelîn.

daz wazer dâ mit si sich twuoc,

verholn ich daz von danne truoc:

vor liebe ich ez gar ûz tranc.

dâ von sî wart mîn trûren krank" („Frauendienst", S. 7).

In dieser Szene ist geschildert, wie das Wasser auf die Hände der Herrin („vrowe") gegossen wird.

Hier wird das Händewaschen aus der Sicht der Bedienung behandelt. Wie das Händewaschen vor dem Essen in vielen höfischen Werken – seine Wichtigkeit im Mittelalter widerspiegelnd – wird es auch in den meisten Tischzuchten erwähnt. Das Händewaschen aus der Sicht der Tischzuchten wird im Kap. 3.4.3 behandelt.

---

256 Vgl. Kap. 2.2.2.2, Anm. 143.
257 Über die Geräte beim Händewaschen im Mittelalter, vgl. SCHULZ (2011), S. 514f.
258 Vgl. BUMKE (1986), S. 508.

2.3.5 Die angemessene, kostbare Kleidung bei Tisch

Wie Joachim BUMKE erläutert, ist neben der Herrscherspeise auch die Kleidung ein „wichtiges Standes- und Herrschaftsattribut" in der adligen Gesellschaft des hohen Mittelalters.[259] Für reiche Adlige bedeutete das ein dem eigenen Reichtum entsprechend angemessenes Kleiden in der Öffentlichkeit. Damit zeigten sich unmittelbar die Macht und der Reichtum des Besitzers. Aus diesem Grund kleideten sich sowohl Männer als auch Damen zu besonderen Gelegenheiten möglichst luxuriös. Außerdem zählten gute Kleider wie Gold, Edelsteine oder Pferde zum Vermögen, weil im Mittelalter die Herstellung von Kleidung vergleichsweise sehr teuer war. Viele Beispiele dafür, dass Fahrende und Boten als Belohnung neben Geld und Pferden auch Kleider bekamen, sind sowohl in der höfischen Literatur als auch in den historischen Quellen zu finden.[260] Zur Vorbereitung des Festes gehörte oft die Fertigung luxuriöser Kleider aus kostbarem Stoff und mit Edelsteinen. Im „Nibelungenlied" werden wertvolle und schöne Kleider für jede besondere Gelegenheit, z. B. Feste oder Reisen für die Brautwerbung, vorbereitet. Siegfried bittet seine Mutter um schöne Kleidung für ihn und seine Ritter für die Reise nach Burgund, um Kriemhild als Ehefrau zu gewinnen (62). Für das Fest nach dem Sachsenkrieg (265–324) bereiten Kriemhild, ihre Mutter Uote und die Zofen prächtige Kleider und Haarschmuck, nicht nur für die Frauen, sondern auch für die Uotes Söhne vor (262–264). Die Pracht und die Schönheit der Kleidung gehören untrennbar zur Schönheit der Damen. Als Kriemhild vor den Gästen auftritt, wird ihre Schönheit mit ihrer schönen Kleidung beschrieben.

> „Nu gie diu minneckîche, alsô der morgenrôt
>
> tuot ûz den trüeben wolken. dâ sciet von maneger nôt,
>
> der si dâ truog in herzen und lange het getân.
>
> er sach die minneclîchen nu vil hêrlîchen stân.
>
> Jâ lûhte ir von ir wæte vil manec edel stein.
>
> ir rôsenrôtiu varwe vil minneclîchen scein.
>
> ob iemen wünscen solde, der kunde niht gejehen,
>
> daz er ze dirre werlde het iht sœeners gesehn.
>
> Sam der liehte mâne vor den sternen stât,
>
> des scîn sô lûterlîche ab den wolken gât,
>
> dem stuont si nu gelîche vor maneger frouwen guot.

---

259 BUMKE (1986), S. 242, siehe das Zitat am Anfang des Kap. 2.3.2.

260 Gislebert von Mons berichtet, dass auf dem Mainzer Hoftag von 1184 die Fürsten und die Adligen den Gefangenen, den Kreuzrittern und den Spielleuten Pferde, kostbare Kleider, Gold und Silber schenkten (GISLEBERT VON MONS, Chronicon Hanoniense, S. 143). Im „Nibelungenlied" spielen die Kleider als Geschenk neben den Pferden oder Gold immer eine Rolle (27, 41, 687–688, 773, 1322, 1369–1370, 1490, 1703). Im „Parzival" bekommt Gahmuret von seiner Mutter viele kostbare Stoffe bei seiner Abreise (11).

des wart dâ wol gehœhet den zieren hekden der muot"

(„Das Nibelungenlied", 281–283).

Für die Reise der Brautwerbung lässt Gunther Kriemhild nach Hagens Rat viele äußerst kostbare Kleider herstellen, da die Burgunder mit den Leuten unter Brünhild um die Pracht der Kleidung konkurrieren und bei der Brautwerbung nicht unterschätzt werden sollen. Kriemhild bittet ihn dafür um einen Schild voller Edelsteine. Sie arbeitet mit ihren Mägden gut sieben Wochen, um die Kleider zu fertigen (346–370). Beim Festmahl anlässlich der Einladung Siegfrieds und Kriemhilds nach Worms (775–813) sind selbstverständlich alle Teilnehmer schön gekleidet. Im Weiteren wird erwähnt, dass die kostbaren Kleider bei der reichlichen Bewirtung von Wein benetzt werden:

„An einem abende, dâ der künec saz,

vil der rîchen kleider wart von wîne naz,

dâ die schenken olden zuo den tischen gân.

dâ wart vil voller dienest mit grôzem vlize getân"

(„Das Nibelungenlied", 804).

In der Chronik Ottos von St. Blasien sind unter den für den Mainzer Hoftag von 1184 herbeigebrachten Dingen neben vielen Lebensmitteln und geschmückten Pferden „verschiedene Kleider (*varietate vestium*)" erwähnt.[261]

Es gibt zwei konkrete Beispiele für die Wichtigkeit der Kleidung beim öffentlichen Mahl. In den „Gesta Karoli Magni imperatoris" berichtet Notker von den Bischöfen, die aus falschem Hochmut in der Öffentlichkeit „kaiserlich" auftraten. Einer davon kam bei einem Gastmahl in kaiserlichem Purpur bekleidet an die Tafel. Er versuchte dadurch, „die königliche Pracht zu übertreffen".[262] Das Gastmahl war für ihn eine gute Gelegenheit, seinen Ehrgeiz in der Öffentlichkeit zu demonstrieren, die Kleidung nutzte er als sichtbares und praktisches Mittel. Das andere Beispiel ist die Heilige Elisabeth, die wegen ihres asketischen und gottgefälligen Lebensstils mehrmals auf Schwierigkeiten in Bezug auf die „Kleiderordnung" der adligen Gesellschaft stieß. Dietrich von Apolda berichtet von einem der Wunder um ihren Mantel. Einmal fand ein großes Fest auf der Wartburg statt, wo sie mit ihrem Ehemann, dem Landgrafen von Thüringen, wohnte. Zu diesem Fest kamen viele Adlige und Ritter, die im Speisesaal ihr Erscheinen erwarteten. Unterwegs zum Saal traf Elisabeth einen Bettler, der auf der Treppe saß und rief. Da er heftiger schrie und sie um eine Gabe bat, gab sie ihm ihren kostbaren Mantel, da sie nichts anders zu geben hatte. Der Truchsess wies den Landgrafen tadelnd auf die Verzögerung des Festmahls durch ihre Tat hin:

---

261 „[…] nichilque hic ad ostendendam mundane miserie gloriam habundancia victualium, varietate vestium, faleramentis equorum, delectation spectaculorum defuit […]" (OTTO VON ST. BLASIEN, „Chronica", S. 38).

262 GOETZ (1992), S. 14, NOTKER BALBULLUS, „Gesta Karoli Magni imperatoris", S. 23ff.

„Iudicet nunc dominus meus, si racioni sit consonum, quod coniunx eius predilecta, do-
mina nostra, hac vice protrahit eius convivium et tot nobilium impedit tripudium. Vestivit
enim iam nunc pauperem pallium suum tradens ei."[263]

Es ist nicht erklärt, warum sie danach nicht zum Saal, sondern in ihr Zimmer zurück-
ging, aber es lässt sich vermuten, dass sie nicht vor die Gäste treten konnte, weil ihre
Kleidung ohne Mantel als unangemessen für die Gäste und die Teilnahme am Festmahl galt. Als ihr Ehemann kam, um sie abzuholen, fragte er sie, ob sie zum Essen
komme und wo ihr Mantel sei. Da sich ihr Mantel mit Gottes Hilfe wieder in ihrem
Kleiderschrank fand, konnte sie am Ende zum Festmahl gehen.[264] Da die Heilige Elisabeth ein asketisches Leben führte und sich vor allem bei Essen und Bekleidung
streng einschränkte, berichtet Caesarius von Heisterbach von einem anderen Problem
als dem der Kleidung. Einmal kamen viele Vornehme und Edelleute von ihrem Vater,
dem König von Ungarn, zu Besuch. Elisabeth hatte jedoch keine passende Kleidung,
um sie zu empfangen, da sie glaubte, „dass kostbare und überflüssige Kleider auch
immer mit Sünde zu tun haben und der Reiche, der sich in Purpur und feines Leinen
kleidete, in der Hölle begraben war".[265] Auf die Sorge ihres Mannes hin erwiderte sie,
dass sie sich ihrer Kleidung nicht rühmen wollte, aber Gott half ihr in der Art, sie mit
einer hyazinthfarbenen kostbaren Kleidung mit Perlen auszustatten, sodass sie ohne
Weiteres vor die Vornehmen und Edelleute treten konnte. Es ist bemerkenswert, dass
das Kleidungsproblem in den beiden Fällen der weltlichen Gewohnheit gemäß gelöst
wurde, nämlich so, dass Gott ihr dabei half, sie angemessen prächtig zu bekleiden.
Alle Beispiele um die Kleidung zeigen, welch wichtige Rolle die angemessene Kleidung in der Öffentlichkeit der adligen Gesellschaft spielte. Wie oben erwähnt, bedeutete „angemessene" Kleidung unter den reichen Königen und Adligen, sich dem
Reichtum entsprechend möglichst luxuriös und teuer zu bekleiden, da man anhand
der Qualität der Kleidung Stand und Reichtum des Trägers abschätzte und dabei dem
Ansehen des Trägers Ausdruck verlieh.

2.4 Zusammenfassung

Wie alle Beispiele gemeinsamer Essensrituale in diesem Kapitel zeigen, waren Fest-
und Gastmähler in der Öffentlichkeit der adligen Gesellschaft ein sozialer Akt und
hatten verschiedene gesellschaftliche Bedeutungen und Funktionen. Im Vergleich zu
den „convivia" im Frühmittelalter, die deutlich „frieden-, bündnis- und gemeinschaftstiftenden Charakter"[266] hatten und als Ergänzung der politischen Verhandlungen dienten, scheinen die politischen Funktionen der öffentlichen Mähler im Hoch-
und Spätmittelalter zwar einigermaßen zurückgetreten, aber nicht verloren gegangen

---

263 DIETRICH VON APOLDA, „Vita sancte Elysabeth", S. 68.
264 Ibid., S 67ff., Cap. 10, „De liberalitate eius et pallio, quod dedit pauperi".
265 „Sciens enim in vestibus preciosis et superfluis non deesse peccatum et divitem,qui induebatur pu-
    pura et bysso',,sepultum in inferno"', CAESARIUS VON HEISTERBACH, „Vita sancte Elysa-
    beth", S. 46f.
266 ALTHOFF (1987).

zu sein.[267] Insbesondere von den oben genannten Charakteren wurde die gemeinschaftsstiftende Funktion des gemeinsamen Essens aufrechterhalten. Mit jemandem gemeinsam zu essen, drückte in jedem Fall einen Freundschaftsakt aus. In der Oberschicht bedeutete diese Form des Freundschaftsakts manchmal, politische Beziehungen untereinander aufzubauen. Ein gutes Beispiel für ein gemeinsames Essen als Freundschaftsakt zwischen Herrschern ist das Gastmahl anlässlich des Herrschertreffens, das ein deutlich politischer und diplomatischer Akt war. Das Krönungsmahl zum Beispiel war der Anerkennungsritus des neuen Herrschers, der Schlussakt eines vorangegangenen politischen Beschlusses, der Königswahl. Das Hochzeitsmahl gehörte zu einer Hochzeit, die in der königlichen und adligen Gesellschaft einen bündnisstiftenden Akt zwischen Ländern/Territorien darstellte. Ein Festmahl wie das Fasanenfest oder das Bruderschaftsmahl und das Zunftmahl im städtischen Bereich bedeutete einen quasi bündnis-bewahrenden Akt innerhalb einer Gesellschaft. Das gemeinsame öffentliche Mahl stiftete, bewahrte und stellte also die Personenbeziehung fest.

Die in diesem Kapitel behandelten Fest- und Gastmähler zeigten neben ihrer Bedeutung als sozialer und gesellschaftlicher Akt auch den Stellenwert, der einem „angemessenen" Verhalten bei solchen Gelegenheiten zukam. Das angemessene Verhalten wurde sowohl vom Gastgeber als auch von den Gästen erwartet. Das Minimum angemessenen Verhaltens war es, nicht unhöflich zu sein, so die Gäste standesgemäß zu behandeln (empfangen, begrüßen, adäquaten Sitzplatz geben) und gut zu bewirten, sodass der Gastgeber die Gäste nicht kränkte und diese sich nicht unbehaglich fühlten. Fühlten sich die Gäste bei einem öffentlichen Mahl herabgewürdigt, verstanden sie das als Verletzung der Ehre, welcher in der mittelalterlichen adligen Gesellschaft im Zusammenhang gesellschaftlicher Anerkennung eine immense Bedeutung zukam. Die Gefahr der Ehrverletzung in der Öffentlichkeit lässt sich im Mittelalter vor allem an den Beispielen der Streitigkeiten um die Sitzordnung aufzeigen.

Wie bereits erwähnt, war das öffentliche Mahl in der Oberschicht eine gute Gelegenheit, Macht und Reichtum zu zeigen. Wenn die Gastgeber und die Gäste beide zur begüterten Oberschicht gehörten, bedeutete die „angemessene Bewirtung" für die Gäste eine kostbare Bewirtung: Der ihnen gebotene Luxus sollte dem Reichtum des Gastgebers entsprechen. Die Art und Weise des Gastgebers, das zu demonstrieren, war beispielsweise eine wertvolle Einrichtung, teures Tafelgeschirr, kostbare Speise; die Mittel aller Mahlteilnehmer (d. h. des Gastgebers und der Gäste) zeigten sich in Form kostbarer Kleidung und freigiebiger Spenden für die Armen, Gaukler und Spielleute. Solange das gemeinsame Mahl in der Öffentlichkeit als sozialer Akt stattfand, hatte alles, was während des Mahls geschah, eine Bedeutung; wann, wo, mit wem, aus welchem Anlass und was gegessen wurde. In diesem Kapitel wurde darauf hingewiesen, dass die höfische Literatur und die historischen Quellen im Mittelalter etliche gemeinsame Merkmale in der Beschreibung der Feste, der Gast- und Festmähler aufweisen. Diese Gemeinsamkeiten beeinflussten wechselseitig die Festschilderungen in der Literatur und in den historischen Quellen. Wie Rosemarie MAR-

---

267 Vgl. SCHUBERT (2006), S 278.

QUARDT darauf hinweist, trug die Darstellung von Fest- und Hoftagsberichten in Annalen und Chroniken fiktionale Züge, die sich z. T. weniger an Fakten als an vorgegebenen Leitmustern orientierten. Umgekehrt beeinflussten jedoch die Fakten von stattgefundenen Ereignissen die Literatur. So wird im Roman „Eneas" Heinrichs von Veldeke der Mainzer Hoftag von 1184 nicht nur erwähnt,[268] sondern, wie Anne SCHULZ erläutert, beeinflusste deutlich die Festschilderung in Veldekes „Eneasroman".[269] Wie „wahrheitsgetreu" die Festberichte in den Chroniken und Annalen sind, ist hier aber weniger wichtig. Vielmehr spielt der Aspekt der „Vorstellungsgeschichte" eine Rolle. Auch wenn sie die Geschehnisse nicht präzise wiedergeben und manche Abänderungen durch die Autoren enthalten, ist doch die Vorstellung der Zeitgenossen von den höfischen Festen und Festmählern, nicht zuletzt durch fiktionale Elemente, die die Autoren hinzufügten, in diesen Chroniken und Annalen zu erkennen. Somit lässt sich ableiten, welche Elemente (große Teilnehmerzahl, großzügige Spenden, Sitzordnung usw.) bei den höfischen Festen und Festmählern von den Zeitgenossen für nötig und wichtig erachtet wurden. Im Sinne der „Vorstellungsgeschichte" gehören solche Elemente, auch wenn sie Fiktionen sind, zur Wahrheit der Zeitgenossen; wie und was sie sich vorstellten oder vorstellen wollten. Beispielsweise wird über den Streit um die Sitzordnung zwischen dem Erzbischof von Köln und dem Abt von Fulda beim Mainzer Hoftag von 1184 nur in einer[270] von vielen Chroniken und Annalen, die diesen Hoftag erwähnen, berichtet, obwohl dieser Streit, sollte er tatsächlich so stattgefunden haben, größere Auswirkungen gehabt hätte. Umfang und Inhalt des Berichtes vom Mainzer Hoftag sind zwar sehr unterschiedlich, die wichtigen Fakten aber wie der Festtermin sind genannt. Selbst Gislebert von Mons, der wegen seines Herrn, des Grafen von Hennegau, an diesem Hoftag teilnahm und auch umfangreich davon in seiner Chronik berichtet, erwähnt diesen Streit nicht. Vor diesem Hintergrund wird die Zuverlässigkeit des Berichtes Arnold von Lübecks über den Sitzplatzstreit zwar fragwürdig, aber die Frage der „Echtheit" dieses Geschehnisses zu diskutieren, ist hier nicht nötig. Der Bericht Arnold von Lübecks ist ein Beweis dafür, dass die Sitzordnung in der „höchsten" Öffentlichkeit streitbar war und in der Gesellschaft große Bedeutung besaß. In der Tat gab es oft Streitigkeiten um die Sitzordnung zwischen dem Kölner Erzbischof, dem Mainzer Erzbischof und dem Abt von Fulda.

Die Schilderungen der Gast- und Festmähler in der Literatur und in den historischen Quellen geben zwar anhand von Tisch- und Einrichtungsgegenständen recht deutlich Auskunft über die unterschiedliche Art und Weise „angemessenen" Verhaltens, das Verhalten während des Essens – wie manierlich oder unmanierlich die Mahlteilnehmer sich verhielten – thematisieren sie jedoch meist nicht, weil das Essen an sich oft keine ausführliche Erwähnung fand. Während ein Gastmahl unabhängig von einem bestimmten Ereignis stattfinden kann, ist ein Festmahl ein wesentlicher Bestandteil des Festes und somit von diesem untrennbar. So werden in diesem Kapi-

---

268 Siehe Kap. 2.1, MARQUARDT (1985), S. 7ff., BUMKE (1986), S. 280.
269 SCHULZ (2011), S 46ff.
270 Arnold von Lübeck, Chronica Slavorum.

tel nicht nur Fest- und Gastmähler, sondern auch (Hof-)Feste behandelt, um einen Gesamteindruck der Veranstaltung zu vermitteln. Die Hoffeste und die dort stattfindenden Festmähler haben manche Elemente wie die Teilnehmer und ihre Kleidung gemeinsam. Auch wenn ein Festmahl selbst kaum oder gar nicht geschildert wird, lassen die anderen Schilderungen von Hoffesten Rückschlüsse auf manche Elemente des Festmahls zu.

Das Benehmen bei Tisch wird grundsätzlich selten beschrieben und wenn, dann bezieht sich die Schilderung auf das unmanierliche Benehmen, von dem sich die übrigen Gäste gestört fühlen, oder wenn das gesamte Mahl davon beeinträchtigt wird. Wie in Kapitel 1 erwähnt, benahm sich Heinrich IV. beim gemeinsamen Essen mit Papst Gregorius VII. nach dem Fall in Canossa deutlich ungebührlich, da der Kaiser scheinbar keine Versöhnung mit dem Papst wünschte. Im „Parzival" zum Beispiel beschreibt der Autor, wie Parzival vor der Erziehung durch Gurnemanz beim Essen unmanierlich auftritt: Einmal „frisst" er Rebhühner in Jeschutes Zelt (132, 1–3), das andere Mal isst er bei Gurnemanz das Abendessen sehr schnell (165, 27–28). Nach seiner Erziehung wird nicht mehr geschildert, wie Parzival speist. Wolfram von Eschenbach beschreibt ironisch die Hungersnot in Pelrapeire, indem es durch die Belagerung und den damit einhergehenden Mangel an Lebensmitteln zu Unmanierlichkeiten beim Essen gar nicht kommen kann (184, 7–11). Im „Willehalm" ist beschrieben, wie Rennewart beim Gastmahl seine Wangen mit Essen füllt und ohne Rücksicht auf die anderen isst (275, 1–6), weil er als Küchenknabe arbeitet und daher keine seiner Herkunft entsprechende Erziehung genießt. Weiter wird berichtet, dass er die Knappen mit seiner Riesenstange vertreibt, weil er zu viel trinkt und betrunken wird. Durch seine Gewalttat endet das Gastmahl (276, 11–277, 10).

Durch das absichtliche unmanierliche Benehmen riskierte Heinrich IV. die Versöhnung und friedliche Beziehung mit Gregor VII., die im gemeinsamen Mahl gestiftet werden sollten. Rennewarts Gewalttat löst das Mahl zwar auf, aber seine Unmanierlichkeit zerstört die Personenbeziehung nicht. Nach seiner ritterlichen Erziehung durch Gurnemanz zeigt sich Parzival manierlich und schlingt nicht mehr gierig das Essen hinunter. Auch wenn – anders als die gute Bewirtung und angemessenes Verhalten durch die materiellen, deutlich wahrnehmbaren Mittel (kostbare Einrichtung, Tafelgeschirr, Speisen, Kleidung, angemessene Sitzordnung, Spenden usw.) – gutes Benehmen bei Tisch und das Verhalten nach bestimmten Tischmanieren keine besondere Erwähnung fanden, wurde ihre Bedeutung als ein Glied in der Kette des „angemessenen Verhaltens beim Gast- und Festmahl als öffentliche Gelegenheit" in der Gesellschaft wohl bemerkt, wie Wolfram von Eschenbachs Beschreibung der Unmanierlichkeiten zeigt.

3. Tischzuchtliteratur im Mittelalter: Entstehung, Tradition und Inhalt

Die Notwendigkeit von guten Manieren beim öffentlichen Mahl widerspiegelnd, wurden im Mittelalter zahlreiche Tischmanieren verfasst, die damals als „Tischzucht (tisch zucht)" bezeichnet wurden. Sie wurden sowohl auf Latein als auch auf Deutsch verfasst. Manche lateinischen Tischzuchten wurden ins Deutsche übersetzt, sodass die lateinunkundigen Laien sie auch lesen konnten. In welchem Umfang lateinische und volkssprachliche Tischzuchten geschrieben und wie sie verbreitet wurden und welche Regeln sie enthielten, wird im Folgenden behandelt.

3.1 Begriffsdefinition von Tischzuchten

Das mittelalterliche Wort „Tischzucht(en)" bedeutet in Neuhochdeutsch „Tischmanieren". Einerseits haben viele Forscher bisher versucht, den Begriff „Tischzucht(en)" zu definieren,[271] andererseits wurde der Begriff auch benutzt, ohne ihn zu definieren. Die Autorin der derzeit aktuellsten Untersuchung über „Tischzuchten", Christiane VOIGT, versteht dieses Wort als „eine wichtige Quelle zur Bestimmung der damaligen Verhaltensstandards zum Benehmen bei Tisch [...]. Dabei handelt es sich um eine Gattungsbezeichnung für Texte, die über das Benehmen bei Tisch unterrichten".[272] Nach Rüdiger SCHNELL steht der Terminus „Tischzucht" „weithin für Texte, die – meist in der Form von Aufforderung und Mahnung – vom rechten Verhalten bei Tisch handeln. [...] Tischzuchten sind folglich Erziehungs- und Anstandslehren zu rechtem Benehmen bei Tisch". Als Bewusstsein der Literaturgattung ist der Terminus „Tischzucht" ab dem 14. Jahrhundert nachzuweisen.[273] Joachim Bumke nimmt an, dass die Gattung der höfischen Tischzucht, die bei der vorliegenden Forschung relevant ist, von gebildeten Hofklerikern geschaffen worden ist.[274]

Tischzuchten bzw. Tischmanieren tauchten nicht erst im Mittelalter auf und sind nicht ein nur im Mittelalter beobachtetes Phänomen. Bereits die frühere Gesellschaft kannte die Wichtigkeit und Notwendigkeit von Tischmanieren, denn „die Hinweise auf die Maßlosigkeit von Mahlteilnehmern machen [...] auch deutlich, daß daraus Streit und Zwietracht erwachsen konnte, d. h. Gemeinschaften zerbrechen konn-

---

271 Vgl. VOIGT (1995), S. 1.
272 Ibid., S. 1.
273 „Gattungsbewußtsein" der Tischzuchten, siehe SCHNELL (2007), S. 615.
274 BUMKE (1986), S. 267.

ten".[275] Nach dem Zedlerschen „Großen vollständigen Universal-Lexikon" ist Tischzucht

> „das züchtige, ehrbare und mäßige Verhalten, welches man nicht so wohl bey seiner eigenen als fremden Tafel zu beobachten hat, sonderlich bey Leuten, die auf unser Thun und Lassen, Sitten und Gebehrden, Contenance, Conduite und Discurse genau Acht geben, und solches sich hernach zu vielen Anmerckungen dienen lassen".[276]

„Wie nun eine rechte Tisch-Zucht und Conduite bey Tische zu halten sey", ist in diesem Artikel mit 30 Stellen aus der Bibel erklärt.[277] In der bisherigen Forschung zur Tischzucht sind die Stellen im Buch Jesus Sirach (vor allem Kap. 31 und Kap. 32) als Tischzuchten bekannt.[278] In diesen Stellen sind neben der Berücksichtigung der „Nächsten" (i. e. Tischnachbarn) und der Gespräche am Tisch vor allem mäßiges Essen und Trinken aus Gesundheitsgründen geboten. Das Verbot der Völlerei wird im Kap. 37. wiederholt.

Zusammenfassend lässt sich sagen, dass Tischzuchten Tischmanieren, somit Anweisungen zum richtigen und angemessenen Verhalten beim Essen darstellen. Sie beinhalten aus hygienischen und gesundheitlichen Gründen Gebote und Verbote für die Mahlteilnehmer, Anleitungen für die Gastgeber sowie die Bitte um Rücksichtnahme auf die Tischgenossen. Manche Tischzucht-Regeln sind überzeitlich und gelten noch in der heutigen Gesellschaft, andere sind an der damaligen Epoche gebunden.

Es bleiben zwei weitere terminologische Aspekte, die hier geklärt werden sollen. Der erste betrifft den Begriff „Tischzucht(en)", der nicht nur das mittelhochdeutsche Wort für „Tischmanieren" bedeutet, sondern auch eine Gattungsbezeichnung für die Texte der „Tischzuchten" darstellt. Außerdem bezeichnet „Tischzucht" auch den einzelnen Tischzuchttext.

Der zweite Aspekt betrifft den Umfang der Texte, die der Literaturgattung „Tischzuchten" zuzurechnen sind. Im Mittelalter wurden nicht nur im deutschsprachigen Gebiet Anleitungen für gutes Benehmen, so auch bei Tisch, verfasst. Auch in anderen Ländern und Sprachen gab es „courtesy books",[279] aber „in der englischen, französischen und lateinischen Literatur scheint ein vergleichbares Gattungsbewußtsein nicht zu existieren".[280] In der vorliegenden Untersuchung beschränkt sich die Gruppe der Texte, die unter der Literaturgattung „Tischzuchten" genannt werden, auf die deutschen Texte der Tischzuchten und deren lateinische Vorlagen, die im Mittelalter verfasst wurden. Hinzu kommen lateinische Texte, die ursprünglich früher ent-

---

275 BECK, Heinrich, Art. „*Tischgemeinschaft*", in: REALLEXIKON, 35. Bd., S. 169–172, S. 170.
276 Art. „*Tisch-Zucht*", in: ZEDLER, Bd. 44, Sp. 426–429. Sp. 426.
277 Ibid.
278 Ibid. 13 von 30 Stellen im Artikel des Zedlerschen Lexikons sind aus dem Buch Jesus Sirach. Das Buch Jesus Sirach gehört heute nicht zu den kanonischen, sondern zu den apokryphen Schriften, jedoch wurde im Mittelalter dieser Unterschied noch nicht gemacht. Hier bedeutet „die Bibel" die mittelalterliche Bibel.
279 Die Forschungen zu Tischmanieren im Mittelalter in den anderen Sprachgebieten sind z. B. Centre Universitaire d'Études et de Recherches Médiévales d'Aix-en-Provence, Banquets et manières de table au Moyen Âge, Aix-en-Provence 1996, NICHOLLS (1985).
280 VOIGT (1995), S. 5.

standen, sich aber vor allem im Mittelalter verbreiteten und als Vorlage für deutsche Tischzuchten eine große Rolle spielten.[281]

3.2 Der Forschungsstand zur Tischzucht

Sowohl die Forschung zur Tischzucht als auch die Textedition der einzelnen Tischzuchten haben eine lange Geschichte. Schon 1793 edierte Adrian RAUCH einen Text der so genannten „Rossauer Tischzucht".[282] Danach gab es fast vierzig Jahre Pause bis zur nächsten „kontinuierlichen Tischzuchtforschung in den letzten 150 Jahren".[283] Eine umfassende Arbeit zu Tischzuchten stammt aus dem 19. Jahrhundert von Moritz GEYER.[284] Spätestens zu diesem Zeitpunkt wurden „Tischzuchten" als Literaturgattung erkannt. Die Tischzuchttexte wurden, meist einzeln, von Germanisten ediert und meistens in der „Zeitschrift für deutsches Altertum (und deutsche Literatur)"[285] abgedruckt. Das 19. Jahrhundert war eine der Hauptphasen der Editionsarbeit, vor allem von Moriz HAUPT und Adelbert von KELLER.[286] Moritz GEYER hat zwar einige Texte ediert und vergleichend analysiert, aber die erste richtige umfangreiche Textedition und Textforschung der Tischzuchten ist die Dissertation von Andreas WINKLER.[287]

Die übrigen bisherigen Forschungen hat bereits Christiane VOIGT in ihrer Dissertation sehr ausführlich chronologisch, allerdings gattungsmäßig (Textedition, Dissertation, lateinische und germanistische Forschung) ungeordnet, vorgestellt.[288] Besonders wichtige Arbeiten dazu sind Dissertation von Andreas WINKLER, „Über den Prozess der Zivilisation" von Norbert ELIAS und die Dissertation von Christiane VOIGT selbst. Andreas WINKLER bietet die wichtigste und umfangreichste Textedition und Textforschung der selbständigen deutschen Tischzuchten. Der Soziologe Norbert ELIAS beschäftigte sich mit Tischzuchten von einem anderen Standpunkt aus als dem der Germanisten: Tischmanieren sind allgemein Forschungsgegenstand der Soziologie und der Anthropologie. Norbert ELIAS zitiert und behandelt in sei-

---

281 Zum Beispiel „Disticha Catonis", siehe Kap. 3.3.1.
282 RAUCH, Adrian, „Rerum Austriacarum Scriptores", Bd. 1, Wien 1793, S. 197–200.
283 VOIGT (1995), S. 9.
284 GEYER (1882), eine weitere umfangreiche Arbeit bietet LEITZMANN (1922).
285 Zeitschrift für deutsches Altertum (1841–), neue Folge; Zeitschrift für deutsches Altertum und deutsche Literatur (1876–).
286 HAUPT, Moriz, Des Tanhausers hofzucht, in: ZfdA 6 (1848), S. 488–496, Ders., Zu des Tanhausers hofzucht, in: ZfdA 7 (1849), S. 175–177 (Textedition von „Rossauer Tischzucht"), Ders., Der Jüngling von Meister Konrad von Haslau, in: ZfdA 8 (1851), S. 550–587, KELLER, Adelbert von, Erzählungen aus altdeutschen Handschriften, Stuttgart 1855, RÜCKERT, Heinrich (Hg.), Der wälsche Gast des Thomasin von Zirclaria, Quedlinburg 1852, SCHMIDT, Adolf, Siegburger Tischzucht, in: ZfdA 28 (1884), S. 64–67, SIEVERS, Eduard, Der kindere hovescheit, in: ZfdA 21 (1877), S. 61–65, ZARNCKE (1852), ZARNCKE (1854).
287 WINKLER (1982). THORNTON I und II darf man zwar nicht übersehen, aber sie sind eher Textsammlungen als Editionen.
288 VOIGT (1995), S. 9–26.

nem weit verbreiteten Werk „Über den Prozess der Zivilisation"[289] nicht nur die Tischzuchten im Mittelalter und in der Frühneuzeit, sondern auch die Anstandsliteratur in der Neuzeit.[290] Er vergleicht die Inhalte aller Tischzuchten und Anstandsbücher sehr ausführlich, um Beispiele für den Verlauf der „Zivilisierung" des Verhaltens beim Essen im Westeuropa zu zeigen. Die Dissertation von Christiane VOIGT ist aus meiner Sicht neben der von Andreas WINKLER als die umfassendere Analyse von Tischzuchten einzuschätzen: Wie oben erwähnt stellt sie alle bisherigen Forschungen über Tischzuchten vor, die deutschen Tischzuchten werden dabei am umfangreichsten behandelt und inhaltlich sehr ausführlich analysiert und geordnet. Die Tabellen am Ende ihrer Dissertation sind Kataloge der Inhalte einzelner Texte in drei Formen.[291]

Im Weiteren ist die Tischzucht-Forschung von Rüdiger SCHNELL repräsentativ. Er behandelt sie vor allem unter dem Aspekt der Kommunikation und Konversation am Tisch[292] und diskutiert auch die „Zivilisationstheorie" von ELIAS.[293] Die neuesten Forschungsergebnisse über „Essen und Trinken im Mittelalter" von Anne SCHULZ[294] enthalten einen Abschnitt „Tischzuchten", in dem die Autorin „Der wälsche Gast" in den Mittelpunkt stellend die mittelalterlichen Tischzuchten kurz und zusammenfassend vorstellt. In einem Exkurs fasst sie die Kritiken von Hans Peter DUERR und Rüdiger SCHNELL zu ELIAS' „Zivilisationsprozess" bzw. „Zivilisationstheorie" zusammen.[295] Seit der Dissertation von Christiane VOIGT gab es zur Tischzuchtliteratur keine umfassende Publikation mehr.

Als Ergebnis des Teilprojektes A 7 „Disticha Catonis. Didaktische Diskursformen zwischen Latein und Volkssprache" im Rahmen des Hamburger SFB 538 „Mehrsprachigkeit" wurde eine Online-Datenbank zu den „Disticha Catonis" erstellt.[296] In dieser Datenbank sind alle möglichen Informationen zu Handschriften, Drucken u. a. der lateinischen „Disticha Catonis" und ihre Übersetzungen in den verschiedenen Sprachen aufgeführt. Ein Mitarbeiter des Projektes, Michael BALDZUHN, hat mit diesem Ergebnis seine Habilitationsschrift in Münster 2006 vorgelegt.[297] Neben den „Disticha Catonis" werden einige mittelalterliche Schulbücher behandelt. Obwohl Michael BALDZUHN diese Werke nicht unter dem Aspekt der Tischzuchten in den Blick nahm, ist die ausführliche Arbeit über die „Disticha Catonis" und den „Facetus" in dieser Schrift für die Tischzucht-Forschung sehr bedeutsam.

---

289 ELIAS (1969).
290 Ibid., in 2. und 4. Kapiteln des 2. Teils im 1. Buch.
291 VOIGT (1995), S. 373ff., Tabellen 12, 13 und 14.
292 SCHNELL (2006), SCHNELL (2009).
293 SCHNELL II (2004), SCHNELL III (2004).
294 SCHULZ (2011). Mit umfangreichen Literatur-, Bild- und archäologischen Quellen hat sie diese Ergebnisse in ihrer Dissertation über Essen und Trinken im Mittelalter publiziert.
295 Über diese Diskussion siehe Kap. 3.4 (Einleitung).
296 BALDZUHN, Michael, Disticha Catonis – Datenbank der deutschen Übersetzungen, www1.uni-hamburg.de/disticha-catonis/ (abgerufen am 15. 04. 2015). Diese Website existiert nach Stand vom 19. 02. 2019 nicht mehr.
297 BALDZUHN (2009).

3.3. Lateinische und volkssprachliche Tischzuchten[298]

3.3.1 Lateinische Tischzuchten

Bibel (Jesus Sirach)

Disticha Catonis (3./4. Jh., verbreitet im Mittelalter)

Petrus Alfonsi, Disciplina clericalis (12. Jh.)

Facetus (cum nihil utilius) (12. Jh.)

Reinerus Alemannicus, Phagifacetus (13. Jh.)

Die Geschichte der Tischmanieren begann nicht erst im Mittelalter. Wie im Artikel des Zedlers Lexikon[299] vermerkt, enthält das Buch Jesus Sirach in der Bibel relativ ausführliche Tischzuchten, die sicher im Mittelalter gelesen wurden. Das Buch Jesus Sirach ist quasi ein Lehrbuch, das viele verschiedene Aspekte des alltäglichen Lebens behandelt.

Es ist zwar eindeutig, dass die volkssprachlichen Tischzuchten für die weltlichen Adligen am leichtesten zugänglich waren, aber die lateinischen Tischzuchten dürfen nicht unbeachtet bleiben, weil sie zum einen bekannt waren und zum anderen manchmal als Vorlage für die späteren volkssprachlichen Tischzuchten dienten. Die lateinischen Tischzuchten entstanden im Prinzip als ein Teil eines Lehrbuchs, das vor allem die (männlichen) Lateinschüler als Publikum im Blick hatte.

Besonders die folgenden vier lateinischen Tischzuchten hatten als Vorlagen für die späteren mittelalterlichen Tischzuchten einen starken Einfluss: „Disticha catonis", „Disciplina clericalis", „Facetus", „Phagifacetus".

Das berühmte Werk „Disticha Catonis" des Pseudo-Catos, der wahrscheinlich ein spätantiker Didaktiker im 3. oder 4. Jahrhundert war, wurde im Mittelalter in viele Volkssprachen übersetzt, war weit verbreitet und beeinflusste inhaltlich die späteren volkssprachlichen Werke wie „Winsbecke" oder „Der wälsche Gast". Es wurde als Schultext überliefert und vermittelte Alltagswissen. Die Tischzuchten in den „Disticha Catonis" sind ein Teil der Lehre des richtigen Benehmens. Die deutsche Fassung heißt „Der Deutsche Cato" oder „Cato-Interpolation".[300]

Die „Disciplina clericalis" ist eine Sammlung von Anekdoten, Legenden und Fabeln,[301] die im 12. Jahrhundert von Petrus Alfonsi verfasst wurde. Der Autor war ursprünglich jüdischer Gelehrter und Hofarzt unter Alfons I. und konvertierte zum Christentum. Neben seiner Tätigkeit unter Alfons I. von Aragon und Heinrich I. von

---

298 Zur Überlieferung, zu Texteditionen und Forschungen der einzelnen Werke siehe die Tabelle „Überlieferung und Textausgaben/-editionen der Tischzuchtliteratur".

299 Art. „*Tisch-Zucht*", in: ZEDLER, Bd. 44, Sp. 426–429.

300 Vgl. Kap. 3.3.2.

301 Dieses Werk enthält über 30 „exempla" und in diesem Sinne ist es eine „exempla" -Sammlung wie die „Gesta Romanorum". Die Anzahl der „exempla" ist unterschiedlich je nach Textedition. Alle Texte der „Disciplina Clericalis" in dieser Arbeit aus: HILKA, Alfons und SÖDERHJELM, Werner (Hg.), „Die Disciplina Clericalis des Petrus Alfonsi (das älteste Novellenbuch des Mittelalters) nach allen bekannten Handschriften", Heidelberg 1911.

England schrieb er einige lateinische Werke. Nach der Schilderung in der Einleitung und am Schluss wurde die „Disciplina clericalis" zuerst in Arabisch niedergeschrieben und vom Verfasser selbst ins Lateinische übersetzt.[302] Petrus Alfonsi konnte als jüdischer Gelehrter in Aragon selbstverständlich Arabisch und Latein und hatte enge Kontakte zur arabischen Gelehrtenwelt, die damals die Spitze der Wissenschaften bildete. Die „Disciplina clericalis" entstand unter den starken Einflüssen des arabischen und antiken Wissens. Ein Abschnitt „De modo comedendi" im „Exemplum XXVI: De duobus fratribus regisque dispensa" in der „Disciplina clericalis" besteht aus einem Gespräch zwischen Vater und Sohn, wobei der Vater seinen Sohn lehrt, wie man sich benehmen soll, wenn man zum Essen eingeladen wird. Dieser Abschnitt kommt nach einer Reihe von Lehren, wie das Verhalten in Gegenwart des Königs zu sein hat.[303] In den vorhergehenden Abschnitten im „Exemplum XXVI" lehrt ebenfalls ein Araber (Arabs) seinen Sohn. In diesem Kontext sind der Vater und der Sohn in „De modo comedendi" wahrscheinlich dieselben Araber.

Unter dem Namen „Facetus" sind zwei Texte überliefert: „Facetus cum nihil utilius" und „Facetus moribus et vita", die wahrscheinlich im 12. Jahrhundert entstanden, aber erst ab dem 13. Jahrhundert überliefert worden sind. Sie sind in Distichen verfasste praktische Lehren des Anstandes und des Benehmens. „Facetus" wurde spätestens seit dem 14. Jahrhundert ins Deutsche übersetzt, dabei gibt es viele lateinisch-deutsche Fassungen. Der Basler Jurist Sebastian Brant,[304] bekannt als Autor vom „Narrenschiff", übersetzte auch „Facetus" ins Deutsche und ließ die Texte drucken (Erstausgabe 1496, gedruckt von Johann Bergmann von Olpe in Basel).

„Phagifacetus" verbreitete sich ab Ende des 13. Jahrhunderts im deutschsprachigen Raum. Wann aber diese Tischzucht entstand, bleibt unklar. Durch die Erwähnung in den verschiedenen Handschriften lässt sich vermuten, dass der Autor des „Phagifacetus" Reinerus heißt und als Notar oder Kanzler unter dem Thüringer Landgrafen tätig war, allerdings ist dieser Reinerus urkundlich nicht nachweisbar. „Phagifacetus" wurde ebenfalls von Sebastian Brant ins Deutsche übersetzt, seit 1490 heißt das Werk wegen der Brant-Übersetzung „Thesmophagia".[305]

---

302   „Deus igitur in hoc opsculo michi sit in auxilium qui me librum hunc componere et in latinum transferre compulit" (Prologus), „Explicit Clericalis Disciplina translata a Petro Alfonso de Arabico in Latinum" (Schluss nach der Edition von MIGNE, Jacques Paul [Hg.], „Patrologiae cursus completus. Patrologiae Latinae tomus CLVII cols 671–706", dieser Satz fehlt in Alfons HILKAs Edition).

303   „De rege bone et malo" (Zitat der Sprüche der Philosophen), „Exemplum XXV: De Mariano" (eine Erzählung Platos), dem folgt „Exemplum XXVI: De duobus fratribus et regisque dispensa".

304   Über Sebastian Brant siehe Kap. 3.5.3.

305   Dieses Werk wurde ausschließlich von Sebastian Brant übersetzt und 1490 in Basel unter dem Titel „Thesmophagia" gedruckt.

3.3.2 Volkssprachliche und nichtselbständige Tischzuchten

Thomasin von Zerclaere, Der wälsche Gast (13. Jh.)

Konrad von Haslau, Der Jüngling (13. Jh.)

Der züchte lere (früher Ulmer Hofzucht / Berliner Hochzucht) (14. Jh.)

Cato-Interpolation

Facetus auf Deutsch

Wie im vorigen Abschnitt erwähnt, entstanden die lateinischen Tischzuchten im Prinzip als ein Teil eines großen Anstands- oder Erziehungsbuchs. Manche volkssprachlichen Tischzuchten wurden auch als ein Teil umfangreicher Anstandsbücher geschrieben. In diesem Abschnitt werden nichtselbständige Tischzuchten, im nächsten Abschnitt 3.3.3 selbständig überlieferte Tischzuchten vorgestellt.

„Der wälsche Gast" Thomasin von Zerclaeres ist die erste richtige höfische Lehre, die auf Deutsch verfasst wurde. Das Werk besteht aus zehn Kapiteln, das erste Kapitel, das die pragmatische Lehre für die jungen Adligen behandelt, enthält die Tischzuchten. Vom Autor Thomasin wissen wir nicht sehr viel. Die meisten Informationen kommen aus seiner „Selbstvorstellung" in diesem Werk: Er heiße Thomasin von Zerclaere (V. 75), sei ein Italiener und in Friaul (Friuli) geboren (V. 69, 71). Nach bisherigen Forschungen war er unter dem Patriarchen von Aquileia tätig und hat dort um 1215 das Werk in seiner „Fremdsprache" Deutsch verfasst.[306]

„Der Jüngling" Konrad von Haslaus ist ein Lehrgedicht mit dem Grundmotiv der Pfennigbuße, das für junge Adlige geschrieben wurde. Es entstand im 13. Jahrhundert unter dem starken Einfluss der „Disciplina clericalis". Es enthält moralische und pragmatische Lehren, darunter auch Aussagen über gutes Benehmen bei Tisch, wodurch „Der Jüngling" neben „Der wälsche Gast" „eine der ersten Tischzuchten in deutscher Sprache" ist.[307]

---

306 Von Autor und Werk KRIES (1984), Bd. 1, S. 1ff., NEUMANN (1965), S. VIIff. „Der wälsche Gast" steht unter dem starken Einfluss des oben genannten Werks „Disciplina clericalis". Die Spur der „Disciplina clericalis" lässt sich auch im Abschnitt über die Tischzuchten in „Der wälsche Gast" deutlich ausmachen.
„Der wälsche Gast", 514ff.
„Der wolf izzet gerne eine:/ der olbent izzet eine niht,/ ob er des wilds iht bî im siht./ Dem volget der wirt mit êren baz/ danne dem wolve, wizzet daz."
Disciplina clericalis, Exempulum XIX: De duobus burgensibus et rustico.
„[...]Hec autem natura est canis, cui favurunt illi: quorum unus alii cibum auferre cupit. Sed si naturam cameli sequerentur, miciorem naturam imitarentur. Nam talis est natura cameli: quando insimul datur prebenda multis, quod nullus eorum comedet, donec omnes insimul edant; et si unus ita infirmatur quod nequeat comedere, donec remoueatur alii ieiunabunt. [...]".

307 ROSENFELD, Hans-Friedrich, Art. „Konrad von Haslau", in: VL, Bd. 5, Sp. 194–198, Sp. 197. „Der wälsche Gast" und „Der Jüngling" entstanden beide interessanterweise im 13. Jahrhundert unter dem Einfluss der „Disciplina Clericalis". „Der Jüngling" ist zwar nicht genau zu datieren, aber weil der Autor auf die 70er oder 80er Jahre des 13. Jahrhunderts datiert ist, entstand „Der wälsche Gast" um 1215 früher als „Der Jüngling" (ibid., Sp. 195).

Eine Zuchtlehre aus dem 14. Jahrhundert, die eigentlich „Hofzucht" genannt werden sollte,[308] aber von der bisherigen Forschung „**Der züchte lere**" genannt wird, ist die Verhaltenslehre bei Hofe. Dieses Werk wurde in den bisherigen Forschungen „Ulmer Hofzucht" oder „Berliner Hofzucht" genannt. Die beiden Benennungen kommen aus der Berliner Handschrift (Berlin, mgq 1107), die in Ulm gegen 1460 entstand. „Der züchte lere" besteht aus „der Fabel vom Esel in der Löwenhaut, einer allgemeinen Einleitung, Regeln für Männer (Ritter), einer Tischzucht und Regeln für Frauen (Jungfrauen)".[309] Diese Verhaltenslehre bei Hofe, vor allem bezüglich der Männer-, Frauen- und Tischzuchten beruht auf der in die sogenannte „Cato-Interpolation" eingefügten Zuchtlehre. Diese Männer-, Frauen- und Tischzuchten wurden auch selbständig überliefert als „ain spruch von den manen", „ain spruch von den frawen" und „ain spruch der zu tisch kert".[310] „Ain spruch der zu tisch kert" wurde von WINKLER als eine der selbständigen deutschen Tischzuchten angesehen.[311]

In dieser Kategorie der „volkssprachlichen und nichtselbständigen Tischzuchten" sollte die deutsche Übersetzung der lateinischen Tischzuchten wieder genannt werden: die „Disticha Catonis" und der „Facetus".

Die gesamte mittelhochdeutsche Übersetzung von „Disticha Catonis" stammt aus der Mitte des 13. Jahrhunderts. Die bekannten mittelhochdeutschen Versionen von „Cato", die WINKLER „**Cato-Interpolation**" nannte, bestehen aus der gekürzten Cato-Übersetzung und den Interpolationen aus Freidanks „Bescheidenheit", aus Thomasins „Der wälsche Gast" und aus der „Rossauer Tischzucht".[312] Diese „Cato-Interpolation" ist fast ein gänzlich anderes Werk als das lateinische Original.

Neben den „Disticha Catonis" hat auch der „**Facetus**", wie oben erwähnt, deutsche Fassungen. Sebastian Brant übersetzte „Disticha Catonis", „Facetus" und auch „Phagifacetus"[313] und ließ sie drucken. „Disticha catonis" und „Facetus" wurden vor Brant bereits übersetzt und existieren in mehreren deutschen Versionen.[314]

---

308 Die Überschriften der meisten Handschriften enthalten „dy hoffzucht". Außerdem steht am Ende des Werkes „Diz heist die hofft zücht" (Karlsruhe, Karlsruhe 408) oder „Dys buch heisset dy hoffzucht" (Berlin, mgq 1107). Die Benennung „Der züchte lere" beruht auf einer Zeile V. 508 in der Berliner Handschrift (mgq 1107) (SEELBACH, Ulrich, Art „‚Der züchte lere' [‚Ulmer Hofzucht']", in: VL, Bd. 2, Sp. 1591–1594, Sp. 1592).

309 Ibid. Sp. 1591ff.

310 Weimar, Herzogin Anna Amalia Bibliothek, Ms. O 145, „ain spruch von den manen" 105v–108r, „ain spruch von den frawen" 108r–110r, „ain spruch der zu tisch kert" 110r–112r. Vgl. Cato-Interpolation in derselben Handschrift 11r–21v.

311 WINKLER (1982), S. 161ff. Nach SEELBACH ist dieser Text „ain spruch der zu tisch kert" ein selbständig überlieferter Tischzuchtenteil von „Der züchte lere", aber nach THORNTON steht er „in engem Verhältnis" zu „Der züchte lere" (SEELBACH, Ulrich, Art. „‚Der züchte lere' [‚Ulmer Hofzucht']", in: VL, Bd. 2, Sp. 1591–1594, THORNTON I, S. 75).

312 ZARNCKE (1852), S. 113–140, WINKLER (1982), S. 168 und BALDZUHN (2009), Bd. 1, S. 142. Zur „Rossauer Tischzucht" siehe Kap. 3.3.3.

313 Erstausgabe der Brant-Übersetzung von „Disticha Catonis" 1498 gedruckt von Johann Bergmann von Olpe in Basel.

314 Vgl. Anhang „Überlieferungen und Textausgaben/-editionen der Tischzuchtliteratur".

3.3.3 Volkssprachliche und selbständige Tischzuchten[315]

Tannhäuser (?), Hofzucht (13. Jh.)

Rossauer Tischzucht (14. Jh.)

Der kindere hovescheit (14. Jh.)

Erfurter Tischregeln/ Jakob Köbel, Tischzucht (15. Jh.)

Innsbrucker Tischzucht/ Disch zucht gemert und gebessert (15.–16. Jh.)

„Von tisch zucht" aus dem Liederbuch der Clara Hätzlerin (1471)

Thesmophagia (1490, deutsche Übersetzung von „Phagifacetus" von Sebastian Brant)

Die Verfasser und Titel der meisten selbständigen volkssprachlichen Tischzuchten sind unbekannt. Deswegen wurden sie oft durch Verweis auf die Handschriften benannt (z. B. Rossauer Tischzucht, Innsbrucker Tischzucht). Wegen der unbekannten Autorschaft sind manche Tischzuchten zudem sehr ungenau datierbar, wobei sie in der Regel durch Datierung der ältesten Handschrift zeitlich eingeordnet werden. Die einzelnen Werke haben zwar einen kleinen Umfang, aber die Vielfalt dieser selbständigen Tischzuchten ist äußerst groß, sodass nicht alle Werke berücksichtigt werden können. Im Rahmen dieser Untersuchung werden nur ausgewählte Tischzuchten behandelt.[316]

Die älteste volkssprachliche und selbständige Tischzucht heißt nach der Überschrift „Hofzucht", und wird Tannhäuser zugeschrieben.[317] Tannhäusers Autorschaft der „Hofzucht" ist indes noch umstritten.[318] Dieser Text ist nur in zwei Handschriften überliefert: Die älteste Handschrift (Wien, Cod. Vindob. 2885) entstand 1393, aber wegen der vermuteten Autorschaft Tannhäusers wird diese „Hofzucht" ins 13. Jahrhundert datiert. Um sie von der anderen Tischzucht namens „Hofzucht" zu unterscheiden, wird dieses Werk hier „**Tannhäusers Hofzucht**" genannt. Diese hat viele verwandte Texte unter den mittelalterlichen selbständigen Tischzuchten, wie im Folgenden zu sehen sein wird.

Eine von diesen verwandten Schriften ist die so genannte „**Rossauer Tischzucht**", die nach der ältesten, wahrscheinlich in Rossau in Österreich entstandenen Handschrift benannt wurde[319] und ins 14. Jahrhundert datiert wird. Der Text der älteren Handschrift von „Tannhäusers Hofzucht" (Wien, Cod. Vindob. 2885) weist sehr

---

315 Alle Texte der selbständigen deutschen Tischzuchten in den folgenden Teilen nach der Edition durch Andreas WINKLER, WINKLER (1982).

316 Zu den selbständigen Tischzuchten, die hier leider nicht behandelt werden können, siehe WINKLER (1982), VOIGT (1995) und HARMENING, Dieter, Art. „Tischzuchten", in: VL, Bd. 9, Sp. 941–947.

317 „Daz ist des tannhawsers/ geticht vnd ist gut hof zucht" (Wien, Österreichische Nationalbibliothek, Cod. Vindob. 2885), „Das ist des tanhawsers geticht vnd ist güte/ hoff zücht" (Innsbruck, Tiroler Landesmuseum Ferdinandeum, Cod. FB 32001).

318 BUMKE (1990), S. 203f., WINKLER (1982), S. 79ff.

319 In der Überschrift der „Rossauer Tischzucht" (Wien, Österreichische Nationalbibliothek, Ser. Nov. 2584) steht nur „Daz ist von der Tischzvcht".

viele Gemeinsamkeiten mit der „Rossauer Tischzucht"[320] auf. Wegen der engen Verwandtschaft[321] sind noch zwei weitere Tischzuchten zur Gruppe um die „Rossauer Tischzucht" zu zählen: Die sogenannte „Karlsruher Tischzucht", ein Text in einer Karlsruher Handschrift aus dem 15. Jahrhundert, und die sogenannte „Schlierbacher Tischzucht" in einer Handschrift aus dem Zisterzienserstift Schlierbach aus dem 14. Jahrhundert.[322] Der Autor der „Rossauer Tischzucht" ist unbekannt. Diese Tischzucht ist nicht nur für Kinder,[323] sondern auch für die „*lieb gesellen*"[324] des Autors bestimmt.

„Der kindere hovescheit" ist eine Tischzucht für Kinder, die nur in zwei Handschriften überliefert ist. Dieser Text lässt sich nach der älteren Handschrift ins 14. Jahrhundert datieren und wurde aufgrund der Zeile „Dyt he(e)t der kyndere houesscheit"[325] so genannt. „Der kindere hovescheit" besteht aus zehn Abschnitten mit lateinischen Titeln wie „Principium mense", „Puerlilissima" und „De sputo".[326] Ähnlich den anderen Tischzuchten ist auch hier der Autor unbekannt.

Eine kurze Tischzucht mit Prolog, die in zwei Handschriften überliefert ist, heißt nach der vermutlich in Erfurt entstandenen Göttinger Handschrift „**Erfurter Tischregeln**". Sie ist der Handschrift nach ins 15. Jahrhundert datiert und auch hier ist ihr Autor unbekannt. Auf der Grundlage dieses Textes hat Jakob Köbel die relativ lange Tischzucht „**Jakob Köbels Tischzucht**" verfasst und gedruckt. Köbel wurde als Sohn eines Goldschmieds in Heidelberg geboren. Er studierte dort und war seit 1487 im Buchgewerbe tätig. Er heiratete die Tochter eines Ratsherrn in Oppenheim, wo er

---

320 Die Textverwandtschaft von „Tannhäusers Hofzucht" und der „Rossauer Tischzucht" ist nicht zu bezweifeln, aber dennoch bleibt umstritten, welcher Text die Vorlage für den anderen bot (vgl. WINKLER [1982], S. 117ff.). Wahrscheinlich setzten manche Forscher wegen der vermuteten Autorschaft Tannhäusers automatisch voraus, dass „Tannhäusers Hofzucht" früher als die „Rossauer Tischzucht" entstanden ist. Aber es ist bedenklich, die Texte von „Tannhäusers Hofzucht" der Wiener Handschrift (Wien, Cod. Vindob. 2885) und die „Rossauer Tischzucht" der Rossauer Handschrift (Wien, Ser. Nov. 2584) zu vergleichen, wie es Moriz HAUPT und Andreas WINKLER tun, um zu zeigen, dass „Tannhäusers Hofzucht" die Vorlage für die „Rossauer Tischzucht" bot, denn die Rossauer Handschrift (entstanden vor 1360) ist älter als die Wiener Handschrift (entstanden 1393).

321 Vgl. WINKLER (1982), S. 110 (Konkordanz der drei Texte). Nach Moritz GEYER gehören zu dieser Textverwandtschaft noch „Der kindere hovescheit" und „Innsbrucker Tischzucht/ Disch -zucht gemert und gebessert" (GEYER [1882], S. 7).

322 Die Handschrift der „Karlsruher Tischzucht" (Karlsruhe, Cod. Karlsruhe 408) enthält auch die „Hofzucht", und die Handschrift der „Schlierbacher Tischzucht" (Zisterzienserstift Schlierbach, Hs. I 28) enthält auch den ganzen Text von Thomasins „Der wälsche Gast". Vgl. Anhang „Überlieferungen und Textausgaben/-editionen der Tischzuchtliteratur".

323 „ob ich straff die ivnge chint,/ die bey syben iaren sint" (V. 5–6 in Rossauer und Karlsruher Handschriften, Text nach der Rossauer Handschrift).

324 V. 103 in der Rossauer Handschrift, V. 95 in der Karlsruher Handschrift. Vgl. HARMENING, Dieter, Art. „Tischzuchten", in: VL, Bd. 9, Sp. 941–947, Sp. 947.

325 V. 150 in der Gandersheimer Handschrift, V. 153 in der Wolfenbütteler Handschrift („Dit is der kindere houescheit"). Laut Moritz GEYER nannte Eduard SIEVERS diese Tischzucht „Der kindere hoverscheit" (GEYER [1882], S. 1).

326 Ausschließlich der Text der Wolfenbütteler Handschrift (Cod. Guelf. 417 Helmst.) enthält Abschnitte mit lateinischen Titeln.

als Stadtschreiber tätig war; daneben besaß er seine eigene Offizin. Köbel druckte viele verschiedene Bücher in Oppenheim und war zudem als Schriftsteller tätig.[327]

Eine weitere Gruppe der Tischzuchten heißt nach der ältesten Handschrift (1438) aus Innsbruck „**Innsbrucker Tischzucht**", die zur Textverwandtschaft der „Rossauer Tischzucht", „Tannhäusers Hofzucht" und „Der kindere hovescheit" gehört. Etwa die Hälfte der Texte der „Innsbrucker Tischzucht" ist mit der „Rossauer Tischzucht" identisch. Diese Tischzucht wurde im 16. Jahrhundert mehrmals gedruckt, nach dem Titelblatt in einem Druck wird sie auch „**Disch zucht gemert und gebessert**" genannt.[328] Der Autor ist auch hier unbekannt.

Eine Prager Handschrift, das so genannte „**Liederbuch der Clara Hätzlerin**", enthält einen Text mit der Überschrift „**Von tisch zucht**". Dieses „Liederbuch" ist eine Sammelhandschrift und besteht aus verschiedenen Werken wie Gedichten, Liedern, Reden u. a. Der Text „Von tisch zucht" ist unabhängig von den anderen Werken in derselben Handschrift. Auch in diesem Fall ist wie bei den meisten anderen selbständigen Tischzuchten, die oben vorgestellt wurden, der Autor unbekannt: Clara Hätzlerin kopierte diese Handschrift im Auftrag und ist nicht die Autorin.[329]

Zu dieser Kategorie sollte die deutsche Übersetzung von „Phagifacetus" gezählt werden. Anders als andere von Sebastian Brant ins Deutsche übersetzte lateinische Tischzuchten wurde „Phagifacetus" erstmals von Brant übersetzt und unter dem Namen „Thesmophagia" gedruckt. Bemerkenswert ist, dass die drei lateinischen Tischzuchten durch die deutsche Übersetzung nicht nur unter den lateinkundigen Gelehrten und Schülern bekannt waren, sondern auch die (nicht lateinkundigen) Bürger in den Städten erreichten. Übersetzung und Druck ermöglichten es, dass die Schriften einer größeren Öffentlichkeit zugänglich gemacht wurden.

3.3.4 Zusammenfassung

Als Abschluss dieses Kapitels lassen sich drei wichtige Punkte zusammenfassen: Die Überlegungen zu den Beziehungen zwischen den Tischzuchttexten, zu den Rezipienten der Tischzuchten und zu den Sammelhandschriften mit Tischzuchttexten.

Viele Tischzuchttexte entstanden unter dem Einfluss von anderen älteren Texten und weisen deshalb viele Gemeinsamkeiten und Ähnlichkeiten miteinander auf. Bisherige Forschungen haben die Beziehungen der Tischzuchttexte geklärt. Die „Disciplina clericalis" beeinflusste „Der Jüngling" und „Der wälsche Gast". Wie oben er-

---

327 WINKLER (1982), S. 341f., FOLKERTS, Menso und KEIL, Gundolf, Art. „*Köbel, Jakob*", in: VL, Bd. 4, Sp. 1276–1278.

328 München, Bayerische Staatsbibliothek, Res. Cono. 254, gedruckt von Wormser Drucker Sebastian Wagner. Auf dem Titelblatt steht „Disch zucht ge-/ mert vnd gebessert". In THORNTON I wurde diese Tischzucht „Disch zucht gemert und gebessert" genannt, dabei zählten die Handschriften der „Innsbrucker Tischzucht" zu dieser Gruppe (S. 75).

329 Clara Hätzlerin war in ihrer Zeit „die einzige mit Namen bekannte Frau, die deutsche Handschriften im Auftrag kopierte" (GLIER, Ingeborg, Art. „*Hätzlerin, Klara*", in: VL, Bd. 3, Sp. 547–549, Sp. 547).

wähnt, besteht die „Cato-Interpolation" aus der gekürzten deutschen Version der „Disticha Catonis", aus „Der wälsche Gast" und aus der „Rossauer Tischzucht". Die „Rossauer Tischzucht" gehört zur Textverwandtschaft mit „Tannhäusers Hofzucht", „Der kindere hovescheit"[330] und der „Innsbrucker Tischzucht/ Disch-zucht gemert und gebessert". „Der züchte lere" entstand aus der Zuchtlehre der „Cato-Interpolation". Diese Beziehungen zwischen den Texten werden aber nicht nur von den inhaltlichen Gemeinsamkeiten abgeleitet. Aus meiner Sicht ist es bedenklich, inhaltliche Ähnlichkeiten und Gemeinsamkeiten zwischen den Tischzuchten zu überschätzen, weil sie auch unabhängig von Beziehungen zwischen den Texten vorkommen:

> „Diese ‚Tischzuchten' sind ebensowenig, wie die nichtanonymen Manierenschriften des Mittelalters individuelle Produkte im modernen Sinne des Wortes, Niederschriften persönlicher Einfälle von Einzelnen innerhalb einer reichlich individualisierten Gesellschaft. Was da schriftlich auf uns gekommen ist, sind Fragmente einer großen, mündlichen Tradition, Spiegelbilder dessen, was tatsächlich in dieser Gesellschaft Brauch war, und gerade deswegen bedeutsam, weil es nicht das Große, Außergewöhnliche, sondern das Typische einer Gesellschaft weiterträgt. Selbst die einzelnen, unter einem bestimmten Namen überlieferten Gedichte, wie Tannhäusers ‚Hofzucht' oder John Russels ‚Boke of Nurture' sind nichts anderes als individuelle Fassungen einer der vielen Überlieferungsströme, die durch diese Gesellschaft entsprechend ihrer Gliederung hingingen. Die sie niederschrieben, waren nicht Gesetzgeber oder Schöpfer dieser Vorschriften, sondern Sammler, Ordner gesellschaftsüblicher Gebote und Tabus; deswegen kehren in fast allen diesen Schriften, ob sie nun literarisch zusammenhängen oder nicht, verwandte Vorschriften wieder, Spiegelungen gleicher Bräuche, Zeugnisse eines bestimmten Verhaltens- und Affektstandards im Leben der Gesellschaft selbst."[331]

Der Aspekt, dass manche Regeln als damaliges „Allgemeinwissen" in den verschiedenen Tischzuchttexten auftauchen, darf nicht übersehen werden.

Welche Personengruppen die lehrhaften Texte als Rezipienten erwarten, soll im Folgenden behandelt werden.[332] Wie oben erwähnt (Kap. 3.3.1), setzten lateinische Texte wie „Facetus", „Phagifacetus" und „Disticha Catonis", die Tischzuchten enthielten, Lateinschüler als Publikum voraus, weil sie als Schultexte verwendet und weit verbreitet wurden. Die Regeln der lateinischen Tischzuchten waren auf Kinder bzw. (männliche) Lateinschüler gerichtet.

Im Gegensatz dazu sind die Regeln der volkssprachlichen Tischzuchten auf unterschiedliche Rezipientengruppen gerichtet. In manchen Texten werden diese deutlich bezeichnet, z. B. die „Rossauer Tischzucht" ist für Kinder und auch Erwachsene, „lieb gesellen" des Autors gedacht. Wie die „Rossauer Tischzucht" bestimmt die „Innsbrucker Tischzucht" am Anfang ihre Rezipienten: „Mir sullen frawen vnd di

---

330 Laut Moritz GEYER ist die Tischzucht in der Wolfenbütteler Handschrift (Cod. Guelf. 417 Helmst., „Der kindere hovescheit") „eine Übertragung ins Niederdeutsche" einer Vorlage. Aus dieser Vorlage entstand auch die „Rossauer Tischzucht" der Karlsruher Handschrift (Cod. Karlsruhe 408) (GEYER [1882], S. 1 und S. 7). Eduard SIEVERS weist auch auf die Verwandtschaft zwischen „Der kindere hovescheit", der „Rossauer Tischzucht" und „Tannäusers Hofzucht" hin (SIEVERS [1877], S. 64f.).

331 ELIAS (1969), S. 169.

332 Rüdiger SCHNELL weist auf die Problematik hin, die mittelalterlichen Tischzuchten ohne Berücksichtigung der Rezipienten zu behandeln (SCHNELL III [2004], S. 93ff.).

man/ ein schreiben nicht verübel han,/ ob ich straff die iungen kind,/ die peÿ czehen iaren sind/ vnd die sich dar an nicht verstan/ vnd die nicht gebissen han."[333] „Der kindere hovescheit" ist, wie der Titel selbsterklärend zeigt, eine Lehre für Kinder. „Der Jüngling" ist ein Lehrgedicht für junge Adlige. „Der wälsche Gast" ist insgesamt ein Lehrbuch für junge Adlige; in seinen Tischzuchten werden neben dem „wirt" (hier ist wahrscheinlich ein erwachsener Gastgeber gemeint) „juncvrouwe", „kneht" und „juncherre" genannt. „Tannhäusers Hofzucht" enthält Regeln für beide, Kinder und Erwachsene gleichermaßen:

> „Nu lat ew die zuht wol behagen
>
> E daz si chömen zu iren tage
>
> Den kinden sol manz niht versagen
>
> Wer all zucht behalten kann
>
> Der wirt vor got ain liber man
>
> [...]
>
> Nicht gut sinns hat der slauch
>
> Der nicht acht wan auf den pauch
>
> V(e) brig speise vnd trunckenhait
>
> Ez wirt im an den alter lait
>
> Vnd macht tumber lawte vil
>
> Wer ez in der jugent v(e)bn will
>
> Wer in der jugent wirt ans slauch
>
> Wirt im da von ain grozzer pauch
>
> Vnd mit frazz an sein alter kumt
>
> Wie lützel daz der sel frumpt
>
> [...]"[334]

Aber welche der Lehren auf Kinder und welche auf Erwachsene gerichtet sind, ist schwer zu erkennen, weil hier meist nicht unterschieden wird.

Die von den Autoren der Tischzuchten angesprochene soziale Schicht der Rezipienten ist selbst in den Titeln der Tischzuchten ablesbar, da viele von ihnen „Hofzucht" heißen. Beispielsweise hat „Tannhäusers Hofzucht" die Überschrift „Daz ist des tanhawsers geticht vnd ist gut hof zucht",[335] die Texte von „Der züchte lere" wur-

---

333 Innsbruck, Universitätsbibliothek, Cod. 4o 507, vgl. Anfangszeilen der „Rossauer Tischzucht": „Swer nu in solher gewizzen sey,/ daz im wonet zvcht vnd ere pey,/ den pit ich durch den willen mein,/ daz er iz lazze an zorn sein,/ ob ich straff die ivnge chint,/ die bey syben iaren sint/ vnd noch nicht gewizzen hant/ noch den chain zvcht ist bechant" (Wien, Österreichischen Nationalbibliothek, Ser. nov. 2584).

334 Wien, Österreichische Nationalbibliothek, Cod. Vindob. 2885.

335 Ibid.

den ursprünglich „dy <u>hoffzucht</u>" genannt,[336] und „Der kindere hovescheit" ist „Dyt he(e)t der kyndere houesscheit".[337] Wie die Begriffe „Hofzucht" und „hovescheit" zeigen, gehören solche Regeln, Manieren und Zuchtlehren zur Hofgesellschaft und ihren Angehörigen. Außerdem waren die Texte, auch wenn sie in der Volkssprache geschrieben waren, nur für einen begrenzten Personenkreis zugänglich. Im Mittelalter war die lateinische Literalität deutlich der Minderheit vorbehalten, normalerweise der gelehrten geistlichen oder der Minderheit der Reichen. Sogar die volkssprachliche Literalität und schriftliche Erziehung genossen bei Weitem nicht alle Menschen. Laut Joachim BUMKE wurde in der adligen Schicht nicht nur den Männern, sondern auch den Frauen schriftliche Erziehung zuteil.[338] Da die meisten Tischzuchten auf Deutsch geschrieben oder aus dem Lateinischen ins Deutsche übersetzt worden waren, waren die Tischzuchttexte den Adligen durch Selbstlesen und auch durch Vorlesen zugänglich. Daneben wurden, wie oben erwähnt, Verhaltensnormen zuerst mündlich beigebracht und überliefert.

Bis zum Beginn des Buchdrucks (Mitte des 15. Jahrhunderts) waren alle Texte „Handschriften", wobei bis zur Einführung des Papiers die Bücher aus Pergament hergestellt wurden. Die mittelalterlichen Schriften und Bücher blieben äußerst kostbar und für die meisten Leute unerreichbar. Für die Tischzuchten außerhalb der adligen Gesellschaft spielten zwei Bürger – Sebastian Brant und Jakob Köbel – eine ausschlaggebende Rolle. Sebastian Brant übersetzte viele lateinische Texte, die Tischzuchten enthielten, und schrieb „Das Narrenschiff", das die sogenannte grobianische Tischzucht[339] „Von disches vnzůcht" enthält. Jakob Köbel schrieb selbst eine Tischzucht. Brant und Köbel haben ihre Texte auch selbst gedruckt. Zwar dienten Übersetzung und Druck der Verbreitung der Schriften, aber das bedeutet vermutlich nicht, dass sie allgemein unter den Bürgern aufgenommen wurden.[340]

Manche Handschriften enthalten nicht nur einen, sondern gleich mehrere Tischzuchttexte, manche Handschriften enthalten neben den Tischzuchten auch andere Werke lehrhaften Inhaltes.[341] Beispielsweise kommt in der Schlierbacher Handschrift (Schlierbach, Stiftsbibliothek, Hs. I 28) von „Der wälsche Gast (1ra–124rb)" eine Version der „Rossauer Tischzucht (125ra–125rb)" vor.[342] Die Karlsruher Handschrift (Karlsruhe, Badische Landesbibliothek, Cod. Karlsruhe 408) enthält eine Version der „Rossauer Tischzucht (28rb–28vb)", dazu „Der züchte lere (114rb–116ra)" und schließlich die deutschen „Disticha Catonis (148vb–153rb)". Eine Handschrift der deutschen „Disticha Catonis" (Berlin, Staatsbibliothek Preußischer Kulturbesitz, mgq

---

336 Vgl. Kap. 3.3.2, Anm. 308.
337 Vgl. Kap. 3.3.3, Anm. 325.
338 BUMKE (1986), S. 474ff.
339 Von den „grobianischen Tischzuchten" siehe Kap. 3.5.
340 Daneben ist die soziale Schicht, zu der die beiden Autoren Brant und Köbel gehörten, zu berücksichtigen. Köbels Vater war Goldschmied und sowohl Brant als auch Köbel genossen eine hohe Ausbildung (Studium). Brant war Jurist und Köbel war Stadtschreiber. Ihre Nebentätigkeit als Drucker brauchte eine gute Finanzierung. Beide gehörten mit ihren Tätigkeiten zur städtischen Oberschicht.
341 Vgl. Kap. 3.3.3, Anm. 322.
342 Diese Handschrift besteht nur aus diesen zwei Werken.

1484) enthält auch die „Gesta Romanorum (1ra–116rb)"[343], Sprüche aus Freidanks „Bescheidenheit" (271ra–277vb) und Hugo von Trimmbergs „Der Renner (287r–307v)".[344] Da die Texte der Tischzuchten, vor allem der selbständigen Tischzuchten in der Regel sehr kurz sind, werden sie oft in Sammelhandschriften überliefert. Solche können entweder mehrere Tischzuchten enthalten oder sie mit anderen lehrhaften Werken wie „Der Renner" oder „Bescheidenheit" kombinieren, weil sie sich auch der „didaktischen Literatur" zurechnen lassen.[345] Dieser Zusammenhang wird besonders in „Der wälsche Gast" deutlich, der als didaktischer Text auch eine Tischzucht enthält. Es ist anzunehmen, dass Tischzuchten und andere lehrhafte Texte als „didaktische Texte" absichtlich in einer Handschrift gesammelt wurden.[346]

3.4 Inhalt von Tischzuchtliteratur

Wie oben erwähnt, enthalten die mittelalterlichen Tischzuchten zeitlose Regeln, die man heute noch verstehen und befolgen kann, z. B. die Ellenbogen nicht auf den Tisch zu geben bzw. sich nicht auf die Ellenbogen zu stützen („Facetus", „Erfurter Tischregeln", „Innsbrucker T.", „Köbels T."), beim Essen nicht zu schmatzen und mit vollem Mund weder zu sprechen noch zu trinken („Facetus", „Thesmophagia", „Tannhäusers Hofzucht"), aufrecht zu sitzen und nach dem Essen nicht mit der Zunge im Mund nach Speiseresten zu suchen („Erfurter Tischregeln"). Die meisten Regeln sind jedoch an die Zeit ihrer Entstehung gebunden und haben mit der mittelalterlichen Sachkultur (vor allem der gemeinsamen Nutzung des Geschirrs) zu tun, manche haben mit dem Handessen und manche mit den damaligen hygienischen Bedingungen zu tun. Sie werden im Folgenden vorgestellt und vor dem Hintergrund der mittelalterlichen Kultur analysiert.

Ferner gibt es für die Gegenwart merkwürdig anmutende Regeln, die schwer zu erklären sind. Die meisten sind Verbote unmanierlichen Verhaltens; sich nicht auf den Tisch zu legen („Tannhäusers Hofzucht", „Erfurter Tischregeln", „Cato-Übersetzung"), nicht ins Tischtuch zu schnäuzen („Von tisch zucht", „Innsbrucker Tischzucht", „Cato-Interpolationen") und sich beim Essen nicht zu übergeben („Jakob Köbels T.", „Erfurter Tischregeln"). Ob diese Verbote auf den tatsächlichen Erfahrungen bei gemeinsamen Mahlzeiten beruhen, kann heute nicht mehr nachvollzogen werden. Norbert ELIAS vermutet, dass diese Regeln die Wirklichkeit am Tisch im Mittelalter

---

343 „Gesta Romanorum" ist eine Anekdotensammlung (*Exempla*) wie „Disciplina clericaris".
344 Vgl. Anhang „Überlieferungen und Textausgaben/-editionen der Tischzuchtliteratur".
345 Vgl. Kap.1.1.
346 Selbstverständlich werden manche Tischzuchten zufällig in einer Handschrift gesammelt, beispielsweise enthält eine Heidelberger Handschrift von „Der Jüngling" (Heidelberg, Universitätsbibliothek, cpg 341) auch die deutsche „Disticha Catonis", aber sie ist eine sehr umfangreiche Sammelhandschrift mit Reimpaardichtungen, die über 200 kleine Werke enthält. Es ist unangemessen, von nur zwei Tischzuchten unter den über 200 Werken Rückschlüsse auf die Absicht des Auftraggebers zu ziehen.

widerspiegeln, was jedoch teils schwer vorstellbar ist. War die damalige adlige Gesellschaft noch so unzivilisiert, wie Norbert ELIAS vermutet?

Obwohl Norbert ELIAS die Tischzuchten nur als einen Teil in seinem großen Werk „Über den Prozess der Zivilisation" behandelt, liegt es auf der Hand, dass sein „Zivilisationsprozess" in der Tischzuchtforschung stets eine sehr gewichtige Rolle gespielt hat. In den letzten 40 Jahren wurde über seinen „Zivilisationsprozess" hinlänglich diskutiert. Es ist angemessen, nicht alle bisherige Diskussionsstränge, sondern nur Kritik bzw. Diskussionen, die mit der Tischzuchtforschung zu tun haben, hier vorzustellen.[347] Die neueste und schärfste Kritik an ELIAS' „Zivilisationstheorie" über die mittelalterlichen Tischzuchten übt Rüdiger SCHNELL.[348] Er nennt zuerst drei Mängel bei ELIAS' Umgang mit den Tischzuchten:

> „– die Nichtberücksichtigung einer ganzen Textgattung von Tischzuchten bzw. Manierenschriften, nämlich der lateinischen Tischzuchten.

> – die (damit verbundene) Unkenntnis über den ‚Sitz im Leben' der Unterweisung im rechten Verhalten bei Tisch;

> – die unreflektierte Gleichsetzung von textueller Aussage und soziopsychologischer Realität."[349]

ELIAS male sein „Bild vom ‚kindlichen' Mittelalter" durch den mangelhaften Umgang mit den Tischzuchten des 13. und 14. Jahrhunderts. Er benutze nur die Textstellen von „Tannhäusers Hofzucht", die seinem „Bild von ‚kindlichen' Mittelalter" dienen.[350] Laut SCHNELL „[…] hat Elias verschwiegen, dass sich in den von ihm herangezogenen Tisch- und Hofzuchten neben solchen recht ‚primitiven' Tischregeln auch sehr anspruchsvolle Verhaltensregeln mit hohem ethischen Anspruch finden".[351] Dazu weist SCHNELL darauf hin, dass beim Behandeln der Tischzuchten berücksichtigt werden sollte, auf welche Personengruppen (z. B. Kinder, Jugendliche, Erwachsene, Männer, Frauen usw.) jede Tischzucht gerichtet ist.[352] Er kritisiert auch ELIAS' feste Rangordnung des Essens mit den Fingern als „primitiv" und des Essens mit der Gabel als „zivilisiert":[353]

> „Mit drei Fingern zu essen verlangt mindestens dieselbe Selbstkontrolle wie das Essen mit der Gabel. Den Orientalen, sofern sie sich beim Essen dreier Finger bedienen, eine geringere Affektkontrolle als den Westeuropäern, die die Gabel verwenden, zu unterstellen, wäre unsinnig. Die von Elias dem Zivilisationsprozeß zugeordnete ‚Technisierung' des Essens (Messer, Gabel) hat mit Affektzügelung nichts zu tun".[354]

SCHNELLs Behauptung, dass das Essen mit den Fingern dem Essen mit der Gabel nicht untergeordnet werden darf, ist zwar zu verstehen, aber er geht meines Erachtens

---

347 Die anderen Debatten und Kritiken an ELIAS' „Zivilisationsprozess" siehe DUERR, Bd. 1 (1988), Bd. 2 (1990), HINZ (2002), SCHNELL II (2004), SCHULZ (2011), S. 125–132.
348 SCHNELL III (2004).
349 Ibid., S. 86.
350 Ibid., S. 87ff.
351 Ibid., S. 109f.
352 Ibid., Abschnitt 4: Selbstbestätigung, S. 109–113.
353 Ibid., S. 89ff.
354 Ibid., S. 92.

ein wenig zu weit, indem er orientalische Sitten gegen ELIAS' Untersuchungen über die „weltlichen Oberschichten des Abendlandes" vorbringt.

3.4.1 Anweisungen für die Gastgeber und die Sitzordnung

Wenn die Mahlteilnehmer sich beim Essen schlecht oder unangemessen benehmen, gefährden sie die gute Stimmung des Mahls und (gute) Personenbeziehung. Aber nicht nur das Benehmen der Mahlteilnehmer bzw. der Gäste des Gastmahls, auch das der Gastgeber spielt eine Rolle beim öffentlichen Mahl. Deswegen lehren die Tischzuchten nicht nur das angemessene Verhalten beim Essen für die Mahlteilnehmer, sondern geben auch Anleitung für die Gastgeber. Der Gastgeber soll seine Gäste selbstverständlich angemessen bewirten, vor allem die edlen Gäste müssen gut und standesgemäß behandelt werden, denn „dem Rang entsprechend empfangen, gesetzt, beschenkt und verabschiedet zu werden, gehörte zu den wichtigsten und konfliktträchtigsten Zeremonialhandlungen im mittelalterlichen Gruppenleben".[355] Bewirten die Gastgeber ihre Gäste schlecht, so könnte beiderseits die Ehre verletzt werden.

Die erste Aufgabe des Gastgebers ist die Vorbereitung des Esstisches. Der Tisch soll richtig gedeckt und das Geschirr und die Getränke vorbereitet sein („Von tisch zucht", „Der Jüngling", „Jakob Köbels T."):

> „Ain wirt sol auch versorget sein
>
> mit trank, pier, wasser vnd wein.
>
> Was den gesten gefall wol,
>
> das selb man resch haben sol.
>
> Vff den tisch setz auch nit
>
> einschenk geschyrre, das ist sitt" („Von tisch zucht").

„Jakob Köbels T." erklärt ausführlicher, was auf dem Esstisch nicht fehlen dürfe (Salzgefäß, Löffel, Brot usw.) und wie die Getränke vorbereitet und eingeschenkt werden sollen (die Getränke seien sauber und kühl, das Bier werde langsam mit Schaum, der Wein schnell ohne Schaum eingeschenkt):

> „Den tisch zu decken sey nit treg;
>
> ein zwehel fleißlich darumb leg;
>
> des saltzfaß soltu nit vergessen,
>
> den schüsselrinck ins mittel messen.
>
> Eynem yden leg sein deller dar,
>
> die lo(e)ffel all in zwey teil mach gar.
>
> Brot-rückes vnd weys setz zusamen,

---

355 ALTHOFF (1990), S. 184.

zů ydem deller soltu gamen.

Das essen züchtiglich dar setz,

mit verschütten du nieman letz.

Das trincken sauber vnd kül bereyt sunder,

trag es mit vernunft vnd sei dazů munder;

das byr langsam schenck, machs scheumen,

geuß den wein behend on seumen" („Jakob Köbels T.").[356]

Ferner sollen die Gastgeber sich darum kümmern, dass alle Gäste mit Essen und Getränken gut versorgt und gut bewirtet werden („Der wälsche Gast [V. 474–475]", „Der züchte lere", „Der kindere hovescheit"). „Tannhäusers Hofzucht" warnt, es sei schlechte Bewirtung, wenn die Speise mangelhaft sei, und es könne keine Bewirtung sein, wenn es weder Brot noch Getränke gebe:

„Div wirtschaft ist gar enwiht

Ez mag ain wirtschaft haizzen nicht

Swa div speise ist krank

Ist da nicht prot noch trank

Swer machet ain hohzeit

Vnd wie manig tracht man geit

Da mag kain wirtschaft sein

Da sei gut prot vnd wein

Wa man des schachzagls gert

Vnd wa mans von hunger mert

Da mag div kürtzweil geuallen nicht

Vnd ist die wirtschaft gar enwiht" („Tannhäusers Hofzucht").

Selbstverständlich setzt eine gute Bewirtung gute Speisen voraus, außerdem soll der Gastgeber laut „Der wälsche Gast" die Speisen vermeiden, die seine Gäste nicht gern essen (V. 511–513).

Vor dem Essen sollen die Gastgeber den Gästen die angemessenen Sitzplätze zuweisen. Manche Tischzuchten verlangen, dass die Gäste erst auf Aufforderung des Gastgebers sitzen („Facetus", „Der züchte lere", „Cato-Interpolation",).[357] Die Sitzordnung sollte sehr vorsichtig behandelt werden, weil sie in der Öffentlichkeit des Mittelalters die gesellschaftliche Stellung jedes Gastes widerspiegelte und direkt mit Ehre und Ansehen zu tun hatte.[358] Zwar wird in manchen Tischzuchten empfohlen,

---

356 München, Bayerische Staatsbibliothek, 4o Inc. c.a. 914m, Druck.
357 „So du czů tisch wöllest gan,/ die erbernsolt du sitzen lan/ vor dir, vnd sitz selber nicht,/ e selbs der wirt gicht dir bericht" („Der züchte lere").
358 Zur Bedeutung der Sitzordnung im Mittelalter siehe Kap. 2.3.3.

dass die edlen oder würdigen Leute zu ihren Plätzen geleitet werden, bevor man selbst sitzt („Cato-Interpolation", „Von tisch zucht") und dass man, ohne die Auffor-derung des Gastgebers, nicht am entfernten Ende (des Tisches) sitzen dürfe („Erfurter Tischregeln", „Jakob Köbels T."), aber trotz der Bedeutung der Sitzordnung wird in den Tischzuchten außer „Von tisch zucht" sonst nichts davon erwähnt. „Von tisch zucht" gibt Anweisungen dafür, wie der Gastgeber die Sitzordnung gestalten soll:

„Nyemant sol ze tisch sitzen,

es haiß dann der wirt mit witzen.

Der wirt sol setzen sein gest,

nyemant waiß, wer da ist der pest.

Wann man nach zucht wolt leben,

frummen, erbern solt man geben

den vorgang vnd oben haben.

So ist man ietz v(e)berladen

mit den, die leben nach der welt,

die da haben gůt vnd gellt,

sy sein verlaymbt oder nicht.

Wirt, sich selbs in die geschicht,

ob v(e)bermůt dauon geschäch,

das man dir nit vngelimpffs iäch" („Von tisch zucht")[359]

„Der wälsche Gast" und „Der züchte lere" empfehlen den Gastgebern am Ende des Mahls, den Gästen nach dem Essen Wasser zum Händewaschen zu reichen. Auf-grund des mittelalterlichen Handessens waren die Hände am Ende des Essens be-schmutzt und laut Petrus Alfonsi berührten viele Leute mit ihren ungewaschenen Händen die Augen und verletzten diese dabei.[360]

3.4.2 Tischgebet und Armenfürsorge

Die Gebote des Tischgebetes und der Armenfürsorge in den Tischzuchten sind keine pragmatischen Vorschriften über angemessenes Verhalten am Tisch, sondern christli-che und ethische Lehren.

Demnach soll man vor dem Essen beten, Gott um seinen Segen bitten („Tann-häusers Hofzucht", siehe unten) und ein Benedicite oder Paternoster bzw. Vaterunser

---

359 Weimar, Herzogin Anna Amalia Bibliothek, Ms. O 145.
360 Siehe Kap. 3.4.3.

beim Essen sprechen („Innsbrucker T.", „Köbels T.", „Von tisch zucht").[361] Speise und Trank sollen von Gott gesegnet werden („Innsbrucker T.").[362]

Das Gebot, an die Armen zu denken, scheint in den Tischzuchten seltener als das Gebot des Tischgebetes vorzukommen, obwohl das im christlichen Mittelalter von hoher Relevanz war.[363] Wie in Kap. 2.2.1 erwähnt, ist die Mahlzeit eine gute Gelegenheit, auch an die Armen zu denken. Diejenigen, die genug zu essen haben, sollen nicht nur an Gott und ihr eigenes Seelenheil, sondern auch an diejenigen denken, die nicht genug zu essen haben. Wie das Beispiel von Lazarus zeigt, ist es sündhaft, die Armen vor der Tür zu ignorieren. Tannhäuser fordert, beim Essen an Gott zu denken und die Armen nicht zu vergessen:

„Zu dem ezzen sült ir sprechen sus,

Gesegen vns Jesus christus

Als ir dar zu gegezzen seit

Gedenckt an got ze aller zeit

Wenn ir ezzent so seit gemant

So wert ir got vil wol erkant

Daz ir der armen vergezzent nicht

Ist daz den wol von ew geschiht

Gedenkt an die grozz not

Durch got so gebt in ew prot,

Den waisen wa die sein da pei

So wert ir vor der hell freÿ" („Tannhäusers Hofzucht").[364]

In „Facetus" wird geboten, zuerst an die Armen zu denken, wenn man am Tisch sitzt, „weil Christus in Gestalt des Armens zu dir kommt und deswegen sollst du ihm (weiter) geben was er (Christus) dir gegeben hatte".[365] „Phagifacetus" fordert, beim Schneiden und Teilen des Brotes den nicht zu vergessen, der an der Tür steht (näm-

---

361 „Daz benedicite sol sprechen der phaff;/ wer des nicht chunt oder west,/ so ist der pater noster das pest" („Innsbrucker T.", Innsbruck, Universitätsbibliothek, Cod. 4o 507), „Nach dem du zu dem tisch hin ge,/ mit ernst sprich benedicite" (Köbels T., München, Bayerische Staatsbibliothek, 4o Inc. c.a. 914m), „Sprich dann das benedicite/ oder das pater noster schlecht;/ das ist gŭt vnd gerecht" („Von tisch zucht").

362 „Vnd pit got mit allem fleÿs,/daz er dir gesegen daz trank vnd die speÿs". (die „Innsbrucker T.", Innsbruck, Universitätsbibliothek, Cod. 4o 507).

363 Das Tischgebet und den Segen des Essens erwähnen fünf („Tannhäusers Hofzucht", „Der kindere hovescheit", „Innsbrucker T.", „Köbels T.", „Von tisch zucht") von den in der vorliegenden Arbeit behandelten Tischzuchten mehr oder weniger. Im Gegensatz dazu wird in drei Tischzuchten („Tannhäusers Hofzucht", „Facetus", „Phagifacetus") gefordert, die Armen nicht zu vergessen.

364 Wien, Cod. Vindob. 2885.

365 „Dum sedes in mensa, primo de paupere pensa;/ tunc bene prandetur, quum Christus adesse videtur./ Pauperis in specie quum Christus venerit ad te/ impertire sibi, quod dedit ipse tibi", (SCHROEDER, Carl, Der deutsche facetus, Berlin 1909, S. 23), vgl. deutsche Fassung von Sebastian Brant, „Wenn du bist über tisch, sich an/ Betracht zŭm ersten den armen man/ Dann yszt man vnd ergetzt

lich ein Bettler wie in der Geschichte von Lazarus und in „Der guote Gêrhart"),[366] sondern aus denselben Gründen wie in „Facetus" das eigene Brot mit ihm zu teilen.[367]

3.4.3 Händewaschen und andere gesundheitliche und hygienische Gebote

In der Tischzucht im Buch Jesus Sirach (31 und 32) ist die Gesundheitslehre, vor allem die Warnung vor übermäßigem Essen und Trinken, charakteristisch, denn

> „es ist besser, arm zu sein und dabei frisch und gesund als reich und nicht gesund. Gesund und frisch sein ist besser als alles Gold, und ein gesunder Körper ist besser als großes Gut. Kein Reichtum ist zu vergleichen mit einem gesunden Körper, und kein Gut gleicht der Freude des Herzens".[368]

Wenn man am Tisch eines reichen Mannes sitze, dürfe man sich nicht darüber freuen, dass es viel zu essen gebe. Zu viel zu essen sei ungesund und „ein unersättlicher Vielfraß schläft unruhig und hat Leibschmerzen und Bauchweh".[369] Der Wein sei gut, wenn man ihn mäßig zu rechter Zeit trinke. Dann erfreue er Herz und Seele. Aber wenn man ihn zu viel trinke, bringe das Streit und Herzeleid, und „der Wein bringt viele Leute um".[370] Das Verbot der Völlerei wird in Kap. 37 wiederholt. Die Völlerei und die Sauferei sind nicht nur körperlich schlecht und gefährlich, sondern auch seelisch, denn sie gehören zur „gula", einer der sieben Todsünden. In diesem Sinne scheint es verständlich, dass die Warnung vor Völlerei und Sauferei in dieser Tischzucht im Vordergrund steht.

„Tannhäusers Hofzucht" behandelt das Problem der Völlerei und Sauferei aus dem gesundheitlichen Aspekt heraus sehr ausführlich. Tannhäuser warnt davor, dass sie die Leute krank und kurzlebig mache. Es wäre besser, hungrig zu sein, als zu viel zu essen:

---

sich wol/ Wann gott zů gegen auch syn sol/ Wann in der gestalt eyns armen man/ Zů dir kumpt christ, vnd heischt dich an/ Deyl mit im myltlich, wyn vnd brot/ Das er dir vorhin bscho(e)ret hat", (ZARNCKE [1854], S. 141). Diese Sätze sind nicht einfach zu verstehen. Was hier gemeint ist: Christus verbirgt sich oft in der Gestalt eines armen Menschen und wenn dieser kommt, soll man ihm als Stellvertreter Gottes etwas „zurückgeben", da ursprünglich alles von Gott den Menschen gegeben worden war.

366 Vgl. Kap. 2.2.1.
367 „Sitzstu nun an her Catho stat/ Das ist, ob din disch an im hat/ Ein herren, so nym schon das brot/ Teil das mit dinem messer gedrot/ Vnd schnid das dinem herren fur/ Vergisz des nit [der] vor der thur/ In namen got sins herren stot/ Teil im gar milteglich din brot/ Dann got der vns gibt alle ding/ Der will das wir in ouch gering/ Ein teil siner goben wider geben/ Das wir dest basz mit eren leben/ Wann das geschicht so macht du schon/ Die ander spisz lan zuhar gan", ZARNCKE (1854), S. 148.
368 Jesus Sirach 30, 14–16.
369 Ibid., 31, 24.
370 Ibid., 30, 30.

„Der mit den anderen ezzen sol

Mit vbrezzen daz zimpt nicht wol

Gen der naht sol neimen ezzen vil

Wer sich dik vbrezzen will

Der wol des morgentz gezzen hat

Dem wirt des soten selten rat

Von v(e)berezzen kumt vergift

Von frazz vil sünden geschicht

Und v(e)brig krankait hör ich gehen

Von trinken ist args vil geschehen

Ain hunger der pezzer wol

Ez ist weger daz man hunger dol

Wan der speise ezzen ze uil

Der nicht siech wesen will

Manig tawsent sint von ezzen tot

Von v(e)berezzen kumt vil not

Ze vasnacht vnd ze ostertagen

Daz in verdurben gar di magen

[…]

Swer an durst will trinken vil

Vnd vil an hunger ezzen wul

Der nehnt wol dem tod sich

Der lebt nicht lang dunkt mich

Wer auch lützl schiwbt in munt

Er wirt vil selten wol gesunt" („Tannhäusers Hofzucht").[371]

Für die Lehren über gute Manieren beim Essen im Abschnitt „De modo comedendi"
in der „Disciplina clericalis" werden meistens hygienische und medizinische Begrün-
dungen angeführt. Das liegt daran, dass der Autor ein Arzt war, der Kontakte mit der
arabischen Wissenschaftswelt hatte. Aufgrund seinen Fachwissens empfiehlt er: Man
müsse vor dem Essen die Hände waschen;[372] das Essen im Mund müsse vor dem
Schlucken gut gekaut werden, sonst ersticke man;[373] Man dürfe nicht sprechen, wenn
man etwas im Mund habe, weil man sterben würde, wenn es tief in die Luftröhre

---

371 Wien, Cod. Vindob. 2885.
372 „Cum ablueris manus ut comedas, nichil tangas nisi prandium donec comedas", „De modo comedendi" in der „Disciplina clericalis".
373 "nec glucias bolum priusquam bene fuerit commasticatum in ore tuo, ne stranguleris", ibid.

gehe.[374] Das Verbot der Völlerei wird nicht erwähnt, im Gegenteil: Petrus Alfonsi empfiehlt, viel zu essen, wenn man zum Essen eingeladen wird.[375] Nach dem Essen solle man wieder die Hände waschen, weil es sowohl hygienisch als auch sittlich sei. Es mache die Augen schlecht, wenn man sie nach dem Essen mit ungewaschenen Händen berühre.[376] Das Gebot des Handwaschens taucht in fast allen Tischzuchten auf,[377] aber eine Begründung medizinischer Art kommt nur in der „Disciplina clericalis" vor.

Im Mittelalter war das Händewaschen wichtig, weil in einer Zeit ohne Benutzung der Gabel als Essbesteck eigene Finger als „Essbesteck" dienten. Aus demselben Grund wurde es neben dem Händewaschen als Vorbereitung für das Essen vorgeschrieben, Fingernägel zu schneiden oder zu säubern.[378]

Wenn man die Hände wasche, dürfe man sie nicht am Gewand trocknen, falls es kein Handtuch gebe („Facetus", „Von tisch zucht", „Cato-Interpolation").[379] Wenn die Hände einmal gewaschen werden, sollen sie danach sauber bleiben. Während des Essens dürfe man nur das (eigene) Essen mit der Hand berühren („Facetus", „Disciplina clericalis", „Der wälsche Gast [V. 480–482]"). Während des Essens dürfe man sich nicht direkt mit der Hand am Körper kratzen, sondern mit dem Kleid, um das Verschmutzen der Hände zu vermeiden („Tannhäusers Hofzucht", „Der züchte lere"). Die Hände wurden gewaschen, aber die anderen Körperteile blieben wegen der mittelalterlichen hygienischen Bedingungen schmutzig.

3.4.4 Lebensmittel: Essen, Gewürze, Getränke

Essen

Es bedarf kaum der Erklärung, dass Brot in fast allen Tischzuchten erwähnt wird. Brot war im Mittelalter, wie auch heute, das Hauptnahrungsmittel. Das Brot diente nicht nur zum Essen, sondern auch als Ersatz für Teller oder Löffel. Vielleicht ist es deswegen in manchen Tischzuchten verboten, das Brot am Anfang des Mahls oder

---

374 "nec loquaris dum aliquid in ore tuo tenueris, ne aliquid intret de gutture in intimam arteriam et sic sit tibi causa mortis", ibid.

375 „Iuuenis senem interrogauit: Cum inuitatus fuero ad prandium, quid faciam? Parum uel nimis comendam? Cui senex: Nimis! Quoniam si amicus tuus fuerit qui te inuitatuit, multum gaudebit; si autem inimicus, dolebit", ibid. Petrus Alfonsi empfiehlt das übermäßige Essen natürlich nicht.

376 „Post prandium manus ablue, quia phisium est et curiale; ob hoc enim multorum oculi deteriorantur, quoniam post prandia manibus non ablutis terguntur", ibid.

377 Anders als andere Tischzuchten ist in „Der wälsche Gast" nur das Händewaschen nach dem Essen empfohlen.

378 Die Tischzuchten, die weder das Händewaschen (vor dem Essen) noch die Fingernagelpflege (vor dem Essen) erwähnen, sind in der Unterzahl („Der wälsche Gast", „Der Jüngling" und „Ain spruch der zu tisch kert"). Solchen Tischzuchten fehlen normalerweise alle Anleitungen der Vorbereitung für das Essen. „Der wälsche Gast" und „Der Jüngling" erwähnen das Händewaschen nach dem Essen wie die „Disciplina clericalis", aber aus anderen Gründen.

379 Laut „Von tisch zucht" und „Cato-Interpolation" soll man in diesem Fall die Hände einfach so (an der Luft?) trocknen lassen.

vor dem (ersten) Gericht zu essen („Disciplina clericalis", „Der wälsche Gast [V. 483–484]", „Der züchte lere", „Cato-Interpolation", „Von tisch zucht"). In „Tannhäusers Hofzucht" wird das Brot mehrmals erwähnt. Das Brot ist da, um es zu schenken, zu essen, zu schneiden:

> „Durch got so gebt in ew prot
>
> Den waisen wa de sein da pei
>
> [...]
>
> Sümelich peizzent ab der sniten
>
> Nach gepawrischen siten
>
> Vnd stozzent in die schüzzl wider[380]
>
> [...]
>
> Swelh man daz prot legt an leib
>
> Vnd sneidt sam die kranchen weib[381]
>
> [...]
>
> Wer mit prot ezzen sol
>
> Der sol daz pehuten wol
>
> Der mit dem andern ezzen wil („Tannhäusers Hofzucht").[382]

„Jakob Köbels T." empfiehlt, das Salz mit dem Messer zu nehmen und auf das Brot zu legen. Neben dem Brot werden in den meisten Tischzuchten Eier erwähnt und Anweisungen zum Eieressen gegeben, wobei das Brot als Besteck benutzt wird: Bevor man das Ei esse (oder aufschneide), solle man das Brot klein schneiden und mit Messer oder Finger anspitzen. Das Ei solle nicht mit dem Finger, sondern mit dem angespitzten Brot gegessen werden:

> „Sey daz ir ayer ezzen welt,
>
> e i(e)rz enkentzt vnd geschelt,
>
> so sult ir e mit witzzen
>
> daz prot mit dem vinger spitzzen,
>
> daz ir e(s) ze aller stvnt
>
> hin nach nicht spitzzet mit dem mvnt.
>
> Ir greift auch mit dem vinger nicht

---

380 Siehe Anm. 386.
381 Vgl. „Der züchte lere", „Cato-Interpolation", „Erfurter Tischregeln", „Jakob Köbels T.", „Von tisch zucht".
382 Wien, Cod. Vindob. 2885.

in die ay(e) r, als oft geschiecht,

solher vnfu(e)r ir nicht enphlegt;

die schal wider in die schu(e)ssel legt" („Rossauer T.").[383]

Aus dieser Beschreibung bleibt unklar, wie die Eier gekocht und serviert wurden, aber nach einigen Erwähnungen[384] lässt sich vermuten, dass es sich um weich gekochte Eier handelt.

Obwohl es eindeutig war, dass neben Wein und Brot das Fleisch auf der fürstlichen Tafel nicht fehlen durfte und konnte, erwähnen die Tischzuchten auch Fleisch nicht explizit, stattdessen nennen sie das Essen einfach „Essen", „Speise" oder „Gericht". Sie schweigen auch über die Art und Weise des Tranchierens.[385] Fleisch wurde aber sicher gegessen und manche Tischzuchten verbieten, einen angenagten Knochen wieder zurück in die Schüssel zu legen.[386] Ausnahmsweise erwähnt „Thesmophagia" nicht nur das „Bein", sondern auch das Fleisch, das Rind und auch den Fisch:

„Ettlich ouch so sie ob disch

Vsz pfeffer gallery essen visch

Oder in sossen duncken das fleisch

Blibt yn an vingern aller meist

Vngern ich sollcher wise vermesz

[…]

Wie schantlich ist ein rindes bein

Nagen, das vor geschunden klein

Vnnd worden ist gantz fleisches blosz" („Thesmophagia").

---

383 Wien, Ser. nov. 2584.

384 Zum Beispiel „wann du ein weich ey essest,/ nit dunck dar yn selbander gemein,/ laß es ein ee eßen allein" (Jakob Köbels T., München, 4o Inc. c. a. 914m), „Wilt du dann ayr essen,/ so solt mit nicht vergessen,/ schneid vor das prot mit sitten,/ ee das ay sey vffgeschnitten;/ rür es dann mit ainem prot" („Von tisch zucht"), „Ob man dir geb ein weiches ey/ Schlag das mit wenig streich entzwey/ Doch sig das brot zerschnitten vor/ Nit suff es vsz glich wie ein mor/ Oder wie charibdis thut die schiff/ Mit finger nit insz saltzfasz griff/ Isz es gemechlich vsz der schal/ Das nit dein schlunt geb widerhal " (De ouis comedendis in „Thesmophagia"). Daneben kommt die Beschreibung in „De civilitate morum puerilium libellus" von Desiderius Erasmus in Betracht. In einem Kapitel über das Essen warnt Erasmus vor der Unsitte, mit den Fingern, Fingernägeln oder mit der Zunge das Ei von der Eierschale abzukratzen oder zu lösen. Er empfiehlt, dafür das Messer zu benutzen (DESIDERIUS ERASMUS, „De civilitate morum puerilium libellus", Sp. 1040).

385 Das Tranchieren im Mittelalter Vgl. Kap. 1.5, 2.2.2.5 und 2.3.4.

386 „Etleicher ist also gemut/ Daz er wider in di schüzzl tut/ Wenn er das pain gnagen hat/ Daz habet gar für missetat" („Tannhäusers Hofzucht", Wien, Cod. Vindob. 2885), „Ich wais auch, daz es v(e)bel stat,/ wer das pain benagen hat/ vnd es wider in die schüssel tu(e)t;/ das habent die chlugen nicht vergüt" („Innsbrucker T."), „Wiß, das es nit wol an stat,/ so mann die bein genaget hat/ vnd sie darnach leget nyder/ aber in die schüssel wyder" („Jakob Köbels T.", München, 4o Inc. c. a. 914m). Weder das abgenagte Bein noch das abgenagte Brot darf man (wie ein Bauer) in die Speise tunken („Facetus", „Tannhäusers Hofzucht", „Innsbrucker T.", „Thesmophagia").

Der Fisch findet nur in wenigen Tischzuchten Erwähnung,[387] und dann nur sehr schlichte. Lediglich die „Erfurter Tischregeln" und „Jakob Köbels T." enthalten ausführliche Anleitungen, wie ein Stück Fisch mit dem Tischnachbarn geteilt und gegessen wird:

> „Soltu mit einem ein stuck fisch essen,
>
> so soltu des nicht vergessen,
>
> spalt in zwei teil das stück eben,
>
> vnd solt ein stuck furbas geben,
>
> da der grat hanget an;
>
> so went er, das gro(e)sser teil han,
>
> vnd hat doch das beste nicht
>
> vnd ist von dir ein gůt geschicht" („Jakob Köbels T.").[388]

Außer den oben erwähnten Lebensmitteln (Brot, Fleisch, Fisch und Ei) nennen die Tischzuchten die jeweiligen Speisen kaum beim Namen. Ausnahmsweise nennt der Text „Von tisch zucht" noch „můs", „öpffeln (Äpfel)" und „piren (Birnen)" in den „Trinkregeln".

Gewürze

Anders als auf dem heutigen Esstisch, auf den normalerweise Salz, Pfeffer und Zucker zum gemeinsamen Gebrauch hingestellt werden, tauchen in den mittelalterlichen Tischzuchten in der Regel nur Salz und/oder Senf auf. Im Mittelalter konnten in der Regel weder Zucker (wegen seiner Seltenheit) noch Pfeffer (wegen des hohen Preises) zur Verfügung gestellt werden.[389] Da Salz und Senf von allen Mahlteilnehmern gemeinsam verwendet wurden, verbieten die meisten Tischzuchten, Senf und Salz direkt mit den Fingern zu nehmen („Tannhäusers Hofzucht" u. a.). Das Salz müsse man nicht mit bloßer Hand reichen, sondern mit einer Messerspitze nehmen und auf das Brot oder den Teller legen („Von tisch zuchzt", „Erfurter Tischregeln", „Jakob Köbels T."). Wenn man die Speise salzen wolle, müsse man sowohl vermeiden, Salz auf dem Tisch zu verstreuen („Der züchte lere"), als auch das Essen ins Salz zu tunken („Cato-Interpolation").

---

387 „Der Jüngling", „Thesmophagia", eine Version von „Innsbrucker T.", „Jakob Köbels T." und „Erfurter Tischregeln".

388 München, 4o Inc. c. a. 914m.

389 Nur drei Tischzuchten erwähnen den Pfeffer: „Phagifacetus" („Quidam, si piperis capiunt in flumine pisces"), seine deutsche Übersetzung „Thesmophagia" („Ettlich ouch so sie ob disch/ Vfz pfeffer gallrey essen visch") und die „Jahob Kobels T." („Wiltu hoflich pfeffer essen,/ so soltu es eben ermeßen,/ das du dor noch nit leckest die finger,/ macht dich von laster geringer") (München, 4o Inc. c. a. 914m).

Getränke

Was die Getränke angeht, so spiegelt die Erwähnung in den Tischzuchten die Rangordnung der Getränke wider. Dass Wein in den meisten Tischzuchten genannt wird, liegt teilweise daran, dass er (und nicht das Wasser) im Mittelalter das Getränk schlechthin repräsentierte wie das Brot das Essen.[390] Im Gegensatz zur häufigen Erwähnung des Weins wird das Bier nur in zwei Tischzuchten („Jakob Köbels T.", „Von tisch zucht") genannt. Es lässt sich vermuten, dass es hier einen Zusammenhang mit dem Entstehungsort – dem Städtebereich – der beiden Tischzuchten „Jakob Köbels T." und „Von tisch zucht" gibt, wo Bier eher verbreitet war als bei Hofe.[391] In „Von tisch zucht" wird Bier als Getränk neben Wasser und Wein lediglich genannt, während „Jakob Köbels T." zeigt, wie man das Bier und den Wein einschenken soll: Das Bier ist langsam einzuschenken, mit Schaum, den Wein solle man behände, ohne Schaum einschenken. Wasser zum Trinken wird noch seltener erwähnt als Bier.[392]

Es gibt viele Regeln für das Trinken, z. B. müsse man den Mund abwischen, bevor man etwas trinke; man dürfe nicht mit vollem Mund trinken („Tannhäusers Hofzucht", „Jakob Köbels T.", „Der wälsche Gast [V. 488–489]", „Von tisch zucht"); man dürfe nicht essen, während der andere Mahlteilnehmer trinke („Innsbrucker T.", „Jakob Köbels T.", „Von tisch zucht"); man dürfe nicht trinken, wenn der andere Mahlteilnehmer trinke („Jakob Köbels T.", „Von tisch zucht"); man dürfe vor der Speise nicht trinken („Von tisch zucht"); beim Trinken dürfe man nicht um sich schauen („Jakob Köbels T."); beim Trinken dürfe man nicht in den Becher schauen („Der züchte lere"); und man dürfe nicht ins Getränk blasen („Facetus", „Tannhäusers Hofzucht"). „Von tisch zucht" verbietet, beim Breiessen und nach dem Apfel- und Birnenessen zu trinken.

Da der Wein das wichtige und repräsentative Getränk war, wurden die Regeln des Trinkens manchmal als die Regeln des Weintrinkens geschrieben:

„Er sol sich hüeten zuo der stunt

daz er trinke und spreche niht

di wîl er hab im munde iht.

Swer mit dem becher zem gesellen

sich kêrt sam er im geben welle,

ê ern von dem munde tuo,

den hât der wîn gebunden derzuo

---

390 „Tannhäusers Hofzucht" betont, wie wichtig das Brot und der Wein sind: „Hie vor sprach her Freydank/ Gut wein sei der pest trank […]Ist da nicht prot noch trank/ Swer machet ain hohzeit/ Vnd wie manig tracht man geit/ Da mag kain wirtschaft sein/ Da sei gut prot und wein" (Wien, Cod. Vindob. 2885).

391 Die „Erfurter Tischregeln", die Vorlage von „Jakob Köbels T.", erwähnen das Bier interessanterweise nicht.

392 In „Der wälsche Gast" wird dem Gastgeber empfohlen, nach dem Essen (den Gästen) das Wasser zu geben, dieses aber ist zum Händewaschen; „Der wirt nâch dem ezzen sol/ daz wazzer geben, daz stât wol. /Dâ sol sich dehein kneht/ denne dwahen, daz ist reht" („Der wälsche Gast", V. 519–522).

Swer trinkend ûz dem becher siht,

daz stât hüfschlîche niht" („Der wälsche Gast", V. 488–496).

3.4.5 Essbesteck: Finger, Löffel, Messer

Wie in der Einleitung erwähnt, wurde in den deutschsprachigen Gebieten im Mittelalter die Gabel als Essbesteck noch nicht benutzt. Dieser Tatsache entsprechend, wurde die Gabel in den Tischzuchten bis zum 16. Jahrhundert überhaupt nicht erwähnt, obwohl der Gegenstand „Gabel" schon bekannt war und die Gabel zum Tranchieren im Mittelalter sehr wohl benutzt wurde. Merkwürdigerweise behandeln die Tischzuchten die Tranchiertechnik nicht, obwohl sie in der Zeit des Handessens wichtig war. Da man die Speisen direkt mit den eigenen Händen berühren und essen musste, fordern die Tischzuchten, wie oben im Kap. 3.4.3 erwähnt, die Hände vor (und auch nach) dem Essen zu waschen und sie sauber zu halten. Obwohl man mit den Fingern die festen Speisen in den Mund bringen musste, verbieten manche Tischzuchten, die Finger mit Soße zu beschmieren („Innsbrucker T."). Außerdem fehlt in den Tischzuchten gewöhnlich die ausführliche Erklärung, mit welchen und mit wie vielen Fingern man elegant essen soll, auch wenn viele Lebensmittel mit der Hand gegessen wurden. Die „Tannhäusers Hofzucht" erwähnt nur, dass man mit den Fingern nehmen soll, was man nicht löffeln kann.[393] Eine Tischzucht aus dem 16. Jahrhundert, die so genannte „Kinderzucht",[394] erwähnt, höflich mit drei Fingern zu essen.[395] Normalerweise benutzt man selbstverständlich zwei oder drei Finger (Daumen, Zeigefinger und Mittelfinger), wenn man ein kleines Stück Fleisch nehmen und zum Mund führen will. Interessanterweise verbieten manche Tischzuchten, mit beiden Händen zu essen („Der wälsche Gast [V. 505–506]", „Von tisch zucht", „Der züchte lere", „Cato-Interpolation"). „Der wälsche Gast" erklärt diese Regel eingehend:

„Man sol ezzen zaller vrist

mit der hant diu engegen ist.

Sitzet dîn gesell zu der rehten hant,

mit der andern iz zehant.

Man sol ouch daz gerne wenden

daz man nien ezz mit bêden henden" („Der wälsche Gast", V. 501–506).

Diese Regel ist heutzutage ungewöhnlich, weil man nach heutigem Standard immer mit beiden Händen – mit dem Messer in der rechten und der Gabel in der linken

---

393 „Wer mit löffeln ezze gern/ Der sol den vnflat verperen/ Kan er da mit nicht henen auf/ Daz ers icht schib mit vingern auf" (Wien, Cod. Vindob. 2885).

394 Die „Kinderzucht" ist eine Tischzucht, die in zwei Druckversionen aus dem 16. Jh. vorliegt. Die Textedition ist in GEYER (1882), S. 28f.

395 Erasmus empfiehlt, entweder mit drei Fingern oder mit dem Teller die verteilte Speise aufzunehmen („Quod porrigitur, aut tribus digitis, auto porrecta quadra excipiendum", DESIDERIUS ERASMUS, „De civilitate morum puerilium libellus", Kap. 4, De conviviis, Sp. 1039).

Hand – isst. Die Regel, nicht mit beiden Händen zu essen, ist jedoch unter dem Aspekt zu verstehen, dass viele Leute bei einer Feierlichkeit an einem langen Tisch eng
beieinandersitzen und essen. Wenn alle Mahlteilnehmer mit beiden Händen essen
würden, stießen sie mit den Ellenbogen aneinander. Da beim mittelalterlichen Handessen man nur mit einer Hand essen konnte, so konnte diese Regel gelten. Trotzdem
die Finger ein wichtiges „Essbesteck" waren, durften sie nicht in die gemeinsam benutzten Gefäße wie Salz- und Senfgefäße gesteckt werden („Tannhäusers Hofzucht",
„Thesmophagia", „Innsbrucker T.", „Erfurter Tischregeln", „Jakob Köbels T."):

> „Die senf vnd salzen essent gern
>
> Daz si den vnflat verspern
>
> Die süllen des vil fleizzig sein
>
> Vnd stözzen nicht d finger drein" („Tannhäusers Hofzucht").[396]

Stattdessen sollte man mit der Messerspitze das Salz nehmen („Erfurter Tischregeln",
„Jakob Köbels T.", „Von tisch zucht"). Wie im Kap. 3.4.4 erwähnt, durfte man Eier
nicht mit dem Finger essen, sondern mit einem gespitzten Brotstück.

Im Gegensatz zum Nichtvorhandensein der Gabel werden Löffel und Messer in
den meisten Tischzuchten erwähnt.[397] Aus den Tischzuchten lässt sich vermuten,
dass jeder Mahlteilnehmer eigene Löffel und Messer beim Essen benutzen konnte.
Mit dem Messer schnitt man das Brot (und spitzte es auch zum Eieressen an) und
nahm das Salz. Die Messerklinge solle sauber sein („Innsbrucker T."). Wenn man mit
dem Messer etwas schneide, dürfen die Finger nicht auf die Messerklinge gestellt
werden („Rossauer T.", „Von tisch zucht", „Innsbrucker T.", „Der kindere hovescheit"). Das Messer muss selbstverständlich angemessen behandelt werden. Es ist
verboten, mit dem Messer zu spielen („Der Jüngling"), sich damit die Zähne zu pflegen oder in den Zähnen zu stochern („Tannhäusers Hofzucht"). „Von tisch zucht"
verbietet, das Ei mit dem Messer zu essen. Die gemeinsame Nutzung eines Messers
erwähnen die Tischzuchten nicht.

Sicher konnte schon im Mittelalter jeder (edle) Mahlteilnehmer einen eigenen
Esslöffel haben. Die meisten Tischzuchten verbieten gemeinsame Benutzung des
Esslöffels („Tannhäusers Hofzucht", „Rossauer T.", „Innsbrucker T.", „Erfurter
Tischregeln", „Jakob Köbels T.", „Der kindere hovescheit"):

> „Chain edeln man selbander sol
>
> Daz zimt hübschen lawten wol
>
> Mit ainem löffel sawffen nicht
>
> Den dik vnedeleich geschicht" („Tannhäusers Hofzucht").[398]

---

396 Wien, Cod. Vindob. 2885.
397 Ausnahmsweise erwähnen die „Disticha Catonis", „Der wälsche Gast" und „Der Jüngling" weder
   Messer noch Löffel.
398 München, 4o Inc. c. a. 914m.

Selbstverständlich aß man sowohl im Mittelalter als auch heute die flüssigen Speisen wie die Suppe mit dem Löffel und mit den Fingern die festen Speisen wie Fleisch und Brot. Weil die Erklärungen, wie mit dem Löffel richtig zu essen sei, wahrscheinlich unnötig waren, gibt es in den Tischzuchten kaum Regeln für seinen Gebrauch. „Tannhäusers Hofzucht" erwähnt nur kurz das Essen mit dem Löffel.[399] Ausnahmsweise gibt die „Innsbrucker T." nach dem Verbot der gemeinsamen Benutzung des Löffels weitere Anweisungen:

„aber selbander (nie) man sauffen sol

mit einem löffel, das stet wol,

vnd nim in hofeleich peÿ dem stil.

Noch mer ich dir sagen wil:

leg in für dich her

vnd greÿff nach chainem andern mer,

huncz der munt seÿ worden ler".[400]

3.4.6 Gespräch am Tisch

Es ist nachvollziehbar, dass nicht von Dingen gesprochen werden darf, die anderen den Appetit nehmen, oder dass nicht zu viel gesprochen werden soll. Das Thema „Angemessenes Gespräch beim Essen" spielte nicht nur im Mittelalter eine Rolle, sondern hat eine lange Geschichte seit der Antike.[401] Die Gesprächsregeln behandeln vorwiegend, wann, was (nämlich die angemessenen Gesprächsthemen) und wie viel man sprechen darf.

Einige Tischzuchten verbieten, gleichzeitig zu sprechen und zu trinken[402] und mit vollem Mund zu sprechen.[403] Laut „Der kindere hovescheit" solle man schweigen, wenn ein anderer spreche oder trinke. Ansonsten sind die Regeln über das Gespräch am Tisch relativ unterschiedlich. Einerseits empfehlen manche Tischzuchten, sehr bescheiden oder kaum zu sprechen. „Der wälsche Gast" empfiehlt jungen Frauen, nicht viel zu sprechen, und verbietet, beim Essen grundsätzlich zu sprechen:

„gedenke an ir zucht über al,

ob si gehœre deheinen schal.

---

399 Siehe Anm. 393.
400 Innsbruck, Cod. 4o 507.
401 Rüdiger SCHNELL fasst verschiedene Diskussionen über die entsprechenden Gesprächsthemen beim Essen von der Antike bis zur Renaissance zusammen. Hauptsächlich geht es darum, ob Lachen, Scherzen und philosophische Themen beim Essen angemessen sind, siehe SCHNELL (2006). In diesem Aufsatz spielen die Tischzuchten, die in der vorliegenden Forschung behandelt werden, keine Rolle, weil sie Gesprächsthemen beim Essen nicht eingehend behandeln.
402 Zum Beispiel „Der paide reden vnd ezzen will/ Vnd in dem slaff will reden vil/ Div zwai werk mit anander tun/ Der kann vil selten wol gerun" („Tannhäusers Hofzucht").
403 Vgl. Kap. 3.4.7.

Ein juncvrouwe sol selten iht

sprechen, ob mans vrâget niht.

Ein vrowe sol ouch niht sprechen vil,

ob si mir gelouben wil,

und benamen swenn si izzet,

sô sol si sprâchen niht, daz wizzet" („Der wälsche Gast", V. 463–470).

„Der züchte lere" erlaubt zwar den Frauen, zu sprechen, aber laut dieser Tischzucht dürfe man nicht zu viel reden, weil das Reden schaden könne und das Schweigen nicht:

„WEn frawen reden, daz stet wol,

Mit trewen das ich sprechen sol:

Rede keine nit zu vil

Fur war ich das roten wil:

Nymant vil gereden sol,

Vil reden stet nymmer wol;

Sweygen nit geschaden kann,

Reden schaden hot gethon.

Red nit zu freuelich,

Betracht wol mit synne dich,

Ob ich dich yeman rede thut,

Waß du sagst, daß in dunck gut.

Neyd vmb nit kein man,

Das du erst die hofzucht dar an.

Neyd vnd haß offt vnd dick

Macht trawrich plick.

Auff nymantz er sey dir goch

Vnd red nymant hinden noch,

Daz vor im nit reden wilt" („Der züchte lere").[404]

Andererseits setzen manche Tischzuchten voraus, dass die Mahlteilnehmer sich beim Essen unterhalten und bieten Regeln für das angemessene Gespräch und die Gesprächsthemen am Tisch. Interessanterweise ist nach „Jakob Köbels T." auch das Schweigen beim Essen zu tadeln: Sowohl zu viel zu sprechen als auch zu schweigen sei nicht gut; man solle ein gutes Mittelmaß auch im Gespräch beim Essen finden:

---

404 Karlsruhe, Karlsruhe 408. Dieser Teil fehlt in WINKLERs Edition, Text aus: SCHMID, Ursula (Bearb.), „Codex Karlsruhe 408", Bern und München 1974, S. 453.

„Meßig red soltu treiben

vber tisch vnd doch nit alweg schweigen;

red mit zucht bescheidenlich,

das ymant gestraffen mo(e)g dich.

Reden ist alweg nit gût,

schweigen auch offt schaden thût;

darumb in allen dingen maß hon

vnd forcht ist wol gethon.

Weil vnd zeit ein weiser man

im zu reden nehmen kann,

so der dor on all acht

redt schnel vnd vnbedacht.

Wo man vff ymant gro(e)blich leuget,

gar fer die selbig lugen fleuget;

der neit die red nit ferr lest komen,

wo mann vil guttes redt von frommen.

Eins mannes red keine ist,

verho(e)r den andern auch mit list,

so wirt dir kunt vnd offenbar,

welcher dir leug oder sag war" („Jakob Köbels T.").[405]

Auch in „Von tisch zucht" und „Thesmophagia" wird empfohlen, beim Essen auf die Rede nicht völlig zu verzichten. „Thesmophagia" gebietet auch ein Mittelmaß beim Sprechen im Kapitel „De locutione in mensa". Wer nicht eine Weile schweigen könne, dürfe auch nicht sprechen:

„Je mer zu hietten dich vermisz

Senecas spruch niemer vergisz

Wer nit zu ziten schwigen kan

Der nem sich gatz nit redens an

Es sol die zung halten ir mast

Das nit besche ein vberflusz

Der red, vnnd man dich vnwisz acht

So du so gar redest vnbedacht

Wirst du gezelt der kreigen glich

---

405 München, 4o Inc. c. a. 914m.

Die selber gern hort singen sich

Do mit sie bald den kesz vorlor

Den sie kum hett gewunnen vor

Doch bisz ein stum nit alzu mal

Als einer vsz pythagore schul

Alzit schwigen wirstu veracht

Nut vd zu vil alzit du flich

Ob du nun witer frogest mich

Trib wort zu vil nit vberflusz

Schwig ouch nit gar, halt dich alsusz

Das du das mittel treffest gantz

Des zyles acht, du gewinst den krantz" („Thesmophagia").

Wenn die Tischzuchten das Reden beim Essen zulassen, fordern sie, vor dem Sprechen darüber nachzudenken, was man sagen möchte („Thesmophagia", „Der Jüngling"): Es verletze die Ehre, wenn man etwas Schlechtes oder Übles spreche („Der
Jüngling"), man dürfe nichts Unnützes sprechen („Der kindere hovescheit") und man
solle die Wahrheit sagen („Von tisch zucht"). Obwohl die Wichtigkeit des Gesprächs-
themas beim Essen hervorgehoben wird, behandeln die Tischzuchten nicht eingehend, welche Gesprächsthemen eigentlich als angemessen gelten.[406]

„Facetus", „Thesmophagia" und „Der kindere hovescheit" formulieren Sonderre-
geln zum Sprechen bei Tisch mit Herren oder vornehmen Leuten. Wenn „der (Standes)Genosse" oder „der Bessere" spreche, solle man schweigen und zuhören („Facetus"). Am Herrentisch dürfen nur die Herren sprechen („Thesmophagia") und man
dürfe nicht viel sprechen, wenn man mit ranghöheren Leuten am Tisch ist („Der
kindere hovescheit").

Zusammenfassend lässt sich sagen, dass die Aussagen der Tischzuchten zum Gespräch beim Essen, vor allem in dem Punkt, ob man überhaupt sprechen darf, sehr
unterschiedlich ausfallen. „Der wälsche Gast" und „Der züchte lere" nehmen gegenüber dem Sprechen beim Essen eine negative Haltung ein, aber „Der wälsche Gast"
erwähnt das Sprechen der Männer gar nicht. Im Gegensatz zu „Der wälsche Gast"
und „Der züchte lere" sprechen sich „Jakob Köbels T.", „Thesmophagia" und „Von
tisch zucht" gegen das Schweigen beim Essen aus. Die Tischzuchten, die das Reden
beim Essen erlauben oder empfehlen, verbieten aber übermäßiges Reden und fordern,
vor dem Sprechen darüber nachzudenken, was man spricht. Obwohl das Gespräch
einer der wesentlichen Bestandteile des Umgangs beim Gastmahl ist, sparen viele
Tischzuchten aber die Regeln für das Gespräch aus, wahrscheinlich weil sie mit der
Art und Weise des Essens nicht direkt zu tun haben.

---

406 Vgl. Anm. 401.

3.4.7 Gutes Benehmen und Rücksicht auf die Tischnachbarn

Alle Regeln, Gebote und Verbote in den Tischzuchten stehen in Zusammenhang mit gutem Benehmen oder der Rücksichtnahme auf Tischnachbarn, aber in diesem Kapitel werden auch die übrigen Regeln, die in den anderen Kapiteln nicht betrachtet werden, behandelt. Abgesehen von einigen Regeln wie dem Verbot des Essens mit beiden Händen sind die meisten Regeln zeitlos und finden sich auch heute noch in der Erziehung wieder.

Beispielsweise sind die Verbote, mit vollem Mund zu sprechen („Innsbrucker T.", „Jakob Köbels T.", „Von tisch zucht", „Der züchte lere", „Thesmophagia", „Cato-Interpolation") oder zu trinken („Facetus", „Thesmophagia", „Cato-Interpolation", „Erfurter Tischregeln", „Jakob Köbels T."), die Ellenbogen auf dem Tisch aufzustützen („Facetus", „Innsbrucker T.", „Erfurter Tischregeln", „Jakob Köbels T.", „Der Jüngling"), über den Tisch zu schauen („Von tisch zucht") oder die (beiden) Wange(n) mit Essen zu füllen („Thesmophagia", „Von tisch zucht", „Der züchte lere", „Cato-Interpolation"), zu schmatzen („Tannhäusers Hofzucht", „Innsbrucker T.", „Von tisch zucht", „Thesmophagia", „Cato-Interpolation", „Erfurter Tischregeln", „Jakob Köbels T.") oder mit der Zunge nach Speiseresten im Mund zu suchen („Der züchte lere", „Erfurter Tischregeln") auch heutzutage noch üblich. Nicht nur unelegantes Verhalten, sondern auch solches, das bei anderen Tischgenossen Unbehagen auslöst, wird in den Tischzuchten verboten. Der Mahlteilnehmer soll manierlich essen und Rücksicht auf seine Tischgenossen nehmen, um sie nicht zu stören. So soll vor allem das von den Mahlteilnehmern gemeinsam benutzte Geschirr vorsichtig behandelt werden. Im Weiteren darf das Essen nicht in die gemeinsame Schüssel zurückgelegt werden, wenn es einmal angebissen wurde („Tannhäusers Hofzucht, „Innsbrucker T.", „Jakob Köbels T.").[407] Direkt aus der Schüssel zu essen („Tannhäusers Hofzucht") oder über der direkt vor sich stehenden, mit Speise gefüllten Schüssel zu reden („Von tisch zucht"), ist ebenfalls verboten, um die gemeinsame Schüssel und die Speise darin nicht zu verunreinigen. Die „Erfurter Tischregeln" und „Jakob Köbels T." bieten weitere Anleitungen, wie mit der gemeinsamen Schüssel umzugehen ist:

> „Wann du ißt mit einem man
>
> auß einer schusseln, so syh in an;
>
> hat er darinn die hende sein,
>
> so stoß dein hend nicht dor ein.
>
> [...]
>
> Wer über ein schüssel hebet sich
>
> mit dem mund, der thüt to(e)rlich.
>
> [...]

---

407 Vgl. Anm. 386.

Diß soltu nicht vergessen,

vor dir in der schussel soltu essen" („Jakob Köbels T.")[408].

Die „Innsbrucker T." und „Thesmophagia" verbieten, als erster in die Schüssel zu greifen. Es wird für gierig oder unmanierlich gehalten, wenn man etwas Besseres oder das Beste zu nehmen versucht. Die Tischzuchten verbieten, sich als Erster aufs Essen zu stürzen („Innsbrucker T."), das bessere Getränk für sich zu nehmen („Tannhäusers Hofzucht"), die beste Speise herauszusuchen oder vor sich selbst zu stellen („Innsbrucker T.", „Thesmophagia", „Der Jüngling"). Sonstige zeitlose Regeln sind, am Tisch aufrecht zu sitzen („Innsbrucker T.", „Der züchte lere", „Der Jüngling", „Cato-Interpolation", „Erfurter Tischregeln", „Jakob Köbels T.") und sich nicht anzulehnen („Innsbrucker T.").

Beim gemeinsamen Essen ist auf seine Tischnachbarn Rücksicht zu nehmen und zu versuchen, sie nicht durch unangemessenes Verhalten zu stören. Das gilt für die Tischgenossen wie auch für den Gastgeber des Mahls. Über die Speisen dürfe man nicht schlecht oder verächtlich reden („Thesmophagia", „Von tisch zucht", „Facetus"). Man solle vorsichtig sein, um das Tischtuch nicht zu beschmieren („Von tisch zucht", „Erfurter Tischregeln", „Jakob Köbels T.") und die Speisen sollen auf einem Teller ihren Platz finden („Von tisch zucht").

Manche Regeln sind von der Sachkultur des Mittelalters abhängig. Wie in Kap. 3.4.4 erwähnt, bestimmen die mittelalterlichen Tischzuchten viele verschiedene und ausführliche Regeln für das Trinken. Vor allem die Regel, vor dem Trinken den Mund abzuwischen, war umso wichtiger. Natürlich ist es nicht schön, Wein mit Fett zu verunreinigen, auch wenn jeder aus einem eigenen Glas trinkt, aber im Mittelalter war dies noch bedenklicher, weil ein Glas oder ein Kelch oft von mehreren Tischgenossen gemeinsam benutzt wurde. Den anderen Mahlteilnehmern zuliebe sollte das Glas und Getränk sauber bleiben.

Es gibt Regeln, die zwar zu verstehen sind, aber aus heutiger Sicht merkwürdig anmuten. Die mittelalterlichen Tischzuchten verbieten solch unmanierliches Benehmen, von dem kaum zu glauben ist, dass es die damalige Realität widerspiegelte. „Tannhäusers Hofzucht" verbietet, sich beim Essen auf den Tisch zu legen.[409] Laut dieser Tischzucht sei eine solche Unsitte unter den Heiden zu sehen.[410] Manche Tischzuchten verbieten, mit dem Tischtuch die Nase oder die Zähne zu putzten und die Augen abzuwischen („Tannhäusers Hofzucht", „Facetus", „Cato-Interpolation"). Die meisten Tischzuchten verlangen, den Mund, vor allem vor dem Trinken abzuwischen, aber manche Tischzuchten („Der züchte lere", „Cato-Interpolation") verlangen, den Mund nicht mit dem Tuch, sondern mit der Hand abzuwischen.[411] Aus dem Text wird nicht klar, welch ein Tuch hier gemeint sein könnte. Es lässt sich vermuten,

---

408 München, 4o Inc. c. a. 914m.

409 Dieselbe Regel enthalten auch die „Cato-Interpolation" und die „Erfurter Tischregel".

410 „Da man den haiden an gesigt/ Vnd die sich auf den tisch legent/ Wie selten die helm wegent/ So si ezzent daz stet nicht wol/ Da man frawen dinen sol" („Tannhäusers Hofzucht", Cod. Vindob. 2885).

411 „Ob yman daz von dir sicht,/ daz du wuschest dein mundt/ mit dem tuch zu keiner stundt,/ do von vnzucht wirt bekannt./ wisch den munt mit der hant". („Der züchte lere", Karlsruhe, Karlsruhe 408).

dass „das Tuch" wahrscheinlich das Tischtuch war. Heutzutage hält man es für unmanierlich, wenn jemand beim Essen den Mund mit der Hand abwischt, denn dafür soll die Serviette benutzt werden. Aber im Mittelalter war die Papierserviette undenkbar und es war zu teuer, Servietten aus Stoff zur Verfügung zu stellen.

Zusammenfassend lässt sich sagen, dass die meisten Regeln, die zu diesem Kapitel gehören, Verbote unmanierlichen oder unangemessenen Verhaltens sind. Es ist vielleicht übertrieben, davon ausgehend zu vermuten, dass edle Leute im Mittelalter so „unmanierlich" waren, oder dass damals noch keine vornehme Art und Weise des Essverhaltens entwickelt worden war. Zu diesem Problem gibt ein Manierbuch der Renaissance einen Hinweis. Das Buch „Galateus" von Giovanni Della Casa wurde zwischen 1552 und 1554 auf Latein verfasst.[412] Der Autor wurde in Florenz geboren und studierte in Bologna und Padua die beiden Rechte. Danach arbeitete er in der römischen Kurie und wurde 1544 Bischof von Benevento. Laut „Galateus" ist es für einen guten Umgang mit anderen Leuten nötig, „sittsam", „lieblich", „holdselig" und „höflich" zu sein, weil „liebligkeit vnnd holdseligkeit guter sitten den jenigen/ so damit begabet seyn/ mehr fortfhelffen/ als großmu(e)tigkeit vn(d) dapfferkeit zuthun vermo(e)gen".[413] Deswegen wollte der Autor durch sein Buch die Leser Anstand und gute Manieren lehren. Am Anfang seiner Schrift fasst er seine Behauptung zusammen: Er bittet die Leser darum, zu vermeiden, etwas zu tun, was andere Leute stören oder anderen Leuten missfallen könnte. Inhaltlich besteht „Galateus" aus der Aufzählung der verbotenen Unarten und den Exempeln der Unmanierlichkeiten. Selbstverständlich behandelt „Galateo" die Tischmanieren und lehrt, was beim Essen zu vermeiden ist, um anständig zu sein und es niemandem unbehaglich zu machen. Ein missfälliges, unangemessenes oder unmanierliches Verhalten zu unterlassen, ist wahrscheinlich das Fundament des Anstandes.

3.4.8 Die Erwähnung von Frauen

Zum Thema „Frauen und Tischzuchten" kommen sogleich zwei Aspekte zum Tragen: die Möglichkeit der Anwesenheit von Frauen beim öffentlichen Mahl und Leserinnen als (von den Autoren erwartete) Rezipienten der Tischzuchten. Wie im Kap. 2.3.1 erwähnt, war die Teilnahme von Frauen beim öffentlichen Mahl je nach Gelegenheit unterschiedlich. Manche fürstlichen Gastmähler waren ausschließlich für Männer (vgl. Kap. 2.2.1) bestimmt, bei anderen sitzen Männer und Frauen getrennt (z. B. „Nibelungenlied", siehe Kap. 2.2.2.4), bei wieder anderen Festmählern tafelten die Männer und Frauen gemeinsam (z. B. Hochzeitmahl, Gastmahl zur Einsetzung Baldwins von Luxemburg). Da also die damaligen adligen Damen die Möglichkeit hatten, an öffentlichen Mählern teilzunehmen, sollten sie das entsprechende Benehmen lernen. Wie im Kap. 3.3.4 erwähnt, waren die Tischzuchten in den lateinischen

---

412 GIOVANNI DELLA CASA, „Galateus". Von Autor, Werk und seinem Inhaltsverzeichnis siehe Nachwort des Herausgebers, in: Ibid. S. 1*ff.

413 Ibid., S. 2.

Werken, die vor allem als Schulbücher für Lateinschüler verwendet wurden, auf die Erziehung männlicher Kinder ausgerichtet. Im Gegensatz zu den lateinischen Tischzuchten hatten die volkssprachlichen Tischzuchten keine solche Begrenzung der Rezipienten. Die Autoren vieler Tischzuchten wie „Der wälsche Gast", „Von tisch zucht", und „Innsbrucker T." gingen nicht nur von männlichen, sondern auch von weiblichen Rezipienten aus:

„es sey fraw oder man,

wer nit wöll sitzen schamrott („Von tisch zucht")

Mir sullen frawen vnd di man

Ein schreiben nicht verübel han" („Innsbrucker T.").[414]

Bei den Erwähnungen von Frauen in den Tischzuchten lassen sich zwei Typen feststellen. Erstens in Form von Lehren für die Frauen, z. B. empfiehlt „Der wälsche Gast" den jungen Frauen, wie im Kap. 3.4.6 erwähnt, nicht viel zu sprechen, und verbietet, beim Essen zu sprechen. Dagegen erlaubt „Der züchte lere" (auch) Frauen ausdrücklich, zu reden. Ansonsten enthalten die Tischzuchten keine besonderen Regeln für Frauen. Da manche volkssprachlichen Tischzuchten als ihre Rezipienten sowohl Männer als auch Frauen voraussetzen, sollte es so verstanden werden, dass deren Regeln für Männer und Frauen gleichermaßen gedacht sind.

Zweitens gibt es – gerichtet an die Männer – Anleitungen für den Umgang mit Frauen. Diese wiederum setzen die Teilnahme der Frauen beim Gastmahl voraus. In „Der züchte lere" und „Cato-Interpolation" wird, ohne dies zu begründen, angemahnt, weder vor Herren noch vor Frauen die Hände zu waschen. „Thesmophagia" enthält ein Kapitel über das gemeinsame Essen mit Frauen („De conuiuatione cum mulieribus").[415] Darin wird betont, dass, wenn man mit einer jungen Dame am Tisch sitze, man ihr die Ehre erweisen und mit Zucht begegnen solle. Man dürfe ihr nicht zu nahe kommen und solle ihr demütig dienen, um so ihre Gunst zu erlangen:

„Zu lest ob sich von gluckes losz

Begeb das sig din disch genosz

Ein frowen bild von hoher art

Oder ein schone iunckfrow zart

Das ist des gantzen disch ein zyr

[...]

Du magst dich an einer iunckfrow sydt

Mit eren setzen wol on nydt

---

414 Innsbruck, Cod. 4o 507.

415 „Thesmophagia" behandelt die Umgangsformen mit verschiedenen Personengruppen wie „mit Herren (*Quomodo sit bibendum coram domino*)", „mit Gleichgestellten (*De commessatione equalis cum pari*)", „mit Freunden (*Quomodo bibendum sit coram amico*)" und mit Frauen. Vgl. SCHNELL (2009).

Vnnd sin mit zucht ir nochbur so

Doch eng sie nit, ruck nit zu noh

Ob sie schon eben sitzt vnnd recht

Zeig dich doch als ein dinstbar knecht

Sprich frow es ist in truw mir leit

Das euwer sitz nit basz ist bereit

Vnnd ir nit sitzen oben dran

Do ir die besser stat mocht han

Stand do mit vff buit ir mit witz

Ein kussen das sie dar vff sitz

Buck dich such ir ein schemel bald

Das sie ir fieszlin dar vff halt

Do lug mit dinst vnnd disches kunst

Das du erwirbst der frowen gunst" („Thesmophagia", S. 152, „De conuiuatione cum mulieribus").

Da diese Regeln von den Männern Demut und Dienste für die Damen verlangen und die Anwesenheit der (schönen und jungen) Damen die „Zierde des Tisches" sei, scheinen sie die mittelalterliche ritterlich-höfische Frauenverehrung widerzuspiegeln.[416] Trotz der ausführlichen Erwähnung von Frauen beim Essen in diesem Kapitel enthält „Thesmophagia" keine Regeln für Frauen, wahrscheinlich weil „Phagifacetus", die lateinische Vorlage von „Thesmophagia", an Männer gerichtet war.

Sowohl die Tischzuchten, die Frauen als ihre Rezipienten nennen, als auch die Tischzuchten, die Männer als ihre Leser erwarten, setzen die Teilnahme bzw. die Anwesenheit der Frauen in den öffentlichen (Gast-)Mählern voraus. Wenn die Tischzuchten die damalige Wirklichkeit widerspiegeln, hatten die Frauen relativ oft die Gelegenheit, an öffentlichen Mählern teilzunehmen, wie auch in den höfischen Epen die Anwesenheit der (edlen und schönen) Damen bei Festen und Gastmählern eine Rolle spielt.[417]

3.4.9 Exkurs: Was sind Manieren?
Mittelalterliche Tischzuchten, Erasmus und „Galateus" im Vergleich

Die in den oben behandelten mittelalterlichen Tischzuchten enthaltenen Regeln sind sehr vielfältig. Trotz des großen Unterschieds zwischen mittelalterlicher und gegen-

---

416 Vgl. UMBACH, Silke, Sebastian Brants Tischzucht (Thesmophagia 1490) Edition und Wortindex, Wiesbaden 1995, S. 14f.
417 Ausführlicher siehe Kap. 3.4.9.

wärtiger Sachkultur am Esstisch enthalten die mittelalterlichen Tischzuchten, wie am Anfang des Kap. 3.4 erwähnt, interessanterweise viele zeitlose Regeln (z. B. das Händewaschen, die Verbote, die Ellenbogen auf den Tisch zu stellen oder mit vollem Mund zu sprechen und zu schmatzen), die auch heutzutage verständlich und lehrbar sind. Die zeitgebundenen Regeln – beispielsweise der Umgang mit dem Brot, das Verbot, während des Essens den Körper zu berühren, und Anweisungen über das Eieressen – brauchen aufgrund der mittelalterlichen hygienischen und materiellen Bedingungen eine Erklärung. Die Tischzuchten spiegeln indes nicht nur solche allgemeinen mittelalterlichen Bedingungen, sondern auch die Sozialschicht ihrer Rezipienten wider.

In den Tischzuchten werden immer Fisch- und Fleischgerichte gegessen und Wein getrunken, Bier wiederum wird kaum erwähnt. Wasser dient nicht als Getränk, sondern ausschließlich zum Händewaschen. Das Gebot des Händewaschens vor dem Essen ist in den meisten Tischzuchttexten zu finden. Daneben enthalten sie übereinstimmend manche Regeln wie z. B. das Gebot der Pflege der Fingernägel vor dem Essen und die Art und Weise, Brot, Eier, Senf und Salz richtig zu behandeln. Solche „beliebten" Regeln wurden in viele Texte aufgenommen, nicht nur aufgrund der verwandtschaftlichen Beziehungen zwischen den Texten, sondern weil sie, wie Norbert ELIAS hervorhebt, damals Allgemeinwissen waren.[418] Andererseits sind die einzelnen Tischzuchten im Allgemeinen inhaltlich relativ unterschiedlich, insbesondere, was die Regeln des Gesprächs beim Essen angeht.

Die mittelalterlichen Tischzuchten bestehen aus einer Mischung von Geboten und Verboten. Die Gebote für die Mahlteilnehmer beschreiben das richtige und empfohlene Benehmen am Tisch. Sie gelten nicht nur für die Mahlteilnehmer, sondern auch für die Gastgeber. Die Verbote in den Tischzuchten sind selbstverständlich die der Unarten beim Essen, des Benehmens, das die Tischnachbarn stört oder Unbehagen bereitet. Die Verbote des unangemessenen (bzw. unmanierlichen) Benehmens spielen bei der Lehre der Manieren eine gewichtige Rolle, weil die Vermeidung eines missfälligen und unangemessenen Verhaltens die Basis für gute Manieren bildet.[419] Einen großen Teil der Regeln in den mittelalterlichen Tischzuchten über die Rücksicht auf die Tischnachbarn umfassen deswegen die Verbote der Unarten. Tischzuchten sind im Grunde die Lehre des angemessenen Benehmens nicht beim einsamen Essen, sondern für das gemeinsame Essen mit anderen.

Giovanni della Casa, der Autor des Anstandsbuchs „Galateus"[420] im 16. Jahrhundert, steht deutlich auf dem Standpunkt, dass der Anstand im Grunde genommen die Vermeidung eines unangemessenen Verhaltens bedeutet und dass man Anstand haben soll, um mit anderen Leuten gut umzugehen. Im „Galateus" lehrt ein erfahrener Mann einen Jugendlichen die (guten) Sitten und das Benehmen, welche beim Umgang mit anderen Leuten nötig sind. Er fasst das Fundament seiner Lehre am Anfang des Buchs als „Inhalt dieses Büchleins" zusammen:

---

418 Siehe Kap. 3.3.4, ELIAS (1969), S. 169.
419 Vgl. Kap. 3.4.7.
420 Ausführlich zu Werk und Autor siehe Kap. 3.4.7.

„Setzen vnnd sagen demnach/ daß alles das jenige/ was einem von den fünff sinnen be-
schwerlich oder verdrießlich/ oder auch sonst dem menschlichen *appetit* vnd Lüsten zu
wieder ist/ zu dem auch/ was andere leute auff schlimmer/ abschewlicher vnd verhaßter
ding gedancken vnd einbildung bringt/ oder auch deß Menschen vernunfft vnnd verstandt
widerstrebet/ daß sag ich solches alles/ es werde gleich mit worten oder wercken verrich-
tet/ den Leuten sehr mißgefalle/ vnd derwegen mit allem fleiß sol vermitten werden. Da-
rauß dann erfolget/ saß man in ehrlicher Leute gegenwertigkeit/ vnfla(e)tige stinckende
abschewliche/ oder sonst walgerhafftige oder widerliche ding nit allein nicht thun/ sondern auch gar nit nennen sol. Dann nicht allein solche werck/ sondern auch die gedächt-
niß vnd einbildung derselben/ es geschehe gleich auff diese oder jene weise/ den Leuten
sehr zu wider vnnd verdrießlich zu seyn pflegen.“[421]

Ferner werden alle möglichen unbehaglichen Verhaltensformen, die man vermeiden
soll, manchmal mit Anekdoten aufgeführt. Die Unarten beim Essen werden in den
verschiedenen Teilen dieses Buchs erwähnt. Giovanni verbietet nicht nur das unappe-
titliche Benehmen, sondern auch das Erzürnen bei Tisch, weil entsprechende Ausdrü-
cke andere Mahlteilnehmer verdrießen. Der (Ess-)Tisch sei „ein Ort […] da man sich
nicht erzu(e)rnen/ sondern mit einander fro(e)lich machen sol“.[422] Wenn die anderen
Mahlteilnehmer jemanden in Wut geraten sehen, fühlen sie sich dadurch unange-
nehm berührt:

„Ja es stehet durchauß nit wol/ daß jemandt bey Tische zu(e)rne/ es gehe gleich wie es
wo(e)lle: Vnd im fall sich ja einer erzu(e)rnete/ so sol er sichs doch nit mercken lassen/
sol auch kein zeichen seines Widerwillens von sich geben/ auß vorgemeldter vrsach/ vnd
sonderlich wenn du frembde Leute bey dir zur Malzeit hast. Denn du hast sie geladen daß
sie fro(e)lich seyen/ vnd nu betru(e)best du sie. Denn gleich wie etliche herbe vnd
scharpff schmeckende Speise/ wenn sie andere zu sich nemen/ dir auch deine eigene
Za(e)hne stumpff machen: also geschichts daß wir auch im Gemu(e)t verirret werden/
wenn sich ein anderer mit vnmessigem zorn entzu(e)ndet.“[423]

Den Kern der Tischmanieren im „Galateus“ bildet das Schaffen guter Beziehungen
mit den anderen und dafür wird Rücksicht auf die Tischgenossen verlangt. Das von
Giovanni gewählte Mittel dafür war, zu vermeiden, die anderen unbehaglich zu machen oder zu stören. Das Verbot des Zornes am Esstisch gehört zu diesem Prinzip.

Der „Galateus“ hat im 1530 von Desiderius Erasmus in Latein verfassten Erziehungsbuch „De civilitate morum puerilium libellus“ ein zeitgenössisches Pendant,
das inhaltlich mit den mittelalterlichen Tischzuchten verglichen werden kann. Dieses
Buch wurde einem adligen Jüngling, Heinrich von Burgund, gewidmet, dessen Großmutter die Unterstützerin Erasmus' in seiner Jugend war. Es wurde sogleich gedruckt
und, weil es sich sofort erfolgreich verbreitete, in verschiedene Volkssprachen übersetzt, beispielsweise ins Englische (1532), ins Deutsche (1536), ins Französische
(1537), ins Schwedische (1620), ins Niederländische (1660) usw. Zwar verfasste
Erasmus dieses Buch in erster Linie für den genannten Heinrich und einen adligen
Rezipientenkreis, doch diente es so bald auch reichen Bürgerfamilien.

---

421 GIOVANNI DELLA CASA, „Galateus“, S. 6f.
422 Ibid., S. 27.
423 Ibid., S. 27f..

„De civilitate morum puerilium libellus" besteht aus sieben Kapiteln: Das erste
Kapitel handelt vom Körper („de corpore"), das zweite von der Kleidung („de cultu"), das dritte vom Benehmen in der Kirche („de moribus in templo"), das vierte von
der Mahlzeit („de conviviis"), das fünfte vom Gespräch („de congressibus"), das
sechste vom Spiel („de lusu") und das siebte vom Schlafzimmer („de cubiculo", i. e.
über das Benehmen beim Schlafen). Im ersten Kapitel äußert Erasmus, dass die Sitten („mores") nicht für die Kinder allgemein gelten, sondern er beschränkt die Ziel-
gruppe; „sed ut libentius hæc ediscant omnes pueri, quod amplissimæ fortunæ sum-
mæque spei puero dicata sunt. Nec enim mediocre calcar addet universæ pubi, si
conspexerint heroum liberos a primis statim annis dicari studiis, & in eodem cum ip-
sis stadio currere."[424] Ferner nennt er vier wichtige Dinge, die adlige Kinder erlangen
sollen. Das erste und wichtigste sei Frömmigkeit („pietatis seminaria"), das zweite
die freien Künste („liberales disciplinas"), das dritte die Pflicht des Lebens („vitæ of-
ficia") und das vierte die Sitten („civilitati morum").[425] Die Tischmanieren gehören
zu letzteren Dingen und werden im vierten Kapitel lang[426] und sehr ausführlich behandelt. Interessanterweise ist der inhaltliche Unterschied zwischen den Tischmanieren in „De civilitate morum" im 16. Jahrhundert und den mittelalterlichen Tischzuchten bis zum 15. Jahrhundert relativ gering, teilweise, weil einige Regeln seiner Tischmanieren deutlich auf den mittelalterlichen Tischzuchten wie „Tannhäusers Hofzucht" beruhen, und teilweise, weil die Sachkultur am Esstisch (z. B. das Handessen
ohne Gabel und das Trinken aus einem gemeinsamen Glas) sich inzwischen nicht
groß geändert hat. Beispielsweise finden sich Regeln, die vorschreiben, vor dem Essen die Fingernägel zu schneiden und zu säubern, die Hände zu waschen und vor
dem Trinken aus dem gemeinsam benutzten Glas den Mund abzuwischen. Die Gabel
wird zwar erwähnt, aber nicht als Essbesteck, sondern als Tranchiergabel („Digitos in
jussulenta immergere agrestium est, sed cultello fuscinave tolla quod vult"). [427] Zum
„Essbesteck" gehören nur Messer („cultellus"), Löffel („cochlear") und Finger („di-
giti"). Wenn jemand das Essen reiche, solle man es entweder mit den drei Fingern
oder dem Tranchierbrett (aus Brotscheiben, „quadra") entgegennehmen.[428] Ein neuer
Gegenstand in „De civilitate morum" ist die Serviette (aus Tuch, „mantile"). Wie im
Kap. 3.4.7 erwähnt, verbietet „Der züchte lere", den Mund mit dem „Tuch" abzuwischen, und empfiehlt, ihn mit der Hand abzuwischen. Erasmus rät, immer ein „Tuch"
zu benutzen; wenn jemand flüssiges Essen mit seinem Löffel reiche, solle man es di-

---

424 DESIDERIUS ERASMUS, „De civilitate morum puerilium libellus", Sp. 1033.
425 Ibid., Sp. 1033.
426 Im Vergleich mit den anderen Kapiteln ist das Kapitel 4 „de conviviis" sehr lang; Kap. 1 „de corpore" dreieinhalb Spalten, Kap. 2 „de cultu" und Kap. 3 „de moribus in templo" kürzer als eine Spalte,
Kap. 4 „de conviviis" dreieinhalb Spalten, Kap. 5 „de congressibus" anderthalb Spalten, Kap. 6 „de
lusu" und Kap. 7 „de cubiculo" sind zusammen kürzer als eine Spalte. Kapitel 1 ist so lang wie
Kapitel 4, aber weil Kapitel 1 die Einleitung und die Widmung enthält, ist Kapitel 4 inhaltlich am
umfangreichsten.
427 Ibid., Sp. 1039..
428 „Quod porrigitur, aut tribus digitis, aut porrecta quadra excipiendum" (ibid., Sp. 1039). In Erasmus'
Tischmanieren wird wie in den mittelalterlichen Tischzuchten nicht erwähnt, welche Finger die
„drei Finger" sind.

rekt vom Löffel essen, ihn mit dem „Tuch" abwischen und zurückgeben.[429] Die Finger dürfe man weder ablecken noch mit der Kleidung abwischen, sondern solle man entweder mit der Serviette oder mit dem „Tuch" abwischen.[430]

Da dieser Traktat für die Erziehung adliger Kinder geschrieben wurde, enthält das vierte Kapitel Anweisungen zum Essen insbesondere für Kinder, beispielsweise die richtige Stellung der Hände, die richtige Körperhaltung am Tisch und die Art, das Brot richtig zu schneiden und zu behandeln. Im Prinzip sollen die Kinder zurückhaltend beim Essen und Trinken sowie im Umgang mit Erwachsenen sein, nicht zuletzt im Gespräch. Vor allem soll das Trinken alkoholischer Getränke bei Kindern streng geregelt werden, weil es ungesund sei, wenn Kinder viel Alkohol tränken. Erasmus empfiehlt den Kindern, maximal zwei Gläser bei einer Mahlzeit zu trinken:

> „Convivium statim a poculis auspicari potorum est, qui bibunt, non quod sitiant, sed quod soleant. Nec ea res solum moribus est inhonesta, verum etiam officit corporis valetudini. Nec statim post sumptam ex jure offam, bibendum, multo minus post lactis esum. Puero sæpius quam bis aut ad summum ter in convivio bibere, nec decorum est, nec salubre. Semel bibat aliquandiu pastus de secundo missu, præsertim sicco: deinde sub convivii sinem, idque modice sorbendo, non ingurgitando, nec equorum sonitu. Tum vinum, tum cerevisia, nihilominus quam vinum inebrians, ut puerorum valetudinem lædit ita mores dedecorat. Aqua fervidæ convenit ætati, aut si id non patitur, sive regionis qualitas, sive alia quæpiam causa, tenui cerevisia utitor, aut vino nec ardenti, & aqua diluto. Alioqui mero gaudentes hæc sequuntur præmia, dentes rubiginosi, genæ defluentes, oculi lusciosi, mentis stupor, breviter senium ante senectam."[431]

Falls von jemandem dazu gedrängt, zu trinken, sollen Kinder das höflich ablehnen; „Qui rusticius urgeat, polliceatur se tum responsurum, quum adoleverit".[432] Aus Gesundheitsgründen sollten die Kinder vermeiden, zu viel zu essen, und das Essen vor dem Schlucken gut kauen. Erasmus' Tischmanieren enthalten selbstverständlich die „allgemeinen" Anweisungen, beispielsweise die Vorbereitung (Haare kämmen, Gürtel lockern, Hut absetzen usw.), Sitzordnung, Tischgebet vor dem Essen und andere kleine Gebote und Verbote während des Essens. Manche Regeln davon sind auch in den mittelalterlichen Tischzuchten zu sehen.

Wie bei „Galateus" bestehen das erste und das zweite Kapitel von Erasmus' „De civilitate morum" zum großen Teil aus den Verboten unangemessenen Verhaltens, aber Erasmus' Tischmanieren lehren, anders als „Galateus", interessanterweise empfohlenes bzw. elegantes Benehmen mehr als die Verbote der Unarten. Wenn Norbert ELIAS die Verbote der „kindischen" Unarten aus „Tannhäusers Hofzucht" zitiert und aufzeigt, wie primitiv das Verhalten am Esstisch im Mittelalter war, sehen die Verbote unmanierlichen Verhaltens auf den ersten Blick primitiv aus, während die Gebote der eleganten Art und Weise „zivilisierter" wirken. Von den beiden zeitgenössischen Lehrbüchern kann jedoch kein „Zivilisationsprozess" abgeleitet werden. Die Unter-

---

429 „Si liquidius est quod datur, gustandum sumito, & cochleare reddito, sed ad <u>mantile</u> extersum" (ibid., Sp. 1039).

430 „Digitos unctos vel ore prælingere, vel ad tunicam extergere pariter incivile est, id mappa potius aut <u>mantili</u> faciendum" (ibid., Sp. 1039).

431 Ibid., Sp. 1038f.

432 Ibid., Sp. 1039.

schiede zwischen den beiden Traktaten liegen eher in den verschiedenen Standpunkten und Neigungen der Autoren begründet. Was die mittelalterlichen Tischzuchten angeht, so sieht „Tannhäusers Hofzucht" zwar einerseits wie eine Aufzählung von Verboten primitiver Unarten beim Essen aus, und auch die Tischzuchten im höfischen Erziehungsbuch „Der wälsche Gast" bestehen auch zum großen Teil ebenfalls aus Verboten von Unmanierlichkeiten, aber andererseits enthalten die mittelalterlichen Tischzuchten auch elegante oder „fortgeschrittene" Regeln wie die Anweisung über den Umgang mit Damen, Regeln für das Gespräch beim Essen und das richtige Behandeln der Tischgeräte sowie eine ausführliche Anleitung, wie man Eier elegant isst. Jeder Tischzuchttext hat zwar einen bestimmten Charakter – manche lateinische Tischzuchten wurden als Schultext hauptsächlich von männlichen Kindern gelesen, manche mittelhochdeutschen Tischzuchten wurden in Lehrbüchern für adlige Kinder geschrieben. Einige Texte sind nicht ausschließlich für Kinder bestimmt, andere bestehen zum großen Teil aus Verboten von Unarten, wieder andere enthalten Anleitungen für gutes Benehmen – im Großen und Ganzen aber sind die mittelalterlichen Tischzuchten eine Mischung aus Lehren für Kinder und Erwachsene der Oberschicht und aus Verboten der (primitiven) Unarten und Geboten des eleganten Verhaltens.

Es liegt auf der Hand, dass die Tischmanieren eines der unerlässlichen Elemente bei der allgemeinen Erziehung des Benehmens sind. Wie oben erwähnt, stellt das Kapitel der Tischmanieren das größte in Erasmus' „De civilitate morum". Im „Galateus" handelt laut Überschrift zwar nur das 29. von insgesamt 30 Kapiteln von Tischmanieren,[433] aber in den verschiedenen Teilen dieses Traktates werden durchaus auch Beispiele von Unmanierlichkeiten, die man beim Essen vermeiden soll, gegeben: Im 4. Kapitel wird eine Anekdote der Unart des Bischofs von Verona beim gemeinsamen Essen erzählt, das 5. Kapitel handelt eigentlich von den „schlechten Gewohnheiten, die den Sinnen mißfallen",[434] aber mit Beispielen für unappetitliches Verhalten beim Essen versehen, im 8. Kapitel werden widerspenstiges und eigentümliches Verhalten beim Essen erwähnt und der Zorn, der beim Essen zu vermeiden ist, behandelt. Insgesamt sind die Tischmanieren in „Galateus" ein bedeutender Teil. Der große Textanteil über die Tischmanieren in den beiden Traktaten aus dem 16. Jahrhundert weist nicht nur ihre Unerlässlichkeit, sondern auch ihre Wichtigkeit nach, ebenso wie es die große Anzahl an Tischzuchten, die im Mittelalter verfasst wurde, tut.

---

433 Über die Kapitel und Inhalte: „In den frühen Drucken erscheint der Originaltext ohne Einteilung. Die späteren Editionen sind nach Kapiteln gegliedert und mit zusammenfassenden Überschriften versehen, die sich in fast jeder Ausgabe wiederfinden. Zur besseren Orientierung sollen diese in Übersetzung nach der Gesamtausgabe der Werke Della Casas (ed. A. Pasinello, Venezia 1738, t. III, S. 289ff.) wiedergegeben werden" (GIOVANNI DELLA CASA, Galateus, S. 58*). Nur in der Überschrift des 29. Kapitels ist deutlich zu lesen, dass das Kapitel die Tischmanieren behandelt („Von einigen besonderen Unziemlichkeiten, die möglicherweise bei Tisch zur Gewohnheit geworden sind. Bei dieser Gelegenheit wird einiges angemerkt gegen die Unmäßigkeit des Trinkens", ibid., S. 63*).

434 Ibid., S. 58*.

3.5 Sogenannte grobianische Tischzuchten und satirische Beschreibungen des Festessens

In diesem Kapitel werden die sogenannten „grobianischen Tischzuchten", die falschen und verkehrten Tischmanieren als lustige Satire und Parodie zur höfischen Tischzuchten vorgestellt.

3.5.1 Wernher der Gärtner, „Helmbrecht" (13. Jh.)[435]

Wie in Kap. 2.2.3.1 aufgeführt, geht es bei „Helmbrecht" um zwei Welten; die Bauernwelt, zu der die Familie des Vaters Helmbrechts gehört, und die (falsche) ritterlich-höfische Welt, zu der Helmbrecht und seine Genossen gehören. In „Helmbrecht" finden zwei Mähler satt: Das erste ist das Familienmahl bei Helmbrechts Vater anlässlich seiner Heimkehr (859–898), das sich der Bauernwelt zuordnen lässt, das zweite ist das Hochzeitsmahl, das zur (falschen) höfischen Welt gehört.

Beim Familienmahl (859–898) werden die Speisen ausführlich geschildert. In Bezug auf die Getränke sagt der Vater, dass es bei ihm keinen Wein gäbe, er biete schönes Quellwasser an. Wie man aber isst und trinkt, wird gar nicht beschrieben. Am Anfang des Essens wird beschrieben, dass Helmbrecht sich die Hände wäscht (861), aber sonst werden weder Manieren noch Bedienung erwähnt.

Beim Hochzeitsmahl Lämmerschlings mit Helmbrechts Schwester Gotelint (1535–1650) werden die Speisen und Getränke nicht erwähnt, stattdessen werden die Bedienung, die Anwesenheit der „spilliute (1609)" und das Benehmen der Hochzeitsgäste beim Essen beschrieben. Da Helmbrecht und seine Genossen als „Ritter" die höfische Welt nachahmen wollen, werden zuerst die „Hofämter" ernannt und jeder Dienst vorgestellt (1539ff.): Der Hofmarschall (Schlingsland) „fulte den rossen wol ir balc (1540)", der Truchsess (Höllensack) zeigt den „Fremden" die Plätze und der Hofküchenmeister (Kühefresser) teilt die Speisen aus der Küche zu. Der Truchsess bringt auch Speisen (1562).[436] Das Hochzeitsmahl kann aber nicht „höfisch" bleiben, beim Essen entlarven sich die Raubritter. Die Gerichte verschwinden ganz schnell, weil die Gäste sie „wie die Wölfe fressen":[437]

---

435 Von Autor und Werk siehe Kap 2.2.3.

436 Dazu sind noch Schluckenwidder als Mundschenk und Rüttlenkasten als Erzkämmerer genannt, siehe Kap. 2.2.3.1.

437 Die zwei Welten in „Helmbrecht" (richtige Bauernwelt beim Vater Helmbrechts und falsche Welt der Raubritter, wozu Helmbrecht gehört) werden durch den Namen des Protagonisten angedeutet. Als Helmbrecht zu seiner Familie zurückkommt, nennt er sich noch „Helmbrecht" (809). Erst nachdem er sich eine Weile bei seiner Familie aufhielt, sagt er seinen neuen Namen als Raubritter „Slintezgeu" (1237); beim ersten Familienmahl bei Helmbrechts Vater, wo keine Unmanierlichkeit beschrieben ist, nennt Helmbrecht sich noch „Helmbrecht" wie sein Vater. Der Name „Slintezgeu" beruht auf dem mittelhochdeutschen Wort „slunt", das „Bezeichnung für die Sünde der Schlemmerei" ist. Dieser Name assoziiert Gefräßigkeit der Raubritter, die beim Hochzeitsmahl zu sehen ist. Vgl. DEBUS (2001), besonders S. 226. Über Helmbrechts „Namenwechsel", vgl. SEELBACH (1986), S. 162f.

„Wolvesguome und Wolvesdarm

unde Wolvesdrüzzel

lârten manege schüzzel

und manegen becher wîten

ze den selben hôchzîten.

vor den knappen swant diu spîse

in aller der wîse,

als ein wint vil drâte

si ab dem tische wâte" („Helmbrecht", 1552–1560).

Interessanterweise wird das Händewaschen bei diesem Mahl, trotz der Nachahmung der höfischen Welt, nicht erwähnt. Beim Familienmahl wird das Benehmen beim Essen gar nicht beschrieben und dadurch sieht das Mahl ordentlich aus. Im Gegenteil werden beim Hochzeitsmahl die Völlerei und Sauferei ausführlich geschildert. Der Kontrast zwischen dem Bauernmahl ohne bäurisches Benehmen und dem Hochzeitsmahl mit schlechtem Benehmen zeigt, dass in diesem Werk die Bauernwelt bei Helmbrechts Vater die ordentliche und richtige Welt darstellt und dass Helmbrecht einen falschen Weg einschlägt. Er überschritt zwar die Standesgrenze, erreichte aber nur eine gefälschte ritterlich-höfische Welt.[438]

3.5.2 Heinrich Wittenwiler, „Der Ring" (1408/1410)[439]

Die Schilderung des Hochzeitsmahls in Wittenwilers „Ring" ist quasi ein Katalog der Unmanierlichkeiten. Die Handlung im „Ring" ist nur in der Welt der Bauern angesiedelt und hat mit der höfischen Welt nichts zu tun, aber der Autor beschreibt die Unmanierlichkeiten während des Hochzeitsmahls gewiss mit Bewusstsein und Kenntnissen der höfischen bzw. adligen Kultur und Tischzuchten. Die unmanierlichen Taten der Hochzeitsteilnehmer beim Mahl werden zum großen Teil satirisch, parodistisch und als Gegenbeispiele zu den höfischen Tischzuchten dargestellt.

Mit dem Kap. 3.4.1 zu vergleichende Fälle (Anweisungen für die Gastgeber und die Sitzordnung): Am Anfang des Essens wird Suppe gegessen (5541–5553), erst dann werden die Tische gedeckt. Als „Esstische" dienen Säcke, die die Gäste mitbringen und auf dem Gras ausbreiten. Die Tische werden, ohne Salz und Messer, mangelhaft gedeckt (5554–5562). Die Sitzordnung spielt bei diesem Mahl überhaupt keine Rolle. In den höfischen Tischzuchten wird dem Gastgeber empfohlen, die Gäste mit Essen und Getränken gut zu versorgen und zu bewirten, aber die Hochzeitsgäste im „Ring" klagen trotz ihres nicht enden wollenden „Fressens" ständig über Hunger und Durst.

---

438 Über Standesbewusstsein und Ordo-Lehre in „Helmbrecht" vgl. SCHWOB (1987).
439 Von Autor und Werk siehe Kap 2.2.3.

Mit dem Kap. 3.4.2 zu vergleichende Fälle (Tischgebet und Armenfürsorge): Gegen Ende des Mahls wird das Dankgebet für das Essen abgelehnt, weil die Mahlteilnehmer „an den segen (ohne den Segen)" am Tisch sitzen und mit dem Essen anfangen (6183–6184). So gibt es weder vor noch nach dem Essen ein Tischgebet. Die Gäste dieser Hochzeit denken nur ans Essen und Trinken und vergessen Gott und die Armen.

Mit dem Kap. 3.4.3 zu vergleichende Fälle (Händewaschen und andere gesundheitliche und hygienische Gebote): Wie im Kap. 3.4.3 erwähnt, wird das Gebot des Händewaschens in den meisten Tischzuchten erwähnt. Die oben behandelte höfische Literatur, die normalerweise an den Tischmanieren nicht interessiert ist, erwähnt häufig das Händewaschen vor dem Essen. Es war daher im Mittelalter ein unerlässliches Element beim Essen. Wittenwiler erwähnt auch das Händewaschen am Anfang des Hochzeitsmahls, parodiert es aber sehr stark. Von vielen Hochzeitsgästen waschen sich nur Frau Else und Fahrindkuh die Hände (5572ff.). Frau Else wäscht sich die Hände zu lange, bis das zweite Gericht aufgetragen wird. Der Autor erwähnt hier den unvollzogenen Handtuch-Dienst als „höfische Sitte":

„Niemant seis dergetzet

Mit einer zwähel, die man scholt,

So einr die hende zwahen wolt,

Zwüschen gewand und pek enmitten

Gestreket han nach hofes sitten" („Der Ring", 5592–5596).

Da die Handtücher fehlen, wischt Fahrindkuh die nassen Hände an seiner Hose ab. Else will ihre Kleider nicht nass machen und versucht, die Hände in der Luft zu trocknen, aber es dauert lange (5603ff.). Am Ende des Mahls waschen sich nicht die Mahlteilnehmer, wie Petrus Alfonsi aus hygienischen Gründen empfiehlt, sondern die Diener die Hände (6184). Dies bedeutete das Ende ihres Dienstes und „Da mit so nam der tisch ein end" (6185).

Als Vorbereitung auf das Essen fordern manche Tischzuchten die Fingernagelpflege (schneiden und putzen), aber die Diener des Hochzeitsmahls im „Ring" haben lange Nägel (5597–5598). Während des Eieressens wird auch erwähnt, dass Burkhart, einer der Gäste, lange Nägel hat (6049–6050).

Einige Tischzuchten, vor allem das Buch Jesus Sirach und „Tannhäusers Hofzucht", warnen aus gesundheitlichen Gründen vor Völlerei und Sauferei und lehren die Wichtigkeit der Gesundheit. Die Hochzeitsgäste „fressen" und trinken durchaus übermäßig während des Mahls. Durch die gierige Völlerei verletzt sich manch einer sogar den Körper; durch zu schnelles Essen der Suppe wird der Schlund verbrüht (5541–5543). Fahrindwand stirbt, weil er das Kopfstück des Fisches zu schnell hinunterschluckt (5901–5906). Inzwischen hält der Gastgeber eine Gesundheitsrede und versucht, die weitere Völlerei der Gäste zu verhindern (5956–5960), aber eigentlich macht er sich nicht Sorgen um die Gesundheit der Gäste, sondern um die Ausgaben und Kosten dieses Mahls. Selbstverständlich hört keiner zu und die Gäste verlangten nach mehr Essen.

Mit dem Kap. 3.4.4 zu vergleichende Fälle (Lebensmittel): Viele Tischzuchten verbieten, das Brot „wie eine schwache Frau" an die Brust zu drücken und zu schneiden.[440] Im Hochzeitsmahl wird einmal geschildert, wie das Brot genau entgegen diesem Verbot geschnitten wird:

> „Sei zucht einn laib her an i(e)r prust
>
> Und snaid da durch recht sam umb sust" („Der Ring", 5687–5688).

Zwischen der Hauptspeise (Fleisch, Fisch und Kraut) und dem Nachtisch (Obst) werden Eier serviert. Wie sie gekocht oder gebraten werden, wird nicht erwähnt, aber von der Art und Weise, wie die Gäste sie essen, lässt sich vermuten, dass sie sehr weich gekocht sind. Die (gekochten) Eier sind dem Bauernhochzeitsmahl und den höfischen Tischzuchten gemeinsam. Wie im Kap. 3.4.4 erwähnt, enthalten manche Tischzuchten die Anleitung, die (gekochten) Eier elegant zu essen. Im Hochzeitsmahl essen nur zwei Männer namens Knotz und Troll die Eier „hofeleichen". Die Art und Weise ihres Eieressens wird ausführlich geschildert (6073–6085): Sie öffnen die Eier und stecken die Brotstücke hinein und benetzen sie mit (flüssigem?) Ei. Dann essen sie Teile der Brotstücke und stecken sie wieder in die Eier. Bis dahin ist die Beschreibung eine Szene des (in diesem Hochzeitsmahl ausnahmsweise) gesitteten Eieressens, aber da sie das mehrmals wiederholen und dadurch viel Brot essen, essen sie am Ende das Brot auf dem Tisch auf. Sie verlangen weitere Brotlaibe, aber es gibt kein Brot mehr (6086–6094).

Die Regeln für das Trinken werden völlig ignoriert. Als Trinkgefäße werden statt Gläser Krüge benutzt, die „Ze hefen auf gar ungefüeg" ist (5559–5560). Else fasst den Krug mit beiden Händen und stößt Mund und Nase hinein (5656–5657). Weiter trinkt sie unmanierlich:

> „Secht, do huob sei aber an,
>
> Ze schilen auf da hin und her
>
> Nicht anders sam ein wilder per.
>
> [...]
>
> Dar nach so wand sei sich vil ser
>
> Und naigt i(e)r haubt mit sampt dem chruog
>
> Hintersich; daz was i(e)r fuog" („Ring", 5664–5674).

Penz Trinkviel trinkt zu viel, daneben trinkt Fini den Most schlürfend und hustet (5849–5852, 5859–5861).

Mit dem Kap. 3.4.7 zu vergleichende Fälle (Gutes Benehmen, Rücksicht auf die Tischnachbarn): Keiner der Teilnehmer nimmt während des Hochzeitsmahls Rücksicht auf die Tischgenossen. Im Gegenteil reißen sich die Mahlteilnehmer um jede

---

440 Zum Beispiel „Wilt du ze hof prott schneiden,/ so solt du ye vermeiden:/ nit setz das an dein prust/ nach der kranken weib gelust,/ die darzu(o) zwinget not;/ es wär ain michel spot" („Von tisch zucht"). Dieselbe oder ähnliche Regel sind auch in „Tannhäusers Hofzucht", „Der züchte lere", „Cato-Interpolation", „Erfurter Tischregeln", „Jakob Köbels T." zu finden.

Speise und „Won die gnug in essen wellen,/ Die hüetin sich vor vil gesellen!" (5915–5916).

Beim Krautessen werden die nassen Finger schlecht getrocknet. Manche schütteln die nassen Finger über dem Kraut, manche wischen sie an Stiefeln und Kleidern (5786–5790) ab. Penz Trinkviel wischt den Schweiß an das Tischtuch (5854) und als er sehr betrunken wird, „lait sich auf den tisch gezogen/ Mit henden und auch elnpogen" (5855–5856). Beim Essen soll man vermeiden, den Tischgenossen Unbehagen zu bereiten, aber Graf Burkhart erbricht sich auf den Tisch, wahrscheinlich weil das Ei, das er isst, faul ist (6156–6160). Dass er sich übergeben muss, ist nicht allein seine Schuld, aber er sollte es vermeiden, sich auf dem Tisch zu übergeben.[441] Gegen Ende des Mahls verlassen Herr Gumpost und die anderen Männer den Tisch, um Wasser zu lassen, weil sie zu viel trinken. Sie wollen weiter essen und trinken, aber als sie zurückkommen, sind die Tische weggeräumt.

3.5.3 Sebastian Brant, „Von disches vnzůcht" aus „Das Narrenschiff" (1494/1495)[442]

Sebastian Brant, der in dieser Untersuchung als Übersetzer der lateinischen Tischzuchten, nicht zuletzt von „Thesmophagia" und „Facetus" eine besonders wichtige Rolle spielt, war hauptberuflich promovierter Jurist, aber in erster Linie bekannt als der Autor der Satire „Das Narrenschiff". 1457 wurde er in Straßburg als Sohn eines begüterten Gastwirtes geboren. Seit 1475 studierte er in Basel und nach der Erlangung des Baccalaureus-Grades studierte er weiter Jurisprudenz und lehrte seit 1484 dort Jurisprudenz und Poesie (1483 licentia iuris). Nachdem er die Doktorwürde beider Rechte erlangt hatte (1489)[443], war er weiter in Basel als Professor der beiden Rechte und als Jurist tätig, bis er 1500 Basel verließ. Im Jahr 1501 wurde er in Straßburg Rechtskonsulent und von 1503 bis zu seinem Tod war er Stadtschreiber in Straßburg. Interessanterweise konzentrierten sich seine Hauptwerke als Schriftsteller und Dichter in seiner Baseler Zeit (1475–1500). Dem damaligen Gelehrten gebührend, verfasste er seine ersten Werke in Latein (z. B. ein lateinisches Gelegenheitsgedicht 1480, eine politische Flugschrift 1488, ein Lehrbuch für das römische Recht „Expositiones sive declarationes omnium titulorum iuris" 1490 und Editionen der „Decretum Gratiani" 1493 sowie „Liber Extra" 1494). Daneben sind als wichtige Leistung seine Übersetzungsarbeiten der lateinischen lehrhaften Werke ins Deutsche

---

441 Vgl. „Wann du wilt reynigen dich,/ dar an merck eben vff mich,/ vnd spewen auß dem munde deyn,/ so kere dich von den leuten feyn/ vnd wüsch es an das tischtůch nicht;/ es ist anders gar ein vnhübsch geschicht. [...] kein reubtzen oder kotzen soltu lan/ vber tisch, man seh dich anders an" („Jakob Köbels T.").

442 Textausgabe: ZARNCKE, Friedrich (Hg.), „Sebastian Brants Narrenschiff", Darmstadt 1961 (Fotomechanischer Nachdruck der Ausgabe Leipzig 1854).

443 In der Vorrede in „Das Narrenschiff" wird Sebastian Brant oft als „Doctor beider Rechte" genannt, z. B. am Ende der Vorrede der Erstausgabe von 1494 „durch Sebastianû Brant. in beyden rechten doctor".

zu nennen, unter denen die lateinischen Tischzuchten wie „Facetus" (1496), „Phagifacetus" (1490, als Brant-Übersetzung „Thesmophagia") und die lehrhaften Werke
„Disticha Catonis" (1498) und „Moretus" (1499) fallen. Auch „Das Narrenschiff"
(1494) verfasste er inmitten seiner schriftstellerisch fruchtbaren Baseler Zeit. Damals
war Brant Dekan der juristischen Fakultät in Basel. Abgesehen von den Übersetzungsarbeiten war „Das Narrenschiff" von Brant ausnahmsweise ein ursprünglich
volkssprachlich verfasstes Werk, er wünschte von Anfang an auch eine lateinische
Fassung. Wegen Zeitmangels wurde das Werk aber nicht vom Autor selbst, sondern
von einem seiner Schüler, Jakob Locher, unter dem Titel „Stultifera navis" 1497
übersetzt.[444] Mit dieser Übersetzung ging „Das Narrenschiff", wie der Autor vermutlich beabsichtigte, den umgekehrten Weg der deutschen Übersetzungen der ursprünglich auf Latein verfassten Werke wie „Thesmophagia"[445]; Lochers lateinische Fassung von „Das Narrenschiff" wurde von Jakob Wimpfeling als Lesestoff für die
Schullektüre empfohlen. Dadurch konnte es sich unter den lateinkundigen gelehrten
Lesern europaweit verbreiten.[446] Die lateinische Fassung bot so auch den Ausgangspunkt für Übersetzungen in andere Volkssprachen.[447]

Im Zusammenhang mit den Tischzuchten kommt das Kapitel 110a „Von disches
vnzůcht" (von insgesamt 114 Kapiteln) in Betracht. Dieses Kapitel, das schlechte Sitten am Tisch beschreibt, wie es der Titel aussagt, fehlt in der ersten Ausgabe von
1494 und in ihren Nachdrucken,[448] da es mit dem darauffolgenden Kapitel 110b „Von
fasnacht narren", das die Völlerei in der Fastnacht parodiert, erst der Ausgabe von
1495 hinzugefügt wurde. Von den beiden ergänzten Kapiteln, die die Unmanierlichkeit am Tisch und die Völlerei[449] behandeln, lässt sich vermuten, dass der Autor sie
mit guten Kenntnissen und großem Interesse an den Tischzuchten zusätzlich verfasste. Als Grund für die spätere Ergänzung der beiden zusätzlichen Kapitel 110a
und 110b ist die oben genannte deutsche Übersetzung der lateinischen Tischzuchten,
nicht zuletzt „Facetus" (1496) und „Phagifacetus/Thesmophagia" (1490), anzufüh-
ren. Die zeitliche Nähe der Ergänzung der Kapitel zu der Veröffentlichung der über-

---

444 LEMMER, Manfred (Hg.), Sebastian Brant Das Narrenschiff, Tübingen 1986, S. XII.
445 Vgl. Kap. 3.3.1. Die Tischzuchten, die ursprünglich auf Latein verfasst und später ins Deutsche
übersetzt wurden, dienten zuerst als Schulbücher. Ihr Leserkreis war auf männliche Schüler be-
grenzt.
446 LEMMER, Manfred (Hg.), Sebastian Brant Das Narrenschiff, Tübingen 1986, S. VIII f.
447 Ibid., S. XX.
448 Die hinzugefügten Kapitel 110a und 110b fehlen in den Versionen von 1494 (Erstausgabe [A], ihre
Nachdrucke [a], [b], [c], Bearbeitung [N]) und in den folgenden Versionen nach 1495: n, o, H, I, Q,
R, S (ZARNCKE [1854], S. 109, Signatur der Drucke siehe Anhang „Überlieferungen und Textaus-
gaben/-editionen der Tischzuchtliteratur"). Die Erstausgabe besteht aus 112 Kapiteln. Die Ausgaben mit Kap. 110a und 110b bestehen aus 114 Kapiteln. Als zusätzliches Kapitel beginnt das Kapitel 110a mit folgenden Worten:
„So ich all narrheyt gantz durch sůch
Setz ich billig zů end diß bůch
Ettlich die man für narren acht
Der ich doch vor nit hab gedacht".
449 Sauferei und Völlerei wurden bereits in Kap. 16 „Von füllen vnd prallen" der Erstausgabe behandelt.

setzten Tischzuchten lässt eine Abhängigkeit voneinander vermuten. Die chronologische Problematik, dass die Publikation der deutschen Übersetzung von „Facetus" (1496) erst nach der Entstehung der Kapitel 110a und 110b (1495) erfolgte, kann mit Brants lateinischer Ausbildung erklärt werden: Wahrscheinlich las er „Facetus" und „Thesmophagia" nicht erst für die Übersetzungsarbeit, sondern sie waren ihm inhaltlich längst bekannt, als er „Das Narrenschiff" bzw. seine zusätzlichen Kapitel verfasste. Außerdem weist Manfred LEMMER darauf hin, dass seine Übersetzung von „Facetus" bereits Ende der 1480er entstanden sein dürfte.[450]

Im Kapitel 110a beschreibt Brant, wie sich „vnhoflich narren" am Tisch benehmen. Gegen Ende des Kapitels äußerte er, was er in diesem Kapitel beschreiben wollte:

> „Ich schrib alleyn hie von grobheyt
>
> Vnd nit subtil höflich sachen
>
> Ich wolt sunst wol eyn bibel machen
>
> Solt ich all missz bruch hie beschriben
>
> Die man důt ob dem essen triben" („Das Narrenschiff", Kap. 110a, 188–192).[451]

Dieses Kapitel besteht, wie die Beschreibung des Hochzeitsmahls in Wittenwilers „Der Ring", aus einer Aufzählung des falschen Benehmens beim Essen als das Verhalten der „vnhoflich narren", das in den Tischzuchten verboten wird. Da dieses Kapitel, wie oben erwähnt, nicht unabhängig von Brants gleichzeitiger Übersetzungsarbeit an den lateinischen Tischzuchten entstanden sein wird, könnte der inhaltliche Vergleich die vermutete Beziehung zwischen dem Kapitel 110a des „Narrenschiffs" und den Tischzuchten „Facetus" und „Phagifacetus/Thesmophagia" zeigen. Brant übersetzte auch die „Disticha Catonis", die in der vorliegenden Arbeit zu den Tischzuchten gezählt werden, aber die meisten Teile der Tischzuchten des sogenannten „Deutschen Cato" oder der „Cato-Interpolationen" stammen aus den interpolierten Teilen. Da Brants deutsche Übersetzung keine Tischzucht enthält, kommen hier unter den von Brant übersetzten lehrhaften lateinischen Werken nur „Facetus" (F) und „Phagifacetus/Thesmophagia" (T) in Betracht.[452]

Das erste falsche Verhalten beim Essen besteht darin, sich nicht die Hände zu waschen. Da das Gebot des Händewaschens in fast allen mittelalterlichen Tischzuchten zu finden ist (vgl. Kap. 3.4.3), ist das kein belastbarer Hinweis auf die „Quelle", aber sowohl T als auch F enthalten die Anweisung über Händewaschen. Die Narren bringen die anderen Mahlteilnehmer um ihre Sitzplätze und ignorieren die Sitzordnung (verboten in T und F, vgl. Kap. 3.4.1). Ein Narr vergisst den Segen über Brot und Wein vor dem Essen, ein anderer Narr greift zuerst nach dem Essen (verboten in

---

450 LEMMER, Manfred, Art. „Brant, Sebastian", in: VL, Bd. 1, Sp. 992–1005, Sp. 997.
451 Versenummer nach der Textausgabe in ZARNCKE (1854), S. 109–111.
452 Wie im Kap. 3.3.2 erwähnt, war Brant nicht der einzige Übersetzer von „Facetus", es gibt mehrere deutsche Fassungen wie die „Disticha Catonis" (siehe Anhang „Überlieferungen und Textausgaben/-editionen der Tischzuchtliteratur"). Hier wird zum Vergleich mit „Das Narrenschiff" ausschließlich Brants deutsche Version des „Facetus" verwendet.

T, vgl. Kap. 3.4.7) und stopft es sich vor den ehrbaren Frauen und Herren in den Mund (vgl. die Regeln des Verhaltens vor den Damen und ehrbaren Leuten in T, Kap. 3.4.8); derselbe isst zu eilig und bläst in Brei und Mus (verboten in T und F, vgl. Kap. 3.4.7). Die Narren hängen sich mit offenem Mund über die Schüsseln und Platten, wenn sie das Essen mit dem Löffel zum Mund führen, wodurch Teile der Speisen (aus dem Mund in die Schüssel) fallen. Manche Narren verursachen bei anderen Mahlteilnehmern dadurch Unbehagen, weil sie Tischtuch und Kleidung beträufeln (wahrscheinlich mit Soße oder Getränken), das heruntergefallene Essen in die Schüsseln zurücklegen (verboten in T), an den Speisen herumschnuppern (verboten in T) oder das einmal gekaute Essen aus dem Mund herausnehmen und auf das Tischtuch, in die Schüssel oder auf die Erde legen (verboten in F). Ein Narr sucht gutes Fleisch und Fisch auf dem Tisch, um es an sich zu nehmen (verboten in T), ein anderer Narr füllt die Wangen mit Essen (verboten in T, vgl. Kap. 3.4.7) und isst zu gierig (verboten in T, vgl. Kap. 3.4.3). Ferner trinkt er etwas, ehe er die Speise im Mund heruntergeschluckt hat (verboten in F) und macht „eine Suppe im Mund", die wieder aus der Nase herausläuft und ins Trinkgeschirr und aufs Gesicht des Tischnachbarn spritzt.[453]

Keiner der Narren wischt sich den Mund ab, weswegen Fettaugen im Trinkbecher schwimmen (verboten in T, vgl. Kap. 3.4.4). Daneben werden noch einige Unmanierlichkeiten beim Trinken genannt. Ein anderer Narr schwatzt so viel, dass die anderen nicht sprechen können (verboten in T und F, vgl. Kap. 3.4.6), ein weiterer

---

[453] Die Regel, dass man nicht trinken soll, solange man etwas im Mund hat, ist im lateinischen Original in zwei Zeilen geschrieben:
„Dum cibus extat in ore tuo, potare caveto;
in cratis offare decet, non in ore repleto" („FACETUS [lat.]", 29).
(„Während das Essen in deinem Mund steht, vermeide zu trinken. Es ziemt, [das Brot] im Trinkbecher zu zerstückeln [bzw. weich zu machen], nicht im gefüllten Mund"; „das Brot" kommt aus der nächsten Zeile „Non panem, quem vis in discum mittere, morde", „FACETUS [lat.]", 30)
Brant übersetzte diese Zeilen nicht nur, sondern entwickelte sie durch seine Interpretation auch weiter:
„Wile in dym mundt die spyß noch ist
Huet dich zů trincken alle frist
Nit zympt sich das man suppen macht
Im trinckgschirr oder vollen bac
Eyn grober esel, macht im mundt
Eyn supp, vnd seycht ins wassers grundt" („FACETUS [de.]", Brant-Version, 171–176).
„Suppe" im Mund bedeutet die Mischung des Essens mit dem Getränk. Brant interpretierte (oder vermischte) das Gebot, dass man das Brot nicht im Mund, sondern im Becher einweichen soll, im Zusammenhang mit dem Verbot des Trinkens mit vollem Mund.
Im diese Verbote widerspiegelnden Teil in „Das Narrenschiff" werden sie weiterentwickelt: Der Narr trinkt nicht nur vor dem Schlucken und produziert eine Suppe im Mund, sondern es kommt, wie oben erwähnt, auch eine schlimme Folge dazu:
„Ee er die spiß důt abhyn schlucken
Důt er eyn stych jnn becher gucken
Vnd macht eyn suppen mit dem wyn
Dar mit schwenckt er die backen syn,
Vnd ist jm offt dar zů also nott
Das es jm halb zůr naß vß got
Oder sprytzt es eym andern licht
Inns drinckgschyrr oder angesiecht" („Das Narrenschiff", 110a, V. 88–95).

kratzt sich am Grind (verboten in F und T) und taucht die Finger in die Schüssel. Der Narr putzt sich die Nase mit den Fingern und wischt sie „am Tisch" (bedeutet „mit dem Tischtuch") ab. Die anderen, die „ho(e)flich" erzogen seien, lehnen sich auf Arme und Ellenbogen (verboten in T und F, vgl. Kap. 3.4.7). Manche rülpsen, manche beschmieren das Brot mit den schmutzigen Händen, manche versuchen, die beste Schüssel zu nehmen (verboten in T).

In „Das Narrenschiff" wird auch kurz das Eieressen erwähnt, das nicht nur „Phagifacetus/Thesmophagia", sondern auch viele andere Tischzuchten behandeln.[454] Brant weigert sich aber, das Eieressen zu schildern:

„Wann man die eyger schlecht vnd spalt

Vnd ander des glich gouckelspyl

Dar von ich yetz nit schreiben wyl

Dann es syn sol eyn hoflicheyt

Ich schrib alleyn hie von grobheyt" („Das Narrenschiff", 110a, V. 184–188).

Unter den zahlreichen Unmanierlichkeiten der Narren ist der Umgang mit dem Salzgefäß besonders bemerkenswert, denn hier wird die umgekehrte „gute" Sitte als richtig vorgeführt; laut „Das Narrenschiff" solle man mit den Fingern ins Salzgefäß greifen. Es werde als grob angesehen, mit der Messerklinge Salz zu nehmen, weil die gewaschene Hand sauberer als die Messerklinge sei (Kap. 110a, V. 173–180), denn „man nit weißt zů manchen stunden/ Ob man eyn ka(e)tz mit hab geschunden" (Kap. 110a, V. 181–182). Das spiegelt die Tatsache wider, dass beim Gastmahl im Mittelalter nicht alle Messer vom Gastgeber zur Verfügung gestellt wurden, sondern die Gäste sie selbst mitbrachten, deswegen wusste man nicht, was mit dem Messer zuvor getan worden war. Den Tischzuchten folgend soll man Salz mit dem Messer nehmen und nicht mit der Hand ins Salzgefäß greifen.[455] In Thesmophagia ist in einer Zeile die Regel um das Salzgefäß beschrieben; „Mit finger nit ins salzfaß griff" (V. 307). Diese Zeile steht inmitten der Anweisung über das Eieressen („De ouis comedendis", V. 302–311) und die lateinische Vorlage „Phagifacetus" enthält den entsprechenden Satz nicht;[456] er wurde von Brant quasi neu hinzugefügt. Die richtige Regel, wie man mit dem Salzgefäß umgehen soll, ist zwar weder in „Phagifacetus" noch im lateinischen „Facetus" erwähnt, aber wahrscheinlich war sie Brant als allgemeines Wissen bekannt. Ein umgekehrter Einfluss von „Das Narrenschiff" auf „Thesmophagia" ist schwer zu behaupten, weil „Thesmophagia" bereits 1490, fünf Jahren früher als das Kapitel 110a von „Das Narrenschiff", veröffentlicht wurde, jedoch ist ein indirekter Zusammenhang zwischen den Erwähnungen über das Salzgefäß in den beiden Werken anzunehmen. Brant hatte seit Jahren – bereits als er „Thesmophagia" schrieb –

---

454 Die Tischzuchten, die vom Eieressen erwähnen, sind „Erfurter Tischregeln", „Jakob Köbels T.", „Von tisch zucht", „Rossauer T.", „Innsbrucker T.", „Der kindere hovescheit", „Der züchte lere" und „Cato-Interpolationen".

455 „Von tisch zucht", „Erfurter Tischregeln", „Jakob Köbels T." und „Thesmophagia" erwähnen diese Regel um das Salzgefäß, vgl. Kap. 3.4.4.

456 UMBACH, Silke, „Sebastian Brants Tischzucht" (Thesmophagia 1490), Wiesbaden 1995, S. 12.

eine besondere Meinung über die Regel um das Salzgefäß, die später in „Das Narrenschiff" konkretisiert wurde, weshalb er den Satz „Mit finger nit ins salzfaß griff" (V. 307) in „Thesmophagia" hinzufügte. Warum dieser Satz im Kapitel über das Eieressen hinzugefügt wurde, lässt sich wahrscheinlich von der Essgewohnheit her erklären, dass man das Ei mit Salz aß.

Ein weiterer Hinweis auf den Zusammenhang zwischen „Das Narrenschiff" und „Thesmophagia" ist an der Stelle, wo Brant die Art, wie man Schmutz im Trinkbecher beseitigt, nennt:

„Des glichen so acht ich ouch nit

Wann ettwas jn dem drinckgschir lyt

Ob man das mit dem mund abblosz

Oder dar jn das messer stosz

Oder eyn schnytten von dem brott

Wie wol das selb hoflicher stott" („Das Narrenschiff", Kap. 110a, V. 193–198).

Dieser Teil entspricht präzise dem Abschnitt „Si quid in poculum ceciderit" in „Thesmophagia":

„Die selben ob von vngeschicht

In becher drinckgschirr vellet icht

Das do den win nit sufer lost

So bruchen sie den selben blost

Aber thu du das mit messers spitz

Oder mit reinem brotes snitz

Esz, drinck, vnd red din mundt allein

Das zymbt dir wol, es stot ouch rein" („Thesmophagia", S. 149).

Angesichts dieser beiden Teile ist es nicht zu bezweifeln, dass Brant das Kapitel 110a nicht nur mittels allgemeiner Kenntnisse der damaligen Tischzuchten, sondern auch unter dem Einfluss der von sich selbst ins Deutsche übersetzten Tischzuchttexte verfasste. Die Handlungen der Narren am Tisch, die in Kapitel 110a aufgezählt werden, sind zum großen Teil die einfachen Gegenbeispiele zu den Regeln der Tischzuchten, von denen viele in „Facetus" und „Phagifacetus/Thesmophagia" zu finden sind. Darüber hinaus wird die umgekehrte Regel des Umgangs mit dem Salzgefäß mit dem scheinbar plausiblen Argument gerechtfertigt. Was die Art und Weise angeht, Schmutz im Trinkbecher zu beseitigen, wird das richtige Vorgehen, das in „Thesmophagia" gezeigt wird, verneint.

3.5.4 Friedrich Dedekind, „Grobianus"
(ins Deutsche übersetzt von Kasper Scheidt 1551)[457]

Neben dem oben behandelten „Narrenschiff" war Friedrich Dedekinds „Grobianus. De morum simplicitate" eine der erfolgreichsten Satiren im deutschsprachigen Gebiet. Die originale lateinische Fassung von Dedekind wurde im Jahr der Erstausgabe (1549) noch dreimal nachgedruckt, 1552 kam die bearbeitete und erweiterte Fassung heraus. Die deutsche Übersetzung von Kasper Scheidt, die nicht nur die bloße Übersetzung des Originalwerkes, sondern eine erweiterte deutsche Fassung mit fast doppeltem Umfang bot,[458] war ebenso erfolgreich wie die lateinische Originalfassung. Die Erstausgabe von Scheidts Übersetzung kam 1551 heraus und wurde bis 1657 14-mal nachgedruckt. „Grobianus" erfuhr später weitere deutsche Übersetzungen von Wendelin Hellbach (1567), Peter Kienheckel (1607) und Wenzel Scherffer (1640). Ferner wurde „Grobianus" in verschiedene Sprachen übersetzt; ins Ungarische (Ende des 16. Jahrhunderts) und zweimal ins Englische (1605 und 1739).[459] Als Ausgangstext wird hier die deutsche Fassung von Scheidt herangezogen.

„Grobianus", Titelbild der Originalausgabe der deutschen Fassung von Scheidt in Worms 1551: „Hic nullus uerbis pudor, aut reuerentia mensae, Porcorum uiuit gens pecuina modo."[460]

Der Autor Friedrich Dedekind war Sohn eines Fleischers. Ab 1549 studierte er in Wittenberg und wurde 1551 Pfarrer in seiner Heimatstadt Neustadt in Niedersachsen, ab 1576 in Lüneburg, wo er 1598 verstarb. Das Werk „Grobianus" verfasste er während seines Studiums. Im Gegensatz zum Autor ist über den Übersetzer Kasper

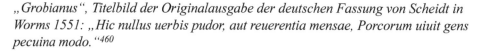

---

457 Textausgabe: Reprografischer Nachdruck des lateinischen und des deutschen Textes. Lateinischer Text: BÖHMNER, Aloys (Hg.), „Fridericvs Dedekindvs, Grobianvs", Berlin 1903; deutscher Text: Originalausgabe, Worms 1551 (Friedrich DEDEKIND, „Grobianus, De morum simplicitate. Grobianus von groben Sitten und unhöflichen Gebärden", deutsche Fassung von Caspar Scheidt, mit einem Vorwort zum Neudruck der Texte von Barbara KÖNNEKER, Darmstadt 1979).
458 Scheidts deutsche Fassung heißt „Grobianus. Von groben sitten vnd vnho(e)ffischen geberden".
459 Friedrich DEDEKIND, deutsche Fassung von Caspar Scheidt, Grobianus, S. Vf.
460 Ibid., Titelbild für die deutsche Fassung.

Scheidt kaum etwas bekannt: Er war Schulmeister in Worms und starb dort 1565 an der Pest.[461]

„Grobianus" ist eine Satire und eine Art Anstandsbuch mit Gegenbeispielen zu den guten Sitten. Die deutsche Fassung von Scheidt besteht aus zwei Büchern: Das erste gliedert sich in neun Kapitel, das zweite in acht, wie die lateinische Originalfassung. Im ersten Buch werden im dritten und vierten Kapitel die Tischzuchten behandelt. Das dritte Kapitel („von dischzucht in dischdienen auff vnd ab tragen vnd ander geschwindigkeit") enthält hauptsächlich eine Lehre für die Tischdiener und das vierte Kapitel („von außerlesener ho(e)flichkeit mit auffnesteln fürlegen vnd andern lieblichen geberden") die sogenannte „grobianischen Tischzuchten" für die Mahlteilnehmer. Am Anfang des dritten Kapitels behauptet der Autor:

„Jetzt will ich dich die mores leren

Die eim dischdiener zůgeho(e)ren.

Ho(e)r mir fein zů mein lieber son

Was ich dir lern ist gůt zu thon" („Grobianus", S. 103)

aber selbstverständlich ist es hier ironisch gemeint, denn in diesem Buch wird nicht gelehrt, was „gut zu tun" ist. Den Dienern wird empfohlen, sich unruhig zu benehmen, z. B. auf einem Bein zu stehen, erst auf dem rechten, dann auf dem linken (S. 104). Die Hände sollen nicht stillgehalten werden, da „mu(e)ssigkeit ein laster ist" (S. 105). Wenn man ein Knäblein finde, der „sich grob hielt vnd sewisch fra(e)ß" (S. 105), solle man es beobachten, wie es schlecht gekleidet sei, wie es esse, trinke und sitze usw., dann dürfe man über das Knäblein laut spotten (S. 105–106).

Im vierten Kapitel werden die falschen Tischmanieren im Stil der oben behandelten höfischen Tischzuchten – nach dem Vorgang des Essens – gelehrt. Zuerst wird geraten, vor dem Essen die Kleider aufzunesteln (S. 109). Zwar empfehlen auch manche höfischen Tischzuchten, vor dem Essen den Gürtel zu lockern, aber das Ziel dieser Vorbereitung bei „Grobianus" ist, (übermäßig) viel essen zu können: „gula" wird in manchen Teilen des „Grobianus'" empfohlen. Wie die meisten höfischen Tischzuchten erwähnt „Grobianus" zwar das Händewaschen, aber hier wird das Händewaschen gerade nicht empfohlen, weil man sonst die nassen Hände trocknen muss (S. 110). Entgegen den Tischzuchten wird es geraten, lange Nägel zu haben, weil die edlen Vögel, die König und Kaiser begehren,[462] lange und krumme Krallen haben (S. 110).

Laut „Grobianus" dürfe man den besten Platz am Tisch nehmen und müsste den sozialen Stand der anderen Mahlteilnehmer nicht berücksichtigen:

„Sprich lieber gsell hie ist mein sitz

Vnd ga(e)b nit vmb den Papst ein schnitz:

Warumb solt ich eim andern weichen

---

461 Ibid., S. Vf.
462 Wahrscheinlich sind hier Adler oder Falke gemeint.

So er doch eben ist meins gleichen?

Wir sind von einem vatter gleich

Ob wir schon arm sind oder reich

Vnd sind gemacht auß staub vnd erdt" („Grobianus", S. 110f.).

Wenn man zu spät komme und jemand anders schon den Platz genommen habe, den man nehmen wollte, dürfe man die Person vertreiben. Aber wenn man „einen größeren" treffe, gäbe es eine Ausnahmeregelung, der Äußerung oben widersprechend:

„Dann Cato hat geleret wol

Daß man dem gro(e)ssern weichen sol.

Vnd setz dich dann an seine stat

Sorg nicht wo er zu fressen hat" („Grobianus", S. 111).

Nach der Erklärung von Vorbereitung und Sitzordnung werden die Regeln des Essens aufgeführt. Alle Regeln stehen den richtigen Tischzuchten entgegen: „Grobianus" lehrt, als Erster nach dem Essen zu greifen und das Beste für sich zu beanspruchen (S. 112). Die Speise außerhalb der eigenen Reichweite dürfe man auch nehmen (S. 112). Man dürfe das Essen, das man im Mund hatte, welches aber nicht schmecke, wieder in die Schüssel zurücklegen oder in der Hand halten, denn solche Speise sei „auch dem magen nicht gesundt" (S. 114). Wenn man von einer Speise satt sei, solle man die Reste wieder auf die Platte legen, sodass die Tischnachbarn die Speisereste essen können. Dieses unmanierliche Verhalten wird von „Grobianus" durch die Freundschaft erklärt und gerechtfertigt:

„Das wirt er für ein freundtschafft haben

Vnd sich mit lust daruon erlaben

Das du von deim maul brachest ab

Daß er sein theil auch mit dir hab

Vnd jm souil freundtschafft thůst günnen

Vnd wirt ein lieb zu dir gewinnen

So du jm mit theilst also frum

Vnd hab dich noch nit beten drum" („Grobianus", S. 115).

Das Essen mit jemandem zu teilen, ist zwar ein Freundschaftsakt, und Speisereste den Armen zu geben, gilt als ein Almosen, aber die Tischgenossen eigene Speisereste essen zu lassen, zählt nicht dazu. Im Gegensatz zur Regel über die Speisen solle man nicht mit einem anderen Mahlteilnehmer aus einem Gefäß trinken. Lieber solle man den Wein ins Essigfass schütten, sodass die anderen ihn nicht bekommen können (S. 115).

Nach der Trinkregel wird wieder empfohlen, gierig auf das Essen zu sein. Wenn der Bauch schon vom ersten Gang gefüllt sei, solle man die Kleider aufnesteln (für die weiteren Speisen, S. 115–116), und wenn gute Speisen kämen, solle man darauf achten, die besten davon zu nehmen. Hier wird „etwas gûts" aufgezählt:

> „Gebrattens, galrey, gûte fladen
>
> Mag deinem bauch alls nichts geschaden
>
> Wo man dich hat zu gast geladen.
>
> Bringt man daher ein Martzapan
>
> So greiff du jn zum ersten an
>
> [...]
>
> Turten, gebachens oder strauben
>
> So wüsch du jm fluchs vber d'hauben" („Grobianus", S. 116).

Man solle nicht nur während des Essens gierig sein, sondern sogar das Essen in die Ärmel stecken und mitnehmen, denn so bekomme man es „vmb sust". Außerdem lehrt „Grobianus", wie man dieses Verhalten rechtfertigt:

> „Doch magstu wol darneben sagen
>
> Haußherr daß will ich mit mir tragen
>
> Daß ich auch morgen denck daran
>
> Wie jr vns habt so gu(e)tlich than.
>
> Das wirt jm dann gefallen wol
>
> Vnd betten dich zu gast vil mol" („Grobianus", S. 116).

Ferner wird gegen Ende dieses Kapitels die sehr abstoßende Art gelehrt, wie man anderen Mahlteilnehmern das Essen mit Nasenschleim verderben und das Essen allein genießen kann, das einem besonders gefällt:

> „So trück die naß, ein mal, zwey, drey
>
> Biß dir die hand vol schnodder sey
>
> Vnd wickels in der handt herumb
>
> Daß es auff einen hauffen kumb
>
> Vnd schmetters wider in die platt
>
> Vor deiner disch gesellen statt.
>
> Oder magst dich der gleichen stellen
>
> Als hetstus ja nein schlenckern wo(e)llen
>
> Also schreckstu die andern ab
>
> Daß keiner lust zu essen hab
>
> So bleibt dir dann allein die tracht" („Grobianus", S. 118).

Die letzte Regel dieses Kapitels gilt der Benutzung des Messers. Entgegen den richtigen Tischzuchten wird hier empfohlen, mit dem Messer die Zähne zu säubern, was mit dem Beispiel des Krokodils erklärt wird: Laut „Grobianus" lasse ein Krokodil ein kleines Vöglein seinen Mund sauber machen, da aber ein Mensch dies nicht tun könne, solle man stattdessen das Messer nehmen und selbst den Mund damit säubern (S. 117).

Die Tischzuchten empfehlen, vor dem Schneiden des Brotes mit einem Brotstück die Messerklinge abzuwischen. „Grobianus" lehrt, das Messer mit Brot abzuwischen, aber mit demselben Brot, das man für sich schneiden wolle. Das Brot brauche nicht sauber zu bleiben und wenn das Messer am Brot abgewischt werde, bekomme man „das schmaltz vmb sust" (S. 118).

Im zweiten Buch werden noch einige Regeln behandelt, die für das Essen gelten. Das zweite Kapitel beinhaltet, wie der Titel „Das ander Capitel/ wie man die kost loben/ vnd sich mit heisser speiß vnd den gasthündlin halten soll" besagt (S. 175ff.), den Umgang mit heißen Speisen und dem Hund beim Essen. Anders als in den Tischzuchten[463] wird hier empfohlen, heiße Speisen kühl zu pusten, sogar kräftig, denn „hübschlich blosen hilfft dich nit" (S. 177).

Das dritte Kapitel „was hoffzucht mit dellern zu treiben/ wie sich mit trincken zu halten/ vnd wann auffzuho(e)ren sey" (S. 179ff.) gibt weitere unmanierliche Anweisungen zum Essen. Wie im vierten Kapitel des ersten Buches wird auch hier empfohlen, gierig zu essen und sich auf die Speisen zu stürzen, vor allem wenn ein neues oder frisches Gericht kommt (S. 180, 182):

„Wer weidlich ißt den hungert nit.

Als bald man stelt frisch essen har

So greiff aber zum ersten dar

Es sey von bratens oder fischen

Doch soltu vor den deller wüschen

Den du vor hast beschmiert allein

Vnd reiben an das dischtůch rein" („Grobianus", S. 182).

Im „Grobianus" wird nicht nur gelehrt, sich auf die Speisen zu stürzen, sondern auch zu verhindern, dass andere Tischgenossen essen, wie im vierten Kapitel mit der „Taktik" bezüglich des Nasenschleims angeführt ist. Weiterhin wird eine nicht abstoßende Art gezeigt, wie man die Aufmerksamkeit der anderen Tischgenossen von den Speisen ablenken kann, z. B. durch Lachen (S. 183). Am Ende dieser Anweisung wird kurz erwähnt, dass man sich auf den Ellenbogen stützen solle, denn „Es wirt aber vil feiner stehn" (S. 183). Die Ellenbogen auf dem Tisch aufzustellen oder sich darauf zu stützen, ist normalerweise beim Essen verboten.

Auch der Umgang mit Frauen wird hier behandelt, interessanterweise, da ihn von den höfischen Tischzuchten nur „Thesmophagia" behandelt. Wie im Kap. 3.4.8 er-

---

463 Vgl. Kap. 3.4.4. Manche Tischzuchten verbieten, ins Essen oder ins Getränk zu pusten („Von tisch zucht", „Der züchte lere", „Thesmophagia", „Disticha Catonis", „Tannhäusers Hofzucht", „Facetus", „Der kindere hovescheit"). Das heiße Essen solle man von allein erkalten lassen („Thesmophagia").

wähnt, fordert „Thesmophagia" den männlichen Mahlteilnehmer unter dem Einfluss der ritterlich-höfischen Kultur auf, den jungen Damen Ehre zu erweisen und ihnen zu dienen. „Grobianus" lehrt dagegen etwas anderes: Wenn man „Mit junckfrawen vnd scho(e)nen weiben" (S. 180) am Tisch sitzt und wenn man ihnen „Den ersten deller" gibt, gewinnt man „von dischzucht lob" (S. 181), aber diese Tat verbietet die Lehre von „Grobianus". Außerdem wird empfohlen, nicht mit den Frauen umzugehen:

> „So misch dich nicht mit weibern ein:
>
> Die menner ko(e)nnens nicht verstehn
>
> Wann du vil mit jn vmb woltest gehn.
>
> Dann schertzen mit den weibern allen
>
> Will nicht eim jeden wol gefallen" („Grobianus", S. 181).

Dieses Kapitel enthält auch noch Regeln für das Trinken. Viele Tischzuchten verlangen, vor dem Trinken den Mund abzuwischen, aber im „Grobianus" wird das für nicht unbedingt nötig gehalten. Wenn man dennoch mit einem sauberen Mund trinken wolle, solle man sich mit dem Tischtuch oder einem Ärmel den Mund abwischen und den Stoff beschmieren (S. 184f.).

Brants „Das Narrenschiff" und Dedekinds/Scheidts „Grobianus" sind beide Satiren, aber anders als „Das Narrenschiff", das aus der Beschreibung der Narren und ihres Benehmens besteht, wurde „Grobianus" in Form der Anstandsliteratur wie die oben behandelten Tischzuchten verfasst. Trotz des Titels „Grobianus. Von groben sitten vnd vnho(e)ffischen geberden" steht der Autor interessanterweise (ironisch) auf dem Standpunkt, dass er „gůt zu tun" lehrt.[464] Dabei werden die Lehren im „Grobianus", die selbstverständlich falsches und schlechtes Benehmen empfehlen, oft gerechtfertigt.

3.5.5 Eine Zusammenfassung zu den grobianischen Tischzuchten

Hier wurden vier Werke mit Beschreibungen groben und unmanierlichen Benehmens beim Essen behandelt. Literaturgattungsmäßig gehören „Helmbrecht" und „Der Ring" zu einer literarischen Kategorie. In beiden Geschichten sind Bauern die Hauptdarsteller, wobei es sich um die (parodische und misslungene) Nachahmung der ritterlich-höfischen Welt handelt. In „Helmbrecht" geht es um das Leben eines Bauernsohnes und seine gescheiterten Ambitionen. „Der Ring" ist eine Erzählung von der Hochzeit eines Bauernpaars. „Das Narrenschiff" und „Grobianus" sind Satiren, die damals sehr erfolgreich und durch den Druck weit verbreitet waren sowie in mehrere Sprachen übersetzt wurden.

Was die Schilderung der sogenannten grobianischen Tischzuchten betrifft, haben „Der Ring", „Das Narrenschiff" und „Grobianus" einige Gemeinsamkeiten und wer-

---

464 Im III. Kapitel der lateinischen Fassung sagt Dedekind *„Iamque quibus deceat te moribus esse, docebo:/ Tu modo ne dubita moriger esse mihi."* (ibid., S. 17).

den hier miteinander verglichen. In „Helmbrecht" wird die Schilderung des Benehmens der zwei in diesem Werk erzählten Mähler miteinander verglichen. Wie in Kap. 3.5.1 erwähnt, gehört das erste Mahl (Familienabendessen bei Helmbrechts Vater) zur Bauernwelt, und das zweite Mahl (Hochzeitsmahl) lässt sich der „falschen" Welt der (Raub-)Ritter zuordnen. Die guten und schlechten Manieren jedes Mahls symbolisieren, welche Welt „richtig" und welche „falsch" ist. In „Helmbrecht" spielt das eigentliche Standesverhältnis der Bauern und Ritter keine Rolle.

Über den Autor vom „Helmbrecht" und über Wittenwiler, den Autor vom „Ring", ist kaum etwas bekannt. Über die Autoren der anderen beiden Werke „Das Narrenschiff" und „Grobianus" jedoch gibt es ausreichende Informationen: Brant wie Dedekind waren Gelehrte und hatten dementsprechend gute Kenntnisse von den damaligen Tischzuchten, die sich in der Schilderung der „grobianischen Tischzuchten" widerspiegeln.[465] Ohne detaillierte Kenntnisse der guten Sitten wären derart präzise Parodien und Satiren der Tischzuchten unmöglich gewesen. Gleichzeitig verlangen diese Werke – und auch „Der Ring" – von ihren Rezipienten gute Kenntnisse der (richtigen) Tischzuchten, um den satirischen Gehalt zu verstehen.

„Der Ring", „Das Narrenschiff" und „Grobianus" schildern das grobe, falsche und unmanierliche Benehmen beim Essen. Die Autoren vom „Ring" und vom „Narrenschiff" schildern unmanierliches Benehmen einfach als Beispiele unangemessenen Verhaltens: „Der Ring" beschreibt das Verhalten der Bauern und „Das Narrenschiff" das Verhalten der Narren, in der Annahme, dass die Bauern im Wesentlichen „bäuerisch" und unerzogen und die Narren im Wesentlichen närrisch und dumm sind. Im Gegensatz zu den Autoren vom „Ring" und vom „Narrenschiff" stehen Dedekind und Scheidt auf dem Standpunkt, dass das Buch „Grobianus" tatsächlich Manieren lehrt. Wie im Titel der deutschen Fassung steht, wird im „Grobianus" nur schlechtes und grobes Benehmen beschrieben, aber das Buch ist in Form von Anstandsliteratur geschrieben und die Regeln des Verhaltens beim Essen werden als „richtige" Manieren beschrieben und begründet bzw. gerechtfertigt. Freilich ist im „Grobianus" alles ironisch gemeint.

Während „Helmbrecht" und „Der Ring" eindeutig zur „deutschen" Literatur gehören, hatten die beiden Satiren „Grobianus" und „Das Narrenschiff" „internationalen" Charakter: „Das Narrenschiff" wurde zunächst auf Deutsch geschrieben, aber der Autor plante auch eine lateinische Fassung; „Grobianus" wurde zunächst auf Latein verfasst und gleich ins Deutsche übersetzt. Die lateinische Fassung spielte bei diesen beiden Satiren eine besondere Rolle: Sie konnte damit europaweit auf eine lateinkundige gelehrte Leserschaft abzielen, außerdem war sie der Ausgangspunkt für Übersetzungen in verschiedene Volkssprachen, wodurch ein breiter Leserkreis erreicht werden konnten.

---

465 Von Kaspar Scheidt, der „Grobianus" nicht nur übersetzte, sondern auch erweiterte, ist wenig bekannt, aber als Schulmeister hatte auch er ausreichende Kenntnisse, um eine solch große Satire umfangreich bearbeiten zu können, vgl. Kap. 3.5.4.

3.6 Zusammenfassung: Höfische und grobianische Tischzuchten im Vergleich

Die so genannten „grobianischen Tischzuchten" sind selbstverständlich nicht nur die in diesem Kapitel vorgestellten vier Werke („Helmbrecht", „Der Ring", „Grobianus" und „Von disches vnzůcht" aus dem „Narrenschiff"). Im zweiten Band der Sammlung der Tischzuchttexte „Grobianische Tischzuchten" sind auch Werke wie „Wie der maister sein sun lernet", Thomas Murners „Die sauw kronen" aus der „Schelmenzunft" und ein Schwank von Hans Sachs über „Die verkert dischzuecht Grobianj" aufgeführt.[466] Die mittelalterlichen höfischen Tischzuchten wurden relativ früh geschrieben; manche lateinischen Tischzuchten wurden schon im 12. und 13. Jahrhundert verfasst und dienten als Vorlage für die volkssprachlichen Tischzuchten, die ab dem 13. Jahrhundert geschrieben wurden. In der „früheren Phase" des in dieser Arbeit behandelten Zeitraums (vom 12. bis 15. Jahrhundert) stieg die Anzahl der höfischen Tischzuchten. Von den in Kap. 3 behandelten mittelalterlichen Tischzuchten entstanden zwei lateinische Tischzuchten („Facetus", „Disciplina Clericaris") im 12. Jahrhundert, vier („Phagifacetus", „Der wälsche Gast", „Der Jüngling", „Tannhäusers Hofzucht") im 13. und zwei im 14. Jahrhundert („Rossauer T.", „Der kindere hovescheit"). Dazu wurden viele selbständige deutsche Tischzuchten im 15. Jahrhundert geschrieben.[467] Dagegen erschienen die grobianischen Tischzuchten erst später,

---

466 THORNTON II. Der erste Band der Textsammlung der Tischzuchten von Thomas Perry THORNTON nach der Vorbereitung von Arno SCHIROKAUER heißt „Höfische Tischzuchten" (THORNTON I). Um Missverständnisse zu vermeiden, sei darauf hingewiesen, dass der zweite Band zwar „Grobianische Tischzuchten" heißt, aber nicht nur sogenannte grobianische Tischzuchten, sondern auch „richtige" Tischzuchten enthält. Dieser Band besteht aus folgenden Texten (Reihenfolge nach dem Inhaltsverzeichnis): 1. Heinrich Wittenwiler, Auszug aus „Der Ring", 2. Die Siegburger Tischzucht, 3. Niederdeutsche Prosatischzucht, 4. „Wie der maister sein sun lernet", 5. Jacob Köbel, Tischzucht, 6. Eine Kinderzucht, 7. Sebastian Brant, „Von disches vnzůcht" aus dem "Narrenschiff", 8. Thomas Murner, „Die sauw kronen" aus der „Schelmenzunft", 9. Friedrich Dedekind/ Kaspar Scheidt, Auszug aus dem „Grobianus", 10. Hans Sachs, a) Ein tisch-zucht, b) Tischzucht im Rosenton, c) Die verkert dischzuecht Grobianj, 11. Niederdeutsche Version der „Grobianus Tischzucht" von 1538, 12. „Speculum Mensae". Davon gehören die Texte 1,4,7,8, 9, 10-c, 11 zu den sogenannten „grobianischen Tischzuchten" über falsches und schlechtes Benehmen beim Essen. Die von Arno SCHIROKAUER gesammelten und vorbereiteten Texte wurden nicht genau nach der Textsorte („höfisch" oder „grobianisch") auf die beiden Bände verteilt, sondern chronologisch. Die früheren Texte wurden in den Band „Höfische Tischzuchten" und die späteren in den Band „Grobianische Tischzuchten" aufgenommen (THORNTON II, S. 7). Wahrscheinlich enthält der Band „Höfische Tischzuchten" deswegen auch den Auszug aus Wolframs „Parzival" über die durch den Mangel an Lebensmitteln vermiedenen schlechten Manieren („Parzival", 184, THORNTON I, S. 35).

467 Wie in Kap. 3.3.3 erwähnt, sind die meisten selbständigen volkssprachlichen Tischzuchten, teilweise wegen der Anonymität ihrer Autoren, aus sich selbst heraus nicht datierbar. Da sie in der Regel nach eigenen ältesten Handschriften datiert werden, bedeutet die Datierung quasi einen Terminus ante quem der Entstehung jedes Textes. Solche Tischzuchten wie die „Rossauer T.", „Der kindere hovescheit", „Erfurter Tischregeln", „Innsbrucker T." oder „Von tisch zucht" entstanden evtl. noch viel früher als ihre überlieferten ältesten Handschriften. Dazu kommt noch in Betracht, dass die ins 14. Jahrhundert datierten Tischzuchten alle nach ihren ältesten Handschriften datiert sind. Es ist anzunehmen, dass keine Tischzucht im 14. Jahrhundert neu verfasst worden wäre, wenn alle in der bisherigen Forschung ins 14. Jahrhundert datierten Tischzuchten („Rossauer T. [in Rossauer und

ab dem 15. Jahrhundert, und sind im 15. und 16. Jahrhundert dominant.[468] Es versteht sich, dass die „richtigen" Tischzuchten zuerst entstanden und die Gegenbeispiele, Satiren und Parodien ihnen folgten. Aber vor dem Hintergrund, dass die mittelalterlichen Tischzuchten, wie oben erwähnt, bereits ab dem 12. Jahrhundert, die volkssprachlichen Tischzuchten ab dem 13. Jahrhundert geschrieben wurden, scheinen die grobianischen Tischzuchten „zu spät" zu erscheinen. Hier möchte ich nur darauf hinweisen, dass dieser zeitliche Abstand sich möglicherweise mit Tendenzen der allgemeinen Literaturgeschichte erklären lässt, doch wird dieser Umstand hier nicht weiter diskutiert.

Ein Vergleich der Texte der höfischen und grobianischen Tischzuchten lässt einen sehr deutlichen und wichtigen Unterschied erkennen. In den höfischen Tischzuchten werden die „richtigen" Anstandsregeln sehr einfach geschrieben: Sie geben schlichte Anweisungen, wie man sich am Tisch benehmen soll oder was beim Essen zu vermeiden ist, jedoch wird die einzelne Regel zumeist weder erklärt noch begründet. Einzig in den Tischzuchten von Petrus Alfonsi finden sich solche Erläuterungen. Er ist wahrscheinlich der einzige Autor dieses Genres, der einen Grund für die Notwendigkeit des Händewaschens, zumindest nach dem Essen, anführt. Wie andere Tischzuchten-Verfasser geht jedoch auf gar keine Begründung des Händewaschens vor dem Essen ein. Dies sei laut Petrus Alfonsi sowohl aus sittlichen als auch aus hygienischen Gründen sinnvoll, denn es mache die Augen schlecht, wenn man sie nach dem Essen mit ungewaschenen Händen berühre.[469] Diese Argumentation vom medizinischen Standpunkt aus ist ihm eigentümlich, seine Kenntnisse beruhen auf seiner ursprünglichen Tätigkeit als Hofarzt. Ferner begründet er auch einige weitere Regeln unter medizinischen bzw. gesundheitlichen Gesichtspunkten, beispielsweise, warum man das Essen vor dem Schlucken gut kauen soll oder warum man nicht sprechen darf, wenn man noch etwas im Mund hat.[470] Zudem argumentiert er mit dem Aspekt des Anstands: „du darfst das Brot nicht essen, bevor die anderen Speisen serviert werden, sonst giltst du für ungeduldig", „stopf deinen Mund nicht mit dem Essen voll, so dass die Körnchen herabfallen, um nicht für gefräßig zu gelten" oder „nimm keinen Becher, bis dein Mund leer wird, um nicht als Säufer betrachtet zu werden".[471] Bemerkenswert ist, dass Petrus Alfonsi, ganz gleich ob aus medizinischer

---

Schlierbacher Handschriften]", „Der kindere hovescheit", und „Dy hoffzucht") schon im 13. Jahrhundert und die nach den Handschriften ins 15. Jahrhundert datierten Tischzuchten wirklich im 15. Jahrhundert entstanden wären.

468 Vgl. „Die früheren Tischzuchten – in dem 4. Heft dieser Reihe als ‚Höfische Tischzuchten' gekennzeichnet – stehen dem Grobianismus fern" (THORNTON II, S. 7). THORNTON I und II gehören zur Reihe „Texte des späten Mittelalters", hrsg. v. Wolfgang Stammler und Ernst A. Philippson, mitbegründet von Arno Schirokauer. Heft 4 dieser Reihe ist „Höfische Tischzuchten (THORNTON I)", Heft 5 ist „Grobianische Tischzuchten (THORNTON II)".

469 „Post prandium manus ablue, quia phisicum est et curiale; ob hoc enim multorum oculi deteriorantur, quoniam post prandial minibus non ablutis terguntur" („De modo comedendi" in Exemplum XXVI der „Disciplina Clericaris"). Vgl. Kap. 3.4.3.

470 Vgl. Kap. 3.4.3.

471 „[...] nec comedas panem priusquam ueniat aliud ferculum super mensam, ne dicaris impaciens; nec tantum ponas bolum in ore tuo ut mice defluant hinc et inde, ne dicaris gluto; [...] nec pocula sumas donec sit os uacuum, ne dicaris uinosus" (ibid.).

oder nichtmedizinischer Sicht, die meisten Anstandsregeln begründet, was bei den anderen höfischen Tischzuchten nicht vorkommt. Wahrscheinlich braucht es weder komplizierte Analysen noch ausführliche Erklärungen, warum die Anstandsregeln in den meisten höfischen Tischzuchten in der Regel ohne Begründung auskommen. Aus meiner Sicht liegt es am Bildungsniveau der Rezipienten der höfischen Tischzuchten. Wie bereits im Kap. 3.3.4 kurz diskutiert, sind die höfischen Tischzuchten, die in der vorliegenden Arbeit behandelt werden, keine Anstandsbücher für „gemeine" Leute, die Manieren und Anstand als „Anfänger" lernen müssen, sondern sie sind auf die „höfischen" Leute gerichtet, die zur oberen Schicht der Gesellschaft gehören und nicht nur eine schriftliche Erziehung genossen haben. Allgemein gilt, dass nicht aufgeschrieben wird, was selbstverständlich ist: Für die Rezipienten der hohen Gesellschaft war die Erklärung der einzelnen Anstandsregeln der Tischzuchten nicht nötig, weil sie selbstverständlich waren. Aber hier bleibt noch die Frage, warum in manchen höfischen Tischzuchten, die zudem auch an Kinder und Jugendliche gerichtet waren, die wahrscheinlich doch der Erklärung bzw. der Begründung der Anstandsregeln bedurft hätten, diese Erläuterungen fehlen.

Der Ausnahmefall von Petrus Alfonsi liegt nicht nur in seinen oben genannten medizinischen Kenntnissen begründet, sondern auch in einer Eigenschaft des Abschnittes „de modo comedendi": In einem Dialog lehrt der Vater seinem (wahrscheinlich noch jungen) Sohn das richtige Verhalten beim Essen. Der Abschnitt beginnt mit der Frage des Sohnes, wie man sich beim Essen mit dem König verhalten soll: „O pater, quare oblitus es dicere quomodo debet homo comedere coram rege?"[472]. Darauf antwortet der Vater, es gäbe keinen Unterschied zwischen den Manieren beim Essen mit dem König und mit den anderen Leuten und lehrt dem Sohn allgemeine Tischmanieren. Da hier der Rezipient der Lehre der Tischzuchten der junge, noch nicht erzogene Sohn ist, muss der Vater erklären, warum man sich beim Essen so und nicht anders verhalten soll. So wurden die Anstandsregeln in diesem Abschnitt (unter den zahlreichen mittelalterlichen Tischzuchten) ausnahmsweise mit Begründung und Erklärung versehen.

Im Gegensatz zu den höfischen Tischzuchten, die zum großen Teil sehr schlicht geschrieben werden, werden die grobianischen Tischzuchten in der Regel erklärt, begründet und die Folge von falschem Benehmen ausführlich geschildert. Im Kapitel 110a „Von disches unzucht" in „Das Narrenschiff" wird falsches Verhalten sogar gerechtfertigt. Ein Grund dafür ist eindeutig, dass es sehr lustig ist, wenn ein falsches Benehmen beim Essen ausführlicher erklärt wird und dessen Folgen geschildert werden. Daneben muss für die grobianischen Tischzuchten als Satire oder Parodie der „richtigen" Tischzuchten, deren Richtigkeit für ihre Rezipienten selbstverständlich zu verstehen war, erklärt werden, wie schlimm falsches Benehmen und wie katastrophal seine Folge sind.

Der andere unübersehbare Unterschied zwischen den höfischen und grobianischen Tischzuchten sind die Abbildungen. Während jedes Kapitel des „Narrenschiffs" von einem inhaltlich passenden Holzschnitt begleitet ist und auch „Grobia-

---

472 Ibid.

nus" einige seinem Inhalt entsprechende Abbildungen enthält, sind die Texte der höfischen Tischzuchten in der Regel nicht illustriert. Auch der Textteil mit den Tischzuchten in „Der wälsche Gast", dessen Handschriften ansonsten ziemlich viele Abbildungen enthalten, ist leider ohne bildliche Darstellung geblieben. Ausnahmsweise hat Jakob Köbels T. ein Titelbild, auf dem eine typische, normale Mahlszene dargestellt ist.[473] Eine mögliche Erklärung für dieses Phänomen wäre, dass sich durch die Bebilderung der humoristische Effekt der grobianischen Tischzuchten noch steigern lässt. Die Begründung für die Bebilderung in „Das Narrenschiff" liegt darin, dass Text und Bild als ein Gesamtwerk zu sehen sind.

Die grobianischen Tischzuchten waren aber nicht nur Satire oder lustige Parodie der höfischen Tischzuchten. Vermutlich konnte ihr gelehrtes bzw. gebildetes Publikum sie nicht nur als scharfe Satire und Ironie genießen, sondern davon auch richtige Manieren lernen, da in den grobianischen Tischzuchten eine Reihe Gegenbeispiele der guten Manieren geschrieben steht, d. h. eine Liste des eindeutig falschen Verhaltens, das beim Essen zu vermeiden ist. Die Satire oder Parodie allgemein verlangt von ihrem Publikum ein höheres Bildungsniveau als normale Anstandsliteratur, denn das Publikum sollte gute Vorkenntnisse davon haben, was richtig oder gut ist, um die Satire und Parodie richtig zu verstehen. Was die grobianischen Tischzuchten betrifft, verlangen sie von ihrem Publikum relativ gute Vorkenntnisse der richtigen Manieren bei Tisch, um richtig zu verstehen, wie falsch und chaotisch das geschilderte Verhalten ist. Wenn das richtige Verständnis vorliegt, dass die grobianischen Tischzuchten eine Liste des falschen Verhaltens beim Essen sind, kann man von den grobianischen Tischzuchten auch lernen, was man beim Essen *nicht* tun darf.

Ein Wort-zu-Wort-Vergleich der grobianischen Tischzuchten mit den höfischen Tischzuchten wäre sehr interessant. Da die Anstandslehre der höfischen Tischzuchten oft als ein Verbot falschen Benehmens beim Essen formuliert ist, beispielsweise *nicht* mit vollem Mund zu trinken, beim Trinken *nicht* um sich zu schauen, *nicht* ins Getränk zu blasen usw.,[474] bilden sie gleichzeitig auch eine Auflistung schlechten Benehmens. Der Unterschied ist nur, dass die höfischen Tischzuchten das schlechte oder falsche Benehmen verbieten und die grobianischen Tischzuchten nicht. Kehrt man um, was die höfischen Tischzuchten verbieten, werden daraus grobianische Tischzuchten. Ein gutes Beispiel für den Zusammenhang zwischen höfischen und grobianischen Tischzuchten bieten die Werke von Hans Sachs, dem Meistersinger im 16. Jahrhundert. Er verfasste interessanterweise sowohl richtige als auch grobianische Tischzuchten, die in dieser Arbeit nicht ausführlich behandelt werden können, da sie außerhalb des Zeitraums der „mittelalterlichen Tischzuchten" vom 12. bis 15. Jahrhundert liegen. Seine Tischzuchten („Ein tisch-zucht" und „In dem rossen thon Hans Sachsen. Ein dischzuecht"), die neben seiner grobianischen Tischzucht („Ein Schwanck. Die verkert dischzucht Grobianj") in „Grobianische Tischzuchten" kompiliert werden, sind inhaltlich sehr nah an den selbständigen Tischzuchten des Spät-

---

473 München, Bayerische Staatsbibliothek, 4 Inc.c.a. 914m, Titelblatt (http://daten.digitale-sammlunge n.de/bsb00029631/image_4).
474 Vgl. Kap. 3.4.4.

mittelalters. Der Vergleich seiner Texte zeigt beispielhaft die Beziehung zwischen höfischen und grobianischen Tischzuchten:

„Ein tisch-zucht" (1534)	„Die verkert dischzuecht Grobianj" (1563)
	Es peschreibet Grobianus
	[...]
Hor mensch, wenn du zu tisch wilt gan,	Hör mensch, wen dw zv gast wilt essen,
Dein hend solt du gewaschen han.	Wasch dein hent nicht e dw pist gsessen,
	[...]
Lang negel zimmen gar nit wol.	Lang negel zimen dir auch wol.
Die man haimlich abschneyden sol.	
Am tisch setz dich nit oben an,	Vnd secz am disch dich oben on,
Der haußherr wöls dann selber han.	Seczt gleich der wirt dich nit hinan.
Der benedeyung nit vergiß,	Des benediczte auch vergis,
Inn Gottes nam heb an und iß.	Sunder zuck den loffel vnd is
Den eltisten anfahen laß.	Vnd grewff hinein vor andern alten,
Nach dem iß züchtigklicher maß.	Thw dich grob vnd ölperisch halten.
Nit schnaude oder sewisch schmatz.	Am disch schnaude vnd sewisch schmacz.
Nit ungestümb nach dem brot platz,	Mit vngestuem nach dem prot placz.
Das du kein gschirr umbstossen thust.	Ein pecher, zwen vmb stosen thuest.
Das brot schneid nit an deiner prust;	Den schneid das prot an deiner pruest;
Das gschnitten brote oder weck	Das geschniten prot oder den weck
Mit deinen henden nit verdeck.	Fein mit der lincken hant pedeck,
	[...]
Und brock nit mit den zenen ein.	Prock darnach mit den zennen ein
Und greiff auch für dein ort allen;	Vnd glewff nicht fuer dein ort allein.
[...]	[...]
Greiff auch nach keiner speise mehr,	Nach ander speis grewff wider her
Bis dir dein mund sey worden leer.	E dir dein mund sey worden ler;
	Als wol die schuessel dir entlauffen,
	[...]
Red nicht mit vollem mund. sey messig.	Mit volem mund red, sey gefressig,
Sey in der schüssel nit gefressig,	

Text aus THORNTON II, S. 55f. und S. 59f

Diese beiden Tischzuchten gleichen einander sowohl inhaltlich als auch stilistisch wie „Spiegelbilder". Es lässt sich vermuten, dass diese grobianische Tischzucht als Parodie der bereits entstandenen höfischen Tischzuchten absichtlich in ähnlicher Form verfasst wurden.

3.7 Zwischenfazit: Der Vergleich von Tischzuchtliteratur mit historischen Quellen und höfischer Literatur – Übereinstimmungen und Diskrepanzen in Bezug auf die öffentlichen Mähler und das Verhalten beim Essen

Wie am Anfang des 3. Kapitels ausgeführt, werden nicht alle Tischzuchten, die im Mittelalter entstanden und bis heute überliefert sind, hier vorgestellt. Aber allein die Tischzuchten, die in diesem Kapitel behandelt wurden, reichen aus, um ihre Wichtigkeit nachzuweisen. Die Tischzuchten entstanden einerseits selbständig, andererseits als ein unerlässlicher Teil der Anstandsbücher. Diese Erziehungsbücher, die Tischzuchten enthalten, wurden für die Erziehung der adligen Kinder und Jugendlichen geschrieben, die selbständigen Tischzuchten aber benennen als ihre Adressanten nicht nur Kinder und Jugendliche, sondern auch Erwachsene. So enthalten die Tischzuchten, darauf weist Rüdiger SCHNELL hin, sowohl „primitive" als auch „fortgeschrittene" Regeln und Anweisungen.[475] Die inhaltliche Vielfalt der mittelalterlichen Tischzuchten ist neben der großen Anzahl der Tischzuchttexte bemerkenswert. Bereits Sebastian Brant bemerkte die Vielfältigkeit und den großen Umfang der damals bekannten Tischzuchten. Er hatte als Übersetzer lateinischer Tischzuchten gute Kenntnisse davon gewonnen und war so in der Lage, im „Narrenschiff" eine Sammlung von Gegenbeispielen zu den richtigen Manieren zusammenzustellen. In Kapitel 110a in „Das Narrenschiff" schreibt er, dass er eine Legende oder eine Bibel schreiben müsste, wenn er versuchen wollte, alles zu erzählen, was mit falschem und komischem Benehmen beim Essen zu tun hätte:

„Des hat der disch manch seltzen gbruch

Wann ich die all erzelen solt

Eyn gantz legend ich schriben wolt" („Das Narrenschiff", 170–172).

„Ich wolt sunst wol eyn bibel machen

Solt ich all missz bruch hie beschriben

Die man důt ob dem essen triben" („Das Narrenschiff", 190–192).

Sebastian Brant spielte für die Tischzuchten nicht nur durch die Übersetzungsarbeit und die Abfassung des „Narrenschiffs" eine besondere Rolle, sondern er trug auch zur Verbreitung der Tischzuchttexte bei, indem er selbst als Drucker der deutschen Übersetzungen lateinischer Tischzuchten und des „Narrenschiffs" fungierte.

In Bezug auf mittelalterliche Texte ist stets der Aspekt der Sprache virulent, d. h. ob eine Schrift in Latein oder in der Volkssprache geschrieben war. Die Sprache bestimmt den Leserkreis, auf den die Schrift abzielt. Die lateinischen Tischzuchten wurden, wie oben erwähnt, als Schultexte von männlichen Schülern gelesen. Als lateinische Texte erreichten sie einerseits die lateinunkundigen Laien nicht, andererseits aber konnten sie von lateinkundigen Gelehrten „europaweit" gelesen werden und so auch in andere Volkssprachen übersetzt werden. Jene Tischzuchten, die ursprünglich auf Deutsch verfasst wurden, richteten sich in diesem Sinne an die Laien. Die deutschen Übersetzungen der Tischzuchten, die ursprünglich auf Latein verfasst wurden, konnten sich unter den lateinunkundigen, aber für die Erziehung und Manieren interessierten Laien verbreiten. Manche Verfasser von Tischzuchten waren sich dieses Sprachproblems bewusst. Wie oben erwähnt, übersetzte Sebastian Brant einerseits drei lateinische Tischzuchten ins Deutsche und plante andererseits aber von An-

---

475 Manieren sollen selbstverständlich besser schon in der Kindheit erlernt werden. Da es aber auch in den heutigen „zivilisierten" Gesellschaften zahlreiche Bücher über Manieren für Erwachsene gibt, bedeutet die Existenz der Tischzuchten für Erwachsene im Mittelalter nicht, dass sie derart „unzivilisiert" waren und deswegen immer noch Anstand erlernen mussten.

fang an eine lateinische Fassung des „Narrenschiffs", das er selbst auf Deutsch verfasste, sodass seine Satire sich „international" verbreiten konnte. Thomasin von Zerclaere schrieb sein Erziehungsbuch auf Deutsch, obwohl Deutsch nicht seine Muttersprache war und er als gelehrter Kleriker vermutlich ein Werk auf Latein hätte einfacher schreiben können.[476] Er erklärte in seinem Werk, warum er es auf Deutsch geschrieben hatte:

> „Hie will ich iuch wizzen lân,
>
> swie wol ich Welhische kan,
>
> sô wil ich doch in mîn getiht
>
> Welhischer worte mischen niht.
>
> Der zühte lêre gewant sol gar
>
> von sîme gebote sîn einvar.
>
> [...]
>
> swer strîfelt sîne Tiusche wol
>
> mit der Welhsche sam er sol;
>
> wan dâ lernt ein Tiusche man,
>
> der niht Welhische kan,
>
> der spæhen worte harte vil,
>
> ob erz gerne tuon wil.
>
> Ich vürht, ob ich iuch lêren wolde
>
> wie man Welhische sprechen solde,
>
> daz mîn arbeit wær verlorn"(„Der wälsche Gast", V. 33–49).

Die schriftlichen höfischen und grobianischen Tischzuchten konnten sich aber, trotz solcher Bemühungen, einen weiteren Leserkreis zu erreichen, nur innerhalb eines beschränkten Personenkreises verbreiten, weil die damalige Quote der Lesefähigkeit unter der Bevölkerung niedrig und die Kosten der Herstellung von Schriften hoch waren.

In Bezug auf die Tischzuchten bleibt eine Frage allgemein unbeantwortet, also dass gutes Benehmen, auch die Tischmanieren, nicht nur durch das Lesen von Anstandsliteratur, sondern eher durch Erfahrungen, Übung und persönliche mündliche Lehre erlernt wurden. Aus der damaligen didaktischen Literatur und den Tischzuchten kann man erschließen, was junge Adlige lernen sollten, aber sie geben uns kaum Aufschluss über die Praxis der Erziehung. Im Mittelalter wurden die adligen Kinder aus Erziehungsgründen an fremde Höfe geschickt, um dort gutes und angemessenes Benehmen in der Praxis zu erlernen. In „Heinrich von Kempten" züchtigt der Truchsess des Kaisers einen „juncherr" adliger Herkunft, der sich am Hof des Kaisers

---

476 Er erwähnt, dass er einmal ein „buoch von der hüfscheit" in einer romanischen Sprache verfasst hatte („Der wälsche Gast", V. 1173–1175).

(wahrscheinlich im Rahmen seiner Erziehung) aufhielt (60ff). Im „Parzival" unterrichtet Gurnemanz Parzival mündlich darin, wie ein Ritter sein soll („Parzival", 170–173). In „Tristan und Isolde" Gottfried von Straßburgs zerlegt Tristan selbst einen Hirsch, um den Jagdleuten von König Marke die richtige Art und Weise des Zerlegens zu zeigen („Tristan und Isolde", 2871–3057). Die Rolle der geschriebenen Tischzuchten darf aber nicht unterschätzt werden: Die Tatsache, dass so viele Tischzuchten damals selbständig und in den Erziehungsbüchern niedergeschrieben wurden, zeigt ihre Wichtigkeit in der Erziehung in der damaligen höfischen Gesellschaft.

Im Großen und Ganzen zeigen die mittelalterlichen Tischzuchten ein hohes Entwicklungsniveau. Was die Manieren betrifft, war die mittelalterliche adlige Gesellschaft nicht so primitiv oder kindisch wie Norbert ELIAS behauptet. Die Grundlage der Manieren ist, wie Giovanni della Casa hinweist, sich „richtig" zu benehmen, sodass man die anderen nicht stört bzw. ihnen kein Unbehagen bereitet. Die Regeln dafür werden normalerweise durch Verbote falschen bzw. unangemessenen Verhaltens gelehrt. Die mittelalterlichen Tischzuchten enthalten neben zahlreichen Verboten manche Anweisungen eleganten und empfohlenen Verhaltens. Manche Regeln sind, wie oben erwähnt, überzeitlich und werden auch in der heutigen Gesellschaft gelehrt; das Gebot des Händewaschens vor dem Essen, die Verbote, die Ellenbogen auf den Tisch zu stellen, beim Essen die Wangen mit Essen zu füllen, mit vollem Mund zu sprechen, zu schmatzen, am Tisch aufzustoßen usw.

In Kap. 2 zeigen zahlreiche Beispiele von Festberichte/-schilderungen, welche Elemente der öffentlichen Mähler im Mittelalter in der Realität und in der Literatur für wichtig gehalten wurden. Diese sollen mit den aus den mittelalterlichen Tischzuchten gewonnenen Aspekten verglichen werden, um ein Gesamtbild von den öffentlichen gemeinsamen Gast- und Festmählern im Mittelalter zu vermitteln. Es gibt Übereinstimmungen, aber auch Diskrepanzen zwischen den (Ideal-)Vorstellungen in den historischen Quellen, der höfischen Literatur und den Tischzuchten.

Almosen, Spenden und das Denken an die Armen beim Essen werden sowohl in den Tischzuchten als auch in der höfischen Literatur und in den historischen Quellen erwähnt, aber aus unterschiedlichen Gründen. Einige Tischzuchten empfehlen aus moralischen Gründen, beim Essen an Gott und an die Armen zu denken. Vor allem in „Phagifacetus" gilt das Gebot, das Brot mit „jemandem an der Tür (i. e. einem Bettler bzw. einem Armen)" zu teilen.[477] Wie die Beispiele in Kap. 2.2.1 zeigen, wurde die Geste, die Speisereste als Almosen den Armen zu geben, im Mittelalter für tugendhaft gehalten und davon lobend berichtet, aber das Almosen wird nur in wenigen Tischzuchten erwähnt.[478] Im Gegensatz zur seltenen Erwähnung in den Tischzuchten sind die Spenden und Schenkungen sowohl in den Festberichten der historischen Quellen als auch in den Festschilderungen der höfischen Literatur ein wichtiges und unerlässliches Element, die Beschenkten und das Motiv des Schenkens sind jedoch anders, als dies in den Tischzuchten gefordert wird. Die Beschenkten waren bei den Festen zwar die „sozial Schwachen", aber nicht nur die Bettler oder die Ar-

---

477 Vgl. Kap. 3.4.2.
478 Vgl. Kap. 3.4.2.

men, sondern auch die Fahrenden, Gaukler, Spielleute und sonstige Festteilnehmer, die irgendwie zu den Vergnügungen während des Festes beitrugen. In der höfischen Literatur werden vor allem im „Nibelungenlied" großzügige Geschenke für die Fahrenden und Spielleute betont. Die reichen Gastgeber und Festteilnehmer schenkten so großzügig, als hätten sie nicht länger als einen Tag zu leben gehabt.[479] Auf dem Mainzer Hoftag von 1184 beschenkten neben dem Kaiser und seinen zwei Söhnen, die während des Festes zum Ritter geschlagen wurden, die teilnehmenden Fürsten und Adligen die Gefangenen, Kreuzritter und die Spielleute.[480] Bei der Hochzeit Heinrichs V. mit Mathilde ist erwähnt, dass die Gaukler und Spielleute von Kaiser (Heinrich) beschenkt wurden.[481] Die Festteilnehmer schenkten nicht immer aus moralischen Gründen (für das eigene Seelenheil) und zwecks Armenfürsorge, sondern auch besonders, um der damit verbundenen Ehre willen. Gislebert von Mons erwähnt den Grund des leidenschaftlichen Schenkens des Kaisers, seiner zwei Söhne, der Fürsten und Adligen:

> „Feria secunda pentecostes, dominus Henricus rex Romanorum et Fredericus dux Suevorum, domini Frederici Romanorum imperatoris filii, novi ordinati sunt milites, <u>pro quorum honore</u> ab ipsis et ab universis principibus et aliis nobilibus multa militibus, captivis et cruce signatis et ioculatoribus et ioculatricibus data sunt, […]. Principes enim et alii nobiles <u>non solum pro dominorum suorum, scilicet imperatoris et eius filiorum honore, sed eciam pro sui proprii nominis fama dilatanda.</u> largius sua erogabant."[482]

Der Kaiser und seine Söhne schenkten für ihre eigene Ehre, auch die Fürsten und Adligen schenkten nicht nur für die Ehre ihrer Herren (i. e. des Kaisers und seiner Söhne), sondern auch für das eigene Ansehen. Dabei handelte es sich um die mittelalterliche Herrscher- und Rittertugend der „largitas (milte)": Ein tugendhafter Herrscher sollte freigebig sein. Da die meisten Herrschertugenden in die Rittertugenden eingingen, gehörte auch die Freigebigkeit dazu. Im Fall des oben genannten Mainzer Hoftags von 1184 wurde die Freigebigkeit nicht nur als Herrschertugend, sondern auch als Rittertugend ausgeübt, weil hier die Ritterideale für die drei Herrscher, Kaiser Friedrich Barbarossa und seine in diesem Fest zum Ritter geschlagenen Söhne, eine besondere Bedeutung hatten. Durch die freigebige Beschenkung demonstrierten sie ihre Herrscher- und Rittertugend. Zu den Aufgaben eines tugendhaften Herrschers und Ritters gehörte, die „sozial Schwachen" – die Witwen, Waisen und Armen – zu beschützen, wozu wohl auch freigebige Spenden gehörten. Die umfangreichen Schenkungen auf den höfischen Festen, die in Kap. 2 behandelt werden, scheinen indes eher dazu gedient zu haben, eigene Macht, Reichtum und „largitas" als Herrscher- und Rittertugend zu demonstrieren. Ein Zusammenhang mit der „Armenfürsorge" aus moralischen Gründen ist nicht ersichtlich.

Wie in Kap. 2 hingewiesen, werden die Manieren beim Essen sowohl in der höfischen Literatur als auch in den Festberichten der historischen Quellen kaum erwähnt, weil das Essen selbst nicht ausführlich beschrieben wird. Das gilt jedoch nicht für

---

479 Zum Beispiel Strophe 40 im „Nibelungenlied", vgl. Kap. 2.2.2.4.
480 Vgl. das Zitat unten aus „Chronicon Hanoniense".
481 EKKEHARD VON AURA, „Chronica, pars altera", S. 248, vgl. Kap. 2.3.1, Anm. 212.
482 GISLEBERT VON MONS, „Chronicon Hanniense", S. 143.

das Händewaschen vor dem Essen, das in der Literatur öfter vorkommt. Wie in Kap. 3.4.3 bemerkt, spielte das Händewaschen im Mittelalter wegen des Handessens eine wichtigere Rolle als heute und seiner Bedeutung entsprechend wird es in den meisten Tischzuchten erwähnt. Auch in den grobianischen Tischzuchten ist das Händewaschen ein beliebtes Motiv. Im „Ring" waschen sich nur zwei der vielen Hochzeitsgäste die Hände und eine der beiden wird sogar wegen des (zu langen) Händewaschens getadelt.[483] Im „Narrenschiff" waschen sich die Narren die Hände vor dem Essen selbstverständlich nicht.[484] Im Gegensatz dazu wird in den Festberichten der Chroniken und Annalen das Händewaschen überwiegend verschwiegen. Außerdem wird das Händewaschen in vielen Abbildungen von Mahlzeiten kaum dargestellt.[485] Das bedeutet aber nicht, dass das Händewaschen vor dem Essen ein unrealistischer hygienischer Wunsch, eine hygienische Illusion nur auf Theorieebene war. In Kap. 27 der Goldenen Bulle wird das Händewaschen beim Mahl auf dem Hoftag erwähnt. Vor dem Beginn des Mahls sollten alle Kurfürsten den König/Kaiser bedienen und der Markgraf von Brandenburg sollte als Erzkämmerer („archicamerarius") dem König/Kaiser zwei silberne Becken mit Wasser zum Händewaschen und ein Handtuch zum Abtrocknen bringen. Beim Händewaschen wurde das Wasser oft über einem Becken aus einer Kanne oder einem Krug auf die Hände gegossen. Kannen und Becken, die beim Händewaschen tatsächlich verwendet wurden, sind heute noch erhalten und in Museen zu sehen.[486]

Wie die zahlreichen Beispiele in Kap. 2 zeigen, spielte die Sitzordnung bei den öffentlichen Mählern stets eine Rolle, aber ihre Wichtigkeit wird in der Literatur und in den historischen Quellen unterschiedlich gewichtet. In der Literatur wird die Sitzordnung am Anfang des Mahls oft erwähnt, manchmal sogar sehr ausführlich, was darauf hinweist, dass die Sitzordnung ein unerlässliches Element des gemeinsamen Mahls ist. Sie wird vom Gastgeber oder der wichtigsten Person angewiesen, während die Gäste dem folgen und sich nicht widersetzen. Die Fälle, in denen die Sitzordnung in den historischen Quellen erwähnt wird, sind dagegen normalerweise die Streitfälle. Da die Sitzordnung in der Öffentlichkeit, wie in Kap. 2.3.3 erwähnt, unmittelbar die eigene Stellung in der Gesellschaft bedeutete und in der mittelalterlichen adligen Gesellschaft im Zusammenhang mit der „Ehre" als sozialer Anerkennung die Stellung in der Öffentlichkeit ständig „angemessen" gezeigt werden musste, verursachte die „falsche" bzw. „unbefriedigende" Sitzordnung in der Realität sehr leicht einen bedenklichen Streit. Die Sitzordnung wird in den Tischzuchten erwähnt, aber trotz ihrer Wichtigkeit wird sie nur in wenigen dieser Texte ausführlicher behandelt. Da sie nur manchmal im Bereich der Anweisungen für die Gastgeber erwähnt wird, der wiederum in manchen Tischzuchten fehlt, während der „Hauptteil" der Tischzuchten aus den Regeln und Lehren für die Mahlteilnehmer besteht.[487] In den grobianischen

---

483   Vgl. Kap. 3.5.2.
484   Vgl. Kap. 3.5.3.
485   Vgl. Kap. 4.1.3.
486   Vgl. Kap. 2.3.4 und Anm. 257, OTTOMEYER (2002), S. 174f, BRÜDERLE (2011), S. 59f., vgl. Abb 9.
487   Vgl. Kap. 3.4.1.

Tischzuchten ist die Sitzordnung aber ein guter Anlass, um falsches Benehmen am Tisch zu zeigen: Die Narren im „Narrenschiff" bringen die anderen Mahlteilnehmer um ihre Sitzplätze und ignorieren die Sitzordnung. „Grobianus" erlaubt, sich den besten Platz zu nehmen, ohne den sozialen Stand der anderen Mahlteilnehmer zu berücksichtigen, und – so lässt es sich dem Text entnehmen – falls man zu spät komme und der Sitzplatz, auf dem man sitzen wollte, besetzt sei, dürfe man denjenigen, der ihn genommen habe, von diesem Platz vertreiben. Die Anweisungen der falschen Sitzordnung der grobianischen Tischzuchten zeigen die Tatsache auf, dass die Sitzordnung in der Realität oft streitträchtig war.

Übermäßiges Essen und Trinken, Völlerei und Sauferei, wurden in jedem Fall für schlecht gehalten und aus gesundheitlichen und moralischen Gründen kritisiert. Wie in Kap. 3.4.3 erwähnt, gehörte die Sünde der Völlerei und Sauferei als „gula" zu den sieben Todsünden. Davor warnen nicht nur die Tischzuchten und satirischen Erwähnungen in den Literaturwerken.[488] „Der Renner" Hugo von Trimbergs hat ein Kapitel „Von dem frâze", in dem er Völlerei und Sauferei stark kritisiert und empfiehlt, mäßig zu essen und zu trinken:

> „Von dem frâze ich sagen wil.
>
> Frâz, luoder unde spil
>
> Machent tummer liute vil,
>
> Und unkiusche, diu ouch ir gespil
>
> Je was und muoz immer sîn:
>
> Wenne mete, bier und guoter wîn
>
> Und alle tage mit voller spîse
>
> Machent vil manic herze unwîse,
>
> [...]
>
> Mêzic trinken und kleine spîse
>
> In wîser liute magen ich prîse" („Der Renner", 9432–9468).

Auch Thomasin von Zerclaere warnt vor Völlerei und Sauferei:

> „Dem vrâze ist nâch ezzen nôt;
>
> der trinker ist nâch trinken tôt" („Der wälsche Gast", V. 173–174).

Wie in Kap. 2.3.2 erwähnt, waren reichliche Bewirtung und große Ausgaben beim Festmahl ein gutes Mittel, Macht und Reichtum des Gastgebers zu zeigen. Die dafür nötigen großen Ausgaben konnten allerdings auch für verschwenderisch gehalten werden. Die Festberichte der Chroniken und Annalen schweigen über Festessen, aber die Beschreibungen der enormen Vorräte an Lebensmitteln (z. B. im Bericht des Arnold von Lübeck über mit Hähnen und Hennen gefüllte Häuser und große Mengen an

---

488 BUMKE (1986), S. 274.

Wein beim Mainzer Hoftag von 1184)[489] lassen den Lesern ahnen, dass die Festteilnehmer während des Festes reichlich aßen und tranken. Dass Arnold die große Menge an für den Mainzer Hoftag gesammeltem Wein mit dem Mahl des Ahasverus vergleicht und dass Otto von St. Blasien den Sturm während des Mainzer Hoftags als
Folge des übermäßigen Luxus der Festteilnehmer ansieht, an dem der Überfluss an
Lebensmitteln also teilweise auch schuld ist, zeigt die negative Haltung beider Autoren zu diesem „Überfluss an Lebensmitteln". Wie in Kap. 2 erwähnt, wird in der höfischen Literatur meistens nicht beschrieben, wie man während des Festmahls speiste.
Manchmal wird aber erwähnt, dass man unmanierlich isst. Die Beschreibungen der
Unmanierlichkeit oder des gierigen Essens haben besondere Bedeutung in der höfischen Literatur: Beispielsweise wird im „Parzival" beschrieben, dass Parzival am
Anfang seiner Reise in Jeschutes Zelt (gebratene?) Rebhühner gierig („Parzival",
131ff.) und bei Gurnemanz das Abendessen schnell isst (165). In „Willehalm" wird
beschrieben, wie Rennewart beim Gastmahl, seine Wangen füllend, gierig isst:

> „er verschoup also der wangen want
>
> mit spise die er vor im da vant,
>
> daz ez drin niht dorfte snien.
>
> es enheten zehen bien
>
> zu den napfen niht so vil gesogen,
>
> mich enhabe diu aventiure betrogen.
>
> [...]
>
> dane dorfte niemen nigen nach,
>
> daz er von der tavelen sente" („Willehalm", 275–276).

Er trinkt auch zu viel „sinopel", „claret" und „moraz", weil sie ihm einfach besser
schmecken als das Wasser, das er als Küchenknabe in der Küche getrunken hat (276).
Sowohl Parzival als auch Rennewart sind zwar guter Herkunft, aber als Parzival bei
Jeschute und bei Gurnemanz gierig isst, ereignete sich dies noch vor seiner Erziehung durch Gurnemanz. Rennewart genießt keine seiner Herkunft entsprechende Erziehung, weil er in seiner Kindheit entführt wurde und als Küchenknabe unter König
Loys lebt. Das unmanierliche Essen dient in den beiden Werken als Merkmal des Zu-
standes beider Personen als noch unerzogen. Wie in Kap. 2.4 ausgeführt, wird nach
der Erziehung bei Gurnemanz nicht mehr erwähnt, wie sich Parzival beim Essen benimmt.

Wie in Kap. 2 gezeigt wird, haben die Festschilderungen/-berichte in der Literatur und in den historischen Quellen die gemeinsame Tendenz, die Beschreibung des
Essens (i.e. der ausführlichen Schilderungen der Speisen und Getränke und der Szene,
wie die Mahlteilnehmer essen) zu vermeiden. Interessanterweise erwähnen auch die
Tischzuchten das Essen und Trinken nicht so ausführlich, sodass es unmöglich ist,
anhand der Tischzuchten den Esstisch im Mittelalter präzise zu rekonstruieren. Wie

---

489 Vgl. Kap. 2.3.2, Anm. 226.

in Kap. 3.4.4 hingewiesen wird, wird das Essen in den Tischzuchten oft als „Essen", „Speise" oder „Gericht" bezeichnet. Manche Lebensmittel werden aber „namentlich" erwähnt: Beispielsweise wird das Brot in fast allen Tischzuchten erwähnt, weil es nicht nur Hauptnahrungsmittel war, sondern auch als Besteck- (vor allem beim Eieressen) oder Tellerersatz verwendet wurde. Daneben werden Eier, Fleisch, Fisch und dazu Soße genannt. Fleisch wird manchmal in Form von „abgenagtem Bein" oder „abgenagtem Knochen" erwähnt. Wie Fleisch gekocht und serviert wurde, wird aus den Erwähnungen in den Tischzuchten nicht klar. Die Tischzuchten enthalten verschiedene Trinkregeln, aber manche Regeln erklären, wie man trinken soll oder was man beim Trinken vermeiden soll, ohne das Getränk zu nennen. Wenn das Getränk genannt wird, ist es normalerweise Wein. Bier wird, wahrscheinlich in Zusammenhang mit seiner niedrigen Rangordnung, nur in zwei Tischzuchten erwähnt, die im Städtebereich entstanden sind. Die Gründe, warum alle drei Textsorten die Speisen und Getränke im Grunde genommen nicht ausführlich schildern, sind wahrscheinlich unterschiedlich.

Am Ende soll das Thema „Anwesenheit und Abwesenheit der Frauen beim öffentlichen Mahl" noch einmal behandelt werden. Einerseits spielte in der höfischen Kultur die Anwesenheit der schönen höfischen Damen eine gewichtige Rolle, andererseits wurden die Frauen in der mittelalterlichen adligen Gesellschaft von öffentlichen oder offiziellen Angelegenheiten oft ausgeschlossen. Die Anwesenheit bzw. Abwesenheit der Frauen scheint je nach Gelegenheit sehr unterschiedlich gewesen zu sein. Grundsätzlich hatten die Gattinnen der „Hauptpersonen" der Veranstaltungen (beispielsweise Königin, Kaiserin, Gemahlin des Gastgebers oder Braut bei einer Hochzeit) die Möglichkeit, an den öffentlichen/offiziellen Mählern teilzunehmen. Im Gegensatz dazu hatten die unverheirateten jungen Frauen entsprechend weniger Möglichkeiten. In der höfischen Literatur, in der die Damen eine bedeutende Rolle spielen, ist ihre Teilnahme am gemeinsamen Mahl dennoch sehr unterschiedlich gehandhabt: Manchmal speisen sie in einem getrennten Raum, manchmal mit den Männern, wobei Männer und Frauen oft getrennt sitzen sollen, auch wenn sie an einem Tisch Platz nehmen. Die Tischzuchten sollten auf jeden Fall nicht nur von Männern, die sicher häufiger die Gelegenheit hatten, an öffentlichen Mählern teilzunehmen, sondern auch von den Frauen erlernt werden. Wie in Kap. 3.3.4 erwähnt, erwarten manche Tischzuchten Männer und Frauen als ihre Rezipienten, was meistens am Anfang der Tischzuchttexte erwähnt wird. Darüber hinaus setzen manche Tischzuchten die Teilnahme von Frauen am gemeinsamen Essen (mit Männern) voraus, einige Tischzuchten („Der wälsche Gast", „Der züchte lere", „Cato-Interpolation") enthalten explizite Anweisungen für Frauen. „Thesmophagia" enthält das Kapitel „De conuiuatione cum mulieribus", das Anweisungen für Männer gibt, wie sie mit den Damen beim Essen umgehen sollen.[490]

---

490 Vgl. Kap. 3.4.8.

4. Convivia picta: Bildliche Darstellung der öffentlichen Fest- und Gastmähler vom 11. bis 16. Jahrhundert

Wie die Ausstellung „Die öffentliche Tafel. Tafelzeremoniell 1300–1900"[491] und die aktuelle Publikation von Anne SCHULZ über „Essen und Trinken im Mittelalter", die dem Thema der Malerei von Mahlzeiten ein 80-seitiges Kapitel widmet,[492] zeigen, war die Mahlzeit eines der beliebtesten Bildmotive. Die zahlreichen Abbildungen bieten ganz unterschiedliche Formen der Darstellung: Neben (Öl-)Gemälden und Abbildungen in den Handschriften wurde das Motiv des Speisens auch in Teppichen (z. B. der „Teppich von Bayeux" im 11. Jahrhundert [Abb. 1]) und Wandbehängen („Der ungetreue Marschalk" um 1480/1490 [Abb. 21]) eingearbeitet. Auch Mosaike (ein Mosaikbild vom Gastmahl Herodes' in Baptisterium, Florenz[493]) und Altarbilder (die „Hochzeit zu Kana" [Abb. 16], Festmahlbild auf dem Elisabethaltar [Abb. 25], „Christus beim Pharisäer Simon" [Abb. 26]) dienten der Darstellung. Wie bereits in den vorangegangenen Kapiteln beschrieben und verwendet, sind bei diesem Forschungsthema neben schriftlichen Quellen Abbildungen als visuelle Quellen nicht nur hilfreich, sondern unerlässlich. In diesem Kapitel werden die Bilder zu Fest- und Gastmählern vom 11. bis 16. Jahrhundert behandelt. Diese Bilder, deren Motiv das öffentliche Gast- oder Festmahl in der adligen Gesellschaft darstellt, sind hauptsächlich aus den mittelalterlichen deutschsprachigen Gebieten gewählt.[494] Es handelt sich um Beispiele für Bildquellen, die eine konkrete und bildliche Vorstellung der „convivia" in der Hofgesellschaft bieten. Einerseits vermitteln sie visuelle Informationen über die Gebrauchsgegenstände beim Essen; die Beschreibung des Geschirrs und des Essbestecks in der Tischzuchtliteratur. Andererseits ergeben sich aus der Arbeit mit den Bildquellen einige quelleninterpretatorische Schwierigkeiten, z. B. dass nicht alle Details auf dem Bild als präzise Reflexion der Wirklichkeit verstanden werden dürfen, denn die Darstellungen stehen meist unter dem Einfluss der folgenden drei Fak-

---

491 Diese Ausstellung, die neben den gemalten Festtafeln zahlreiches Tafelgeschirr behandelte, fand im Kronprinzenpalais in Berlin vom 29. November 2002 bis 11. März 2003 statt (Veranstalter: Deutsches Historisches Museum in Berlin), siehe OTTOMEYER (2002).

492 SCHULZ (2011), Kap. 3: „Die Tafel im Bild".

493 Vgl. OTTOMEYER (2002), S. 35.

494 Hier werden allerdings auch Bilder behandelt, für die dies nicht zutrifft (beispielsweise Altarbilder mit biblischen Motiven, Bilder aus dem 16. Jahrhundert), wenn sie besondere inhaltliche Elemente enthalten. So etwa das Altarbild „Christus beim Pharisäer Simon (Abb. 26)", das weder im deutschsprachigen Raum noch im Mittelalter entstand, aber als äußerst seltenes Exempel der Darstellung der Gabel als Essbesteck gelten kann und deshalb unbedingt hier zu behandeln ist. Selbstverständlich sind auch die Kleidung und das Geschirr in diesem Bild sehr aufschlussreich.

toren: Inhalt des Textes, zeitgenössische Tendenz (vor allem die Kleider und das Hintergrundbild betreffend) und Bildmuster (Tradition, Mode, Abendmahl Christi oder idealisierte Vorstellung der Fürstentafel u. a.).

Die Bilder der Festbankette oder Gastmähler, die in dieser Arbeit behandelt werden, können in fünf Gruppen unterteilt werden:

1. Abbildungen in Handschriften der höfischen Epen

2. Abbildungen in Chroniken und Annalen (Bilder der realen Festbankette)

3. Abbildungen der Krönungsmähler

4. Abbildungen biblischer Motive

5. Sonstige

Bei der Analyse der Bilder, vor allem bei den Abbildungen der Handschriften, geht es vorranging um Text-Bild-Beziehung. Die Bilder der biblischen Motive, auch wenn sie selbständig als Ölgemälde oder Altarbilder ohne Begleitung von Texten entstanden sind, stehen immer auch in Verbindung mit Text bzw. den entsprechenden Stellen in der Bibel, auf die sie Bezug nehmen. Aus diesem Grund dürfen sie nicht isoliert behandelt, sondern müssen stets im Zusammenhang mit den entsprechenden Texten gesehen werden. Die erste Frage bei der Analyse der Text-Bild-Beziehung ist, inwiefern eine Abbildung den Inhalt des zugehörigen Textes wiedergibt. Diese Frage gilt für alle Typen von Abbildungen, sowohl für diejenigen in Chroniken und Annalen als auch für die in den Literaturhandschriften und für die der biblischen Motive. Wenn eine Abbildung nicht mit dem Textinhalt überreinstimmt, stellt sich die zweite Frage: Inwiefern unterscheiden sich Abbildung und Text und wie lassen sich die Diskrepanzen erklären? Ein extremer Fall von Diskrepanz stellt eine Abbildung dar, deren Szene zwar mit dem Text zu tun hat, die aber nicht im Text erwähnt wird. Bereits Klaus DÜWEL weist auf diese Unterschiede zwischen Texten und Abbildungen mit dem Beispiel der Münchner Parzival-Handschrift (cgm 19)[495] hin, Anne SCHULZ entwickelt diese Diskussion anhand eines Vergleichs der Bilder von Mahlzeiten mit der zeitgenössischen Sachkultur nach archäologischen Ergebnissen weiter:

> „Bemerkenswert sind einzelne ‚Brüche' zwischen Text und Bild, weil Illuminatoren einen ihnen bekannten Textverlauf zumeist möglichst treffend in ihr eigenes Medium umzusetzen suchten. [...] Insofern lassen sich mit Blick auf sachkulturelle Fragen insgesamt mehr Entsprechungen zwischen Darstellungen aus dem kunsthistorischen Bereich und aus dem Hochmittelalter stammenden, archäologischen Geschirrfunden als zwischen literarischem Text und den auf ihn bezogenen Illuminationen feststellen."[496]

Sowohl DÜWEL als auch SCHULZ behandeln hauptsächlich Literaturwerke und ihre Handschriften, aber die Diskrepanz zwischen Text und Bild betrifft auch die Handschriften der historischen Quellen.[497] Von den oben genannten drei Faktoren von Einflüssen auf die Abbildungen kommen als Ursachen besagter Text-Bild-Dis-

---

495 DÜWEL (1989), vgl. Abb. 5 und Kap. 4.1.1.
496 SCHULZ (2011), S. 531.
497 Vgl. Abb. 4, Kap. 4.2.1.

krepanzen zeitgenössische Tendenzen und Bildmuster in Frage. Bei den verschiedenen Elementen der in den Bildern widergespiegelten Sachkultur fällt vor allem auf, welche Kleidermode – genauer gesagt, die Kleidermode des Zeitalters der Szene oder der Entstehungszeit der Handschrift – in den Abbildungen zu sehen ist.[498] Was die Abbildungen der Literaturhandschriften und der biblischen Motive angeht, sind die dargestellten Szenen schwer (oder kaum) zu datieren. Ob eine Abbildung also dem Textinhalt oder gängigen Bildmustern entspricht und inwieweit sie die Sachkultur der Entstehungszeit der Handschrift widerspiegelt, muss bewertet werden. Bei den Abbildungen in Annalen und Chroniken ist gut zu bestimmen, die Sachkultur welcher Zeit sie widerspiegeln, da die „Zeit des Geschehens" der Szene jeder Abbildung bekannt ist.[499]

In den folgenden Abschnitten werden die Bilder jeweils nach den oben genannten Kategorien analysiert, erläutert und miteinander verglichen. Es wird gezeigt, welche Auskünfte über die Sachkultur höfischer Mahlzeit die Bildquellen geben können und welche Rolle die Abbildungen im Zusammenhang mit den Texten – nicht zuletzt in den Handschriften – spielen.

4.1 Abbildungen in den Handschriften der höfischen Epen (Bilder der fiktiven Festbankette)

Es gibt zahlreiche Handschriften höfischer Epen, in denen Abbildungen von Mahlzeiten zu finden sind: Beispielsweise enthält eine „Parzival"-Handschrift (cgm 19 der Bayerischen Staatsbibliothek, München, Mitte 13. Jahrhundert) drei bildliche Darstellungen von Festbanketten (Abb. 5-a,b,c),[500] eine „Willehalm"-Handschrift (Codex Vindobonensis 2670 der Österreichischen Nationalbibliothek, Wien, um 1320) zeigt fünf Mahlzeiten aus dem „Willehalm" Wolfram von Eschenbachs (Abb. 7-a,b,c,d) und ein Festmahlbild aus Ulrich von Türheims „Rennewart" (Abb. 8).[501] Auch König Artus' runde Tafel wird abgebildet.

---

498 Über die Übereinstimmung und Diskrepanz zwischen Texten und Bildern und über Einflüsse der zeitgenössischen Kleidermode vgl. SCHMIDT-WIEGAND (1988).
499 Vgl. Kap. 4.2.
500 Die Handschrift cgm 19 enthält neben dem „Parzival" „Titurel" und Tagelieder Wolfram von Eschenbachs.
501 Die Handschrift Codex Vindobonensis 2670 enthält drei Epen: Ulrich von dem Türlin, „Arabel" (Vorgeschichte von „Willehalm", 1ra–60vb); Wolfram von Eschenbach, „Willehalm" (unvollständig, 62va–145ra); Ulrich von Türheim, „Rennewart" (Fortsetzung von „Willehalm", 145va–351vb).

4.1.1. „Parzival"-Handschrift, cgm 19 der Bayerischen Staatsbibliothek, München, Mitte 13. Jahrhundert (Abb. 5-a, -b, -c)

Im Gegensatz zur prächtigen Wiener Willehalm-Handschrift[502] enthält diese im 13. Jahrhundert entstandene, sehr berühmte und wichtige Münchener Parzival-Handschrift trotz des großen Umfangs des Werkes nur zwei illustrierte Doppelblätter (49r, 49v, 50r, 50v).[503] Jede Seite ist in drei Felder geteilt, so dass insgesamt zwölf Szenen dargestellt sind.

Sie wurden aber nicht gleichmäßig aus dem gesamten Werk ausgewählt, sondern beziehen „sich auf die Abschnitte 710 bis 818, also den Schluß der Dichtung", der Stellung dieser Blätter entsprechend.[504] Sie enthalten drei Festtafel-Szenen (49v oben, 50r Mitte und 50v oben), die alle im gleichen Stil gehalten sind. Wie in Kapitel 2.2.2 ausgeführt, neigten die meisten Autoren der höfischen Epen dazu, Beschreibungen des Essens zu vermeiden. Wolfram von Eschenbach nimmt in seinen Werken oft Bezug auf Speisen, spart teils aber auch deutlich die Beschreibung des Festessens aus. Die erste Festtafel-Abbildung (49v oben, Abb. 5-a) zeigt das Hochzeitmahl von Gramoflanz und Itonje (730, 23–731, 12), auf das Wolfram nicht weiter eingeht:

„nu darf niemen sprechen wâ

Schoener hôchgezît ergienc.

Ginovêr in ir pflege enpfienc

Itonjê und ir âmîs,

den werden künec, der manegen prîs

mit ritterschefte ê dicke erranc,

des in Itonjê minne twanc.

ze herbergen maneger reit,

dem hôhiu minne vuogte leit.

des nahtes umbe ir ezzen

---

502 Codex Vindobonensis 2670 der Österreichischen Nationalbibliothek, Wien, um 1320, hier Abb. 7 und 8.

503 Es handelt sich zwar um wenige Abbildungen, diese wurden aber bereits ausführlich erforscht. Neben dem Kommentarband von DRESSLER (1970) zur Faksimileausgabe dieser Handschrift bietet SCHIROK(1985) einen Überblick der gesamten Illustrationen der vollständigen Parzival-Handschriften. Seine Forschung erweiterte STEPHAN-CHLUSTIN (2004), DÜWEL (1989) und SCHULZ (2011) v. a. in Bezug auf die Text-Bild-Beziehung. Zur weiteren Forschungslage der Illustrationen in der „Parzival"-Handschriften siehe STEPHAN-CHLUSTIN (2004), S. 7–12.

504 DRESSLER (1970), S. 20. Diese Handschrift besteht aus insgesamt 75 Blätter, davon 1r–70v für „Parzival". Von dieser starken Unverhältnismäßigkeit der Abbildungen lässt sich die mögliche Existenz weiterer Miniaturblätter vermuten, die möglicherweise verloren gingen: „Theoretisch wäre es möglich, daß weitere sieben Doppelblätter, die jeweils ca. 100 Abschnitte hätten illustrieren können, in unserer Handschrift einst vorhanden oder dafür wenigstens geplant waren" (DRESSLER[1970], S. 20).

muge wir maere wol vergezzen.

swer dâ werder minne pflac,

der wunschet der naht vür den tac" („Parzival", 730, 30–731,12).

Abb. 5-a

Das Hochzeitsfest selbst ist kaum geschildert, die Beschreibung des Hochzeitmahls fehlt („des nahtes umbe ir ezzen/ muge wir maere wol vergezzen", 731, 9–10). Trotzdem der Autor das Mahl unerwähnt lässt, weisen DÜWEL und STEPHAN-CHLUSTIN auf die Diskrepanzen zwischen Text und Bild hin, ist eine reichliche Hochzeitstafel gemalt:[505] Auf einer langen Tafel – mit einem schönen Tischtuch geschmückt – sind Fisch, Fleisch, weiße kleine Kugeln (Eier?), zwei Messer und Trinkgefäße mit Deckel dargestellt.

Alle Festteilnehmer sitzen an einer Seite des langen Tisches. Der Sechste von links ist dem Schriftband nach König Artus, mit dem breiten Messer in der Hand, das ihn als Gastgeber kennzeichnet. Die Dame zu seiner Linken ist Ginover, die auch mit einem Messer (wahrscheinlich als Gastgeberin neben ihrem Mann) dargestellt ist,[506] und zu ihrer Linken sitzt Gramoflanz, dessen Schriftband aber seine Braut Itonje daneben in der Hand hält. Artus, Ginover und Gramoflanz tragen Krone und Mantel. Der Fünfte von rechts ist dem Schriftband nach Parzival. Da der Autor, wie bereits erwähnt, auf die genaue Schilderung des Hochzeitsmahls verzichtet, sind die Mahlteilnehmer nicht genau bekannt. Die Identität der anderen Personen an der Tafel in der Abbildung ist unklar. Möglicherweise ist hier nicht nur das Hochzeitsfest von Itonje und Gramoflanz dargestellt: Vor ihrer Hochzeit findet eine Sühnenversamm-

---

505 DÜWEL (1989), S. 132ff. „Der Illustrator hat hier aus eigener Vorstellung ein nicht genauer berichtetes Festmahl dargestellt" (STEPHAN-CHLUSTIN [2004], S. 29).
506 DRESSLER (1970), S. 27.

lung („suone teidinc", 729, 5), bei der die Streitigkeiten zwischen einigen Personen
(z. B. Gawan und Gramoflanz, Gramoflanz und Orgeluse) durch einen Versöhnungs-
kuss beendet werden.[507] Danach werden durch Artus' Vermittlung nicht nur Itonje
und Gramoflanz, sondern noch zwei Paare – Lischoys mit Cundrie und Florand mit
Sangive – vermählt. Von der Hochzeit der anderen Paare erzählt Wolfram zwar nicht,
aber es ist zu vermuten, dass in dieser Abbildung einige Szenen kompiliert wurden.[508]

Abb. 5-b

In der zweiten Festmahlabbildung dieser Handschrift (50r Mitte, Abb. 5-b) sind
wahrscheinlich zwei Gastmähler zusammen dargestellt; das Empfangsfest für Parzival und Feirefiz von Gawan (760, 7–764, 4) sowie das Gastmahl der Tafelrunde am
darauffolgenden Tag (774, 13–786, 12). Obwohl Wolfram wieder nur kurz erwähnt,
dass beim ersten Fest bei Gawan allen Rittern und Damen die Speisen „bescheinden-
lîche" und „zühteclîch" gebracht (763, 9–11) und beim zweiten Fest bei der Tafelrunde die Gäste gut bewirtet werden (777, 30), sind in dieser Abbildung wieder die
reichlichen Speisen auf der Tafel dargestellt. Der lange Tisch ist mit einem Tischtuch
bedeckt und darauf sind, wie in der anderen Abbildung auch, Fleisch, Eier (?) und
Brote zu sehen. Am rechten Ende des Tisches lässt sich eine Brezel erkennen. An der
Tafel sitzen 15 Personen, davor kniet eine Dame. Durch die Beschreibung der ausführlichen Sitzordnung sind die Teilnehmer des Gastmahls bekannt. Insgesamt sind
zehn Personen namentlich genannt: Gawan, Parzival, Feirefiz, Jofreit, Florand, der
Herzog von Gowerzin, Orgeluse, Arnive, Sangive und Cundrie. Hinzu kommen noch
die Damen – ehemalige Geiseln Clinschors –, Gefolge und Ritter von Orgeluse sowie

---

507 Dieses Versöhnungsritual und die Eheschließung Gramoflanz' mit Itonje durch Artus selbst sind
bereits im vorigen Blatt (49r unten) abgebildet, während hier nur die folgende Festtafelszene dargestellt ist, vgl. STEPHAN-CHLUSTIN (2004), S. 27.
508 Vgl. STEPHAN-CHLUSTIN (2004), S. 28 und SCHULZ (2011), S. 198f.

Clinschors Ritter. Das zweite Gastmahl zeigt dazu noch Artus, seine Tafelrunde, Gramoflanz und die Damen. Weil die Schriftbänder in dieser Abbildung nicht beschrieben sind, ist die Identifikation der Personen schwierig. Nach derzeitiger Forschungslage sollen der Dritte von links Feirefiz, neben ihm (der Vierte von links) Parzival, die Fünfte Ginover und der Sechste Artus sein, dessen Messer in der Hand seine Gastgeberrolle zeigt.[509] Weiter sind die Siebte von links Itonje, der Achte Gramoflanz, die Neunte Orgeluse und der Zehnte Gawan.[510] Die im Text beschriebene Sitzordnung wird in der Abbildung völlig ignoriert,[511] außerdem soll die Anordnung beim zweiten Gastmahl mit Artus' Tafelrunde laut Text ringförmig sein.[512] Die Dame, die vor dem Tisch kniet, ist Cundry, die Botin der Gralsburg. Sie kommt zum Gastmahl der Tafelrunde, um mitzuteilen, dass Parzival zum Nachfolger Anfortas' gewählt wurde (778, 13–783, 30).

Abb. 5-c

In der letzten Festmahlabbildung dieser Handschrift ist das Mahl auf der Gralsburg anlässlich der Rückkehr Parzivals als Gralskönig (808, 14–815, 30) dargestellt (50v oben, Abb. 5-c), eventuell ist auch der kurze Umtrunk Feirefiz' und Parzivals auf der Gralsburg vor der Heilung Anfortas' (794, 15–26) damit kompiliert.[513] Hier werden die Speisen und Getränke kurz erwähnt: „spîse wilde unde zam,/ disem den met und

---

509 SCHIROK (1985), S. 184 und STEPHAN-CHLUSTIN (2004), S. 31. Beim ersten Gastmahl bei Gawan ist König Artus noch nicht anwesend. DRESSLER vermutet, der Sechste von links in dieser Abbildung sei Gawan als Gastgeber (DRESSLER [1970], S. 28f.).

510 SCHIROK (1985), S. 184.

511 Vgl. Kap. 2.2.2.5.

512 DÜWEL (1989), S. 133.

513 SCHIROK bezieht diese Abbildung auf eine „Bewirtung Parzivals und seines Bruders vor oder nach der Heilung des Anfortas" (SCHIROK [1985], S. 184), die vor der Ankunft Condwiramurs'

dem den wîn,/ als ez ir site wolde sîn,/ môraz, sinôpel, clâret" (809, 26–29). Die lange Tafel ist, wie auch in den anderen Abbildungen, mit dem Tischtuch gedeckt, darauf lassen sich Fisch, Fleisch, Eier und Brote erkennen. Am Tisch sitzen neun Gäste, nur Männer, obwohl Parzivals Ehefrau Condwiramurs laut Textinhalt am Festmahl teilnehmen sollte. Die im Text namentlich genannten Mahlteilnehmer sind Parzival, Feirefiz, Condwiramurs und Anfortas. Auch in dieser Abbildung sind die Schriftbänder nicht beschrieben. Der Dritte von links ist Parzival, der Vierte von links Feirefiz, neben ihm in der Mitte der Tafel sitzt Anfortas mit Hut. Vor dem Tisch stehen fünf Frauen, die als Dienerinnen kleiner dargestellt sind als die Mahlteilnehmer[514] und reichen die Trinkbecher. Die Zweite von links, in größerer Statur und deutlich edler bekleidet, ist Repanse de Schoye, die Parzival den Gral überreicht.[515]

Alle drei Abbildungen sind nach einem bestimmten Stil gemalt: Der Esstisch ist eine mit einem Tischtuch gedeckte lange Tafel, alle Gäste sitzen an der rückwärtigen Seite. Die Diener, die kleiner als die Gäste dargestellt sind, stehen an der vorderen Seite der Tafel. Diese Art und Weise der Darstellung ist im Mittelalter stereotyp,[516] der lange, rechteckige Tisch spiegelt hauptsächlich die damalige reale Sachkultur wider: Dass die Mahlteilnehmer auf einer Seite des Tisches saßen und die Diener an der anderen Seite standen und dort bedienten, gehörte zur damaligen Realität. Dazu kommen noch einige ikonographische Überlegungen. Beinahe alle bisherige Forschungen über die Abbildungen dieser Parzival-Handschrift zeigen den Einfluss der Abendmahldarstellungen, die selbst auch unter dem Einfluss der damaligen Sachkultur im Hochmittelalter eine Stiländerung vom runden zum langen, rechteckigen Tisch erfuhren, auf die weltlichen Speiseszenen.[517] Wie oben erwähnt, werden manchmal mehrere Szenen in einer einzigen Abbildung dargestellt.[518] Das erklärt z. B. die Nichtübereinstimmung der Personen zwischen der Darstellung der Abbildungen und dem

---

auf der Gralsburg stattfindet, um deren Abwesenheit in dieser Szene zu erklären. Die Bewirtung vor der Heilung sei dieser Empfangsumtrunk. Die Bewirtung nach der Heilung könnte man zwar in der von SCHIROK erwähnten Stelle (794, 22–27) erahnen, aber sie ist im Text nicht ausdrücklich geschildert.

514 Im Mittelalter wurden die rangniedrigen Personen kleiner gemalt als die ranghöheren, vgl. SCHULZ (2011), S. 237.

515 DRESSLER (1970), S. 29f.

516 Vgl. die Abb. 4, 6, 7, 10, 11, 12, 17, 20.

517 L. H. LOOMIS nennt zwei Gründe für diese Stiländerung: „For one thing the familiar table of ordinary usage throughout the Middle Ages was the straight board table, and the influence of custom upon representation is of course ultimately inescapable. This, it is probable, was the primary reason for the change. Another reason was the very great difficulty of representing in plastic art twelve men about a round table" (LOOMIS [1927], S. 87). Ferner von der „Überreinstimmung in der Wiedergabe von ‚weltlichen' Speiseszenen und Abendmahldarstellungen des Mittelalters" (SCHULZ [2011], S. 169) vgl. LOOMIS (1927), SAURMA-JELTSCH (1992), SCHULZ (2011), S. 169ff., STEPHAN-CHLUSTIN (2004), S. 36f.

518 Vgl. STEPHAN-CHLUSTIN (2004), S. 32f., SCHULZ (2011), S. 201f., SCHIROK (1985), S. 184. Ein noch deutlicherer Fall von Kompilation und Zeitraffer ist in einer anderen Abbildung zu sehen; in fol. 49r unten sind zwei aufeinanderfolgende Szenen – die Begrüßung zwischen Gramoflanz und Itonje (724, 24–30) und die Aussöhnung zwischen Gawan und Gramoflanz (729, 25f.) – dargestellt. So werden Artus und Gramoflanz hier zweimal abgebildet (SCHIROK [1985], S. 183, http://daten. digitale-sammlungen.de/bsb00071690/image_99 [digitalisierte Handschrift, abgerufen am 25. 02. 2019]).

Inhalt der entsprechenden Textstelle. So wurde die Sitzordnung durchaus ignoriert und die Mahlteilnehmer, eigentlich das wichtigste Element, sind manchmal auch nicht präzise abgebildet, selbst wenn die wichtigsten Personen in den Abbildungen mit Hilfe von Schriftbändern benannt werden. Ebenso passt sich die Darstellung von Speisen und Tischgeräten diesem Stil an.

4.1.2. „Willehalm" und „Rennewart" (Codex Vindobonensis 2670, um 1320, Abb. 7-a, -b, -c, -d, -e und 8)

Im Gegensatz zur oben behandelten Münchener „Parzival"-Handschrift enthält diese Wiener Handschrift ziemlich viele – insgesamt 117 – prächtig gemalte Abbildungen. Wahrscheinlich wegen ihrer zu großen Anzahl gibt es keine ausführlichen Kommentare bzw. Forschungen für einzelne Miniaturen.[519] Im Vergleich zur „Parzival"-Handschrift sind die Abbildungen in dieser Wiener „Willehalm"-Handschrift mit dem Textinhalt relativ konform. Diese Prachthandschrift enthält fünf Fest- und Gastmahlabbildungen von „Willehalm" und eine von „Rennewart", der Fortsetzungsgeschichte von „Willehalm". Auch hier sind die Tafel, die Speisen und das Tafelgeschirr in allen Abbildungen, außer Abb. 7-e, nach einem bestimmten Schema dargestellt: Eine lange Tafel ist mit einem weißen Tischtuch gedeckt, auf der Tafel sind große Schüsseln mit Fisch, gebratenem (?) Geflügel und einigen weißen Kugeln (Eier?), weitere Schüsseln oder Trinkbecher, Brote und Messer gemalt. Fisch befindet sich immer auf der Tafel, obwohl er in der Beschreibung der Festmähler dieser Abbildungen nicht erwähnt wird.

---

519 Vgl. HEGER (1974), Kommentar zur Faksimile-Ausgabe des Codex Vindobonensis 2670.

Abb. 7-a

In Abb. 7-a ist der Besuch Willehalms am Königshof in Laon (Munleun) dargestellt (139, 1ff.). In dieser Szene findet das Festmahl eigentlich noch nicht statt, dennoch werden in dieser Szene die Teilnehmer an der Festtafel dargestellt, an der sie bereits Platz genommen haben. Bei dieser Abbildung ist eigentümlich, dass es sich in dieser Szene eher um Willehalms Wut auf seine Schwester handelt als um das Festessen selbst. Da in den gemalten Mahlzeiten meistens friedliche Tafelszenen dargestellt sind, ist diese Abbildung auffällig. Wie im Text steht, reißt Willehalm (vorne mit der Rüstung) aus Wut seiner Schwester, der Gemahlin König Loys', die Krone vom Kopf und seine linke Hand greift das Schwert, um sie zu enthaupten,[520] da sie ihn nicht nur am vorigen Abend ablehnte und vor ihm die Tür schließen ließ (129, 18ff.), sondern sich hier auch gegen die Unterstützung für ihren Bruder ausspricht (147, 6ff.). Neben ihr sind König Loys (links mit der Krone) und Willehalms Familie zu sehen, laut Text sollten Willehalms Eltern und seine vier Brüder dabei sein. Die Festtafel dieser Abbildung findet sich in der nächsten Abbildung (Abb. 7-b) wieder.

---

520 „vor al den vürsten daz geschach;/ die krone er ir von dem houbte brach/ und warf se daz diu gar zerbrast./ do begreif der zornbære gast/ bi den zöpfen die künegin./ er wolt ir mit dem swerte sin/ daz houbt han ab geswungen" („Willehalm", 147, 15–21).

Abb. 7-b

Abb. 7-b stellt das Festmahl des Hoftags dar (173, 1ff.). Die Personen an der Tafel sind von links: König Loys, Willehalms Vater Heimrich, Willehalm, Königstochter Alyze, Willehalms Mutter Irmschart und die Königin (Willehalms Schwester). Allerdings stimmt hier die Sitzordnung nicht mit dem Textinhalt überein: Der Beschreibung des Textes nach sollte der König in der Mitte sitzen und an einer Seite die Königin und die Tochter Alyze, an der anderen Heimrich und seine Frau Irmschart. Willehalm ist ohne Rüstung gemalt, weil er dem Text nach vorher von Alyze umgekleidet wurde (174, 1ff.). Vor der Tafel knien zwei Diener, kleiner dargestellt als die übrigen Personen.

Abb. 7-c

Die Abbildung des Gastmahls anlässlich Willehalms Rückkehr mit der militärischen Unterstützung in Orange (Abb. 7-c, 234, 13ff.) zeigt sehr viele Teilnehmer. Die Identifikation der Personen ist schwierig, aber die zweite Person von rechts mit grauen Haaren ist unverkennbar Willehalms Vater Heimrich. Dem Text zufolge sollte Heimrich neben Gyburg sitzen und sie neben ihm ständig klagen, aber in dieser Abbildung unterhält er sich mit König Loys am rechten Ende der Tafel. Gyburg ist eine der beiden Damen am linken Ende der Tafel. Vor der Tafel knien zwei Diener (wieder kleiner dargestellt) und zwei weitere stehen in der Mitte, die ausnahmsweise so groß wie die Mahlteilnehmer dargestellt sind.

Abb. 7-d

Eine weitere Abbildung (Abb. 7-d) ergänzt diese Mahldarstellung. Hier kommt Rennewart gegen Ende des Mahls zum Essen. Wie im Text beschrieben, lässt Heimrich (rechts) Rennewart (links mit rotem Gewand) am Ende der Tafel neben Gyburg (Zweite von links mit Krone) Platz nehmen, sodass sie sich um Rennewart kümmern kann (274, 2–14). Hier ist nur ein Teil der Tafel gemalt, da sie „kurz unde breit" war (274, 1).

Abb. 8

Die Festmahl-Abbildung (Abb. 8), die in dieser Handschrift zu Ulrich von Türheims Werk „Rennewart" gehört, ist im gleichen Stil gemalt wie die vorherigen Darstellungen. „Rennewart" ist die Geschichte des oben genannten Rennewarts, die Fortsetzung des unvollendeten „Willehalms". In dieser Abbildung ist das Hochzeitsmahl von Malefer (Sohn Rennewarts und Alyzes) und Pentesilie dargestellt. Malefer steht im Vordergrund und nimmt die Hand seiner Braut (mit Krone und Mantel). Vor ihm kniet ein Diener. Bei dieser Abbildung ist die Festtafel geteilt, neu ist die Darstellung eines Geigers auf der linken Seite. Beide Tafeln sind im Stil vergleichbar mit den anderen Abbildungen in dieser Handschrift.

Abb. 7-e

Sowohl in der Münchener „Parzival"-Handschrift als auch in der Wiener „Willehalm"-Handschrift ist die Tendenz zu erkennen, die Speisen der Festtafeln, trotz der spärlichen Beschreibung im Text, bildlich relativ ausführlich darzustellen. In der „Willehalm"-Handschrift gibt es ein gegenteiliges Beispiel: In diesem Werk findet sich die Beschreibung des Gastmahls beim Kaufmann Wimar (133, 1ff.), eine ausnahmsweise im Text sehr ausführlich geschilderte reichliche Tafel.[521] Laut Text werden Willehalm Fisch und Fleisch, gebraten und gekocht, Wildbret und Schlachtfleisch, ein gebratener Pfau mit der besten Soße, Kapaun, Fasan, Lampreten in Gelee, Rebhühner und gute Getränke serviert, die er aber wegen der Askese nicht verzehrt,

---

521 Vgl. Kap. 2.2.2.6.

sondern nur Brot und Wasser zu sich nimmt (134, 4–136, 10). In der Abbildung zu dieser Szene (Abb. 7-e) sind die Speisen aber recht dürftig dargestellt. Das Bild selbst ist im Vergleich zu den anderen Abbildungen der Mähler nur von geringer Größe. Nur ein kleiner Esstisch, an dem Willehalm allein sitzt, mit Tischtuch, zwei Schüsseln und einem Messer ist dargestellt. Eine Person kniet vor dem Tisch und überreicht eine Schüssel mit der Speise. Im Gegensatz zu der Schilderung im Text ist der Esstisch auf der Abbildung sehr schlicht visualisiert.

4.1.3. Tristan und Isolde (Abb. 9)

Abb. 9

Wie in Kapitel 2.2.2.2 behandelt, finden zwar in „Tristan und Isolde" zwei Gastmähler statt, diese spielen aber – anders als in anderen höfischen Epen – eine sehr bescheidene Rolle. Das liegt daran, dass die unerlaubte Liebe zwischen Tristan und Isolde und überirdische Elemente wie Minnetrank und Minnegrotte im Zentrum stehen und dadurch andere Elemente, u. a. irdische Elemente wie Essen und Trinken, zurücktreten müssen. Obwohl das Hochzeitsfest und das Hochzeitsmahl weder in französischen noch in deutschen Versionen erwähnt werden, ist in einer französischen „Tristan"-Handschrift das Hochzeitsmahl Isoldes und König Markes abgebildet (Abb. 9, Paris, BNF, M sfr. 755, fol. 115). Außergewöhnlich ist nicht nur, dass das nicht im Text erwähnte Hochzeitsmahl, sondern auch das Händewaschen vor dem Essen, nicht die Festtafel selbst, dargestellt sind. Zweifellos war der Stellenwert des Händewaschens vor dem Essen im Mittelalter wegen des Handessens sehr hoch, das Händewaschen vor oder nach dem Essen wurde in den mittelalterlichen Tischzuchten zwar oft gefordert und auch in der mittelalterlichen höfischen Literatur häufig erwähnt, gemalte Darstellungen dazu gibt es seltsamerweise kaum.[522] Diese Abbildung entspricht zwar nicht dem Inhalt des Textes, ist jedoch als seltene Bildquelle des Händewaschens vor dem Essen als sehr wichtig einzustufen. Im linken Bereich der Abbildung sitzen Isolde und König Marke. Die beiden werden von je zwei Dienern versorgt. Ein Diener hält das Becken, der andere gießt das Wasser mit einer Kanne oder Vase über die Hände. Der fünfte Diener wartet mit einem großen Handtuch über der Schulter, ein Gast (?) trocknet sich damit die Hände ab. Auf der rechten Seite der Abbildung waschen sich andere Gäste stehend zu zweit die Hände. Die Becken liegen auf dem Boden und ein Diener übergießt je zwei Gästen mit einer Kanne oder Vase die Hände mit Wasser. Diese Abbildung zeigt sehr detailliert, wie man sich im Mittelalter die Hände wusch, und dient als sehr gute visuelle Quelle des Händewaschens, obwohl unklar ist, weshalb dieses Motiv hier gewählt wurde. Daneben sind bemerkenswerte Kleider zu sehen: Einige Personen tragen Kleider mit Streifen oder Mi-Parti (vertikal in verschiedene Farben geteilte Gewandstücke), das damals zur Streifen gezählt war.[523] Sowohl die Streifen als auch das Mi-Parti waren im Mittelalter das Kennzeichen der Gehorsamkeit, so trugen Diener Kleider mit Mi-Parti.[524] Auf dieser Abbildung sind links drei Diener mit Mi-Parti-Kleidern in Rot und Blau, rechts zwei Diener in Blau und Gelb zu sehen. Zwei am Tisch des Königspaars kniende und die Waschbecken stützende Diener tragen Kleider mit rosa-blauen Streifen. Das spiegelt eindeutig die französische Kleidermode der Entstehungszeit dieser Handschrift wider. Merkwürdigerweise trägt auch ein Gast in der Mitte ein Kleid mit Streifen.[525]

4.1.4. Die runde Tafel (Abb. 15 und 16)

König Artus' Tafelrunde ist als Symbol der Gleichheit und des Ausschlusses der Sitzordnung bekannt,[526] weil die Ritter der Tafelrunde als die Auserwählten alle ebenbürtig sind. In Wolframs „Parzival" wird beispielsweise ausführlich geschildert, wie die runde Tafel für die Versammlung der Tafelrunde eingerichtet wird: Aus dem kostbaren Stoff wird eine runde Tischdecke geschnitten. Die Rundtafel mit der neu geschnittenen Decke wird auf eine Wiese gestellt, dient als Sinnbild und wird nicht benutzt. Um diese runde Tafel werden die Sitze angeordnet („Parzival" 775, 1–17). Auch wenn die „runde Tafel" in der oben behandelten „Parzival"-Handschrift leider

---

522 Vgl. OTTOMEYER (2002), S. 172.
523 PASTOUREAU (1991).
524 Ibid.
525 Die Streifen waren im Mittelalter und in der Frühneuzeit die Kennzeichnung der „Abweichung" und wurden normalerweise von Personen außerhalb der ordentlichen Welt wie Juden, Prostituierten, Spielleuten, Ketzern usw. getragen, vgl. PASTOUREAU (1991). Warum diese Person, die eindeutig als einer der Gäste sich die Hände wäscht, ein solches Kleid trägt, bleibt unklar.
526 In der Literatur wird das Idealbild von Artus' Tafelrunde der damaligen Realität gegenübergestellt, in der die Sitzordnung sehr oft Streit verursachte. Vgl. Kap. 2.3.3. und BUMKE (1986), S. 251.

nicht abgebildet ist,[527] so kann man jedoch in den anderen Abbildungen erkennen, wie die Rundtafel aussieht.

Abb. 14

Ein Weihnachtsmahl bei König Artus mit den Rittern an seiner Tafelrunde ist in einer französischen Handschrift abgebildet (Abb. 14, Paris, BNF, Ms. Fr. 343, fol. 3, 14. Jh.). Hier ist die runde Tafel ringförmig und in der Mitte leer und zugänglich. Wie auch in den anderen Festtafel-Abbildungen sitzen die Mahlteilnehmer (Artus und die Tafelrunde) auf der Außenseite der Tafel, auf der Innenseite stehen – miniaturhaft – die Diener, einer von ihnen schneidet etwas. Die Kleidung der Personen in dieser Abbildung spiegelt nicht die Mode der Zeit des Artusromans wider, sondern die der Entstehungszeit der Handschrift, die spätmittelalterliche französische Mode. Bemerkenswert ist vor allem, dass alle Personen Schnabelschuhe tragen. Die Tafel ist reichlich gedeckt. Jeder bekommt einen Trinkbecher und ein Messer. Da im Mittelalter normalerweise ein Trinkbecher von einigen Mahlteilnehmern gemeinsam benutzt wurde, wird hier ein ungewöhnlicher Luxus gezeigt, indem jeder einen eigenen Trinkbecher nutzt. Des Weiteren lassen sich auf der Tafel viele Brote bzw. Teigwaren erkennen.

---

527 DÜWEL weist darauf hin, dass die Tafel in Abb. 5-b rundförmig hätte dargestellt werden können, DÜWEL (1989), S. 133, Kap. 4.1.1.

Abb. 15

In einer anderen französischen Handschrift ist eine weitere Darstellung der runden Tafel zu finden (Abb. 15, Wien, Österreichische Nationalbibliothek, Codex Vindobonensis 2537, fol. 233r). Diesmal steht ein kleiner runder Esstisch auf einer Wiese, um diesen herum sitzen sechs Ritter. Zu diesem Tisch kommt Lancelot mit Tristan, zwischen ihnen steht König Artus. Die Anzahl der Ritter der Tafelrunde betrug selbstverständlich nicht nur sechs, in dieser Darstellung werden aber sowohl die Rundtafel als auch die Tafelrunde sehr klein gehalten. Auf dem Tisch befinden sich mehrere Messer und Brote und in der Mitte eine Kanne (?).

4.1.5. Huge Scheppel (Abb. 19)

Abb. 19

In der Handschrift von „Huge Scheppel" ist ein Festmahl dargestellt (Abb. 19, Hamburg, Staats- und Universitätsbibliothek, Nr. 12, fol. 13v, 1455–1472). „Huge Scheppel" (oder „Hug Schapler") ist ursprünglich eine französische „chanson de geste" über den Gründer der Kapetingerdynastie Hugues Capet in Frankreich und von Elisabeth von Nassau-Saarbrücken[528] ins Deutsche übersetzt worden. In dieser Abbildung wird ein gebratener Pfau zu Huge Scheppel gebracht. Im Speisesaal erkennt man hinter der Tafel zwei Personen mit Krone und zwei rot bekleidete Männer an einem weiteren Tisch. Tafeln und Mahlteilnehmer scheinen in dieser Abbildung eher eine untergeordnete Rolle zu spielen, stattdessen stehen die Diener und die von ihnen gebrachten Speisen, allen voran der Pfau, im Vordergrund. Der gebratene Pfau ist neben Fasan und Schwan ein im Mittelalter bekanntes „Schaugericht" und wurde – wie in dieser Abbildung – nach dem Kochen wieder mit seinen eigenen Federn geschmückt und serviert. Ob es bereits in der Zeit von Hugues Capet (ca. 938–996) dieses so genannten „Schaugericht" gab, ist aber fragwürdig. Die dargestellte Kleidermode der

---

528 Neben „Huge Scheppel" übersetzte sie noch drei weitere französische „chansons de geste" ins Deutsche.

Diener ist ins Spätmittelalter datiert, die Entstehungszeit dieser Handschrift, und reflektiert nicht die Mode der Zeit von Hugues Capet: In dieser Abbildung werden kurze Oberhemden, enge Hosen (manche mit Mi-Parti) und Schnabelschuhe getragen – typisch für das Spätmittelalter. Zwar ignoriert diese Abbildung manche historischen Elemente, zeigt aber die tatsächliche Einrichtung eines Speisesaals im Mittelalter: Die Esstische sehen schlicht und leicht aus, weil sie im Mittelalter für das Mahl gebracht, aufgestellt und mit dem Tischtuch gedeckt und nach dem Mahl wieder weggeräumt wurden. Die Küche befand sich in der Burg normalerweise weit entfernt vom großen Saal, in dem das Fest oder Festmahl stattfand. Die Speisen mussten also über den langen Weg von der Küche zum Festsaal, wie es in dieser Abbildung dargestellt ist, gebracht werden. Selbstverständlich wurden die warmen Speisen inzwischen kalt, aber das war kein großes Problem, da man mit den bloßen Fingern ohnehin kein heißes Fleischstück greifen konnte.

4.2 Abbildungen in den Chroniken (Bilder der realen Festbankette)

In den Chroniken werden die Fest- und Gastmähler, die tatsächlich stattfanden, abgebildet. Vom Stil der Darstellung her ist kein großer Unterschied zu den oben behandelten Abbildungen in Epen festzustellen, jedoch hatten die Abbildungen der Chroniken selbstverständlich eine andere Rolle und Bedeutung.

4.2.1 Das Hochzeitsmahl Heinrichs V. mit Mathilde (Abb. 4)

Abb. 4

Wie in Kapitel 2.3.1 erläutert, ist in der „Ekkehardi chronicon universale" von der Hochzeit Heinrichs V. mit Mathilde in Mainz 1114 berichtet.[529] Laut Ekkehard feierte der Kaiser Weihnachten in Bamberg und die Hochzeit mit Mathilde, mit der er seit drei Jahren verlobt war, wurde auf das Epiphanienfest verschoben. Nach der Erwähnung des Ortes und des Festtermins lobt Ekkehard die hervorragende Herkunft und das schöne Aussehen der Braut. Danach erzählt er, wie viele vornehme Leute zur Hochzeit strömten[530] und wie viele Hochzeitsgeschenke dem Kaiser von den Königen und Fürsten überreicht wurden. Der Autor beschreibt zwar ausführlich die Hochzeitsgäste, weil die Teilnahme der zahlreichen vornehmen Leute an der Hochzeit den Gastgeber mit Ehre und Stolz erfüllte, über den Verlauf des Festes selbst schreibt er jedoch nicht. Auch die Eheschließung, das Hochzeitsmahl und sonstige feierliche Elemente finden hier keine Erwähnung. Die Anwesenheit von Gauklern und Schauspielern, die vom Kaiser beschenkt wurden, lässt darauf schließen, dass die Hochzeit gebührend gefeiert wurde. In einer Handschrift dieser Chronik (Fassung C, Cambridge Codex Corpus Christi College MS. 373) ist interessanterweise das sicher abgehaltene, aber von Ekkehard nicht erwähnte Hochzeitsmahl vor dem Beginn des Textabschnittes, der Bezug auf Ereignisse des Jahres 1114 nimmt, abgebildet (fol. 95 v, Abb. 4, 12. Jh.). Aus dem Inhalt des Textes erschließt sich, dass die zwei gekrönten Personen in der Mitte der Tafel Kaiser Heinrich V. und die neue Kaiserin Mathilde sind. Von den beiden Klerikern zur linken und zur rechten Seite lässt sich vermuten, dass es sich um zwei der im Text erwähnten geistlichen Teilnehmer handelt. Daneben sitzen zwei Kleriker, im Vordergrund stehen zwei Diener, die wieder deutlich kleiner dargestellt sind als die vornehmen Gäste. Der lange quadratische Esstisch ist mit einem schönen Tischtuch bedeckt, mit drei Messern, zwei Schüsseln mit Deckel, einem Kelch und Brot. Einer der beiden Diener stellt gerade einen Teller mit der Speise auf den Tisch.[531] Üblicherweise entspricht das Motiv der Abbildung der Beschreibung auf derselben oder der nächsten Seite. Zwar liegt es auf der Hand, dass die Abbildung des Hochzeitsmahls zum Bericht der Hochzeit von 1114 gehört, aber auf das abgebildete Mahl geht der Autor, wie oben erwähnt, im Text nicht ein. Das sollte nicht als bloße „Nichtübereinstimmung" zwischen Text und Bild betrachtet werden, sondern die Abbildung ersetzt die im Text fehlende Erwähnung des höchstwahrscheinlich abgehaltenen Hochzeitsmahls.

---

529 Ekkehard von Aura, „Chronica", S. 247 f.
530 Siehe die ausführliche Vorstellung der Teilnehmer dieser Hochzeit in Kap. 2.3.1.
531 Vgl. ausführliche Erklärung dieser Abbildung bei SCHULZ (2011), S. 235 ff.

4.2.2 Balduin von Luxemburg (Abb. 10-a, -b, -c)

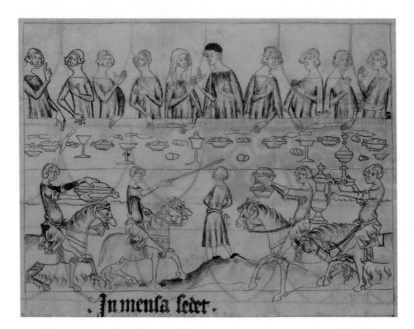

Abb. 10-a

Die Bilderchronik des Trierer Erzbischofs Balduin von Luxemburg (Codex Balduini Trevirensis, Koblenz, Landeshauptarchiv, 1 C1, um 1340) enthält drei Festmahlabbildungen. Davon ist die anlässlich Balduins feierlichen Eintritts in Trier zu Pfingsten 1308 (Abb. 10-a) sehr bekannt und als Beispiel einer Festmahldarstellung oft erwähnt.[532] Nach typisch mittelalterlichem Stil sitzen die Mahlteilnehmer hinter einer mit einem großen Tuch gedeckten langen Tafel, davor sind die Diener angeordnet. In der Mitte der Mahlteilnehmer sitzt Balduin von Luxemburg, der neu eingesetzte Erzbischof von Trier,[533] mit roter Mütze und zu seiner Rechten seine Mutter, daneben weitere Damen. Zu seiner Linken sitzen seine drei Brüder und sein Neffe Johann. Im Vordergrund reichen die Diener Speisen und Getränke auf Pferden. Die Bedienung auf dem Pferd erinnert an die Bestimmung über die Dienste der Hofämter in Kapitel 27 der Goldenen Bulle von 1356 und die Bedienung in „Der guote Gêrhart".[534] Auf der Tafel sind gebratene Geflügel, Brote, Kelche und Messer zu finden.

---

532 Zum Beispiel ROHR (2002), S. 87, BUMKE (1986), S. 250, KRAMP (2000), S. 519, OTTOMEYER (2002), S. 123.
533 Balduins Einsetzung erfolgte im Jahr 1307.
534 Siehe Kap. 2.2.2.3 und 2.3.4.

Abb. 10-b

Die zweite Festmahlabbildung in dieser Chronik zeigt ein Festmahl unter König Heinrich VII., dem Bruder Balduins, anlässlich des Eintritts in die Stadt Asti im Jahr 1310 (Abb. 10-b). Balduin begleitete seinen Bruder auch bei diesem Essen. Während unter Balduin die Männer und Frauen zusammen an einer Tafel sitzen, gibt es in dieser Abbildung des Festes unter dem König zwei nach Geschlechtern getrennte Tafeln. Am linken Tisch sitzen der König (mit Krone), Balduin (mit roter Mütze) und zwei Männer, am rechten Tisch die Damen (alle mit Krone), von denen eine wahrscheinlich Königin Margarethe ist.[535] Auf den beiden Tischen sind Schüsseln mit Fleischgerichten, einige Kelche, Brot und Messer zu sehen. Im Vordergrund agieren drei Diener, zwei davon reichen die Schüsseln und einer in der Mitte dirigiert mit dem Stab die anderen beiden Diener.

Abb. 10-c

---

535 Eine weitere Abbildung auf derselben Seite zeigt, dass König Heinrich VII. von seiner Gemahlin Margarethe, von Balduin und von seinem Heer begleitet wird (Codex Balduini Trevirensis, Koblenz, Landeshauptarchiv 1 C Nr. 1, fol. 8 oben).

In der dritten Festmahlabbildung ist das Krönungsmahl Heinrichs VII. dargestellt (Abb. 10-c). Nach seiner Kaiserkrönung in Rom 1312 ritt der neu gekrönte Kaiser nach dem Krönungsordo vom Lateran nach St. Sabina, wo das Krönungsmahl stattfand. In dieser Abbildung ist die Sitzordnung bemerkenswert. Laut der Bestimmung in der Goldenen Bulle sitzen der König/Kaiser und die anderen Kurfürsten getrennt. Die Tische sind so gestellt, dass die Kurfürsten sich gegenübersitzen.[536] Hier weichen die Stellung der Tische und die ungewöhnliche Sitzordnung beim Krönungsmahl deutlich von der Darstellung der anderen Festmähler ab. Kaiser Heinrich sitzt allein in der Mitte an einem Tisch. Zu seiner Rechten sitzt ein Kardinal an einem Tisch, zu seiner Linken sitzen zwei Kardinäle an einem dritten Tisch. Zwei weitere Tische befinden sich im Vordergrund, an denen Balduin (links, mit grüner Mütze) und der Pfalzgraf bei Rhein (rechts) dem Kaiser und den Kardinälen gegenübersitzen. Balduin nahm an diesem Krönungsmahl als Erzbischof von Trier, also als einer der geistlichen Kurfürsten teil. Die Diener bedienen die Gäste in dieser Szene zwischen den Tischen. Wie in der Goldenen Bulle von 1356 beschrieben, bedienen sie zu Pferd. Drei bringen Schüsseln und Kannen (oder Pokale) und einer weist die anderen mit einem Stab in der Hand an. Das Tafelgeschirr für den Kaiser ist hier besonders golden eingefärbt, der Tisch des Kaisers ist höher als die der Kardinäle.

In allen drei Abbildungen sind die Diener (immer leitet einer davon mit dem Stab die anderen an, alle sind kleiner dargestellt als die Mahlteilnehmer), die Speisen und das Tafelgeschirr in einem bestimmten Stil dargestellt. Die Anordnung der Mahlteilnehmer weicht jedoch deutlich voneinander ab, beispielsweise sitzen in Abb. 10-a alle Mahlteilnehmer an einer langen Tafel, in Abb. 10-b die männlichen und weiblichen Mahlteilnehmer getrennt an zwei Tischen und in Abb. 10-c alle Mahlteilnehmer getrennt an verschiedenen Tischen. In Abb. 10-c ist, wie oben erwähnt, nur das Tafelgeschirr für den Kaiser golden – ein Unterschied, der in den anderen Abbildungen nicht zu erkennen ist. Das Krönungsmahl in Abb. 10-c ist mit den anderen Abbildungen der Krönungsmähler vergleichbar (siehe Kap. 4.3). Der „Hauptdarsteller" dieser Chronik, nämlich Balduin von Luxemburg, ist durch die rote oder grüne Mütze immer erkennbar. Auch bei den anderen Abbildungen in dieser Chronik lässt sich die Bemühung des Zeichners, neben den Texten die Szenen ausführlich darzustellen und zu erklären, erkennen.

4.2.3 Grandes Chroniques de France (Abb. 12 und 17)

Das Festbankett von König Karl V. von Frankreich zu Ehren Kaiser Karls IV. und Wenzels in Paris am Dreikönigstag 1378 ist in zwei Handschriften der „Grandes Chroniques de France" abgebildet (Abb. 12 und 17). Da die ältere Handschrift um 1380 (Paris, BNF, ms fr. 2813) und die jüngere 1450/60 entstanden (Paris, BNF, ms fr. 6465), haben diese zwei Abbildungen neben Gemeinsamkeiten auch viele Unterschiede, obwohl dieselbe Szene abgebildet ist.

---

536 Siehe Kap. 2.3.3. Diese Sitzordnung entstand nicht erst durch die Goldene Bulle von 1356.

Abb. 12

Abb. 17

Dieses Festbankett fand im Louvre statt. Die Hauptpersonen des Bankettes (König Karl V. von Frankreich, Kaiser Karl IV. und sein Sohn Wenzel) finden sich in beiden Abbildungen. Hinter den Mahlteilnehmern hängen drei blaue Wandteppiche mit der

„fleur-de-lis", dem Symbol des französischen Königs. Die Tafel ist doppelt mit Tischtüchern gedeckt, darauf steht goldenes Geschirr. Speisen sind nicht dargestellt. In Abb. 12 sitzen neben diesen drei Hauptpersonen noch drei Bischöfe, in Abb. 17 nur einer. In Abb. 12 ist ein Schauspiel über die Kreuzzüge und die Eroberung Jerusalems durch Gottfried von Buillon dargestellt, das wahrscheinlich als eine Form des Entremets[537] während des Essens vorgeführt wurde. In Abb. 12 sind auf dem Tisch neben dem goldenen Geschirr die großen, prächtigen schiffförmigen Salzfässer auffallend. Vor dem Tisch sind zwei Diener, nach der mittelalterlichen Gewohnheit kleiner dargestellt, zu sehen.

Vergleicht man beide Abbildungen, so wirkt Abb. 17 schlichter, das Schauspiel der Kreuzzüge ist z. B. nicht abgebildet. In Abb. 17 sind jedoch einige zeitgenössische Elemente der Entstehungszeit der Handschrift – des 15. Jahrhunderts – wiederzufinden. Sowohl das Tafelgeschirr als auch die Kleidung der Mahlteilnehmer haben sich weiter entwickelt: Jeder Teilnehmer hat einen eigenen Teller, zwei Messer, eine Serviette aus weißem Stoff, zwei Brötchen und ein Kästchen (Salzfässchen?). Noch tritt die Essgabel nicht auf, aber dass jeder Teilnehmer einen Teller statt einer Brotscheibe als Tellerersatz bekommt, zeigt eine große Entwicklung. Sowohl König Karl V. als auch Kaiser und Wenzel tragen die Roben mit Hermelinpelzen, die die Kleidermode im Spätmittelalter prägten und als Zeichen von Luxus galten. Drei Diener in Schnabelschuhen treten an den Tisch, einer davon mit einem Stab in der Hand, die anderen beiden servieren große Teller mit Speisen. Das gebratene Geflügel ist deutlich zu erkennen, alle Teller sind golden.

Dieses Festbankett ist in beiden Abbildungen insgesamt – bzgl. der Einrichtung des Speisesaals, des goldenen Tafelgeschirrs, des großangelegten Schauspiels, der Kleidung – so prunkvoll wie nur möglich dargestellt. Die Pracht des Bankettes zeigt direkt den Reichtum des Gastgebers, hier des französischen Königs. Wegen des Charakters der Handschrift „Grandes Chroniques de France" sollten Macht und Reichtum des französischen Königs selbstverständlich herausgestellt werden. Sehr interessant ist, dass in der neueren Handschrift dieselbe Szene nicht nach der Vorlage, sondern nach der zeitgenössischen Mode und Sachkultur abgebildet wurde, was vermutlich daran liegt, dass die Luxusdarstellung im 14. Jahrhundert (Abb. 12) in Frankreich dem Luxusgefühl der Rezipienten im 15. Jahrhundert nicht mehr entsprach.

---

537 Zu den Entremets siehe Kap. 2.2.1.

4.2.4 Friedrich III. und Karl der Kühne (Abb. 20)

Abb. 20

Das Gastmahl beim Zusammentreffen Friedrichs III. mit Karl dem Kühnen von Burgund 1473 ist in einem eigentümlichen Stil abgebildet (Abb. 20, Graphische Sammlung der Zentralbibliothek Zürich, Ms. A5). Ungewöhnlich ist erstens, dass das Gastmahl aus der Vogelperspektive dargestellt ist, zweitens ist gut erkennbar – durch die Perspektive ist der Festsaal in Gänze gemalt –, wie die Tafeln im Saal gestellt sind. Vier lange, mit weißen Tischtüchern eingedeckte Tafeln sind zu sehen und anders als in den oben behandelten Festmahlabbildungen sitzen die Gäste auf beiden Seiten der Tafeln. Normalerweise sitzen die Gäste auf einer Seite der Tafel, auf der anderen Seite gehen die Diener ihren Aufgaben nach, aber da hier die Gäste auf beiden Seiten der Tafel Platz genommen haben, positionieren sich die Diener hinter ihnen. Als Sitzmöbel dienen für jede Tafel zwei lange Bänke. Drittens sind die „Hauptdarsteller" dieses Gastmahls, Friedrich III. und Karl der Kühne, nicht in der Mitte, sondern am rechten oberen Rand der Abbildung gemalt. Friedrich III., der durch die Krone erkennbar ist, sitzt am linken Ende der Tafel, ihm gegenüber sitzt sein Gast Karl der Kühne. Friedrich ist mit zwei Bischöfen auf einer Bank platziert, nur Karl sitzt allein auf einem Stuhl. In dieser Abbildung sind außerdem verhältnismäßig viele Gäste dargestellt. Abgesehen von Friedrich III., Karl dem Kühnen und den Bischöfen, die mit den beiden zusammen tafeln, sind noch 20 weitere Gäste zu sehen, unter denen sich auch einige Damen befinden. Die Kleidung jedes Gastes ist geschmackvoll und abwechslungsreich abgebildet. Fast alle tragen – auch die Diener – Schnabelschuhe. Die Tafeln sind reichlich gedeckt: Große Schüsseln mit Speisen, Trinkbecher, Kelche und Kannen mit Deckel, Brötchen, Messer und kleine Teller (oder runde Brotscheiben als Tellerersatz). Im Hintergrund sind zwei Wandteppiche mit dem Emblem des burgundischen Ordens vom Goldenen Vlies, die mit Karl dem Kühnen im Zusammenhang stehen, zu sehen. Auf dem Boden liegen drei Hunde, die wahrscheinlich Knochen und Speisereste bekommen.

4.2.5 Gastmahl bei König Sigismund (Abb. 24)

Abb. 24

Die Abbildung des Gastmahls bei König Sigismund in Ulm 1430 in der Luzerner Chronik von Diebold Schilling dem Jüngeren (Abb. 24, Luzern, Zentralbibliothek, S. 23 fol., fol. 38, endstanden 1513) ist ein gutes Beispiel für eine besondere Form der Sitzordnung: In diesem Fall sitzt die höchste Person, König Sigismund, allein und herausgehoben in der Mitte an einem großen Tisch unter einem Baldachin. Mit dieser Alleinstellung – getrennt von den anderen Gästen – wird der Vorrang vor allen anderen demonstriert. Während des Gastmahls bekommt er Besuch von einem Boten des türkischen Sultans (links mit der Lanze), während der Kanzler (vor dem Tisch des Königs) einen Turnierbrief vom Sultan vorliest. Der König wird vom Truchsess und Mundschenk bedient. Der Mundschenk steht neben dem König und trinkt aus dem Pokal; das könnte eine Giftprobe sein. Der Truchsess tranchiert etwas. Die anderen sieben Gäste speisen zusammen an einer Tafel. Zwischen dem König (mit dem Kanzler, dem Boten, dem Truchsess und dem Mundschenken) und anderen Gästen gibt es eine niedrige Trennwand. Der Tisch des Königs ist deutlich höhergestellt als der der Gäste, womit der besonders hohe Rang des Königs demonstriert wird. Auf dem Tisch des Königs sind eine große Schüssel mit gebratenem Geflügel und noch drei kleine Teller mit Brötchen zu sehen. Der Tisch der anderen Gäste ist ähnlich gedeckt. Das Tafeln der Gäste ist lebendig dargestellt: Zwei führen gerade ihre Trinkbecher zum Mund, ein anderer Gast hält ein Stück Brot (?) und ein weiterer ein Messer in der Hand. Es war grundsätzlich zwar üblich, auch für Könige und Adlige, im Mittelalter mit der Hand zu essen, aber Szenen, in denen man das Essen mit der Hand zum Mund führt, werden nur selten abgebildet.[538] Auf der rechten Seite der Trennwand sind einige Musikinstrumente zu sehen, die die Unterhaltung während des Gastmahls andeuten. Rechts auf dem Boden stehen zwei große Kannen, wahrscheinlich für Wein.

4.3 Abbildungen der Krönungsmähler (Abb. 10-c, 22, 28, 29, 32)[539]

Abb. 29

---

538 Vgl. Abb. 18 oben, siehe Kap. 4.5.
539 Eine Abbildung des Krönungsmahls aus dem „Codex Balduini Trevirensis" (Abb. 10-c) gehört thematisch zwar auch zu dieser Kategorie, wird hier aber nicht behandelt. Vgl. Kap. 4.2.2.

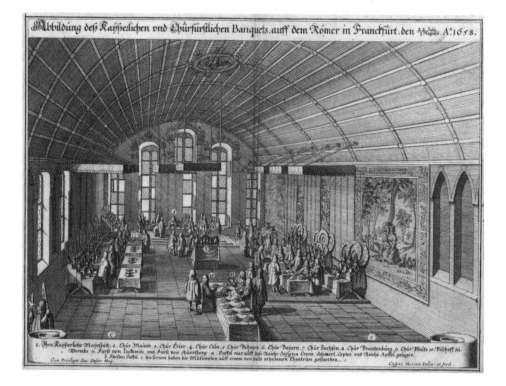

Abb. 32

Wie in Kapitel 2 erwähnt, dienen die Abbildungen der Krönungsmähler nicht zuletzt als visuelle Quellen zur Sitzordnung, weil die Darstellung des Krönungsmahls und seiner Einrichtung mit der Bestimmung über die Sitzordnung in der Goldenen Bulle von 1356 übereinstimmen. Kapitel 3 der Goldenen Bulle folgend sollen auf der rechten und linken Seite des Königs/Kaisers die Erzbischöfe von Köln und Mainz sowie der Erzbischof von Trier dem König/Kaiser gegenübersitzen. Laut Kapitel 4 ist dem König von Böhmen der zweite Platz und dem Pfalzgrafen bei Rhein der dritte Platz auf der rechten Seite des Königs/Kaisers zuzuordnen, dem Herzog von Sachsen der zweite Platz und dem Markgrafen von Brandenburg der dritte Platz auf der linken Seite des Königs/Kaisers. Kapitel 28 gibt Auskunft über die bestimmte Stellung und die Höhe der Tische. Vor allem die Zeichnung des Krönungsmahls von König Maximilian II. in Frankfurt am Main 1562 (Abb. 29, Aachen, Stadtarchiv AI 106) gibt die Bestimmungen der Kapitel 3, 4 und 28 sehr präzise wieder: Der Sitz Kaisers Maximilian II. hat sieben Stufen. Sowohl auf der linken als auch auf der rechten Seite sind drei Tische und dem Kaiser gegenüber ein weiterer Tisch gestellt. In der Mitte des Saals und zwischen den Esstischen befinden sich die Tische mit goldenem Tafelgeschirr. Dem Festsaal voran liegt noch ein Raum, in dem ebenfalls vier Esstische Platz finden. Die Wappen zeigen an, wer welchen Platz einnimmt. Im Festsaal sitzen selbstverständlich der Kaiser und die sieben Kurfürsten. Laut dieser Abbildung nahmen bei diesem Krönungsmahl der Erzbischof von Mainz den Platz rechts und der

Erzbischof von Köln den Platz links des Kaisers ein.[540] In einem anderen Bild des Krönungsmahls Leopolds I. im Frankfurter Römer 1658 (Abb. 32, Berlin, Staatliche Museen zu Berlin, Kunstbibliothek, Lipp Sba 12 mtl) sind die Tische ebenfalls nach den Bestimmungen der Goldenen Bulle gestellt, der Sitz des Königs ist noch einige Stufen höher. Auch bei diesem Mahl nahm der Mainzer Erzbischof den rechten Platz zum König ein.

Abb. 22

Eine Druckversion der Goldenen Bulle („Güldin Bulle" Karls IV.) des Jahres 1485 enthält im Kapitel über die Sitzordnung eine Holzschnitt-Abbildung (Abb. 22, Jena, Thüringer Universitäts- und Landesbibliothek, 2 Bud. Jus. Publ. 138/1, Bl. 8r). Der König/Kaiser sitzt mittig und allein im hinteren Teil und auf den rechten und linken Seiten sind je drei Tische gestellt. Der letzte Tisch, an dem der Erzbischof von Trier sitzt, wird in dieser Abbildung dem König/Kaiser gegenüber und sehr nahe platziert. Auf der rechten Seite des Königs/Kaisers sitzt eine weitere Person mit Krone – vermutlich der römische König.[541] Seltsamerweise sitzen die beiden geistlichen Kurfürsten neben dem König von Böhmen auf den Plätzen zweiten und dritten Ranges,

---

540 Frankfurt am Main steht unter dem Erzbistum von Mainz.
541 Der damalige Kaiser Friedrich III. ließ zu seinen Lebzeiten seinen Sohn Maximilian 1486 zum römischen König wählen, um die Nachfolge seines Sohnes zu sichern. Diese Abbildung spiegelt diese Tatsache wahrscheinlich wider, obwohl sie ein Jahr früher als die Königswahl Maximilians gedruckt wurde.

wo laut der Goldenen Bulle der König von Böhmen und der Pfalzgraf bei Rhein sitzen sollten.

Abb. 28

Das Bild des Krönungsmahls Ferdinands I. 1558 bildet bzgl. der Sitzordnung eine Ausnahme (Abb. 28, Nürnberg, Staatsarchiv, aquarellierte Federzeichnung nach Handschrift Nr. 182, fol 233). Ferdinand und die Fürsten sitzen zusammen um einen sehr großen Tisch. Die Mahlteilnehmer setzen sich nicht nur aus König und Kurfürsten zusammen, sondern insgesamt sind 19 Personen dargestellt. Auch wenn es solche Ausnahmen gibt, sind die Abbildungen des Krönungsmahls meistens zuverlässige visuelle Quellen und lehren, dass die in der Goldenen Bulle von 1356 festgelegte Sitzordnung des Königs/Kaisers und der Kurfürsten ziemlich langlebig gewesen ist und auch nach dem Umzug des Krönungsortes nach Frankfurt am Main eingehalten wurde.

4.4 Bilder der biblischen Motive („letztes Abendmahl", „Hochzeit zu Kana" u. a., Abb. 6, 16, 23, 26, 27)

Abb. 6

Es gibt zahlreiche Bilder und Abbildungen nach biblischen Motiven. Eines der bekanntesten Bilder ist „Das letzte Abendmahl Christi", das sich meistens als Altarbild präsentiert. Daneben sind das „Gastmahl des Herodes (Markus 6, 14–29)", die „Hochzeit zu Kana (Johannes 2, 1–11)" und „Christus beim Pharisäer Simon (Lukas 7, 36–50)" häufig dargestellte biblische Motive. Diese Abbildungen entstanden unter dem Einfluss zweier Elemente: Eines bestimmten Stils von Bibelmotiven und der Sachkultur der Entstehungszeit.

Jedes Motiv wird nach dem bestimmten Stil dargestellt, bei den Abbildungen des „letzten Abendmahls Christi" beispielsweise sitzt Christus mit seinen zwölf Aposteln um einen Tisch, Christus in der Mitte und auf dem Tisch sind Wein und Brot abgebildet. Das Motiv „Christus beim Pharisäer Simon" zeigt Christus an einer Tafel mit Simon, nach dem Neuen Testament säubert eine „Sünderin" mit ihren Tränen und Haaren die Füße Christi. Es ist sehr schwierig, die Fest- und Gastmähler aus der Bibel historisch korrekt darzustellen, da vor allem die Szenen aus dem Alten Testament unmöglich zu datieren sind. Am deutlichsten spiegelt sich die Kultur jedes „Zeitalters" in der Kleidung, dem Hintergrundbild und dem Geschirr wider. Die Personen in den Abbildungen der biblischen Motive bekleiden sich entweder „altertümlich" oder

„zeitgenössisch", d. h. nach der Kleidermode der Entstehungszeit der Abbildungen. In der Weltchronik Rudolf von Ems' findet sich eine Abbildung der Mahlzeit Davids mit seiner Frau Bethabee und Vertretern des Hofes, zu welcher Nathan hinzukommt, um zu predigen (2. Samuel 12, Abb. 6, St. Gallen, Kantonsbibliothek [Vadiana], Ms. 302, Teil 1. fol. 178v). Auch sie folgt dem Stil der Tafeldarstellung mittelalterlicher Handschriftenabbildung und zeigt die starke Ähnlichkeit mit Abb. 7, den Abbildungen eines weltlichen Epos. Im Altarbild der „Hochzeit zu Kana" (Abb. 16, Hamburg, Kunsthalle, Inv.-Nr. 501c-4, um 1390/1415) trägt vor allem der Diener im Vordergrund spätmittelalterliche Kleidung, ähnlich wie in Abb. 19.[542]

Abb. 16

Der Holzschnitt der Tafel König Salomons (Abb. 23, Nürnberg, Germanisches Nationalmuseum, Inc. 4° 32581, fig. 86) ignoriert die „historische Korrektheit" völlig. Dieses Mahl ist als eine spätmittelalterliche fürstliche Tafel dargestellt. Wie in Abb. 24 sitzt König Salomon allein an einem Tisch. Hinter ihm sind zwei lange Tafeln aufgestellt, an denen seine 700 Frauen speisen.[543] Die Frauen sitzen an den beiden Seiten der Tafel. An Salomons Tisch reicht ein Diener dem König ein Messer und noch ein zusätzliches breites Vorlegemesser. Rechterhand sind die Spielleute mit ihren Musikinstrumenten zu sehen. Auf dem Tisch des Königs stehen drei kleine viereckige Tafeln, ein Kelch mit Deckel eund eine große Schüssel. Auf dem Tisch liegen zudem ein Messer und einige Brote. Unter dem Tisch sind zwei (Wein-)Kannen in einer

---

542 „Religiöse Malerei unter Einbeziehung spätmittelalterlich-realistisch dargestellter Details beim Festmahlszubehör", MORAW (1985), S. 336 (Abbildungsseite).
543 OTTOMEYER (2002), S. 210.

kleinen Wanne (?) abgebildet. Die Kleidung des Dieners und der Spielleute ist deutlich spätmittelalterlich, vor allem tragen sie Schnabelschuhe. Dieser Holzschnitt spiegelt so derart „zahlreiche Elemente des spätmittelalterlichen Tafelzeremoniells"[544] wider, dass auf den ersten Blick kaum erkennbar ist, dass es sich um ein Bild über König Salomon aus dem Alten Testament handelt.

Abb. 23

Das äußerst schöne Altarbild „Christus beim Pharisäer Simon" (Abb. 26, Bruxelles, Museés Royaux des Beaux-Arts, Inv.-Nr. 329, um 1518) weist einige seltene Elemente auf. Die Szene des Gastmahls beim Pharisäer Simon ist präzise nach der biblischen Beschreibung (Lukas 7, 36–50), aber auch nach der Kultur des 16. Jahrhunderts abgebildet. Jesus (links, mit blauem Gewand) speist mit dem reicher als er bekleideten Simon, der zu seiner Rechten sitzt. Unter dem Tisch ist die „Sünderin" dargestellt, die mit ihren Tränen die Füße Christi benetzt und sie dann mit ihren Haaren abwischt. Der erste besondere Aspekt ist die Position von Christus in diesem Bild. Obwohl er „Hauptdarsteller" dieser Szene und im Vordergrund abgebildet ist, sitzt er am linken Ende und zeigt, anders als in anderen Bildern mit Frontalansicht, sein rechtes Profil. Sehr zentral in der Mitte des Bildes ist die „Sünderin", die „Hauptdarstellerin" dieser Szene. Vor ihr steht ein Gefäß mit Salböl. Nur Christus ist im Vergleich zu den anderen Personen sehr schlicht gekleidet. Die übrigen, auch die „Sünderin", tragen luxuri-

---

544 Ibid., S. 210.

öse Kleidung nach der Mode des 16. Jahrhunderts. Obwohl die Bibel die Speisen dieses Gastmahls gar nicht erwähnt, sind in diesem Bild ausführlich zwei gedeckten Tafeln dargestellt. Beide Tische sind mit weißen Tischtüchern gedeckt und jeder Mahlteilnehmer bekommt eine kleine viereckige Platte als Teller. In der Mitte steht ein großer Teller mit einem Fleischgericht. Darüber hinaus sind auf dem Tisch noch einige Messer, Brötchen und Trinkbecher mit Wein und Deckel zu finden.

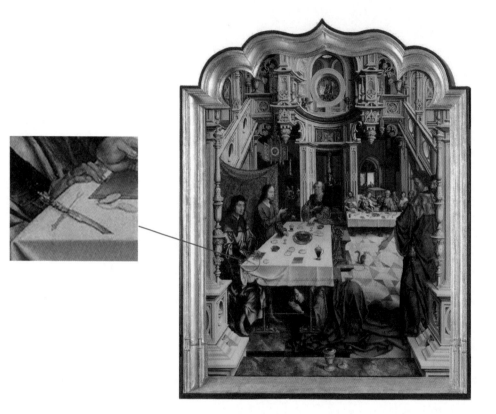

Abb. 26

Der zweite außergewöhnliche Aspekt in diesem Bild ist, dass eine kleine Essgabel abgebildet ist. Auch nach ihrer Einführung als Essbesteck wurde sie kaum bildlich dargestellt. Manche gemalten Festtafeln im 16. Jahrhundert weisen, was die Speisen und das Tafelgeschirr betrifft, keinen großen Unterschied zu den mittelalterlichen Festmahlbildern auf. In einem anderen Bild desselben Motivs (Abb. 27, Bruxelles, Museés Royaux des Beaux-Arts, Inv.-Nr. 2580, um 1490) sind auf der Tafel nur zwei Fische auf großen Tellern, zwei Krüge, drei Gläser, zwei Messer und einige Brötchen zu sehen.

Abb. 27

Die Fische sind teilweise gegessen und das zeigt, dass „die Sünderin" inmitten des Essens erschien und das Mahl dadurch kurz abgebrochen wurde. Durch diese Motivwahl erscheint das Bild bewegter. Am Tisch sitzen Christus, Simon (der Pharisäer), Petrus und Johannes. Während Christus, Simon und Petrus auf „die Sünderin" blicken, wendet nur Johannes sich zu dem neben ihm stehenden Diener um, der sehr spätmittelalterlich modisch gekleidet ist (z. B. trägt er eine Mi-Parti-Hose). Dieses Bild wurde nach dem „Original" von Dierich Bouts (Berlin, Gemäldegalerie, Inv.-Nr. 533A, um 1460)[545] gemalt; beide Bilder sind einander sehr ähnlich. Der einzige deutliche Unterschied ist der Diener, der anstelle des knienden Geistlichen – des Auftraggebers vom „Original" – gemalt wurde. Als neues Element übernahm der Maler die Kleidermode der Entstehungszeit des Bildes.

---

545 BOCK, GEISMEIER, u.a. (2010), S. 142f.

4.5 Sonstige Abbildungen

Abb. 2   Abb. 3

Abb. 11

Die sonstigen Bilder, die sich in keine der oben genannten vier Kategorien einordnen lassen, wurden aufgrund ihrer besonderen Eigenschaften ausgewählt. Wie oben erwähnt, wurden die Fest- und Gastmähler in verschiedenen Formen abgebildet. Ein gemeinsames Essen ist auch auf dem berühmten „Teppich von Bayeux" abgebildet (Abb. 1, Bayeux, Musée de la Tapisserie de Bayeux, 11. Jh.). Ein anderes Beispiel eines auf Stoff abgebildeten gemeinsamen Mahls ist der Wandbehang „Der ungetreue Marschalk" (Abb. 21, Nürnberg, Germanisches Nationalmuseum, Inv.-Nr. Gew 678, um 1480). In zwei Abbildungen aus der Handschrift „De universo" Rabanus Maurus' (Abb. 2 und 3, Montecassino, Biblioteca dell'Abbazia, Codex [Cas.] 132, lib. XXII, cap. I und 142, lib. XVI, cap. IV, 11. Jh.) essen die Personen mit einem gabelähnlichen Besteck.[546] Dass schon im Frühmittelalter ein solcher Gegenstand abgebildet wurde, danach die Tafeln im Hoch- und Spätmittelalter jedoch keine Gabel kannten, ist sehr interessant. Eine Abbildung in der französischen Handschrift „Reméde de la Fortune" (Abb. 11, Paris, BNF, Ms fr. 1586, fol. 55, um 1350) zeigt die so genannte Giftprobe während des Festmahls, die sicher häufiger während des Speisens vornehmer Personen durchgeführt wurde, aber in den zahlreichen Bildern der Fest- und Gastmähler kaum zu finden ist.[547] Hier sitzen die Gäste an zwei Tischen, die mit weißen Tischtüchern gedeckt sind. Wie in den anderen typischen mittelalterlichen Festmahlbildern sitzen die Gäste auf einer Seite der Tafel und die Diener bedienen auf der anderen Seite. Hinter den Gästen sind insgesamt vier Musiker zu sehen. Am rechten Tisch in der Mitte sitzt eine Dame. Vor ihrem Tisch knien zwei Diener, von denen einer ihr mit seiner rechten Hand einen Kelch (?) reicht und gleichzeitig mit seiner linken Hand etwas aus einer Schüssel probiert. Er verkostet den Wein, der für diese Dame bestimmt ist. Wenn er bestätigt, dass Essen und Getränk genießbar sind, reicht er es ihr weiter.

Abb. 18

Die Abbildung des Speisens in einer Handschrift des mittelalterlichen Lehrbuchs „Der wälsche Gast" (Abb. 18, Heidelberg, Universitätsbibliothek, cpg 320, fol. 101v, 15. Jh.) ist zwar keine Darstellung eines Festmahls oder gemeinsamen Essens, da die

---

546 Zur Gabel als Essbesteck in den Abbildungen siehe SCHULZ (2011), S. 230ff.
547 In Abb. 24 ist der Mundschenk auf der rechten Seite des Königs zu sehen, der etwas aus einem Kelch trinkt. Eventuell ist das auch eine Giftprobe.

Personen am Tisch die personifizierten Tugenden darstellen und jede Tugend allein tafelt, bietet aber eine gute visuelle Quelle des mittelalterlichen Handessens. In dieser Abbildung tafeln die personifizierten Tugenden „Recht", „Maß", „Stete" und „Milte". Am oberen Rand dieser Abbildung ist das „Recht" in Männergestalt zu sehen und führt das Essen mit seiner linken Hand zum Mund. In seiner rechten Hand hält es ein Messer. Im Mittelalter führte man das Essen – ohne Gabel – mit der Hand zum Mund, allerdings wurde eine Szene wie diese, dass man also gerade etwas mit der Hand greift und zum Mund führt, üblicherweise nicht abgebildet. Wie oben erwähnt, ist in Abb. 24 auch das Essen mit der Hand zu erkennen, aber Abb. 18 und 24 stellen darin sozusagen eine Ausnahme dar. Die Mahlteilnehmer in den meisten Festmahlbildern unterhalten sich miteinander und nehmen bestimmte Handhaltungen ein.

Abb. 31

Das Bild der Tafel anlässlich der Verleihung des Ordens vom Goldenen Vlies 1585 (Abb. 31, Berlin, Staatliche Museen zu Berlin Kunstbibliothek, OS 2820 kl, 1587) ist ein Beispiel für die fortgeschrittene „Entwicklung" des Tafelgeschirrs bzw. der Fest-tafel. Der Tisch ist mit einem Tischtuch gedeckt, auf dem zahlreiche Teller mit ver-schiedenen Speisen für zehn Mahlteilnehmer dargereicht sind. Diener servieren dabei noch mehr Speisen auf Tellern. Jeder Mahlteilnehmer hat entweder einen kleinen Teller oder einen „tranchoir", eine Scheibe von altem Brot als Tellerersatz. Auf dem Tisch sind weder Essbesteck noch Gläser zu finden, aber ein Diener (links) über-reicht gerade einem Mahlteilnehmer (Erzherzog Ferdinand) einen Pokal. Hinter den Mahlteilnehmer stehen insgesamt sechs Diener. Am rechten Ende dieses Bildes ist eine Gruppe der Musikanten zu sehen. Im Vergleich zu den anderen Festmahlbildern zeigt dieses Bild eine enorme Entwicklung in der Darstellung der Festtafel und des großen Reichtums des Herzogs von Burgund, der bereits durch das Fasanenfest ver-deutlicht wurde.[548]

---

548 Siehe Kap. 2.2.1.

4.6 Zusammenfassung: Was wird gemalt und was nicht?

Die Mahlzeit ist als sehr beliebtes Bildmotiv auf verschiedene Art und Weise – als selbständiges Gemälde, Wandbehang, Altarbild, Teppich, Handschriftenabbildung usw. – abgebildet, wobei jede Darstellung ihre eigene Rolle, Bedeutung, Hintergrund und Kontext hat. Beispielsweise schmücken Gemälde und Wandbehänge als schöne Kunstwerke die Zimmer ihrer Besitzer. Auch Altarbilder sind Kunstobjekte, ihre vorrangige Rolle ist jedoch, eine religiöse Geschichte – eine Szene aus der Bibel (Abb. 26) oder die Legende einer/eines Heiligen (Abb. 25) – visuell zu zeigen. In dieser Hinsicht als kompliziert erweisen sich Handschriftenabbildungen. Sie haben mindestens drei klare Funktionen: Die Darstellung der entsprechenden Textstellen, eine Ergänzung zum Text und kostbare Ausgestaltung eines Buchs.

In erster Linie sind sie freilich die Abbildungen der (in der Regel) dazugehörigen Texte und sind immer abhängig von Textinhalt. Aus diesem Grund kommt speziell bei Handschriftenabbildungen dem Aspekt der „Text-Bild-Beziehung" bzw. der „Diskrepanz zwischen Text und Bild" besondere Bedeutung zu. Als bildliche Darstellungen von Text sollten Abbildungen, wie die der Wiener Willehalm-Handschrift (Abb. 7 und 8), im Prinzip dem Textinhalt entsprechen, aber manchmal ist das nicht so: Sachverhalte in Texten werden anders oder gar mit zusätzlichen Aspekten abgebildet. In den Darstellungen der Münchener Parzival-Handschrift (Abb. 5) wird das im Text nicht geschilderte Hochzeitsmahl gezeigt (Abb. 5-a), die runde Tafel bei König Artus ist lange und quadratisch abgebildet (Abb. 5-b) oder einige Szenen werden in einer Abbildung kompiliert (Abb. 5-b und 5-c). Somit entstehen nicht unerhebliche Diskrepanzen zwischen Text und Bild. In der Chronik von Ekkehard von Aura wird auch das nicht im Text erwähnte, aber höchstwahrscheinlich abgehaltene Hochzeitsmahl abgebildet (Abb. 4). Anders als Wolfram, der absichtlich die Schilderung des Mahls auslässt, ist es unklar, warum Ekkehart das Hochzeitsmahl überhaupt nicht erwähnte; dennoch ergänzt diese Abbildung – wie bereits Abb. 5-a – die Schilderung der Hochzeit.

Wie präzise reflektieren die Abbildungen der Fest- und Gastmähler zeitgenössische Sachkultur? Wie zuverlässig sind sie als visuelle Quellen der gemeinsamen Essen, der öffentlichen Mähler im Mittelalter? Anscheinend entspricht die Darstellung des Esstisches der damaligen Realität relativ gut: Im Mittelalter wurde normalerweise noch keine Gabel als Essbesteck benutzt. Ein Trinkbecher oder Kelch wurde von einigen Mahlteilnehmern gemeinsam benutzt. Die Speisen wurden in großen Schüsseln oder Schalen zur gemeinsamen Nutzung serviert, weshalb die mittelalterlichen Tischzuchten verschiedene Regeln über den Umgang mit den Schüsseln beinhalten. Was jeder Mahlteilnehmer erhielt, waren ein Messer, ein Löffel, eine Brotscheibe oder ein (Holz-)Brett als Tellerersatz, worauf etwas von der Speise serviert wurde. Der Esstisch war lange und quadratisch und in der Regel mit einem Tischtuch gedeckt. Wie in Reiserechnungen von Wolfger von Erla[549] und in den Tischzuchten erwähnt ist, fanden Tischtücher offensichtlich immer Verwendung.

---

549 Siehe Kap. 2.3.2.

Die meisten Festtafeln im Mittelalter sind diesen Umständen entsprechend abgebildet. Der Tisch ist in der Regel lang und schmal und ohne Ausnahme mit einem
Tischtuch bedeckt. Die Mahlteilnehmer sitzen auf einer (selbstverständlich langen)
Seite. Wenn sie wirklich, wie in manchen Abbildungen, in einer Reihe eng nebeneinander gesessen haben, ist die Regel in der Tischzucht in „Der wälsche Gast", dass
man nicht mit beiden Händen essen darf, sondern die Hand benutzt, die am weitesten
vom Tischnachbarn entfernt ist, sehr logisch.[550] Die Speisen, die normalerweise in
Form von ganzem gebratenem Geflügel, Fisch oder weißen Kugeln dargestellt sind,
werden in großen Schalen oder Schüsseln serviert. Die Brote und Brötchen werden
oft direkt auf das Tischtuch gelegt. Was das Essbesteck angeht, so wird es in einigen
Abbildungen gar nicht dargestellt, in den meisten Bildern werden nur die Messer abgebildet. Ein Löffel ist kaum zu finden und die Gabel, wie oben erwähnt, wurde während des Mittelalters wegen ihrer Nichtexistenz als Essbesteck nicht abgebildet und
auch nach ihrer Einführung in der Frühneuzeit kaum dargestellt.[551] Eine Serviette ist
auch noch nicht zu sehen (Ausnahme in Abb. 17). Kelche und Trinkbecher gibt es
entweder gar nicht (z. B. Abb. 2) oder deutlich weniger als es Mahlteilnehmer sind.
Ein Teller für jeden Gast ist nur in den Abbildungen der spätmittelalterlichen, besonders luxuriösen Festtafeln (wie Abb. 17, 31) zu erkennen. Normalerweise werden
Brotscheiben oder Bretter als Tellerersatz abgebildet. Im Zuge der besonderen Sitzordnung – beispielsweise, dass der König allein und getrennt von den anderen Gästen
sitzt (Abb. 23, 24) oder dass der König/Kaiser und die Kurfürsten beim Krönungsmahl einzeln sitzen (Abb. 22, 29, 32) – bekommt derjenige, der allein an einem Tisch
sitzt, eigene Teller und einen eigenen Kelch. Die Bedeutung, die das kostbare Tafelgeschirr, die Einrichtung, die Kleidung und die reichlichen Speisen bei Gast- und
Festmählern haben, ist in den Bildern sehr gut zu erkennen. Vor allem die Abbildungen in den Chroniken stellen, wie oben erwähnt, die Festmähler möglichst prächtig
dar und demonstrieren und loben so Macht und Reichtum der Gastgeber. Die meisten
Bilder/Abbildungen der Fest- und Gastmähler neigen dazu, die Sachkultur der Zeit
ihrer Entstehung widerzuspiegeln, ausgenommen, wenn die Abbildung einer Szene
gleich nach ihrem Geschehen abgebildet wurde (z. B. Abb. 1, 12, 20).

In diesem Zusammenhang stellt sich aber noch die Frage, warum die Fest- und
Gastmähler nicht einfach so dargestellt wurden, wie sie tatsächlich stattfanden oder
wie sie im Text geschildert sind. Erstens gab es im Mittelalter, wie oben erwähnt,
einen bestimmten bzw. stereotypen Stil der Festmahldarstellung. Die Festtafeln wurden im Früh- und Hochmittelalter, sowohl in den Handschriften der höfischen Epen
als auch in den Chroniken und auch in den Abbildungen der Szenen aus der Bibel,
sehr ähnlich dargestellt: Die Tafel ist lang und mit dem Tischtuch gedeckt. Auf der
Tafel sind einige große Schüsseln oder Schalen mit Fisch, Fleisch und Eiern (?), einige Messer, nur wenige Kelche oder Trinkbecher. Das Fleischgericht ist fast immer in

---

550 Siehe Kap. 3.4.7.

551 Ausnahmsweise ist in Abb. 26 eine kleine Gabel als Essbesteck gemalt. Als die Ursache der Abwesenheit der Gabeln als Essbesteck in den Bildern auch in der Frühneuzeit, obwohl sie bekannt und
benutzt wurden, lässt sich ein technisches Problem zu vermuten, dass sie einfach wegen ihrer fei-
nen Form schwer zu malen waren.

Form von gebratenem ganzem Geflügel dargestellt. Interessanterweise wurde als stereotype Speise für die höfische Welt Geflügel gewählt, da es zu den ranghöheren Speisen zählte. Brote und Brötchen lassen sich auf allen Abbildungen ausmachen und wurden normalerweise direkt auf das Tischtuch gelegt. Die Mahlteilnehmer sitzen auf einer Seite der langen Tafel und auf der anderen Seite servieren die Diener. Zahlreiche Abbildungen wurden nach diesem Stil erstellt, die manchmal eben die Beschreibung im Text nicht richtig widerspiegeln.

Zweitens haben die Bilder in den Handschriften nur einen beschränkten Platz zur Verfügung. Zwar wird die Festtafel als eine lange schmale Tafel gemalt, da aber die Abbildungen selbst oft nicht sehr groß sind, ist der Platz für die Darstellung von Tafelgeschirr und Speisen sehr beschränkt. Im Weiteren ließ die mittelalterliche Zeichentechnik eine sehr kleine und detaillierte Darstellung noch nicht zu. Insofern entsprach die mittelalterliche schlichte Darstellung der Festtafel nicht der Realität, da oft nicht alles bildnerisch umgesetzt werden konnte, was sich auf der Festtafel damals wirklich befand. So wurden Messer, Löffel oder Kelche in den Abbildungen oft ausgelassen, obwohl sie wahrscheinlich benutzt wurden.

Drittens sitzen die Mahlteilnehmer auf den Abbildungen oft an einer (langen) Seite der Tafel. Damit zeigen sie an der hinteren Seite der Tafel als „Hauptdarsteller" der Szene nicht ihre Rücken, sondern die Gesichter. Die Diener, die vor der Tafel im Vordergrund gemalt werden, zeigen dagegen Profil und Rücken. Anhand einiger Bilder (Abb. 20, 23, 24) und der Sitzordnung im „Parzival" (762, 6–763, 6) lässt sich vermuten, dass die Mahlteilnehmer im Mittelalter nicht immer auf einer Seite der langen Tafel saßen, wie es in den meisten Abbildungen zu sehen ist. In Abb. 5-b wurde die im Text beschriebene Sitzordnung völlig ignoriert.

Viertens ist allen Bildern gemein, dass sie nur eine Szene zeigen können. Im Rahmen eines realen Festmahls werden die Gäste zum Tisch geführt, die Sitzordnung wird gezeigt, die Mahlteilnehmer waschen sich die Hände, die Diener bringen die Speisen und Getränke, die Getränke werden ausgeschenkt und die Fleischgerichte tranchiert. Eventuell findet eine Giftprobe statt, die Mahlteilnehmer speisen und unterhalten sich, Unterhaltung wie Musik oder Spiel der Spielleute wird geboten usw. Freilich lässt sich in der Regel immer nur eine Szene aus einem solchen Verlauf abbilden. Es gibt zwar die mittelalterliche Darstellungsform, dass in einem Bild einige Szenen gleichzeitig abgebildet (wie in Abb. 25, Elisabethalter, Elisabethkirche zu Marburg, um 1513) oder wie in der Parzival-Handschrift (Abb. 5-b und 5-c) einige Szenen in einer Abbildung kompiliert werden, dennoch lässt sich auch damit nicht alles festhalten. Die am häufigsten gewählte Szene ist die, in der sich die Mahlteilnehmer an der Tafel miteinander unterhalten und dabei mit den Händen gestikulieren. Das könnte erklären, warum die Szenen des Handessens oder Händewaschens, die üblicherweise während des Mahls stattfinden, nur sehr selten abgebildet werden.

Abb. 25: Drei Szenen in einem Bild: erstens schenkt Elisabeth einem armen Mann ihren Mantel, zweitens gelangt der Mantel auf wundersame Weise in ihr Zimmer zurück, drittens tafelt sie in ihrem Mantel, vgl. Kap. 2.3.5.

Einerseits sind die Festmahlabbildungen aus dem Früh- und Hochmittelalter durch einen stereotypen Stil geprägt, andererseits zeigt sich in den spätmittelalterlichen Bildern/Abbildungen eine deutliche Entwicklung in der Darstellung. Nicht zu vernachlässigen sind daneben regionalen Unterschiede: Die Festtafeln in „französischem" Gebiet wurden deutlich „fortgeschrittener" gezeigt als die im deutschsprachigen Gebiet. Ein überregionaler Vergleich von „abgebildeten Mahlzeiten" wäre sehr interessant.

Was genau ist diesen Bildern zu sehen? In der Regel eine Szene der Mahlzeit, eines Gast- oder Festmahls, eine Szene am Anfang oder inmitten des Essens. Die Atmosphäre wirkt dabei sehr friedlich: In einem schön eingerichteten Raum ist der Tisch reichlich gedeckt, an dem die Mahlteilnehmer ordentlich sitzen und sich unterhalten, die Diener servieren die Speisen und währenddessen wird Musik gespielt oder ein Schauspiel vorgeführt. Das Festessen in den Bildern scheint von Anfang bis zum Ende problemlos und erfolgreich vollzogen zu werden. Was sich in diesen Bildern ausdrückt, sind die damaligen Vorstellungen eines gut organisierten Mahls. In Kap. 3.6 wurde das Fehlen von Abbildungen in den höfischen Tischzuchten im Gegensatz zu den grobianischen Tischzuchten thematisiert. Es lässt sich resümieren, dass gute Manieren am Tisch und dank dieser erfolgreich und ideal vollgezogene Gast- und

Festmähler, die Vorstellung der Zeitgenossen widerspiegelnd, hier in den schönen Bildern der „gemalten Mahlzeiten" absichtlich oder unabsichtlich dargestellt sind.

5. Schlussbetrachtung

In der vorliegenden Untersuchung wurde die Korrelation zwischen den im Mittelalter häufig auftretenden Tischzuchten und ihren gesellschaftlichen Hintergründen – der gesellschaftlichen und sozialen Rolle und Funktion der öffentlichen, gemeinsamen Mähler in der Oberschicht und der Forderung nach angemessenem Verhalten in der mittelalterlichen adligen Gesellschaft – im Zusammenhang mit der in ihr spezifischen „Ehrenkultur" erklärt. Diese Forschung hat einen interdisziplinären Charakter: Sie beruht auf vier Arten von Quellen (historische Quellen, Literatur, Tischzuchten und Bildquellen), erstreckt sich auf verschiedene Disziplinen wie die Geschichtswissenschaft (Analyse der Berichte über Feste, Fest- und Gastmähler und sonstige wichtige gemeinsame Mähler, soziale und gesellschaftliche Rolle und Funktion der gemeinsamen Mähler), die Germanistik (Schilderungen der Feste, Fest- und Gastmähler in der höfischen Literatur, Textausgaben und Forschung der mittelalterlichen Tischzuchten), Anthropologie (vor allem die Esskultur), Soziologie (soziale und gesellschaftliche Rolle und Funktion der gemeinsamen Mähler, Tischzuchten als eine Kennzeichnung des Zivilisationsprozesses) und die Kunstgeschichte (bildliche Darstellungen der Mähler). Trotz der zahlreichen bisherigen Forschungsarbeiten in den verschiedenen Disziplinen, die für diese Untersuchung hilfreich waren, und trotz guter Quellenlage, vor allem in Bezug auf die mittelalterlichen Tischzuchten – in langer Forschungsgeschichte wurden zahlreiche Texte mittelalterlicher Tischzuchten gefunden, ediert und erforscht –, stieß sie auf einige methodische Probleme.

Eines der schwerwiegendsten Hindernisse der Erforschung war die Tendenz, dass historische Quellen und höfische Literatur oftmals eine detaillierte Beschreibung oder Erwähnung selbst nicht vorgenommen haben. So gestaltete es sich als äußerst schwierig, bei der Beschreibung eines öffentlichen/gemeinsamen Mahls konkrete Informationen darüber zu finden, was und wie gegessen und getrunken wurde und wie die Mahlteilnehmer sich während des Mahls benommen haben. So ist es kaum möglich, anhand konkreter Beispiele Kenntnis von den Tischmanieren bei einem öffentlichen Mahl (i. e. in der Praxis) zu erlangen. Das Bewusstsein der Zeitgenossen über die Wichtigkeit, sich in der Öffentlichkeit – und nicht allein bei den öffentlichen Mählern – richtig oder angemessen zu verhalten, ist jedoch durchaus zu finden. Interessanterweise wird gutes Benehmen bei den Gast- und Festmählern nicht ausdrücklich erwähnt, stattdessen wird über die „Problemfälle" beim Essen berichtet. Vorwiegend Wolfram von Eschenbach erwähnt in seinen Werken „Parzival" und „Willehalm" das Verhalten und die Manieren beim Essen. Wolfram beschreibt an verschiedenen Stellen ausführlich festliche kostbare Speisen, obwohl seine eigene Haltung zur Erwähnung der Speisen ambivalent ist.[552] Verhalten sich die höfischen, gut ausgebildeten Ritter und Damen beim Essen angemessen und richtig, was in der Regel der Fall war, schweigt Wolfram darüber. Möglicherweise hält er es für selbstverständlich und deswegen für nicht weiter erwähnenswert. Sein Bewusstsein für die Wichtigkeit guter Manieren spiegelt sich in seinen Erwähnungen von Unmanierlichkeiten wider. Er schreibt im „Parzival" ironisch, dass die bei der Belagerung der Stadt Pelrapeire hungernden Leute wegen des Mangels an Lebensmitteln zumindest keine schlechten Tischmanieren zeigen können.[553] Im „Parzival" ist noch erwähnt, wie unmanierlich sich Parzival noch vor der Erziehung durch Gurnemanz beim Essen benimmt.[554] Im „Willehalm" wird die Unmanierlichkeit Rennewarts erwähnt.[555] Die Unmanierlichkeit beider Personen in Wolframs Werken dient dem Hinweis fehlender Erziehung.[556] Auch in den historischen Quellen sind die „Problemfälle", vor allem Streitigkeiten um die Sitzordnung bei den öffentlichen Mählern, vorherrschend. Es lässt sich vermuten, dass der Verlauf der friedlichen, ohne Probleme vollzogenen Fest- und Gastmähler nicht besonders geschildert wird, ebenso wie in der höfischen Literatur gute Manieren nicht erwähnt werden. Wahrscheinlich wegen ihrer Streitträchtigkeit war die Sitzordnung ein gutes Thema für die grobianischen Tischzuchten: Aus diesem Grund wurde sie häufiger thematisiert, während sie, trotz ihrer großen Bedeutung, nur in wenigen höfischen Tischzuchten erwähnt ist.[557]

Wie oben bemerkt, stützt sich diese Untersuchung auf mindestens vier Arten von Quellen. Sie bieten Informationen aus unterschiedlichen Feldern: Erstens aus der Literatur, nicht zuletzt die Festschilderungen in den höfischen Epen (Kap. 2), zweitens aus den historischen Quellen – Festberichte in Chroniken und Annalen sowie Anekdoten in der Vita der heiligen Elisabeth; außerdem Rechnungen, die konkrete Informationen über Gegenstände rund um den Esstisch – wie Tischtuch, Kerze, Besteck und Geschirr –, über Art und Umfang der Lebensmittel und ihre Kosten geben (Kap. 2), drittens aus den Tischzuchten, die neben den Tischmanieren im Mittelalter Auskunft darüber geben, wie man was gegessen hat (Kap. 3) und viertens aus Bildquellen – zahlreiche bildliche Darstellungen von Mahlzeiten bieten einerseits sehr deutliche visuelle Aspekte zur damaligen Esskultur, andererseits bereiten sie viele „quellenkritische" Probleme (Kap. 4). Dies gilt jedoch nicht nur für Bildquellen, sondern auch für die anderen drei Quellensorten.

Schilderungen in der höfischen Literatur sind selbstverständlich Fiktion und bieten keine Aufzeichnungen tatsächlicher Geschehnisse, aber in ihnen spiegeln sich die zeitgenössische Kultur und Ideale wider. Rosemarie MARQUARDT weist darauf hin, dass Festberichte auch in Annalen und Chroniken nicht immer präzise Aufzeichnungen des wirklichen Festverlaufes darstellen, sondern eventuell unter dem Einfluss

---

552 Vgl. Kap. 2.2.2.5. Wolfram beschreibt einerseits die Speisen ausführlich (ausnahmsweise unter den höfischen Epen), andererseits lehnt er manchmal deutlich ab, sie zu schildern.
553 „Parzival", 184, 7–11, vgl. Kap. 2.2.2.9.
554 „Parzival", 132, 1–3 und 165, 27–29, vgl. Kap. 2.2.2.9.
555 Vgl. Kap. 2.2.2.6.
556 Vgl. Kap. 3.6.
557 Vgl. Kap. 3.6.

der „Leitmuster" verfasst wurden.[558] Auch ohne solche „Leitmuster" standen die Autoren der Chroniken und Annalen unter dem Einfluss ihrer Auftraggeber und eigener parteiischer Haltungen.[559]

Während die Festberichte der historischen Quellen und die Festschilderungen der höfischen Literatur dazu neigen, die Szene der Mahlzeit oder die Speisen nicht (ausführlich) zu schildern, ist die Mahlzeit ein sehr beliebtes Bildmotiv. Dazu gibt es zahlreiche Darstellungen verschiedener Mahlzeiten wie Familienmähler von Bürgerfamilien,[560] Krönungsmähler,[561] Fest- und Gastmähler bei Herrschertreffen[562] sowie Abbildungen der Festessen in den Bilderhandschriften der höfischen Literatur[563] und sonstige verschiedene gemeinsame Essen. Gastmähler und gemeinsame Mähler fanden selbstverständlich nicht nur in der Oberschicht, sondern in allen Sozialschichten statt. Die Mahlgemeinschaften unter den Bürgern wie beim Zunft- oder Bruderschaftsmahl war als wichtige Gemeinschaftsaktivität von großer Bedeutung.[564]

Nicht nur die unterschiedlichen Haltungen der Schriften und Bilder zur Darstellung der Mahlzeiten, sondern auch die Diskrepanzen zwischen Bild und Text sind bemerkenswert. Trotz der oben genannten Tendenz der historischen Quellen und höfischen Literatur enthalten ihre Handschriften viele Abbildungen der Festmähler. So werden manchmal etwa Festmähler dargestellt, die an der entsprechenden Stelle im Text kaum oder gar nicht erwähnt werden.[565] „Diskrepanzen zwischen Text(inhalt) und Bild" haben drei Formen: Erstens ist ein Fest- oder Gastmahl abgebildet, das überhaupt nicht im Text erwähnt ist. Zweitens ist ein Fest- oder Gastmahl zwar im Text erwähnt, aber wie in vielen Festschilderungen der höfischen Epen sind die Speisen nicht beschrieben; trotzdem wird die Festtafel mit Speisen ausführlich dargestellt.[566] Drittens ist ein Fest- oder Gastmahl nur sehr schlicht dargestellt, obwohl die Speisen und Getränke ausnahmsweise ausführlich im Text beschrieben werden.[567] Manche Abbildungen stellen den Textinhalt genau dar, aber oft enthalten sie kleine Abweichungen (z. B. falsche Sitzordnung der Mahlteilnehmer, Personen am Tisch sind nicht präzise erkennbar).

---

558 Vgl. Kap. 2.1, Anm. 72.
559 Vgl. Kap. 2.4 und der Aspekt der Vorstellungsgeschichte (vgl. Kap. 2.1). Zum Beispiel beschreibt Gislebert von Mons im Bericht des Mainzer Hoftags von 1184 in seiner Chronik „Chronicon Hanoniense" die politische Verhandlung über die Grafschaft Namur, die sein Herr, der Graf von Hennegau, besaß („Chronicon Hanoniense", S. 144ff.). Diese Verhandlung ist in den anderen Chroniken, die über diesen Hoftag berichten, nicht erwähnt.
560 Vgl. in einem Bildnis der Familie des Basler Zunftmeisters Hans Rudolf Faesch (Maler: Hans Hug Kluber, im Kunstmuseum Basel, Inv. 1936, 1559) ist das Familienmahl dargestellt (EHLERT [2000], S. 68f.).
561 Vgl. Abb. 22, 28, 29, 32.
562 Vgl. Abb. 12, 17, 20, 24.
563 Vgl. Abb. 5, 7, 8, 9, 13, 14, 15.
564 Vgl. Kap. 2.2.1.
565 Vgl. Kap. 4.
566 Zum Beispiel Münchener Parzival-Handschrift cgm 19.
567 Zum Beispiel in der Willehalm-Handschrift, Codex Vindobonensis 2670, 86ra, Abb. 7-e, Gastmahl bei Wimar.

Um Macht und Reichtum zu zeigen und um der Ehre des Gastgebers und der Eingeladenen willen sollte die Bewirtung beim öffentlichen Mahl reichlich und luxuriös sein: Je luxuriöser und reichlicher, desto besser. In den historischen Quellen werden riesige Vorräte an Lebensmitteln und Wein für die nicht beschriebenen reichlichen bzw. verschwenderischen Festmähler erwähnt.[568] Dadurch, dass der Überfluss zur Schau gestellt wird, werden sowohl Macht und Reichtum der Gastgeber und Gäste als auch Pracht und Luxus der höfischen adligen Gesellschaft demonstriert. Luxus, Pracht und Reichtum waren aber nicht immer zu loben. Otto von St. Blasien beschreibt einerseits die luxuriöse Vorbereitung der Kleider sowie angeschaffte Pferde, neu gebaute Häuser und große Vorräte an Lebensmitteln für den Mainzer Hoftag von 1184, andererseits schreibt er den Sturm während des Hoftags dem sündhaften Luxus zu.[569] In der mittelalterlichen adligen und höfischen Gesellschaft koexistierten das Lob für die Pracht des höfischen Lebens einerseits und für asketisches Leben andererseits, verbunden mit einer Kritik luxuriösen und verschwenderischen Lebensstils aus christlicher Sicht. Diese ambivalenten Wertvorstellungen erscheinen in der Vita der Hl. Elisabeth sehr deutlich, ihr sehr strenges asketisches Leben findet dort selbstverständlich lobend Erwähnung. Als Landgräfin musste sie jedoch in der reichen adligen Laiengesellschaft leben. Sie wurde manchmal gezwungen, in „standesgemäßer" Kleidung an der Festtafel zu sitzen. „Standesgemäße" Kleidung bedeutete in ihrem Fall schöne kostbare Kleidung, die sie immer vermeiden wollte, zu tragen.[570] In den zwei Anekdoten über ihren Mantel und ihre Kleidung ermöglichte ihr göttlicher Beistand, der Kleiderordnung der adligen Laiengesellschaft zu folgen, jedoch ohne ihren asketischen Lebensstil durchzusetzen, obwohl der Sinn ihrer Vita doch in der Erzählung und dem Lob ihres gottgefälligen Lebens lag.[571]

Nicht nur der zur Schau gestellte Luxus, sondern auch übermäßiges Essen und Trinken wurden kritisiert. Die Tischzuchten warnen aus gesundheitlichen Gründen vor Völlerei und Sauferei,[572] außerhalb der Tischzuchten wurde dies auch aus moralischen Gründen kritisiert.[573] Reichliche Bewirtung und Gelage konnten stets leicht in übermäßige Völlerei und Sauferei ausarten. Dabei konnten der Luxus und die Pracht der höfischen Gesellschaft, die für Ehre und Ansehen in der Öffentlichkeit immerzu demonstriert wurden, leicht zu weit gehen und zur Verschwendung werden. Es liegt auf der Hand, dass die Fest- und Gastmähler unerlässliche Bestandteile der wichtigen Veranstaltungen waren (Krönungsmahl, Hochzeitsmahl usw.). Gemeinsames Essen in der Öffentlichkeit, Gast- und Festmähler hatten dabei jedoch zwei Seiten: Einerseits waren sie, ganz gleich ob mit oder ohne politische Funktionen, wichtige gesellschaftliche Akte, um Freundschaft zu stiften, festzustellen und zu erhalten; andererseits be-

---

568 Vgl. Kap. 2.3.2.
569 Vgl. Kap. 2.3.2. OTTO VON ST. BLASIEN, „Chronica", S. 38. Diese kritische Bemerkung resultiert vermutlich daraus, dass der Autor Kleriker war und dessen Haltung zu Luxus und Pracht der Laiengesellschaft kritisch sein sollte.
570 Vgl. Kap. 2.3.5.
571 Vgl. Kap. 2.3.5.
572 Vgl. Kap. 3.6.
573 Vgl. Kap. 3.6.

stand manchmal aber die Gefahr, dass die Fest- und Gastmähler andere wichtigen Aktivitäten verhinderten, wenn sie zu häufig und verschwenderisch abgehalten wurden. Deswegen bestimmte die Goldene Bulle von 1356 zum einen die Umstände für das Krönungs- und Festmahl während des Hoftags sehr ausführlich, zum anderen wurden in Kap. 12 die feierlichen Einladungen der Fürsten während des Hoftags und der Zusammenkunft der Fürsten verboten, um die mögliche Verzögerung der Verhandlungen dadurch zu vermeiden.[574]

In der höfischen Literatur sind solche Gegenüberstellungen ambivalenter Haltungen zu reichlichen Bewirtungen nicht zu finden. Die Speisen und Getränke werden bei den Fest- und Gastmählern zwar meistens nicht geschildert, aber der Luxus und die Pracht der Festmähler werden anderweitig (z. B. durch kostbare Einrichtung und Tafelgeschirr) beschrieben.[575] Die Feste, Fest- und Gastmähler werden in der Regel in der höfischen Literatur möglichst luxuriös und prächtig ausgedrückt. Wenn das Festessen wie in Wolframs Werken ausnahmsweise relativ ausführlich geschildert wird, werden kostbare und reichliche Speisen und Getränke beschrieben. Da der Reichtum in der ritterlich-höfischen Gesellschaft im Grunde positiv bewertet wurde und zu den Ritter- und Herrschertugenden gehörte,[576] blieb die außergewöhnlich reichliche Bewirtung aus religiöser Sicht ohne Kritik und Tadel. Die Pracht der ritterlich-höfischen Gesellschaft, die durch die kostbaren Speisen, Getränke, Tafelgeschirr, die sonstige Einrichtung und auch durch die luxuriösen Kleider der Mahl- und Festteilnehmer gezeigt wird, wird in der Literatur ausschließlich gelobt. Auch in der Literatur wird manchmal asketisches Leben beschrieben: Willehalm führt ein asketisches Leben, bis es ihm gelingt, mit militärischer Verstärkung in das belagerte Orange zurückzukommen, wo seine Frau weilt.[577] Während seiner Askese – er nimmt nur Brot und Wasser zu sich – werden die luxuriösen Speisen (beim Abendessen bei Wimar und beim Festmahl auf dem Hof von König Loys) ausführlich geschildert, um die Strenge seiner Askese zu unterstreichen, wobei der prächtige höfische Lebensstil im „Willehalm" aber nicht kritisiert wird. Im „Parzival" tritt ein Eremit namens Trevrizent auf, im „Iwein" wird ebenfalls ein Eremit erwähnt.[578] Sie stehen beide außerhalb der ritterlich-höfischen Gesellschaft, ihre Rolle besteht aber darin, den Protagonisten zu führen oder ihm zu helfen. Anders als in einer Heiligenvita werden in der höfi-

---

574 Vgl. Kap. 2.3.2.
575 Vgl. Kap. 2.2.2.
576 Freigebigkeit („milte", „largitas") war eine der wichtigen Ritter- und Herrschertugenden im Mittelalter. Um diese Tugend auszuüben, musste ein edler Ritter reich sein. Diese Idee ist in vielen höfischen Epen deutlich ausgedrückt.
577 Vgl. Kap. 2.2.2.6.
578 Trevrizent ist der Bruder Anfortas' und Herzeloydes, also Parzivals Onkel. Parzival trifft ihn auf der Suche nach der Gralsburg, um Anfortas zu retten. Trevrizent erklärt Parzival von Gott, vom Gral und von seinen Sünden („Parzival", 452, 29ff.). Der Eremit im „Iwein" hat keinen Namen. Iwein trifft ihn, als er im Wahnsinn im Wald umherschweift. Der Eremit bietet Iwein Brot an und dafür bringt ihm Iwein seine Jagdbeute („Iwein", 3283–3344). So leben sie eine Weile zusammen, aber in dieser Szene wird weder eine moralische Lehre vermittelt noch Kritik am höfischen Leben, das Iwein bisher führte, geübt.

schen Literatur die Asketen und Eremiten dem prächtigen höfischen adligen Leben nicht gegenübergestellt.

In den Bildern werden häufig neben der Speise auch die kostbare Einrichtung, das Tafelgeschirr und die luxuriöse Kleidung der Mahlteilnehmer dargestellt. Besonders in den Handschriften der Chroniken versuchten die Maler, alles möglichst prächtig darzustellen, wahrscheinlich zur Ehre ihrer Auftraggeber.

Auch wenn die konkrete politische Rolle (bündnis- und friedensstiftende Funktion) der öffentlichen Mähler, die im Frühmittelalter deutlich war, im Hoch- und Spätmittelalter zurückgetreten sei, ist der friedens-, bündnis- und gemeinschaftsstiftende Charakter der Mähler in verschiedenen Formen geblieben. Öffentliche Mähler, Gast- und Festmähler waren im Mittelalter für die Könige und Adligen auf jeden Fall eine öffentliche (manchmal auch politische) Bühne, um etwas zu demonstrieren. Was das Festmahl betrifft, fungierte das ganze Fest, dessen unerlässlicher Bestandteil das Festmahl war, als „öffentliche Bühne". Sich zu treffen und gemeinsam zu essen, war und ist, wie oben erwähnt, in allen Sozialschichten ein Freundschaftsakt. Dabei wurden neue Personenbeziehungen bzw. Freundschaften gestiftet, alte und neue Personenbeziehungen bzw. Freundschaften festgestellt und bekräftigt. Bei den öffentlichen Mählern in der Oberschicht wurde nicht nur die Personenbeziehung, sondern auch Macht, Reichtum und soziale Stellung jedes Mahlteilnehmers durch kostbare Kleidung, reichliche Bewirtung, kostbare Einrichtung und Tafelgeschirr sowie durch die Sitzordnung am Esstisch gezeigt. Alle Gäste sollten richtig und angemessen behandelt werden. Dabei spielte vor allem die Sitzordnung eine gewichtige Rolle. Ihre Bedeutung wurde sowohl in der Realität als auch in literarischen Werken erkannt und oft erwähnt. In der höfischen Literatur wird die Sitzordnung bei den Festmählern häufig und ausführlich beschrieben. In den historischen Quellen wird oft von „Problemfällen" – Streitigkeiten wegen der falschen bzw. unbefriedigenden Sitzordnung bei wichtigen öffentlichen Anlässen (beim wichtigen Gastmahl, im Hoftag usw.) – berichtet. Das zeigt, dass die Sitzordnung in der Öffentlichkeit tatsächlich oft streitträchtig war. Wie oben erwähnt, spielte die Ehre in der adligen Gesellschaft im Mittelalter eine besondere Rolle. Da die mittelalterliche Ehre nicht ein inneres Ehrgefühl, sondern ein Wert äußerer sozialer Anerkennung war, waren Ehrverletzung und Ehrverlust sehr problematisch.[579] Die falsche Sitzordnung in der Öffentlichkeit konnte

---

579 Diese Ehrenanschauung prägt auch die höfische Literatur stark; kein tugendhafter Ritter darf seine Ehre verlieren. Wenn ein Ritter die Ehre verliert, wird er aus der ritterlichen Gesellschaft ausgeschlossen. Beispielsweise kann Parzival zuerst nicht in Artus' Tafelrunde aufgenommen werden, weil Kundrie aus der Gralsburg ihn wegen seines falschen Benehmens tadelt (er stellte Anfortas keine Mitleidfrage auf der Gralsburg, die seine Wunde hätte heilen können) und er dadurch seine Ehre verliert. Er verlässt damit aus eigenem Willen die Tafelrunde („Parzival", 314, 19–333, 30). Im „Iwein" wird Iwein von Lunete vor Artus und seinen Rittern angeklagt, weil er trotz des Versprechens, innerhalb eines Jahres zu seiner Frau Laudine zurückzukehren, diese über ein Jahr vernachlässigte. Sie behauptet, Iwein sei „ein verrâtære" („Iwein", 3118) und „(und) mac sich der künec (i.e. Artus) iemer schamen,/ jât er iuch (i.e. Iwein) mêr in rîters namen,/ sô lieb im triuwe und êre ist" („Iwein", 3187–3189). Dadurch verliert er die Ehre. Er verlässt den Artushof und seine ritterliche Welt nicht nur wegen des Ehrverlustes, sondern auch wegen Gewissensbissen und Kummer („Iwein", 3111–3238).

leicht zu einer Ehrverletzung führen, weswegen sie auch ständig streitträchtig war. Die Sitzordnung ist in der höfischen Literatur, in der das Ideal der ritterlich-höfischen Welt dargestellt wird, stets unumstritten. Im Gegensatz dazu kam es in der Realität aber dabei regelmäßig zu Streitigkeiten.[580]

Nicht nur die falsche Sitzordnung, sondern auch falsches Benehmen in der Öffentlichkeit konnte eine Ehrverletzung und den Ehrverlust verursachen. In der Öffentlichkeit allgemein, nicht nur bei den Mählern, wurde angemessenes Verhalten gefordert. In Kap. 2 wurde anhand verschiedener Beispiele gezeigt, was damals bei Fest- und Gastmählern für wichtig gehalten wurde. „Angemessenes" Verhalten der Gastgeberseite war, die Gäste standesgemäß zu empfangen, zu begrüßen, reichlich zu bewirten und allen Mahlteilnehmern einen angemessenen Sitzplatz zuzuweisen. Vor allem zeigte die reichliche Bewirtung nicht nur Macht und Reichtum der Gastgeber, vielmehr ließ sich anhand dessen auch ermessen, wie freundlich sie ihre Gäste empfangen wollten. Es liegt auf der Hand, dass eine reichliche Bewirtung Gastfreundschaft und Hochschätzung für die Gäste und eine ärmliche oder schlechte Bewirtung Missachtung bedeutete. „Angemessenes" Verhalten der Gästeseite war, sich beim Essen am Tisch manierlich zu benehmen. Dafür verlangte die damalige adlige Gesellschaft nicht nur Anstandsliteratur, sondern auch die selbständig verfassten Tischzuchten.[581]

Die soziale und gesellschaftliche Rolle und Funktion der Fest- und Gastmähler und der sonstigen gemeinsamen Essen ist erkennbar, auch wenn sie in den Festberichten nicht deutlich erwähnt werden. Es gab im Mittelalter verschiedene Formen der Fest- und Gastmähler und kein öffentliches Mahl war ohne gesellschaftliche Bedeutung. Neben der Funktion als „öffentliche Bühne", wo verschiedene Sachverhalte demonstriert wurden, hatte jedes öffentliche Mahl seine eigene Rolle, Funktion und seinen Zweck. Das Hochzeitsmahl fand als unerlässlicher Bestandteil einer Hochzeit statt. Eine Hochzeit zwischen zwei Adels- bzw. Herrscherfamilien war die Stiftung einer Verbindung zwischen zwei Herrschaften, gehörte also zu den politischen Aktivitäten.[582] Gast- und Festmähler anlässlich von Herrschertreffen waren auch kein bloßes gemeinsames Essen zwischen Bekannten, sondern hatten diplomatische Bedeutung. Das Krönungsmahl war keine bloße Feier für den neuen König oder Kaiser, sondern ein wichtiger Ritus, um seine Wahl zu bestätigen und ihn anzuerkennen. Die Zunft- und Bruderschaftsmähler im städtischen Bereich hatten eindeutig Integrationskraft: Durch die Teilnahme am regelmäßigen gemeinsamen Essen stellten die Mitglieder das Zugehörigkeitsgefühl zur eigenen Zunft oder Bruderschaft fest. Die Er-

---

580 Vgl. Kap. 2.3.3.
581 Vgl. Kap. 3.
582 Im Gegenteil ist die Heirat zwischen Herrschern und Adligen in der höfischen Literatur in der Regel eine Liebesheirat, trotzdem zeigt sie manchmal ihre politische Seite. Vor allem wenn eine Herrscherin heiraten will, rückt das Problem um ihre Herrschaft und das Territorium in den Mittelpunkt. Beispielsweise muss die verwitwete Laudine im „Iwein" mit ihren Untertanen besprechen, ob sie Iwein heiraten darf, weil ihr zukünftiger Ehemann der neue Herrscher ihres Landes würde („Iwein", 2361ff.). Laudine äußert auch deutlich, dass sie jedenfalls sofort jemanden heiraten solle, der ihr Land schützen könne („Iwein", 2310–2320).

laubnis zur Teilnahme am Bruderschafts- oder Zunftmahl war ein Kennzeichen der Mitgliedschaft und quasi ein Privileg. Seit dem Frühmittelalter bedeutete die Teilnahme an einer Mahlgemeinschaft den Anschluss an die Gesellschaft und deren Kommunikation. Ausschluss aus der Mahlgemeinschaft bedeutete Ausschluss aus der Gesellschaft und aus der Kommunikation mit anderen Menschen und drückten eine Art sozialer Strafe aus.[583]

Die Gast- und Festmähler in der höfischen Literatur sind einfach festliche Mähler, die während der Feste stattfinden. Höfische Feste spielen in der höfischen Literatur eine sehr wichtige Rolle, wie viele bisherige Forschungen über die Festschilderungen zeigen,[584] weil sie die Höhepunkte in der Handlung sind, mit denen die Pracht der ritterlich-höfischen Kultur am besten geschildert werden kann. Sie haben in diesen Darstellungen aber meist keine ernste soziale oder politische Rolle und Bedeutung. Ausnahmsweise zeigen einige Szenen bei den Gastmählern im „Nibelungenlied" die Verhandlungen, die den frühmittelalterlichen Charakter der öffentlichen Mähler widerspiegeln. So hat das Hoffest nach dem Sachsenkrieg (265–324) ganz deutlich den Zweck, Frieden zwischen den Burgundern und ihren Gegnern zu stiften.[585] Hier hat das ganze Fest – und nicht nur das Festmahl – eine friedensstiftende Funktion. Direkt nach dem Festmahl gibt es dann Verhandlungen über den Friedensvertrag.

Besonders bemerkenswert ist die Verhandlung Siegfrieds beim Empfangs- und Hochzeitsfest für Brünhild (579–626). Gunther, Brünhild und Siegfried nehmen Platz und das Wasser zum Händewaschen wird in goldenen Becken gebracht. Aber noch vor dem Beginn des Mahls und bevor Gunther sich die Hände wäscht, fordert Siegfried, das Versprechen zu erfüllen, Kriemhild mit ihm zu vermählen. Diese Heirat wird ihm als Belohnung für die Begleitung und Hilfe auf einer gefährlichen Reise, um Brünhild zur Gunthers Ehefrau zu erlangen, versprochen. Da er durch seine Forderung den Beginn des Festmahls verzögert, interpretiert Anne SCHULZ diese Szene lediglich als „Unterbrechung des Ablaufs" und weist auf die Gefahr hin, dass die bereits servierten Speisen erkalten.[586] Tatsächlich aber erinnert dieser Fall an die Beispiele der Verhandlungen bei den öffentlichen Mählern im Frühmittelalter: Ein Betroffener forderte die Erfüllung eines Wunsches beim Essen mit den anderen Betroffenen und solange der Wunsch unerfüllt blieb, verweigerte er, zu essen.[587] Mit jemandem friedlich zusammen zu essen, bedeutete eine friedliche Beziehung zwischen den Mahlteilnehmern, dafür aber sollten Probleme zwischen ihnen vor dem Beginn des Mahls gelöst werden. Wahrscheinlich zeigt sich in dieser Szene der Verhandlung Siegfrieds beim Festmahl diese frühmittelalterliche Gewohnheit: Mit voller Absicht forderte er die Erfüllung seines Wunsches vor dem Essen. Bevor das Festmahl mit Siegfried und Gunther beginnen kann, soll Gunther zuerst sein Versprechen erfüllen. Tatsächlich wird auch sofort die Heirat Siegfrieds mit Kriemhild bestimmt und das

---

583 Vgl. Kap. 1.1.
584 Vgl. Kap. 2.1.
585 Vgl. Kap. 2.2.2.4.
586 SCHULZ (2011), S. 134, vgl. Kap. 2.2.2.4.
587 Vgl. Kap. 2.2.2.4, Anm. 159.

Festmahl beginnt. Wie diese Verzögerung des Mahlbeginns die bereits in Str. 605 servierten Speisen beeinflusst, ist unklar (Vermählung 614–616, danach sitzen alle wieder am Tisch, 617).

„Das Nibelungenlied" ist ein Heldenepos, entstanden um 1200, aber seine Geschichte beruht auf verschiedenen Sagen und historischen Geschehnissen aus dem Frühmittelalter, aufgrund dessen sich in diesem Werk einige Spuren der frühmittelalterlichen Gewohnheiten finden lassen.[588] So werden in den Szenen der Feste und Gastfreundschaften sowohl die hochmittelalterliche ritterlich-höfische Kultur und die Ritteridee (durch die „Modernisierung" der Entstehungszeit)[589] als auch die wichtigen Elemente – „dem Rang entsprechend empfangen, gesetzt, beschenkt und verabschiedet zu werden"[590] – stark zum Ausdruck gebracht, die Gert ALTHOFF über die frühmittelalterlichen Zeremonialhandlungen erläutert. Bei den Hoffesten und bei den Gastfreundschaften im „Nibelungenlied" spielten die Szenen, in denen Gäste empfangen und herzlichst begrüßt werden und in denen man einander beschenkt, eine zentrale Rolle und werden manchmal sehr lang und ausführlich geschildert.[591] Beim oben genannten Festmahl für Brünhild (579–626) spielt neben dem Empfang und der Begrüßung, die mit fünf Strophen ausführlich geschildert werden (587–591, „Ê daz ir gruoz ergienge, daz was ein langiu stunt.", 591), die Sitzordnung von Gunther, Brünhild, Siegfried und Kriemhild eine besondere Rolle. Als Kriemhild nach der Vermählung mit Siegfried neben ihm sitzt, klagt Brünhild über ihre „Herabwürdigung" (618–620).

Höfische und grobianische Tischzuchten

Die grobianischen Tischzuchten entstanden nach den „höfischen" Tischzuchten, aber sie spielten nicht nur eine den höfischen bzw. richtigen Tischzuchten untergeordnete Rolle. Sowohl die Abfassung als auch das Verständnis der grobianischen Tischzuchten setzen gute Kenntnisse der „höfischen" Tischzuchten voraus.[592] Die grobianischen Tischzuchten zu verstehen, ist nicht sehr einfach, da sie in unterschiedlichen Formen verfasst sind. Das in „Von disches vnzücht" im „Narrenschiff" aufgezählte Benehmen beim Essen ist eindeutig als falsches Benehmen zu verstehen, das man beim Essen vermeiden soll, weil im „Narrenschiff" das Verhalten von Narren geschildert ist, die sich offensichtlich nicht angemessen verhalten. „Grobianus" offenbart zwar im Titel, dass das Buch „von groben sitten / vnd vnho(e)flichen Geberden" handelt. Auch auf dem Titelbild ist schlechtes Benehmen der Tiere beim Essen dar-

---

588 Vgl. „Das Nibelungenlied", Nachwort, S. 972ff., z. B. scheint die Art der Vermählung Siegfrieds mit Kriemhild nach „alter" Sitte zu sein, da sie nicht kirchlich, sondern im Kreis der Zeugen vollgezogen wird. Im Kommentar zur Str. 614 wird darauf hingewiesen, dass die Eheschließung „in facie ecclesiae" erst das IV. Lateran Konzil 1215 (nämlich erst nach der Entstehung des „Nibelungenliedes") verlangt wurde („Das Nibelungenlied", Kommentar, S. 797).
589 Vgl. Kap. 2.2.2.4.
590 ALTHOFF (1990), S. 184.
591 Vgl. Kap. 2.2.2.4.
592 Vgl. Kap. 3.5.5.

gestellt, aber die schlechten Verhaltensbeispiele beim Essen sind im Teil der grobianischen Tischzuchten in einem solchen Ton geschrieben, als ob hier eine Lehre der richtigen Manieren gegeben würde.[593] Die Leser des „Grobianus'" sollten zuerst verstehen, dass „gůt zu thon"[594] hier ironisch gemeint ist, und dass die „Lehre" in den beiden Kapiteln alle Gegensätze des vorbildlichen Benehmens enthält. Um diese Ironie vollständig zu verstehen, wird eine ausgeprägte Vorbildung der Leser in diesem Bereich vorausgesetzt. Der Autor konnte von einem gebildeten, lesenden Publikum entsprechende Kenntnisse erwarten. Manche grobianischen Tischzuchten, beispielsweise „Wie der maister sein sun lernet",[595] ähneln den selbständigen (höfischen) Tischzuchten, die im Spätmittelalter viel geschrieben wurden. Wie in Kap. 3.6 verglichen, ist die grobianische Tischzucht „Die verkert dischzuecht Grobianj (entstanden 1563)" von Hans Sachs beinahe das Spiegelbild von der von ihm selbst früher verfassten höfischen Tischzucht „Ein tisch-zucht" (1534). Als Parodie der richtigen Tischzuchten wurde wahrscheinlich ihre Form nachgeahmt.

In der Überschrift des ersten Buchs nennt „Grobianus" erneut, was dieses Buch behandelt: „Grobiani / Von unho(e)flichen Sitten / vnnd Beurischen geberden". Das Wort „beurisch" oder „bäurisch" bedeutete etymologisch „wie ein Bauer", aber „beurisch" in „Grobianus" bedeutet wie das neuhochdeutsche Wort „bäurisch" dem Sinn nach „grob" im Gegensatz zu „höfisch". Das Vorurteil gegen die Bauernwelt im kulturellen Sinne[596] – die Vorstellung, ein Bauer sei grob – spielt im „Ring" eine besondere Rolle. „Der Ring" Heinrich Wittenwilers ist die Geschichte einer Bauernhochzeit und besteht aus Parodien der ritterlich-höfischen Welt. Beim Hochzeitsmahl wird ausführlich geschildert, wie die Hochzeitsgäste sich schlecht benehmen. Es ist bemerkenswert, dass der Autor Wittenwiler die Bauernschaft in den Mittelpunkt seines Werkes rückt, obwohl er von seiner Herkunft her[597] damit nichts zu tun hatte. Um eine Parodie der ritterlich-höfischen Kultur zu schreiben, sollte ihre „Bühne" eine der niedrigeren Sozialschichten, die Bürgerschaft oder Bauernschaft, sein. Dass Wittenwiler die Bauernschaft wählte, war vor allem für die Beschreibung des schlechten Benehmens der Hochzeitsgäste beim Hochzeitsmahl, das den wichtigen und größeren Bestandteil dieses Werkes ausmacht, sehr günstig. Aufgrund der damaligen Vorstellung von Bauern als „grob" war es möglich, das Verhalten der Bauern während des

---

593 Vgl. Kap. 3.5.5.

594 „Grobianus", S. 103. Am Anfang des ersten Buchs steht aber noch, wie im Titel, dass dieses Buch schlechte Sitten behandelt („Nu will ich euch beschreiben geschwind/ Was beurisch grobe sitten sind", „Grobianus", S. 92).

595 THORNTON II, S. 23.

596 Die schlechte Vorstellung von Bauern als „grob" trat nicht erst in der Zeit von „Grobianus", also im 16. Jahrhundert, auf, sondern ist „nach Bauernsitte" auch Ausdruck für Grobheit in den mittelalterlichen Tischzuchten wie „Tannhäusers Hofzucht (13. Jh.)" und „Innsbrucker T. (15. Jh.)" zu sehen: „Sümleich peizzent ab der sniten/ Nach gepawrischen siten/ Vnd stozzentz in die schüzzl wider/ Sülh vnzucht legent die hübschen nider" („Tannhäusers Hofzucht"), „Etleich peissent ab den schniten/ nach der groben pauren siten/ vnd stost ez in die schüssel wider/ vnd schmalczigt sich vnd seiner vinger gelider" („Innsbrucker T.").

597 Vgl. Kap. 3.5.2.

Hochzeitsmahls entgegen den höfischen Tischzuchten zu schildern und dadurch das Verhalten der Bauern zu parodieren.

Grobianische Tischzuchten bestehen aus einer Sammlung von Gegenbeispielen, Satiren und Parodien der richtigen bzw. höfischen Tischzuchten. In der ironischen Übertreibung ihrer Darstellung schlechter Beispiele konnten sie richtiges Benehmen lehren. Die höfischen Tischzuchten belehren nicht nur durch das Vorbild richtigen oder eleganten Verhaltens, sondern sehr häufig auch durch Verbote falschen Benehmens, da es eine wichtige Grundlage der Manieren ist, falsches Benehmen zu vermeiden und dadurch niemanden zu stören bzw. niemandem Unbehagen zu bereiten.[598] Dabei werden verschiedene Beispiele des falschen Benehmens (selbstverständlich mit Verbot) aufgezählt. Mit demselben Prinzip können auch die grobianischen Tischzuchten als „Lehre der richtigen Manieren" dienen, wenn sie richtig gelesen und verstanden werden, das heißt unter der Voraussetzung, dass es bei ihnen sozusagen um eine verkehrte Welt geht. Von grobianischen Tischzuchten kann man lernen, was man nicht tun soll, genau wie von den Verboten falschen Benehmens in den höfischen Tischzuchten.

Die Tischzuchten oder Tischmanieren sind weder ein nur für das Mittelalter und die Frühneuzeit spezifisches noch ein erst im Mittelalter erschienenes kulturelles Phänomen. Tischmanieren kannten und benötigten alle zivilisierten Gesellschaften bis heute. Sie wurden in verschiedenen Zeitaltern und Gebieten verfasst. Der Inhalt der Tischmanieren ist abhängig von Esskultur, Gewohnheit und Gesellschaft des jeweiligen Ortes und Zeitalters. In der vorliegenden Untersuchung wurden von den unzähligen Tischmanieren die mittelalterlichen Tischzuchten im deutschsprachigen Gebiet behandelt. Die deutlichen Unterschiede zwischen den mittelalterlichen und heutigen Tischmanieren beziehen sich auf die Ess- und Sachkultur. Da die Sachkultur um den Esstisch durch das Mittelalter hindurch (und teilweise bis in die Frühneuzeit) keine große Entwicklung erfuhr – nicht zuletzt kam die Einführung (und pragmatische Verwendung)[599] der Gabel als Essbesteck im deutschsprachigen Gebiet relativ spät auf –, blieben die Tischzuchten während des Mittelalters inhaltlich zum großen Teil unverändert. Die mittelalterlichen Tischzuchten entstanden nicht nur gemäß den Anforderungen an Manieren in der zivilisierten Gesellschaft allgemein und entsprechend der damaligen Ess- und Sachkultur. Tischzuchten entstanden als ein Teil der (großen) Erziehungsbücher und auch als selbständige erzieherische Schriften. Daher waren sie nicht unabhängig von der Tendenz, dass im Mittelalter viele Erziehungsbücher, für junge adlige Laien auch in der Volkssprache, geschrieben wurden. „Der wälsche Gast" Thomasin von Zerclaeres und „Der Jüngling" Konrad von Haslaus, die die Tischzuchten enthalten, sind zwei repräsentative Werke für damalige Erziehungsbücher. Sie sind beide für die jungen Adligen auf Mittelhochdeutsch geschrieben. Vor allem ist „Der wälsche Gast" als das älteste richtige Erziehungsbuch in

---

598 Vgl. Kap. 3.
599 Über den komplizierten Weg zur Einführung der Gabel als Essbesteck, siehe Kap. 1.5.

deutscher Sprache und wegen seiner pragmatischen Lehren sehr bemerkenswert.[600] Dies steht teilweise im Zusammenhang mit der mittelalterlichen „Ehrenkultur", die angemessenes Benehmen in der Öffentlichkeit, nicht nur beim öffentlichen Mahl, forderte, um den Ehrverlust – das bedeutete gleichzeitig Verlust der gesellschaftlichen Anerkennung – zu vermeiden.

Im Laufe des Mittelalters wuchsen die Tischzuchten durch ihre steigende Anzahl zu einer eigenen Literaturgattung an. Die Mehrheit davon machen selbständige volkssprachliche Tischzuchten aus. Im Überblick der mittelalterlichen Tischzuchten ist eine ungefähre Reihenfolge zu erkennen. In der früheren Phase der Tischzuchten (12. und 13. Jahrhundert) kommen zuerst lateinische Tischzuchten, dann sind nichtselbständige Tischzuchten vorherrschend und in der späteren Phase (14. und 15. Jahrhundert) selbständige volkssprachliche Tischzuchten. Es lässt sich feststellen, dass die selbständigen Tischzuchten bei der Entstehung der Literaturgattung „Tischzuchten" eine entscheidende Rolle spielten. Was war der Anlass, dass begonnen wurde, Tischzuchten selbständig zu verfassen? Der Hauptgrund lag, wie oben erwähnt, in der Wichtigkeit des gemeinsamen Essens als sozialen Akts. Dabei sollten sich die Mahlteilnehmer selbstverständlich angemessen verhalten, sodass die guten Personenbeziehungen in der Mahlgemeinschaft nicht zerstört wurden.[601] Indem die Schriften über Manieren auch in der Volkssprache geschrieben wurden, wurde diese Form von Anstandsliteratur auch für den lateinunkundigen Laien erreichbar. Die Tischmanieren waren möglicherweise eines der wichtigsten und am häufigsten benutzten Elemente der Anstandsliteratur. Um sie noch leichter erreichbar und benutzbar zu machen, könnten sie getrennt, also selbständig, verfasst worden sein. Auf jeden Fall verlangte die damalige Gesellschaft nicht nur umfassende Anstandsliteratur, sondern auch die selbständigen und volkssprachlichen Tischzuchten. Die damaligen Tischzuchten lehrten die Leser gute Manieren beim Essen, sodass sie beim gemeinsamen bzw. öffentlichen Mahl andere Tischgenossen nicht störten und gute Personenbeziehungen stiften oder bewahren konnten.

---

600 „Der wälsche Gast" scheint nach seiner Handschriftenanzahl sehr erfolgreich gewesen zu sein. Während „Der Jüngling" nur in zwei Handschriften überliefert ist, hat „Der wälsche Gast" insgesamt 22 vollständige Handschriften. Die älteste Handschrift entstand gleich nach der Entstehung des Werkes. Vgl. Anhang „Überlieferungen und Textausgaben/-editionen der Tischzuchtliteratur".

601 Die Annahme, die Abfassung der selbständigen Tischzuchten sei bloß aus einer damaligen Literaturtendenz hervorgegangen, die vermutlich mit „Tannhäusers Hofzucht" ihren Anfang nahm, kann angesichts dessen nur wenig überzeugen.

Anhang: Überlieferungen und Textausgaben/-editionen der Tischzuchtliteratur

Höfische Tischzuchten

Cato (?), Disticha Catonis (3./4. Jh., verbreitet im Mittelalter)

Überlieferungen

Vgl. BALDZUHN (2009), Bd. 2, S. 922ff. (deutsche Übersetzung, sog. Rumpfbearbeitung/-übersetzung).

Textausgaben/-editionen

ZARNCKE (1854), S. 131–137 (deutsche Übersetzungen).
ZARNCKE (1852)

Forschungen

BALDZUHN, Michael, „Disticha Catonis" – Datenbank der deutschen Übersetzungen (www1.uni-hamburg.de/disticha-catonis/; abgerufen am 13. 04. 2015)
BALDZUHN (2009)
ELIAS (1969)
ZARNCKE (1852)

Petrus Alfonsi, Disciplina clericalis (12. Jh.)

Überlieferungen

Vgl. HILKA, Alfons und SÖDERHJELM, Werner (Hg.), Die Disciplina Clericalis des Petrus Alfonsi (das älteste Novellenbuch des Mittelalters) nach allen bekannten Handschriften, Heidelberg 1911, S. VIII–X.

Textausgaben/-editionen

HILKA, Alfons und SÖDERHJELM, Werner (Hg.), Die Disciplina Clericalis des Petrus Alfonsi (das älteste Novellenbuch des Mittelalters) nach allen bekannten Handschriften, Heidelberg 1911.
MIGNE, Jacques Paul (Hg.), Patrologiae cursus completus. Patrologiae Latinae tomus CLVII cols 671–706.
THORNTON I, S. 13.

Forschungen

BUMKE (1986)

ELIAS (1969)

HILKA, Alfons und SÖDERHJELM, Werner (Hg.), Die Disciplina Clericalis des Petrus Alfonsi (das älteste Novellenbuch des Mittelalters) nach allen bekannten Handschriften, Heidelberg 1911.

TOLAN, John, Petrus Alfonsi and his Medieval Readers, Gainesville: University Press of Florida, 1993.

Facetus (cum nihil utilius) (12. Jh.)

Überlieferungen

Cf. BALDZUHN (2009), Bd. 2, S. 996ff.

Textausgaben/-editionen

THORNTON I, S. 14–19.

SCHROEDER, Carl, Der deutsche Facetus, I. und II. Teil, Berlin 1909.

ZARNCKE (1854), S. 137–147 (deutsche Übersetzungen).

Forschungen

BALDZUHN (2009)

SCHROEDER, Carl, Der deutsche Facetus, I. und II. Teil, Berlin 1909.

Reinerus Alemannicus, Phagifacetus (13. Jh.)/Thesmophagia (1490)

Überlieferungen

34 erhaltene Handschriften

Aschaffenburg, Hofbibliothek, cod. 33, 191r–193r (1459).

Darmstadt, Hessische Landes- und Hochschulbibliothek, Ms. 27800, 141r–150r (1380).

Den Haag, Rijksmuseum Meermanno-Westreenianum, Ms. 10 B 34, 165ra–168 vb (1450).

Wolfenbüttel, Herzog August Bibliothek, Cod. Guelf. 307 Gud. Lat. 8o, 9r–16v (vor 1384).

Wolfenbüttel, Herzog-August-Bibliothek, cod. 37.34 Aug. 2o.

Lübeck, Bibliothek der Hansestadt, Ms. philol. 8o 14, 68r–77r (1335 und 2. Hälfte 14. Jh.–Anfang 15. Jh.).

München, Bayerische Staatsbibliothek, clm 237, 234r–239r (1460–1462).

Wien, Österreichische Nationalbibliothek. Cod. Vind. 15071, 71r–78r Kommentar zu „Thesmophagia/Phagifacetus" (1346).

Drucke (Thesmophagia, zweisprachige Brant-Version, Drucker: Michael Furter in Basel)

Gotha, Forschungsbibliothek, cod. Gymn. 1 (1493–1497), 59v–84v (1490).

Donaueschingen, cod. 37 (1523) (jetzt Stuttgart, Württembergische Landesbibliothek).

Ehem. Arth, Kapuzinerkloster (seit 1987 verschollen).

Ehem. Berlin, Staatsbibliothek, Inc. 588 (Kriegsverlust).

Besançon, Bibliothèque Municipale, Inc. 566.

Boston, Francis A. Countway Library of Medicine, Ballard 601 (Basel, Michael Furter, nach 1490).

Buffalo (USA), Buffalo and Erie County Public Library, RBR INCUN. 1490.R4.

Chicago (USA), University Library, alc Incun 1490.R23 c.1 (Basel, Michael Furter, nach 1490).

Bregenz, Zisterzienserabtei Wettingen-Mehrerau, W 122 br/1.

Coburg, Landesbibliothek, Inc Ca 6:1.

Colmar (F), Bibliothèque de la ville, Ms 619 (8) (1. Ex.).

Ehem. Colmar (F), Bibliothèque de la ville, CG 11595 (2. Ex.) (Verbleib unbekannt nach Auskunft der Bibliothek vom 1.3.2011), Teil eines Sammelbandes.

Darmstadt, Universitäts- und Landesbibliothek, Inc. II 182 (Basel, Michael Furter, ca. 1490).

Einsiedeln (CH), Stiftsbibliothek der Benediktinerabtei, Jnc 490 (790) (ehem. Privatbesitz: Antiquariat Rosenthal, München, 1915).

Elbląg (Elbing, PL), Miejska Biblioteka Elbląska im. Cypriana Norwida, Inc. II.18 adl. 13 an Inc. II.6 (ehem. Toruń (Thorn, PL), Biblioteka Uniwersytecka w Toruniu), Defekt: Bll. 17f. fehlen (Andreas Pelzer 1531).

Freiburg im Breisgau, Universitätsbibliothek, Ink. D 8195.

Innsbruck (A), Universitätsbibliothek, Ink. 161 D 11.

Karlsruhe, Badische Landesbibliothek, 80 A 10665 Ink (ehem. Privatbesitz: Antiquariat Tenner, Heidelberg, 1980).

København (DK), Det Kongelige Bibliotek, Inc. Haun. 3476 in quarto an Inc. Haun. 3390 in quarto, defekt: Bll. 1–5 fehlen und wurden durch ein Faksimile ersetzt.

Kraków (PL), Bibliotheka Jagiellónska, Inc. 211 an Inc. 210 (zwei Besitzeinträge von Christophorus Okoniewski aus dem Jahr 1505).

Leipzig, Deutsches Buch- und Schriftmuseum, II: 4,8d.

Leipzig, Universitätsbibliothek, Poet.lat.rec.413-s.

Linz (A), Oberösterreichische Landesbibliothek, Ink.-104/Adl.1.

London, British Library, IA 37756.

Manchester, The John Rylands University Library, 18167.1.

Mulhouse (F), Société industrielle, 2623.

München, Bayerische Staatsbibliothek, 4 Inc. c. a. 768.

München, Bayerische Staatsbibliothek, 4 Inc. C. a. 768 a.

München, Universitätsbibliothek, 4 Inc.lat. 959.

New York, Pierpont Morgan Library, PML 27007 (ChL 1389).

Nürnberg, Germanisches Nationalmuseum, Inc. 35349.

Oxford (GB), Bodleian Library, Douce 82(2).

Paris (F), Bibliothèque Nationale, Rés. m. Yc. 225.

Paris (F), Bibliothèque Nationale, Rés. p. Yc. 1633.

Paris, École normale supérieure, L E g 920 8°·

Philadelphia, College of Physicians, 9 158 1490.

Rastatt, Ludwig-Wilhelm-Gymnasium, 1 in: F 10.

Rastatt, Ludwig-Wilhelm-Gymnasium, 8 in: K 152.

San Marino, Henry E. Huntington Library, Rare Books 87168.

St. Gallen, Kantonsbibliothek, VadSlg Inc. 857 (K2).

St. Paul, Benediktinerstift, Inkunabel 224.

St. Petersburg, Biblioteka Rossijskoj Akademii Nauk, 669.

Solothurn (Schweiz), Zentralbibliothek, 6 an Rar 1.

Solothurn (Schweiz), Zentralbibliothek, 3 an Rar 52.

Solothurn (Schweiz), Zentralbibliothek, 3 an Rar 194.

Strasbourg, Bibliothèque Nationale et Universitaire, K 3152 a.

Strasbourg, Médiathèque de la Ville et de la Communauté urbaine de Strasbourg, C 719.

Stuttgart, Württembergische Landesbibliothek, Inc. qt. 6900 (ehem. Privatbesitz: 1. Antiquariat Sotheby's, London 1971, 2. Harry Schraemli).

Venezia, Biblioteca Nazionale Marciana, MISC 2472. 006.

Ehem. Wernigerode, Fürstlich Stolberg-Wernigerodische Bibliothek.

Wien, Österreichische Nationalbibliothek, Ink. 2. G. 40.

Wien, Universitätsbibliothek, I 137.965.

Worms, Stadtbibliothek, Ink. 71.

Zürich, Zentralbibliothek, Gal. 2.147.

Zwickau, Ratsschulbibliothek, 24.10.16 (1).

Zwickau, Ratsschulbibliothek, 31.2.24. (2).

Ehem. Privatbesitz: Antiquariat Tenner (Heidelberg, 1980; Verbleib unbekannt).

Ehem. Privatbesitz: Antiquariat Hartung & Karl (München, 1984; Verbleib unbekannt).

Defekt: Bll. 1–9 u. 20 fehlen.

London, British Library, cod. Add. 32248 (13. Jh.).

Brügge, Stadtbibliothek, cod. 548.

Leningrad, Saltykow-Szcedrin-Bibliothek, cod. Lat. XIV Q. 117, 21 ff. (1412).

Textausgaben/-editionen

THORNTON I, S. 20–34 (deutsche Übersetzung unter dem Namen „Thesmophagia").

ZARNCKE (1854), S. 147–153 (deutsche Übersetzung unter dem Namen „Thesmophagia").

JACOB, Friedrich (Hg.), M. Reineri Alemanici Phagifacetus et Godefridi omne pvnctvm. E codice Lubecensi, Lübeck 1838.

UMBACH, Silke, Sebastian Brants Tischzucht (Thesmophagia 1490): Edition und Wortindex, Wiesbaden 1995.

Thomasin von Zerclaere, Der wälsche Gast (1215/1216)

Überlieferungen (nur die vollständigen Handschriften)

Heidelberg, Universitätsbibliothek, cpg. 389, 1r–225r (um 1256).

Gotha, Forschungsbibliothek, Membrana I 120, 2ra–99rb (1340).

Stuttgart, Württembergische Landesbibliothek, Cod. poet. et. philol. fol I (1. Hälfte 14. Jh.).

New York, Poerpoint Morgan Library, Galzier Ms. 54 (2. Hälfte 14. Jh.).

Berlin, Deutsche Staatsbibliothek, Hamilton Ms. 675 (Ende 14. Jh.).

Schlierbach, Stiftsbibliothek, Hs. I. 28, 1ra-124vb (2. Hälfte 14. Jhs) (*cf. 125ra–125rb Rossauer Tischzucht*).

Heidelberg, Universitätsbibliothek, cpg. 338, 1r–280v (um 1420).

Heidelberg, Universitätsbibliothek, cpg. 320, 1r–102r (um 1460–1470).

München, Bayerische Staatsbibliothek, Cgm 571 (1. Hälfte 15. Jh.).

Wolfenbüttel, Herzog August Biblithek, Cod. Guelf. 37. 19 Aug. 2 (1. Hälfte 15. Jh.).

Karlsruhe, Badische Landesbibliothek, St. Peter pap. 25 (2. Hälfte 15. Jh.).

München, Bayerische Staatsbibliothek, Cgm 340 (Ende 15. Jh.)

Nürnberg, Germanisches Nationalmuseum, Hs. 86035 (2. Hälfte 15. Jh.).

Heidelberg, Universitätsbibliothek, cpg. 330, 1r–104r (um 1420).

Dresden, Sächsische Landesbibliothek, M 67 (Mitte 15. Jh.).

Göttingen, Universitätsbibliothek, Cod. philol. 192 (1744).

Gotha, Forschungsbibliothek, Cod. chart. A. 827 (1744).

Gotha, Forschungsbibliothek, Cod. chart. A. 826 (Mitte 18. Jh.).

Berlin, Staatsbibliothek Preußischer Kulturbesitz, Ms. germ. oct. 317 (1825).

Berlin, Staatsbibliothek Preußischer Kulturbesitz, Ms. germ. fol. 448 (1828).

Nürnberg, Germanisches Nationalmuseum, Hs. 135316 (19. Jh.).

Textausgaben/-editionen

RÜCKERT, Heinrich (Hg.), Der wälsche Gast des Thomasin von Zirclaria, Berlin 1965.

KRIES, Friedrich Wilhelm von, Thomasin von Zerclaere. Der welsche Gast, Bd. 1, Einleitung, Überlieferung, Text, die Varianten des Prosavorworts, Göppingen 1984.

THORNTON I, S. 36–37.

Forschungen

GÖTTERT, Karl-Heinz, Thomasin von Zerclaere und die Tradition der Moralistik, in: ERNST, Ulrich und SOWINSKI, Bernhard (Hg.), Kölner Germanistische Studien 30 Architectura Poetica, Köln 1990, S. 179–188.

KRIES, Friedrich Wilhelm von, Thomasin von Zerclaere. Der welsche Gast.

Bd. 1: Einleitung, Überlieferung, Text, die Varianten des Prosavorworts, Göppingen 1984.

Bd. 2: Die Varianten der Hss. GFAD, der Büdinger und Sibiuer Fragmente Buch 1–10, Göppingen 1984.

Bd. 3: Die Varianten der Redaktion S, Göppingen 1984.

Bd. 4: Die Illustrationen des Welschen Gasts: Kommentar mit Analyse der Bildinhalte und den Varianten der Schriftbandtexte. Verzeichnisse, Namenregister, Bibliographie, Göppingen 1985.

ROCHER, Daniel, Thomasin von Zerclaere : Der wälsche Gast (1215–1216), Lille-Paris 1977.

RÜCKERT, Heinrich, Der wälsche gast des Thomasin von Zirclaria, Berlin 1965.

RUFF, Ernst Johan Friedrich, Der wälsche Gast des Thomasin von Zerklaere. Untersuchungen zu Gehalt und Bedeutung einer mittelhochdeutschen Morallehre, Erlangen 1982.

TESKE, Hans, Thomasin von Zerckaere. Der Mann und sein Werk, Heidelberg 1933.

RÖSENER, Werner, Feudale Anarchie und Landesherrschaft. Wirkungsmöglichkeiten didaktischer Literatur, Thomasin von Zerklaere „Der Wälsche Gast", Bern und Las Vegas, 1978.

Konrad von Haslau, Der Jüngling (13. Jh.)

Überlieferungen

Heidelberg, Universitätsbibliothek, cpg. 341, 123ra–131ra (1. Viertel 14. Jh.).

Genf-Cologny, Bibliotheca Bodmeriana, cod. Bodmer 72 (Kaloczaer Codex), 126rb–134ra (1. Viertel 14. Jh.).

Textausgaben/-editionen

HAUPT, Moriz, Der Jüngling von Meister Konrad von Haslau, in: ZfdA 8 (1851), S. 550–587.

THORNTON I, S. 62–64.

Tannhäuser (?), Hofzucht (13. Jh.)

Überlieferungen

Wien, Österreichische Nationalbibliothek, Cod. Vindob. 2885, Bl. 39va–41vb (Innsbruck, 1393).

Innsbruck, Tiroler Landesmuseum Ferdinandeum, Cod. FB 32001, Bl. 26ra–27rb (Innsbruck-Brixen/Meran?, 1455–1457).

Textausgaben/-editionen

GEYER (1882), S. 9–12.

HAUPT, Moriz, Des Tanhausers Hofzucht, ZfdA 6 (1848), S. 488–496.

LEITZMANN, Albert, Beiträge zur Geschichte der Deutschen Sprache und Literatur, 46, 1992, S. 320–332.

SCHMID, Ursula, Codex Vindobonensis 2885, Bern und München 1985, S. 161–168.

SIEBERT, Johannes, Der Dichter Tannhäuser. Leben, Gedichte, Sage, Halle 1934, S. 194–203.

THORNTON I, S. 38–45.

WINKLER (1982), S. 27–89.

Forschungen

BUMKE, Joachim, Tannhäusers „Hofzucht", in: ERNST Ulrich und SOWINSKI, Bernhard (Hg.), Kölner Germanistische Studien 30 Architectura Poetica; Festschrift für Johannes Rathofer zum 65. Geburtstag, Köln 1990, S. 189–205.

SIEBERT, Johannes, Der Dichter Tannhäuser. Leben – Gedichte – Sage, Halle an der Saale 1934.

Die Gruppe Rossauer Tischzucht (14. Jh.)

Überlieferungen

Wien, Österreichische Nationalbibliothek, Ser. nov. 2584 (früher Ms. no. 35), Bl. 1v–3r (vor 1360).

Karlsruhe, Badische Landesbibliothek, Cod. Karlsruhe 408 (früher Durlacher Hs. 481), 28rb–28vb (15. Jh.), cf. 114rb–116ra Der züchte lere.

Schlierbach, Stiftsbibliothek, Hs. I 28, 125ra–125rb (2. Hälfte 14. Jh), cf. 1ra–124vb Der wälsche Gast.

Textausgaben/-editionen

GEYER (1882), S. 8–9.

HAUPT, Moriz, Zu des Tanhausers Hofzucht, in: ZfdA 7 (1849), S. 175–177.

SCHMID, Ursula, Codex Karlsruhe 408, Bern und München 1974, S. 151–153.

THORNTON I, S. 46–48.

WINKLER (1982), S. 90–97.

Der kindere hovescheit (14. Jh.)

Überlieferungen

Wolfenbüttel, Herzog-August-Bibliothek, Cod. Guelf. 417 Helmst., 123vb–124vb (vermutlich das Kloster St. Blasien in Northeim, 15. Jh.)

Gandersheim, Stiftbibliothek, Hs. 264, 98rv (14./15. Jh.)

Textausgaben/-editionen

GEYER (1882), S. 12–14.

SIEVERS, Eduard, Der kindere hovescheit, in: ZfdA 21 (1877), S. 60–65.

THORNTON I, S. 49–53.

WINKLER (1982), S. 129–157.

Der züchte lere (Hofzucht) od. Ulmer Hofzucht, Berliner Hofzucht, Ain spruch der zu tisch kert (14. Jh.)

Überlieferungen

Berlin, Staatsbibliothek Preußischer Kulturbesitz, mgq. 1107, 54r–63r (alte Zählung 59r–68r) (Ulm, um 1460/1459).

Dresden, Landesbibliothek, Msc. M 209, 39r–50r (1475).

London, Institute of Germanic Studies, 69ra–69va (8ra–8va), früher Bristle, Privatbesitz August Closs, b6 (Fragment), 69v (Oberrhein, Elsass, Straßburg oder Basel, 1380–1400, ältester Text-zeuge).

Werningerode, Gräfliche Stolbergische Bibliothek, Cod. Mscr. Zb 4m (seit 1931 verschollen), 113r–125v (vermutlich in der Nähe von Königstein/Taunus, letztes Viertel 15. Jh. bis in die ers-ten 3 Jahrzehnte des 16. Jh.).

Karlsruhe, Badische Landesbibliothek, Cod. Karlsruhe 408 (früher Durlacher Handschrift 481), 114rb–116ra (15. Jh.).

Weimar, Herzogin Anna Amalia Bibliothek, Ms. O. 145, 110v–112r (15. Jh.).

Textausgaben/-editionen

KELLER, Adelbert von, Erzählungen aus altdeutschen Handschriften, Stuttgart 1855, S. 531–546 (nach der Berliner Handschrift mgq 1107).

SCHMID, Ursula (Hg.), Codex Karlsruhe 408, Bern und München 1974, S. 453–459, selbständig überlieferte Fabel vom Esel in der Löwenhaut S. 212–213.

THORNTON I, S. 59–61.

WINKLER (1982), S. 161–167, 204–216.

Forschungen

SEEBACH, Ulrich, Der züchte lere („Ulmer Hofzucht"), in: VL Bd. 2, 1980, Sp. 1591–1594.

WINKLER (1982), S. 161–167, 204–216.

Cato-Interpolationen (nach WINKLER [1982], S. 159–172)

Überlieferungen

Berlin, Staatsbibliothek Preußischer Kulturbesitz, mgq. 1484, Bl. 278r–286v (1424–28).

London, British Library, Ms. Add. 10010, Bl. 179v–190v (15. Jh.).

Berlin, Staatsbibliothek Preußischer Kulturbesitz, mgq. 478, 75r–95r (15. Jh./Anfang 16. Jh.).

Weimar, Herzogin Anna Amalia Bibliothek, Ms. O 145, Bl. 11r–22r (15. Jh.).

Stuttgart, Württembergische Landesbibliothek, Cod. poet et phil. Fol. 10, Bl. 123vb–126rb.

Chur, Graubünden, Kantonsbibliothek, Msc. B 1, Bl. 67r–75r.

Textausgaben/-editionen

WINKLER (1982), S. 168–203.

Forschungen

WINKLER (1982), S. 168–203.

ZARNCKE (1852)

Innsbrucker Tischzucht / Disch-zucht gemert und gebessert (15.–16. Jh.)

Überlieferungen

Handschriften

Innsbruck, Universitätsbibliothek, Papierhandschrift Cod. 4^0 No. 507 (1438), Bl. 98r–102r.

Wien, Österreichische Nationalbibliothek, Papierhandschrift No. 3027 (früher Lunael. 8^0 [89])(15. Jh.), Bl. 344v–348v.

London, British Library, Ms. Add. 16581, (Augsburg [?] 1468–1469), Bl. 191v–195v.

Drucke

Wolfenbüttel, Herzog-August-Bibliothek, 253.1 Quodl., Bl. 1r–6r, (Augsburg 1510–1523/1520).

Nürnberg, Germanisches Nationalmuseum, Gs. 1115, 1r–6r (Augsburg 1517/1523–1544).

Wolfenbüttel, Herzog-August-Bibliothek, Lo 7580.1 (früher 166), 1v–8r (Nürnberg, 1. Hälfte 16. Jh.).

München, Bayerische Staatsbibliothek, Res. cono. 254, 1v–8v (Worms, Sebastian Wagner, 1538). Zweiter Druck vom Druck des Wormser Druckers Sebastian Wagner (laut THORNTON I)

Frankfurt, Stadt- und Universitätsbibliothek (Bl. 1–4) und Uppsala, Universitätsbibliothek (Bl. 2, 3, 5–10), Sig. A^4B^6 (Rostock, Ludwig Dietz, 1521).

Textausgaben/-editionen

THORNTON I, S. 54–58 (Version Sebastian Wagner).
GEYER (1882), S. 14–21.
WINKLER (1982), S. 258–337.

Von tisch zucht (Tischzucht aus dem Liederbuch der Clara Hätzlerin, 15. Jh.)

Überlieferung

Prag, Tschechisches Nationalmuseum, Ms. X A 12 (früher IG 28, noch früher Nr. 235), 211v–214v (Augsburg 1470/1471)

Textausgaben/-editionen

THORNTON I, S. 66–71.
WINKLER (1982), S. 396–424.

Forschungen

WINKLER (1982)

Erfurter Tischregeln/Jakob Köbels Tischzucht (15. Jh.)

Überlieferungen

Göttingen, Niedersächsische Staats- und Universitätsbibliothek, cod. philol. 235, 21r–22v (Erfurter Tischregeln) (Erfurt, Ende 15. Jh.).

Hamburg, Staats- und Universitätsbibliothek, Cod. 106 in scrin. (früher germ. 24a), S. 163 (1. Hälfte der Erfurter Tischregeln) (Der Teil der Tischzuchten ist Nachtrag vom Ende 15. Jh.).

München, Bayerische Staatsbibliothek, 4° Inc. c. a. 914^m, 1r–6r (1492, gedruckt von Jakob Köbel in Worms).

Ein Druck, 8 Bll. (Leipzig, 1517).

Göttweig (Niederösterreich), Stiftsarchiv, Cod. 560, 84r–91r (Kloster Melk, 1522), (Variation der Köbels T.).

Textausgaben/-editionen

THORNTON II, S. 24–32.
GEYER (1882), S. 24–27.
WINKLER (1982), S. 339–367.

Forschungen

GEYER (1882)
WINKLER (1982)

Grobianische Tischzuchten

Wernher der Gärtner, Helmbrecht (13. Jh.)

Überlieferungen

Wien, Österreichische Nationalbibliothek, Ser. Nov. 2663, 225rb–229rb (1504–1516) (Sog. „Ambraser Heldenbuch", Auftraggeber Kaiser Maximilian I, Schreiber Hans Ried).
Berlin, Staatsbibliothek Preußischer Kulturbesitz, cod. germ. 2° 470, 229va–240 vb (15. Jh.) (Für den reichen Ritter Leonhard Meurl zu Leonbach im Traungau/Oberösterreich).

Textausgaben/-editionen

PANZER, Friedrich und RUH, Kurt (Hg.), Wernher der Gartenære Helmbrecht, Tübingen 1993 (10. Auflage, besorgt von Hans-Joachim Ziegeler).

Forschungen

TSCHIRCH, Fritz (Hg., Übers. und Erläuterung), Wernher der Gärtner Helmbrecht, Mittelhochdeutsch/Neuhochdeutsch, Stuttgart 2004.
KNAPP, Fritz Peter, Wernher der Gärtner, in VL, Bd. 10, Sp. 927–936.

Heinrich Wittenwiler, Der Ring (1408/1410)

Überlieferung

München, Bayerische Staatsbibliothek, Cgm 9300, 57 Blätter, enthält nur „Ring" (1410/1420) (bis 2001 Meiningen [Thüringen], Staatsarchiv, Archivaliensammlung des Hennebergischen Altertumsforschenden Vereins 502 [früher 29]).

Textausgaben/-editionen

WIESSNER, Edmund (Hg.), Heinrich Wittenwilers Ring. Nach der Meininger Handschrift, Leipzig 1931.

Forschungen

BRUNNER, Horst (Hg. und Übers.), Heinrich Wittenwiler Der Ring. Frühneuhochdeutsch/Neuhochdeutsch, Stuttgart 2003.

Sebastian Brant, Das Narrenschiff (1494)

Überlieferungen

* mit den zusätzlichen Kapiteln 110a „Von disches vnzucht" und 110b „Von fasnacht narren"

Originalausgaben

[A]1494, Basel, 4. „Das Narren schyff", gedruckt von Johann Bergmann von Olpe (Berlin [aus der Meusenbachschen Bibliothek], Dresden, München).

*[B]1495, Basel, 4. „Das Narren schyff", gedruckt von Johann Bergmann von Olpe (Berlin).

*[C]1499, Basel, 4. „Doctor Brants Narrenschiff / 1.4.9.9. / Nüt on vrsach. / Olpe.", gedruckt von Joh. Bergmann von Olpe (Berlin, Wien [Hofbibliothek]).

*[D]1506, Basel, 4. „Doctor Brants Narrenschiff / M.ccccc.vj / Nüt on vrsach.", gedruckt von Johann Bergmann von Olpe oder Nicolaus Lamparter (Berlin, Göttingen, Wolfenbüttel, Weimar).

*[E]1509, Basel, 4. „Doctor Brants Narrenschiff / M.ccccc.viiij. / Nüt on vrsach.", gedruckt von Nicolaus Lamparter (Berlin [2 Exemplare, davon 1 aus der Meusebachschen Bibliothek], Frankfurt am Main [Stadtbibliothek], München).

*[F]1512, Strassburg, 4. „Doctor Brants Narren schiff / Nüt on vrsach.", gedruckt von Mathys Hupffuff (Berlin, aus der Meusebachschen Bibliothek).

Nachdrucke

[a]1494, Reutlingen, 4. „Das Narren schyff", gedruckt von Peter Wagner (Berlin [aus der Meusebachschen Bibliothek], Göttingen, Frankfurt am Main [Stadtbibliothek]).

[b]1494, Nürnberg, 8. „Das narrenschyeff" (Berlin [aus der Meusebachschen Bibliothek], ein weiteres Exemplar).

[c]1494, Augsburg, 8., gedruckt von Hans Schönsperger, verschollen.

Bearbeitungen mit Interpolationen

[N]1494, Straßburg, 4. „Das nüv schiff vō Nar / ragonia. mit besunderē / flisz ernst vñ arbeit. von nüwē. mit vil schöner / sprüch, exēpeln, vñ zůgesetztē hystoriē. vñ mate / rie erlengert. vñ schinbarlicher erklert zů Ba- / sel durch Sebastianū Brant lerer beid' rechtē" (Weimar [aus Gottscheds Bibliothek], ein Exemplar).

[n]1495, Augsburg, 4. „Hie vahet sich an das / neü narrenschiff vō narragonia zů nutz vnd / heylsamer ler czů vermeiden straff der nar- / heit mit mer erneürūg vnd lēgrūg durch Se / bastianū Brand Doctor in beiden rechten.", Druck der Straßburger Bearbeitung von 1494 duch Hans Schönsperger (ein Exemplar).

[o]1498, Augsburg, 4. „Hie vahet sich an das / neü narren schiff vō narragonia zů nutz vnd / heylsamer ler zů vermeyden straffe der narr- / heyt mit mer erneürūg vñ lengrūg durch Se / bastianū Brand doctor in beyden rechten.", Druck der Ausgabe von 1495 (Druck der Straßburger Bearbeitung von 1494) durch Hans Schönsperger (Berlin [aus der Meusebachschen Bibliothek], Göttingen, München [2 Exemplare], Stuttgart).

[H]1531, Augsburg, 4., „Ain nützlich Büch- / lein. so Reymsweysz gestelt. Da / riñ all Stånd der menschen begriffen, ordentlich vñ mit fleysz, aufz vil alten / Historien zůsamen bracht, den / Jungen fruchtbarlich / zůlesen.", gedruckt von Heinrich Stayner, Plagiat von Hans Hörburger (Berlin [aus der Meusebachschen Bibliothek], S. Hirzel in Leipzig).

[I]1540, Straßburg, 4. „Das klein Nar- / ren schiff. / Vnd werden hierin allermenschen ständt in al- / lein lastern gestrafft vnnd vnderwiesen, / Durch Sebastianum Brannt, der / beiden Rechten Doctor. / Von narren heb ichs an zů sagen, / Hie sollen nun all recht betagen, / Wer witzig sein will vnd narheyt ler, / Der lesz mit fleisz disz Büchlein seer. / Nem jeder seinr kappen eben war, / Das schätt der welt freilich nit ein har", gedruckt von Jacob Cammerlander (Berlin, aus der Meusebachschen Bibliothek).

[Q]1545, Straßburg, 4. „Der Narreñ / Spiegel. / Das grosz Nar- / renschiff, durch besunderen / fleisz, ernst vnd arbeyt, jetzt von newen, / mit vil schönen sprüchen, exempeln, vnd zů- / gesetzten historien ergånzet. / Durch Sebastianum Brandt D. inn beiden / Rechten, der Narrechten Welt zů nutz / fleissig beschrieben. / Gedruckt zů Straszburg bey M. Jacob Cammer- / Lander Anno. M.D.XLV.", gedruckt von Jacob Cammerlander (Berlin [aus der Meusebachschen Bibliothek], Wolfenbüttel, Weimar, C. Heyse in Berlin).

[R]1549, Straßburg, 4. „Der Narren / Spiegel. / Das Gros Nar / renschiff, durch besunderen / fleisz, ernst vnnd arbeyt, jetzt von newem, / mit vil schönen sprüchen, exempel, vnnd zů- / gesetzten historien ergäntzet. / Durch Sebastianum Brandt D. inn beiden / Rechten, der Narrechten welt zů nutz / fleiszig beschrieben", gedruckt von Wendel Rihel (Berlin [aus der Meusebachschen Bibliothek], Wien [Hofbibliothek], München, Tübingen).

[S]1564, Straßburg, 4. „Das grosz Narren / Schiff. / Durch besonderen Vleisz, mü- / he vnnd arbeit, Jetzund von newem mit vil / schönen Sprüchen, Exemplen, vñ Hystoriē ergentzet, / der Narrechten welt zu nutz vnd gůt, vleissig / beschriben. / Durch weilandt den hochgelerten herren Se- / bastianum Brandt beyder Rechten Doctor. / Gedruckt zu Straszbung durch Josiam Rihel / M.D.Lxiiij.", gedruckt von Josiam Rihel (Wolfenbüttel).

[Z]1563, Zürich, gedruckt von Froschower, verschollen.

Spätere Ausgaben/Frankfurter Ausgaben

*[e]1553, Frankfurt am Main, 8. „Das Narren- / schiff, Alle stånd der Welt / betreffend, Wie man sich inn allen / Händeln weiszlich haltern soll. / Einem jeden sehr nützlich, Lüstig, / vnd Kurtzweilig zu Lesen. Je- / tzundt wider mit viel schö- / nen Figuren geziert, / vnnd zu ge- / richt.", bei Hermann Gülfferichen (Leipzig [Rathsbibliothek], Zürich).

*[f]1555, Frankfurt am Main, 8. „Das Narren- / schiff, Alle ständt der Welt / betreffend, Wie man sich inn allen / Händeln weiszlich haltenn soll. / Einem jeden sehr nützlich, Lüstig, vnd Kurtzweilig zu lesen. Je- / tzundt wider mit viel schö- / nen Figuren geziert, / vnnd zuge- / richt.", bei Hermann Gülfferichen (Dresden, Wolfenbüttel).

*[g]1560, Frankfurt am Main, 8. „Das Narren – / schiff, Alle ständt der Welt / betreffend, Wie man sich inn allen / Händeln weiszlikh halten soll. Ei- / nem jeden sehr nützlich, Lüstig, / vnd kurtzweilig zu lesen. Je- / tzund wider mit vil schö- / nen Figuren gezie- / ret vnd zuge- / richt.", gedruckt von Weygand Han (Weimar, München, 2 Exemplare in Privatbesitz [Zeisberg in Wernigerode, C. Heyse in Berlin]).

*[h]1566, Frankfurt am Main, 8. „Das Narren- / schiff, alle ständ der Welt be / treffend, Wie man sich in allen Hän. / deln weiszlich halten soll. Einem jeden sehr / nützlich, lüstig, vnd kürtzweilig zu lesen. Jetzund / wider mit vil schönen Figuren geziert / vnd zugericht.", gedruckt von Georg Raben und Weygand Hanen Erben (Berlin [aus der Meusebachschen Bibliothek], Wolfenbüttel).

*[3]1567, Frankfurt am Main, 8.

*[k]1574, Basel, 8. „Welt Spiegel, oder / Narren Schiff, / dariñ aller Ständt schandt vnd / laster, vppiges leben, grobe Narrechte / sitten, vnd der Weltlauff, gleich als in einem / Spiegel gesehen vnd gestrafft werden: alles / auff Sebastian Brands Reimen / gerichtet. [...]", gdruckt von Sebastian Heinric Petri (Berlin [aus der Meusebachschen Bibliothek], Wolfenbüttel, München, C. Heyse in Berlin).

*[l]1625, Frankfurt am Main, 8. „Der Narren- / zunfft genandt, / Ein Artiges, Ernsthafftes, doch / Anmütiges vnd Lustiges Tractätlein, da- / rinnen aller Weltlicher Ständ Schand vnnd / Laster, vppiges Leben, grobe Narrechte Sitte, / vnnd der Welt Lauff, gleich als in einem / Spiegel zu sehen, vorgestellt vnd / gestrafft werden: [...]", gedruckt von Jacob de Zetter (Göttingen, Wolfenbüttel, Hamburg).

*[K]1629, Frankfurt am Main, 4., zweite Auflage der „Hasen Jagd" von 1593, „Hasen Jacht: / Auff welcher mancherley Hasen gefangen werden, Al- / len Hasieren und Leimstenglern zu sonderlichem Nutz in deutsche / Hasenreimen gehawen, und mit einem Jegerischen Hasenge- / schrey geziert durch Leporinum Hasenkopff Hassum Haslebiensem" (Berlin [aus der Meusebachschen Bibliothek], S. Hirzel in Leipzig).

[K]1629, Frankfurt am Main, 4., zweite Auflage der „Hasen Jagd" von 1593, „Ander Theil / der / Hasen Jagd: / Auff welcher, vber die im Ersten Theil erzehlte mancherley Hasen noch andere possierliche, Lächerliche vnd kurtzweilige gefangen werden. / Darneben auch / Von der Hasen Löffeley ..."

*[L]?, Freystadt, „Wol-geschliffener / Narren-Spiegel / Worinnen / Hundert und vierzehen Arten / allerey Narren / Ihr Eben-Bild und ungestaltes Wesen ersehen, / und sich / von ihrer Unsauberkeit vermittelst des klaren Wassers Wahrer Weiszheit / reinigen können / durch / 115. Merianische saubere Kupfer / vorgestellet, / und mit scherz- und ernsthaften Reimen / herausgegeben / durch / Wahrmund Jocoserius. / Freystadt, / Gedruckt in diesem Jahr." (Dresden).

Zahlreiche Übersetzungen

Textausgaben/-editionen

THORNTON II, S. 37–42.

ZARNCKE (1854), S. 1–115.

LEMMER, Manfred (Hg.), Sebastian Brant Das Narrenschiff, nach der Erstausgabe (Basel 1494) mit den Zusätzen der Ausgaben von 1495 und 1499 sowie den Holzschnitten der deutschen Originalausgaben, Tübingen 1986.

Forschungen

ZARNCKE (1854).

LEMMER, Manfred (Hg.), Sebastian Brant Das Narrenschiff, nach der Erstausgabe (Basel 1494) mit den Zusätzen der Ausgaben von 1495 und 1499 sowie den Holzschnitten der deutschen Originalausgaben, Tübingen 1986.

Anhang: Quellen- und Literaturverzeichnis

Quellen

Historische Quellen

ANSELMUS LUCENSIS, Vita metrica: Vita metrica s. Anselmi Lucensis episcopi auctore Rangerio Lucensi, MGH SS 30, 2, Leipzig 1934, S. 1152–1307.

ARNOLD VON LÜBECK, Chronica Slavorum: Arnoldi Chronica Slavorum, MGH Ss. rer. Ger. 14, Hannover 1868.

CAESARIUS VON HEISTERBACH, Vita sancte Elysabeth: KÖNSGEN, Ewald (Hg.), Das Leben der Heiligen Elisabeth (Vita Sancte Elyzabeth Lantgravie Sermo de Translatione Beate Elyzaveth), ergänzt durch: Summa Vitae Konrads von Marburg, Libellus de dictis quatuor ancillarum Sancte Elisabeth confectus, Marburg 2007.

CAESARIUS VON ARLES, Sermo: Caesarii Arelatensis Opera, pars 1, Sancti Caesarii Arelatensis Sermones, Corpus Christianorum Series Latina 103, Turnhout 1953.

DIETRICH VON APOLDA, Vita sancte Elysabeth: RENER, Monika (Hg. u. Übers.), Dietrich von Apolda. Das Leben der Heiligen Elisabeth, Marburg 2007.

EKKEHARD VON AURA, Chronica: Ekkehardi Uraugiensis Chronica, MGH Ss. 6, Hannover 1844, S. 1–267.

GISLEBERT VON MONS, Chronicon Hanoniense: VANDERKINDERE, Léon (Hg.), La Chronique de Gislebert de Mons, Bruxelles 1904, Gisleberti Chronicon Hanoniense, MGH Ss. rer. Ger. 29, Hannover 1869.

LAMPERT VON HERSFELD, Opera: Lamperti Monachi Hersfeldensis Opera, MGH Ss. rer. Ger. 38, Hannover und Leipzig 1894.

LIUTPRAND VON CREMONA, Opera: Liudprandi Opera, MGH Ss. rer. Ger. 41, Hannover 1915.

NOTKER BALBULLUS, Gesta Karoli Magni imperatoris: Notkeri Balbvli Gesta Karoli Magni Imperatoris, MGH Ss. rer. Ger. n. s. 12, Berlin 1959.

OLIVIER DE LA MARCHE, Mémoires: BEAUNE, Henri und D'ARBAUMONT, Jules (Hg.), Mémoires d'Oliver de la Marche. Maitre d'hotel et capitaine des gardes de Charles le Téméraire, Bd. 2, Paris 1884.

OTTO VON FREISING UND RAHEWIN, Gesta Frederici: SCHMIDT, Adolf (Übers.) und SCHMALE, Franz-Josef (Hg.), Bischof Otto von Freising und Rahewin/Die Taten Friedrichs oder richtiger Chronica, Darmstadt 1965.

OTTO VON ST. BLASIEN, Chronica: Ottonis de sancto Blasio Chronica, MGH Ss. rer. Ger. 47, Hannover und Leipzig 1912.

PETRUS DAMIANI, De Veneti ducis uxore, quæ prius nimium delicata, demum toto corpore computruit: MIGNE, Jacques Paul (Hg.), Patrologiae cursus completus, series latinae, Patrologiae tomus CXLV, S. Petri Damiani, tomus secundus, Paris 1853, Opusculum Quinquagesimum, Caput XI.

SALIMBENE VON PARMA, Chronica: Chronica fratris Salimbene de Adam ordinis Minorum, MGH Ss. 32, Hannover und Leipzig 1905–1913.

WILLIAM OF RUBRUCK, Itinerarium fratris Willielmi de Rubruquis de ordine fratrum Minorum, Galli, Anno gratia 1253. ad partes Orientales: ROCKHILL, William Woodville (Hg. und Übers.), The Journey of William of Rubruck to the Eastern Part of the World, 1253–55, as Narrated by Himself, with two Accounts of the Earlier Journey of John of Pian de Carpine, Nendel und Liechtenstein 1967 (Nachdruck von 1900).

CHRONICA REGIA COLONIENSIS: Chronica Regia Coloniensis, MGH Ss. rer. Ger. 18, Hannover 1880.

COLLECTANEA GENEALOGICA: WURMBRAND, Johann Wilhelm (Hg.), Collectanea genealogica-historica ex archive inclytorum Austriae inferioris statuum ut ex aliis privatis scriniis documentisque originalibus excerpta, Wien 1705.

CONCILIA GALLIAE: Concilia Gallae A. 511–A. 695, Corpus Christianorum Series Latina 148 A, Turnhout 1963.

DIE GOLDENE BULLE: Quellen zur Verfassungsgeschichte des römisch-deutschen Reiches im Spätmittelalter (1250–1500). Ausgewählt und übersetzt von Lorenz Weinrich, Darmstadt 1983, S. 314–395.

RTA 5, 3. Teil: Deutsche Reichstagsakten unter Kaiser Friedrich III., fünfte Abteilung, dritter Teil. Reichsversammlung zu Wiener Neustadt 1455, bearbeitet von Gabriele ANNAS, München 2013.

HEGER, Hedwig (Hg.), Das Lebenszeugnis Walthers von der Vogelweide. Die Reiserechnungen des Passauer Bischofs Wolfger von Erla, Wien 1970.

SALOMON, Richard, Ein Rechnungs- und Reisetagebuch vom Hofe Erzbischof Boemunds II. von Trier. 1354–1357, in: Neues Archiv der Gesellschaft für ältere deutsche Geschichtskunde 33 (1908), S. 399–434.

Literarische Werke

BERTHOLD VON REGENSBURG, Predigten: Berthold von Regensburg, Bd. 1, vollständige Ausgabe seiner Predigten mit Anmerkungen von Franz Pfeiffer, Berlin 1965, Bd. 2, vollständige Ausgabe seiner deutschen Predigten mit Einleitungen und Anmerkungen von Franz Pfeiffer und Joseph Strobl, Berlin 1965.

GOTTFRIED VON STRASSBURG, Tristan und Isolde: MAROLD, Karl (Hg.), Gottfried von Straßburg, Tristan, Bd. 1: Text, unveränderter fünfter Abdruck nach dem dritten, mit einem auf Grund von Friedrich Rankes Kollationen verbesserten kritischen Apparat, besorgt und mit einem erweiterten Nachwort versehen von Werner Schröder, Berlin und New York 2004.

HARTMAN VON AUE, Erec: Erec von Hartmann von Aue. Mit einem Abdruck der neuen Wolfenbütteler und Zwettler Erec-Fragmente, herausgegeben von Albert Leitzmann, fortgeführt von Ludwig Wolff, 7. Auflage besorgt von Kurt Gärtner, Tübingen 2006.

HARTMANN VON AUE, Iwein: Hartmann von Aue, Iwein. Text der siebten Ausgabe von Georg Friedrich Benecke, Karl Lachmann und Ludwig Wolff, Übersetzung und Nachwort von Thomas Cramer, Berlin und New York 2001.

HUGO VON TRIMBERG, Der Renner: EHRISMANN, Gustav (Hg.), Der Renner von Hugo von Trimberg, Bde. 1–4, Berlin 1970.

KONRAD VON WÜRZBURG, Engelhard: GEREKE, Paul (Hg.), Konrad von Würzburg, Engelhard, Tübingen 1963 (2., neubearbeitete Auflage von Ingo Reiffenstein).

KONRAD VON WÜRZBURG, Heinrich von Kempten: Konrad von Würzburg, Heinrich von Kempten, Der Welt Lohn, Das Herzmaere, mittelhochdeutscher Text nach der Ausgabe von Edward Schröder, übersetzt, mit Anmerkungen und einem Nachwort versehen von Heinz Rölleke, Stuttgart 1968.

RUDOLF VON EMS, Der guote Gêrhart: ASHER, John A. (Hg.), Der guote Gêrhart von Rudolf von Ems, Tübingen 1989.

ULRICH VON LICHTENSTEIN, Frauendienst: LACHMANN, Karl (Hg.), Ulrich von Lichtenstein, mit Anmerkungen von Theodor von Karajan, Berlin 1841.

WALTHER VON DER VOGELWEIDE: CORMEAU, Christoph (Hg.), Walther von der Vogelweide. Leich, Lieder, Sangsprüche. 14., völlig neubearbeitete Auflage der Ausgabe Karl Lachmanns mit Beiträgen von Thomas Bein und Horst Brunner, Berlin und New York, 1996.

WIRNT VON GRAFENBERG, Wigalois: KAPTEYN, Johannes Marie Neele (Textausgabe), SEELBACH, Sabine und SEELBACH, Ulrich (Übersetzung, Erläuterung und Nachwort), Wirnt von Grafenberg, Wigalois, Berlin und New York 2005.

WOLFRAM VON ESCHENBACH, Parzival: Wolfram von Eschenbach, Parzival, Mittelhochdeutscher Text nach der Ausgabe von Karl Lachmann, Übersetzung und Nachwort von Wolfgang Spiewok, Stuttgart 1981, Bd. 1: Buch 1–8, Bd. 2: Buch 9–16.

WOLFRAM VON ESCHENBACH, Willehalm: SCHRÖDER, Werner (Textausgabe) und KARTSCHOKE, Dieter (Übersetzung, Vorwort und Register), Wolfram von Eschenbach, Willehalm, Berlin und New York 2003.

DAS NIBELUNGENLIED: Das Nibelungenlied. Nach dem Text von Karl Bartsch und Helmut de Boor ins Neuhochdeutsche übersetzt und kommentiert von Siegfried Grosse, Stuttgart 1997.

Carmina Burana, 130, Carmina Burana. Die Lieder der Benediktbeurer Handschrift in vollständiger deutscher Übertragung. Übers. der lat. Texte von Carl Fischer, der mhd. Texte von Hugo Kuhn nach der von B. Bischoff abgeschlossenen kritischen Ausgabe von Alfons Hilka und Otto Schumann, Heiderberg 1930–1970, Darmstadt 1975.

Höfische Tischzuchten

CATO (?), Disticha Catonis: ZARNCKE, Friedrich, Der deutsche Cato, Leipzig 1852.

DESIDERIUS ERASMUS, De civilitate morum puerilium libellus: CLERICUS, Johannes und FERGUSON, Wallce Klippert (Hg.), Desiderii Erasmi Roterodami opera omnia, Bd.1, Hildesheim 1961 (Nachdruck der Ausgabe von 1703).

GIOVANNI DELLA CASA, Galateus: LEY, Klaus (Hg.), Giovanni della Casa Galateus. Das Büchlein von erbarn/höflichen und holdseligen Sitten verdeutscht von Nathan Chytraeus 1597, Tübingen 1984.

KONRAD VON HASLAU, Der Jüngling: HAUPT, Moriz, Der Jüngling von Meister Konrad von Haslau, in: ZfdA 8 (1851), S. 550–587.

PETRUS ALFONSI, Disciplina Clericaris: HILKA, Alfons und SÖDERHJELM, Werner (Hg.), Die Disciplina Clericalis des Petrus Alfonsi (das älteste Novellenbuch des Mittelalters) nach allen bekannten Handschriften, Heidelberg 1911; MIGNE, Jacques Paul (Hg.), Patrologiae cursus completus. Patrologiae Latinae tomus CLVII cols 671–706.

REINERUS ALLEMANICUS, Phagifacetus: JACOB, Friedrich (Hg.), M. Reineri Alemanici Phagifacetus et Godefridi omne pvnctvm. E codice Lubecensi, Lübeck 1838.

ROBERT GROSSETESTE, Rules: OSCHINSKY, Dorothea, Walter of Henley and other treatises on estate management and accounting, Oxford, L. Clarendon Press 1971.

TANNHÄUSER (?), Hofzucht: HAUPT, Moriz, Des Tanhausers Hofzucht, in: ZfdA 6 (1848), S. 488–496, SCHMID, Ursula (Bearb.), Codex Vindobonensis 2885, Bern und München 1985; SIEBERT, Johannes, Der Dichter Tannhäuser. Leben-Gedichte-Sage, Halle an der Saale, 1934.

THESMOPHAGIA (Brant): ZARNCKE, Friedrich (Hg.), Sebastian Brants Narrenschiff, Darmstadt 1964 (fotomechanischer Nachdruck der Ausgabe Leipzig 1854), S. 147–153; UMBACH, Silke, Sebastian Brants Tischzucht (Thesmophagia 1490): Edition und Wortindex, Wiesbaden 1995.

THOMASIN VON ZERCLAERE, Der wälsche Gast: KRIES, Friedrich Wilhelm von, Thomasin von Zerclaere. Der welsche Gast, Bd. 1: Einleitung, Überlieferung, Text, die Varianten des Prosavorworts, Göppingen 1984, Bd. 2: Die Varianten der Hss. GFAD, der Büdinger und Sibiuer Fragmente Buch 1–10, Göppingen 1984, Bd. 3: Die Varianten der Redaktion S, Göppingen 1984, Bd. 4: Die Illustrationen des Welschen Gasts: Kommentar mit Analyse der Bildinhalte und den Varianten der Schriftbandtexte. Verzeichnisse, Namenregister, Bibliographie, Göppingen 1985; RÜCKERT, Heinrich, Der wälsche Gast des Thomasin von Zirclaria, Berlin 1965 (fotomechanischer Nachdruck der Ausgabe von 1852 in Quedlinburg).

FACETUS (lat.): SCHROEDER, Carl, Der deutsche Facetus, I. und II. Teil, Berlin 1909 (Dissertation, Berlin).

FACETUS (de.): ZARNCKE, Friedrich, Sebastian Brants Narrenschiff, Darmstadt 1964 (unveränderter reprografischer Nachdruck der Ausgabe Leipzig 1854), S. 137–147.

DER KINDERE HOVESCHEIT: SIEVERS, Eduard, Der kindere hovescheit, in: ZfdA 21 (1877), S. 61–65.

ROSSAUER TISCHZUCHT: HAUPT, Moriz, Zu des Tanhausers Hofzucht, in: ZfdA 7 (1849), S. 175–177.

SIEGBURGER TISCHZUCHT: SCHMIDT, Adolf, Siegburger Tischzucht, in: ZfdA, 28, 1884, S. 64–67.

DER ZÜCHTE LERE (HOFZUCHT): KELLER, Adelbert von, Erzählungen aus altdeutschen Handschriften, Stuttgart 1855; SCHMID, Ursula (Bearb.), Codex Karlsruhe 408, Bern und München 1974.

GEYER, Moritz, Altdeutsche Tischzuchten, in: 75. Nachricht Friedrichs-Gymnasium zu Altenburg, 1882, S. 1–34 (Tannhäusers Hofzucht, Rossauer T., Der kindere hovescheit, Jakob Köbels T.).

THORNTON, Thomas Perry (Hg.), nach den Vorarbeiten Arno Schirokauers, Höfische Tischzuchten, Berlin 1957 (Disciplina Clericaris, Facetus, Thesmophagia, Der wälsche Gast, Der Jüngling, Tannhäusers Hofzucht, Rossauer T., Der kindere hovescheit, Der züchte lere [Ain spruch der zu tisch kert], Innsbrucker T., Von tisch zucht).

WINKLER, Andreas, Selbständige deutsche Tischzuchten des Mittelalters. Texte und Studien, Marburg 1982 (Inaugural-Dissertation, Marburg) (Tannhäusers Hofzucht, Rossauer T., Der kindere hovescheit, Cato-Interpolationen, Der züchte lere [Ain spruch der zu tisch kert], Innsbrucker T., Disch zucht gemert und gebessert, Erfurter Tischregeln, Jakob Köbels T. Von tisch zucht)

ZARNCKE, Friedrich (Hg.), Sebastian Brants Narrenschiff, Darmstadt 1964 (fotomechanischer Nachdruck der Ausgabe Leipzig 1854) (Das Narrenschiff, Disticha Catonis [Deutsch], Facetus [Deutsch], Thesmophagia).

Grobianische Tischzuchten

FRIEDRICH DEDEKIND, deutsche Fassung von Caspar Scheidt, Grobianus: Reprografischer Nachdruck des lateinischen und des deutschen Textes. Lateinischer Text: BÖHMNER, Aloys (Hg.), Fridericvs Dedekindvs, Grobianvs, Berlin 1903; deutscher Text: Originalausgabe, Worms 1551 (Friedrich Dedekind, Grobianus, De morum simplicitate. Grobianus von groben Sitten und unhöflichen Gebärden, deutsche Fassung von Caspar Scheidt. Mit einem Vorwort zum Neudruck der Texte von Barbara KÖNNEKER, Darmstadt 1979).

HEINRICH WITTENWILER, **Der Ring**: Heinrich Wittenwiler, Der Ring, nach dem Text von Edmund Wießner ins Neuhochdeutsche übersetzt und herausgegeben von Horst Brunner, Stuttgart 1991.

SEBASTIAN BRANT, **Das Narrenschiff**: ZARNCKE, Friedrich (Hg.), Sebastian Brants Narrenschiff, Darmstadt 1961 (fotomechanischer Nachdruck der Ausgabe Leipzig 1854).

WERNHER DER GÄRTNER, **Helmbrecht**: Wernher der Gärtner, Helmbrecht, herausgegeben, übersetzt und erläutert von Fritz Tschirch, Ditzingen 2004.

THORNTON, Thomas Perry (Hg.), Grobianische Tischzuchten, nach den Vorarbeiten Arno Schirokauers, Berlin 1957 (Der Ring, Jakob Köbels T., Das Narrenschiff, Grobianus).

Digitalisierte Quellen

Sebastian Brant, Das Narrenschiff, Erstausgabe von 1494, Die Sächsische Landesbibliothek – Staats- und Universitätsbibliothek Dresden, Ink. 394.4
http://digital.slub-dresden.de/fileadmin/data/309539471/309539471_tif/jpegs/309539471.pdf
(abgerufen am 25. 02. 2019)

Thomasin von Zerklaere, Der wälsche Gast, Universitätsbibliothek Heidelberg, Bibliotheca Palatina digital.
Handschrift, 15. Jh., cpg 320, http://digi.ub.uni-heidelberg.de/diglit/cpg320 (abgerufen am 25. 02. 2019)

Wolfram von Eschenbach, Parzival, Titurel, Tagelieder (München, Bayerische Staatsbibliothek, Cgm19)
Abbildung 49r: http://daten.digitale-sammlungen.de/bsb00071690/image_99
Abbildung 49v: http://daten.digitale-sammlungen.de/bsb00071690/image_100
Abbildung 50r: http://daten.digitale-sammlungen.de/bsb00071690/image_101
Abbildung 50v: http://daten.digitale-sammlungen.de/bsb00071690/image_102
(abgerufen am 25. 02. 2019)

Les Grandes Chroniques de France, Paris, Bibliothèque nationale de France, ms. fr. 2813
http://gallica.bnf.fr/ark:/12148/btv1b84472995 (abgerufen am 25. 02. 2019)

Rudolf von Ems, Weltchronik. Der Stricker, Karl der Große, St. Gallen, Kantonsbibliothek, Vadianische Sammlung, VadSlg Ms 302
https://www.e-codices.unifr.ch/de/list/one/vad/0302 (abgerufen am 25. 02. 2019)

Le Roman de Tristan, Paris, Bibliothèque nationale de France, ms. fr. 755
https://gallica.bnf.fr/ark:/12148/btv1b52503108b/f235.item.r=Tristan%20755 (abgerufen am 25. 02. 2019)

Guillaume de Machaut, Remède de Fortune, Paris, Bibliothèque nationale de France, ms. fr. 1586
https://gallica.bnf.fr/ark:/12148/btv1b8449043q/f116.item.r=ms%20fr%201586 (abgerufen am 25. 02. 2019)

Die güldin bulle. vnd künigclich reformacion, gedruckt von Johannes Prüssz, Straßburg 1485, München, Bayerische Staatsbibliothek, 2 Inc.c.a. 1567
urn:nbn:de:bvb:12-bsb00029630-4, https://app.digitale-sammlungen.de/bookshelf/bsb00029630
(abgerufen am 25. 02. 2019)

Luzerner Chronik von Diebold Schilling dem Jüngeren, Luzern, Korporation Luzern, S 23 fol.
www.e-codices.unifr.ch/de/list/one/kol/S0023-2 (abgerufen am 25. 02. 2019)

Jakob Köbels Tischzucht, München, Bayerische Staatsbibliothek, 4 Inc.c.a. 914m
urn:nbn:de:bvb:12-bsb00029631-9, http://daten.digitale-sammlungen.de/bsb00029631/image_1
(abgerufen am 25. 02. 2019)

Online-Katalog des Musées royaux des Beaux-Arts de Belgique
www.fine-arts-museum.be/fr/la-collection (abgerufen am 25. 02. 2019)

Faksimile

Der welsche Gast des Thomasîn von Zerclaere, Codex Palatinus Germanicus 389 der Universitätsbibliothek Heidelberg, Wiesbaden 1980; NEUMANN, Friedrich und VETTER, Ewald (Hg.),
Kommentarband zur Faksimile-Ausgabe, Wiesbaden 1974.

Die Luzerner Chronik des Diebold Schilling, Luzern 1977; SCHMID, Alfred A. (Hg.), Kommentar
zur Faksimile-Ausgabe der Handschrift S. 23 fol. in der Zentralbibliothek Luzern, unter Mitarbeit von Gottfried Boesch, Pascal Lander, Carl Pfaff, Peter Rück und Eduard Studer, mit einem
Vorwort von Bundesrat Hans Hürlimann, Luzern 1981.

Parzival, Titurel, Tagelieder. Faksimileband der Handschrift Cgm 19 der Bayerischen Staatsbibliothek München, Stuttgart 1970; Beiheft zur Faksimile-Ausgabe: Transkription der Texte von Gerhard Augst, Otfried Ehrismann und Heinz Engels mit einem Beitrag zur Geschichte der Handschrift von Fridolin Dreßler, Stuttgart 1970.

Willehalm mit der Vorgeschichte des Ulrich von dem Türlin und der Fortsetzung des Ulrich von
Türheim, vollständige Faksimile-Ausgabe in Originalformat des Codex Vindobonensis 2670 der
Österreichischen Nationalbibliothek, Kommentar von Hedwig Heger, Graz 1974.

Die güldin bulle. vnd küniglich reformacion, Straßburg 1485. Der erste illustrierte Druck des Kaiserlichen Rechtbuches Karls IV aus dem Jahre 1356, Faksimiledruck mit einer Einleitung von
Armin Wolf, Frankfurt am Main 1968.

Sonstige Ausgaben der Handschriften und alten Drucke

KNAPP, Fritz Peter (Kommentar), Wolfram von Eschenbach Willehalm, Codex Vindobonensis
2670 der Österreichischen Nationalbibliothek, Teil 1: Fol. 1–145, Teil 2: Fol. 145v–351, Graz
2005.

LEMMER, Manfred, Sebastian Brant, Das Narrenschiff. Nach der Erstausgabe (Basel 1494) mit
den Zusätzen der Ausgaben von 1495 und 1499 sowie den Holzschnitten der deutschen Originalausgaben, Tübingen 1986.

URTEL, Hermann (Hg.), Der Huge Scheppel der Gräfin Elisabeth von Nassau-Saarbrücken nach
der Handschrift der Hamburger Stadtbibliothek, Hamburg 1905.

Literatur

ALTENBURG, Detlef, JARNUT, Jörg und STEINHOFF, Hans Hugo (Hg.), Feste und Feiern im
Mittelalter: Paderborner Symposion des Mediävistenverbandes, Sigmaringen 1991.

ALTHOFF, Gerd, Fest und Bündnis, in: ALTENBURG, Detlef, JARNUT, Jörg und STEINHOFF,
Hans Hugo (Hg.), Feste und Feiern im Mittelalter: Paderborner Symposion des Mediävistenverbandes, Sigmaringen 1991, S. 29–38.

ALTHOFF, Gerd, Compositio. Wiederherstellung verletzter Ehre im Rahmen gütlicher Konflikt-
beendigung, in: SCHREINER, Klaus und SCHWERHOFF, Gerd (Hg.), Verletzte Ehre. Ehrkonflikte in Gesellschaften des Mittelalters und der Frühen Neuzeit, Köln, Weimar und Wien 1995,
S. 63–76.

ALTHOFF, Gerd (Hg.), Formen und Funktionen öffentlicher Kommunikation im Mittelalter, Stuttgart 2001. (ALTHOFF I [2001])

ALTHOFF, Gerd, Die Veränderbarkeit von Ritualen im Mittelalter, in: ALTHOFF, Gerd (Hg.), Formen und Funktionen öffentlicher Kommunikation im Mittelalter, Stuttgart 2001, S. 157–176. (ALTHOFF II [2001])

ALTHOFF, Gerd, Der frieden-, bündnis- und gemeinschaftstiftende Charakter des Mahles im früheren Mittelalter, in: BITSCH, Irmgard, EHLERT, Trude und ERTZDORFF, Xenja von (Hg.), Essen und Trinken in Mittelalter und Neuzeit: Vorträge eines interdisziplinären Symposions von 10.–13. Juni 1987 an der Justus-Liebig Universität Gießen, Sigmaringen 1987, S. 13–25.

ALTHOFF, Gerd, Verwandte, Freunde und Getreue. Zum politischen Stellenwert der Gruppenbindungen im früheren Mittelalter, Darmstadt 1990.

ALTHOFF, Gerd, Spielregeln der Politik im Mittelalter. Kommunikation in Frieden und Fehde, Darmstadt 1997.

ALTHOFF, Gerd, GOETZ, Hans-Werner und SCHUBERT, Ernst (Hg.), Menschen im Schatten der Kathedrale. Neuigkeiten aus dem Mittelalter, Darmstadt 1998.

ANNAS, Gabriele, Repräsentation, Sitz und Stimme. Zur fürstlichen Stellvertretung auf Reichsversammlungen des späten Mittelalters, in: PELTZER, Jörg, SCHWEDLER, Gerald und TÖBELMANN, Paul (Hg.), Politische Versammlungen und ihre Rituale. Repräsentationsformen und Entscheidungsprozesse des Reichs und der Kirche im späten Mittelalter, Ostfildern 2009, S. 113–150.

APPELT, Heinrich (Hg.), Adelige Sachkultur des Spätmittelalters. Internationaler Kongress Krems an der Donau, 22.–25. September 1980, Wien 1982.

ARINOBU, Mamina, Thomasin von Zerclaere's „Der wälsche Gast": a Didactic Poem in the Middle Ages, in: Hikaku Bungaku/Bunka Ronshu (Proceeding of Comparative Literature & Culture) 22 (2005), S. 1–13 （有信真美菜　「トマスィン・フォン・ツィルクレーレ《Thomasin von Zerclaere》の『イタリア人客（Der wälsche Gast）』：中世の教育詩の一例」　比較文学・文化論集　22 号　[2005] 1–13 ページ).

ARINOBU, Mamina, „Historical Narration" in Thomasin von Zerclaere's Der wälsche Gast, in: Hikaku Bungaku/Bunka Ronshu (Proceeding of Comparative Literature & Culture) 26 (2009), S. 1–25 (有信真美菜「トマスィン・フォン・ツィルクレーレ《Thomasin von Zerclaere》の『イタリア人客（Der wälsche Gast）』における『歴史叙述』」　比較文学・文化論集　26 号 [2009] 1–25 ページ).

ARINOBU, Mamina, Warum wohnt Klingsor aus Ungarn (*Klingesôr von Ungerlant*) in Siebenbürgen? Der „Wartburgkrieg" und die Beziehung zwischen dem Heiligen Römischen Reich und Siebenbürgen im 12. und 13. Jahrhundert, in: Zeitschrift der Germanisten Rumäniens, 17./ 18. Jg. (2012), S. 11–28.

ATZBACH, Rainer, LÜKEN, Sven und OTTOMEYER, Hans (Hg.), Burg und Herrschaft. Eine Ausstellung des Deutschen Historischen Museums Berlin, 25. Juni – 24. Oktober 2010, Dresden 2010.

BALDZUHN, Michael, ‚Disticha Catonis' – Datenbank der deutschen Übersetzungen (www1.uni-hamburg.de/disticha-catonis/, abgerufen am 15.4.2015).

BALDZUHN, Michael, Schulbücher im Tirvium des Mittelalters und der Frühen Neuzeit, die Verschriftlichung von Unterricht in der Text- und Überlieferungsgeschichte der „Fabulae" Avians und der deutschen „Disticha Catonis", 2 Bde., Berlin 2009 (Habilitationsschrift von 2006 in Münster).

BARCLAY, Alexander (Übers.), The Ship of Fools, 2 Bde., New York 1874 (Neudruck, New York 1966).

BEHRE, Karl-Ernst, Die Ernährung im Mittelalter, in: HERRMANN, Bernd (Hg.), Menschen und Umwelt im Mittelalter, Stuttgart 1986, S. 74–87.

BENNEWITZ, Ingrid, Moraldidaktische Literatur, in: LIEBERTZ-GRÜN, Ursula (Hg.), Aus der Mündlichkeit in die Schriftlichkeit: Höfische und andere Literatur 750–1320, Hamburg 1988, S. 333–343.

BENTZINGER, Rudolf, NÜBLING, Damaris und STEFFENS, Rudolf (Hg.), Sprachgeschichte Dialektologie Onomastik Volkskunde. Beiträge zum Kolloquium am 3./4. Dezember 1999 an der Johannes Gutenberg-Universität Mainz, Stuttgart 2001.

BERNS, Jörg Jochen und RAHN, Thomas (Hg.), Zeremoniell als höfische Ästhetik in Spätmittelalter und Früher Neuzeit, Tübingen 1995.

BITSCH, Irmgard, Ernährungsempfehlungen in mittelalterlichen Quellen und ihre Beurteilung aus heutiger Sicht, in: EHLERT, Trude (Hg.), Haushalt und Familie in Mittelalter und früher Neuzeit, Sigmaringen 1991, S. 129–136

BITSCH, Irmgard, EHLERT, Trude und ERTZDORFF, Xenja von (Hg.), Essen und Trinken in Mittelalter und Neuzeit: Vorträge eines interdisziplinären Symposions von 10.–13. Juni 1987 an der Justus-Liebig-Universität Gießen, Sigmaringen 1987.

BLASCHITZ, Gertrud, HUNDSBICHLER, Helmut, JARITZ, Gerhard und VAVRA, Elisabeth (Hg.), Symbole des Alltags, Alltag der Symbole. Festschrift für Harry Kühnel zum 65. Geburtstag, Graz 1992.

BLUME, Dieter und WERNER, Matthias (Hg.), Elisabeth von Thüringen – Eine europäische Heilige, Katalog und Aufsatzband, 2 Bde., Petersberg 2007.

BOCK, Henning, GEISMEIER, Irene u.a. (Hg.), Gemäldegalerie Berlin. 200 Meisterwerke der europäischen Malerei, Berlin 2010.

BODENSOHN, Heinz, Die Festschilderungen in der mittelhochdeutschen Dichtung, Münster 1936 (Forschungen zur deutschen Sprache und Dichtung 9).

BOSHOF, Egon und KNAPP, Fritz Peter (Hg.), Wolfger von Erla. Bischof von Passau (1911–1204) und Patriarch von Aquileja (1204–1218) als Kirchenfürst und Literaturmäzen, Heidelberg 1994.

BOURDIEU, Pierre, Zur Soziologie der symbolischen Formen, Frankfurt am Main 1974.

BRACKERT, Helmut, „deist rehtiu jegerîe". Höfische Jagddarstellungen in der deutschen Epik des Hochmittelalters, in: RÖSENER, Werner (Hg.), Jagd und höfische Kultur im Mittelalter, Göttingen 1997, S. 365–406.

BRÜDERLE, Nicole (Hg.), Aufgetischt. Die herzogliche Tafel der Renaissance, Ausstellung des Herzog Anton Ulrich-Museums in der Burg Dankwarderode (Braunschweig), 1. April–10. Juli 2011 (Ausstellungskatalog), Braunschweig 2011.

BRÜGGEN, Elke, Von der Kunst, miteinander zu speisen. Kultur und Konflikt im Spiegel mittelalterlicher Vorstellungen vom Verhalten bei Tisch, in: GÄRTNER, Kurt, KASTEN, Ingrid und SHAW, Frank (Hg.), Spannungen und Konflikte menschlichen Zusammenlebens in der deutschen Literatur des Mittelalters, Tübingen 1996, S. 235–249.

BUMKE, Joachim, Tannhäusers ‚Hofzucht', in: ERNST, Ulrich und SOWINSKI, Bernhard (Hg.), Kölner Germanistische Studien 30 Architectura Poetica; Festschrift für Johannes Rathofer zum 65. Geburtstag, Köln 1990, S. 189–205.

BUMKE, Joachim, Höfische Kultur. Literatur und Gesellschaft im hohen Mittelalter, München 1986.

BUMKE, Joachim, Die Auflösung des Tugendsystems bei Wernher von Elmendorf, in: ZfdA 88 1957, S. 39–54.

BUMKE, Joachim, Wolfram von Eschenbach, Stuttgart und Weimar 2004.

BURKHART, Dagmar, Eine Geschichte der Ehre, Darmstadt 2006.

BÜTTELIN, Constanze, Eßverhalten und Tischsitten, in: LORENZ, Sönke und ZOTZ, Thomas (Hg.), Spätmittelalter am Oberrhein. Alltag, Handwerk und Handel 1350–1525, Aufsatzband, Stuttgart 2001, S. 358–391.

CARTELLIERI, Otto, Das Fasanenfest. Am Hofe der Herzöge von Burgund (1454), in: Historisch-politische Blätter für das katholische Deutschland, Bd. 167, 1921, S. 65–80.

Centre Universitaire d'Études et de Recherches Médiévales d'Aix-en-Provence, Banquets et manières de table au Moyen Âge, Aix-en-Provence 1996.

CORMEAU, Christoph, Essen und Trinken in den deutschen Predigten Bertholds von Regensburg, in: BITSCH, Irmgard, EHLERT, Trude und ERTZDORFF, Xenja von (Hg.), Essen und Trinken in Mittelalter und Neuzeit: Vorträge eines interdisziplinären Symposions von 10.–13. Juni 1987 an der Justus-Liebig-Universität Gießen, Sigmaringen 1987, S. 77–83.

DEBUS, Friedhelm, Namen im „Helmbrecht" und ihre textuelle Einbettung, in: BENTZINGER, Rudolf, NÜBLING, Damaris und STEFFENS, Rudolf (Hg.), Sprachgeschichte Dialektologie Onomastik Volkskunde. Beiträge zum Kolloquium am 3./4. Dezember 1999 an der Johannes Gutenberg-Universität Mainz, Stuttgart 2001, S. 225–239.

DUERR, Hans Peter, Der Mythos vom Zivilisationsprozeß, Bd. 1: Nacktheit und Scham, Frankfurt am Main 1988, Bd. 2: Intimität, Frankfurt am Main 1990.

DÜWEL, Klaus, Über Nahrungsgewohnheiten und Tischzuchten des Mittelalters, in: HERRMANN, Bernd (Hg.), Umwelt in der Geschichte, Göttingen 1989, S. 129–149.

EHLERT, Trude, Das Kochbuch des Mittelalters, Düsseldorf 2000.

EHLERT, Trude (Hg.), Haushalt und Familie in Mittelalter und früher Neuzeit, Sigmaringen 1991. (EHLERT I [1991])

EHLERT, Trude, Die Funktionen des Hochzeitsfestes in deutscher erzählender Dichtung vornehmlich des 12. und 13. Jahrhunderts, in: ALTENBURG, Detlef, JARNUT, Jörg und STEINHOFF, Hans Hugo (Hg.), Feste und Feiern im Mittelalter: Paderborner Symposion des Mediävistenverbandes, Sigmaringen 1991, S. 391–400. (EHLERT II [1991])

EHLERT, Trude, Doch so fülle dich nicht statt! Gesundheitslehre und Hochzeitsmahl in Wittenwilers „Ring", in: Zeitschrift für deutsche Philologie 109 (1990), S. 68–85.

ELIAS, Norbert, Über den Prozeß der Zivilisation. Soziogenetische und psychogenetische Untersuchungen. 1. Bd.:Wandlungen des Verhaltens in den weltlichen Oberschichten des Abendlandes, Frankfurt am Main 1992 (Nachdruck der Ausgabe in Bern 1969, seitenidentisch), 2. Bd.: Wandlungen der Gesellschaft. Entwurf zu einer Theorie der Zivilisation, Frankfurt am Main 1969 (Nachdruck der Ausgabe in Bern 1969, seitenidentisch).

ELZE, Reinhard, Königskrönung und Ritterweihe. Der Burgundische Ordo für die Weihe und Krönung des Königs und der Königin, in: FENSKE, Lutz, RÖSENER, Werner und ZOTZ, Thomas (Hg.), Institutionen, Kultur und Gesellschaft im Mittelalter. Festschrift für Josef Fleckenstein zu seinem 65. Geburtstag, Sigmaringen 1984, S. 327–342.

ENDRES, Rudolf, Adelige Lebensformen in Franken im Spätmittelalter, in: Adelige Sachkultur des Spätmittelalters. Internationaler Kongress Krems an der Donau, 22.–25. September 1980, Österreichische Akademie der Wissenschaften, Philosophisch-historische Klasse, Sitzungsberichte, 400. Band, Wien 1982, S. 73–104.

FENSKE, Lutz, RÖSENER, Werner und ZOTZ, Thomas (Hg.), Institutionen, Kultur und Gesellschaft im Mittelalter. Festschrift für Josef Fleckenstein zu seinem 65. Geburtstag, Sigmaringen 1984.

FOUQUET, Gerhard, „Wie die kuchenspise sin solle" – Essen und Trinken am Hof des Speyerer Bischofs Matthias von Rammung (1464–1478), in: Pfälzer Heimat 39 (1988), S. 12–27.

FOUQUET, Gerhard, VON SEGGERN, Harm von und ZEILINGER, Gabriel (Hg.), Höfische Feste im Spätmittelalter (Mitteilungen der Residenzen-Kommission der Akademie der Wissenschaften zu Göttingen, Sonderheft 6), Kiel 2003.

FOUQUET, Gerhard, STEINBRINK, Matthias, und ZEILINGER, Gabriel (Hg.), Geschlechtergesellschaften, Zunft-Trinkstuben und Bruderschaften in spätmittelalterlichen und frühneuzeitlichen Städten, Ostfildern 2003.

FOUQUET, Jean, Die Bilder der Grandes Chroniques de France. Mit der originalen Wiedergabe aller 51 Miniaturen von Manuscrit français 6465 der Bibliothéque Nationale in Paris und 60 Schwarzweiß-Abbildungen, Graz 1987.

FURNIVALL, Frederick James (Hg.), A Booke of Precedence, London 1869.

GÄRTNER, Kurt, KASTEN, Ingrid und SHAW, Frank (Hg.), Spannungen und Konflikte menschlichen Zusammenlebens in der deutschen Literatur des Mittelalters, Tübingen 1996.

GARNIER, Claudia und KAMP, Hermann (Hg.), Spielregeln der Mächtigen. Mittelalterliche Politik zwischen Gewohnheit und Konvention, Darmstadt 2010.

GÖRICH, Knut, Die Ehre Friedrich Barbarossas, Darmstadt 2001.

GOETZ, Hans-Werner, „Vorstellungsgeschichte": Menschliche Vorstellungen und Meinungen als Dimension der Vergangenheit. Bemerkungen zu einem jüngeren Arbeitsfeld der Geschichtswissenschaft als Beitrag zu einer Methodik der Quellenauswertung, in: GOETZ, Hans-Werner, Vorstellungsgeschichte. Gesammelte Schriften zu Wahrnehmungen, Deutungen und Vorstellungen im Mittelalter, hrsg. v. Anna Aurast, Simon Elling, Bele Freudenberg, Anja Lutz und Steffen Patzold, Bochum 2007, S. 3–17 (Originalpublikation in: Archiv für Kulturgeschichte 61, 1979 [erschienen 1982], S. 253–271). (GOETZ I [2007])

GOETZ, Hans-Werner, Kirchenfest und weltliches Alltagsleben im früheren Mittelalter, in: Mediaevistik, Bd. 2, 1989, S. 123–171.

GOETZ, Hans-Werner, Der „rechte" Sitz. Die Symbolik von Rang und Herrschaft im Hohen Mittelalter im Spiegel der Sitzordnung, in: BLASCHITZ, Gertrud, HUNDSBICHLER, Helmut, JARITZ, Gerhard, und VAVRA, Elisabeth (Hg.), Symbole des Alltags, Alltag der Symbole. Festschrift für Harry Kühnel zum 65. Geburtstag, Graz 1992, S. 11–47.

GOETZ, Hans-Werner, Wahrnehmungs- und Deutungsmuster als methodisches Problem der Geschichtswissenschaft, in: GOETZ, Hans-Werner, Vorstellungsgeschichte. Gesammelte Schriften zu Wahrnehmungen, Deutungen und Vorstellungen im Mittelalter, hrsg. v. Anna Aurast, Simon Elling, Bele Freudenberg, Anja Lutz und Steffen Patzold, Bochum 2007, S. 19–29 (Originalpublikation in: Das Mittelalter. Perspektiven mediävistischer Forschung 8, Berlin 2003, S. 23–33). (GOETZ II [2007])

GOETZ, Hans-Werner, Vorstellungsgeschichte. Gesammelte Schriften zu Wahrnehmungen, Deutungen und Vorstellungen im Mittelalter, hrsg. v. Anna Aurast, Simon Elling, Bele Freudenberg, Anja Lutz und Steffen Patzold, Bochum 2007. (GOETZ III [2007])

GOETZ, Hans-Werner, Gott und die Welt. Religiöse Vorstellungen des frühen und hohen Mittelalters, Teil I, Bd. 1: Das Gottesbild, Berlin 2011.

GOEZ, Werner, Gestalten des Hochmittelalters, Darmstadt 1983.

GRASSNICK, Ulrike, Ratgeber des Königs. Fürstenspiegel und Herrscherideal im spätmittelalterlichen England, Köln, Weimar und Wien, 2004.

HAHN, Alois, MELVILLE, Gert, und RÖCKE, Werner (Hg.), Norm und Krise von Kommunikation. Inszenierungen literarischer und sozialer Interaktion im Mittelalter, Berlin 2006.

HAHN, Alois, Schweigen als Kommunikation und die Paradoxien der Inkommunikabilität, in: HAHN, Alois, MELVILLE, Gert und RÖCKE, Werner (Hg.), Norm und Krise von Kommunikation. Inszenierungen literarischer und sozialer Interaktion im Mittelalter, Berlin 2006, S. 93–113.

HARAGUCHI, Midori, Symbolisme des Couleurs: Vertu et Vice dans le Banquet du Faisan, in: Ningenbunkasouseikagakuronsou 12, 2009, S. 91–99 (原口碧 「『雉の饗宴』にみる色彩の象徴―ブルゴーニュ宮廷における美徳の色と悪徳の色―」人間文化創成科学論叢 第 12 巻 [2009] 91–99 ページ).

HAUPT, Barbara, Das Fest in der Dichtung. Untersuchungen zur historischen Semantik eines literarischen Motivs in der mittelhochdeutschen Epik, Düsseldorf 1989.

HEINZLE, Joachim u. a. (hg.), Wolfram-Studien XII. Problem der Parzival-Philologie, Marburger Kolloquium 1990, Berlin 1992.

HELMRATH, Johannes, Sitz und Geschichte. Köln im Rangstreit mit Aachen auf den Reichstagen des 15. Jahrhunderts, in: VOLLRATH, Hanna und WEINFURTER, Stefan (Hg.), Köln – Stadt und Bistum in Kirche und Reich des Mittelalters. Festschrift für Odilo Engels zum 65. Geburtstag, Köln, Weimar, Wien 1993, S. 719–760.

HENISCH, Bridget Ann, Fast and Feast: Food in Medieval Society, The Pennsylvania State University Press, 1976.

HERRMANN, Bernd (Hg.), Umwelt in der Geschichte, Göttingen 1989.

HERRMANN, Bernd (Hg.), Mensch und Umwelt im Mittelalter, Stuttgart 1986.

HEYEN, Franz-Josep, Kaiser Heinrichs Romfahrt. Die Bilderchronik von Kaiser Heinrich VII. und Kurfürst Balduin von Luxemburg (1308–1313), Boppard am Rhein 1965.

HIBBARD LOOMIS, Laura, The Table of the Last Supper in Religious and Secular Iconography, in: Art Studies. Medieval. Renaissance 5 (1927), S. 71–88.

HINZ, Michel, Der Zivilisationsprozess, Mythos oder Realität? Wissenschaftssoziologische Untersuchungen zur Elias-Duerr-Kontroverse, Opladen 2002.

HIRSCHFELDER, Gunther, Europäische Esskultur. Eine Geschichte der Ernährung von der Steinzeit bis heute, Frankfurt am Main 2001 (Studienausgabe 2005).

HOMOLKA, Anita, Die Tischzuchten von Sebastian Brant, Thomas Murner und Hans Sachs und ihr realer Hintergrund in Basel, Straßburg und Nürnberg, Dissertation Ludwig-Maximilians-Universität München 1983.

HUIZINGA, Johan, Herbst des Mittelalters, Stuttgart 1975 (11. Auflage).

JARITZ, Gerhard (Hg.), Terminologie und Typologie mittelalterlicher Sachgüter: Das Beispiel der Kleidung. Internationales Round-Table-Gespräch Krems an der Donau, 6. Oktober 1986, Österreichische Akademie der Wissenschaften. Philosophisch-historische Klasse. Sitzungsberichte, 511. Band, Veröffentlichungen des Instituts für mittelalterliche Realienkunde Österreichs Nr. 10., Wien 1988.

JOHANEK, Peter, Fest und Integration, in: ALTENBURG, Detlef, JARNUT, Jörg und STEINHOFF, Hans Hugo (Hg.), Feste und Feiern im Mittelalter: Paderborner Symposion des Mediävistenverbandes, Sigmaringen 1991, S. 525–540.

KAISER, Gert und MÜLLER, Jan-Dirk (Hg.), Höfische Literatur, Hofgesellschaft, höfische Lebensformen um 1200, Düsseldorf 1986.

KAISER, Reinhold, Trunkenheit und Gewalt im Mittelalter, Köln, Weimar und Wien 2002.

KÄLBLE, Mathias, Die „Zivilisierung" des Verhaltens. Zum Funktionswandel patrizischer Gesellschaften in Spätmittelalter und früher Neuzeit, in: FOUQUET, Gerhard, STEINBRINK, Matthias und ZEILINGER, Gabriel (Hg.), Geschlechtergesellschaften, Zunft-Trinkstuben und Bruderschaften in spätmittelalterlichen und frühneuzeitlichen Städten, Ostfildern 2003, S. 31–55.

KELLER, Hagen, MEYER, Christel und SCHARFF, Thomas (Hg.), Schriftlichkeit und Lebenspraxis im Mittelalter (Akten des Internationalen Kolloquiums 8.–10. Juni 1995), München 1999.

KEMPER, Raimund, Diätetik des Schreckens. Zum „Ring" Heinrich Wittenwilers, in: Jahrbuch der Oswald von Wolkenstein Gesellschaft 4 (1986/87), S. 3–23.

KETTELER, Georg, Die Catharinen-Bruderschaft an St. Lamberti in Münster von 1330. Geschichte – Statuten – Daten der Mitglieder seit 1500, Münster 1993.

KLEWITZ, Hans-Walter, Die Festkrönungen der deutschen Könige, in: Zeitschrift der Savigny-Stiftung für Rechtsgeschichte, Kanonistische Abteilung XXVIII (1939), S. 48–96.

KOLB, Herbert, der minnen hus. Zur Allegorie der Minnegrotte in Gottfrieds Tristan, in: WOLF, Alois (Hg.), Gottfried von Straßburg (Wege der Forschung, Bd. 32), Darmstadt 1973, S. 305–333.

KRAMP, Mario (Hg.), Krönungen. Könige in Aachen – Geschichte und Mythos. 2 Bde. (Ausstellungskatalog), Mainz 2000.

KRATZERT, Christine, Die illustrierten Handschriften der Weltchronik des Rudolf von Ems, (Dissertation, Freie Universität Berlin), Berlin 1974.

KRIEGER, Gerhard (Hg.), Verwandtschaft, Freundschaft, Bruderschaft. Soziale Lebens- und Kommunikationsformen im Mittelalter, Akten des 12. Symposiums des Mediävistenverbandes vom 19.–22. März 2007 in Trier, Berlin 2009.

KÜHNEL, Harry, Spätmittelalterliche Festkultur im Dienste religiöser, politischer und sozialer Ziele, in: ALTENBURG, Detlef, JARNUT, Jörg und STEINHOFF, Hans Hugo (Hg.), Feste und Feiern im Mittelalter: Paderborner Symposion des Mediävistenverbandes, Sigmaringen 1991, S. 71–85.

LAURIOUX, Bruno, Manger au Moyen Âge, Cher 2002.

LAMPEN, Angelika, Fischerei und Fischhandel im Mittelalter, Husum 2000.

LE GOFF, Jacques, Phantasie und Realität des Mittelalters (L'imaginaire médiéval, übers. v. Rita Hörner), Stuttgart 1990.

LEITZMANN, Albert, Zu den altdeutschen Tischzuchten, in: Beiträge zur Geschichte der deutschen Sprache und Literatur 46, 1992, S. 320–332.

LEMMER, Manfred, Ernährung auf Burgen nach dem Zeugnis literarischer Quellen, in: ZEUNE, Joachim (Hg.), Alltag auf Burgen im Mittelalter. Im Auftrag der Deutschen Burgenvereinigung. Wissenschaftliches Kolloquium des Wissenschaftlichen Beirats der Deutschen Burgenvereinigung Passau 2005, Braubach 2006, S. 137–144.

LEMMER Manfred und SCHULTZ, Eva-Luise (Hg.), Die lêre von der kocherie. Von mittelalterlichem Kochen und Speisen, Leipzig 1969.

LIEBERTZ-GRÜN, Ursula (Hg.), Aus der Mündlichkeit in die Schriftlichkeit: Höfische und andere Literatur 750–1320, Hamburg 1988.

LORENZ, Sönke und ZOTZ, Thomas (Hg.), Spätmittelalter am Oberrhein. Alltag, Handwerk und Handel 1350–1525, Aufsatzband, Stuttgart 2001.

LÖWENSTEIN, Uta, Voraussetzungen und Grundlagen von Tafelzeremoniell und Zeremonientafel, in: BERNS, Jörg Jochen und RAHN, Thomas (Hg.), Zeremoniell als höfische Ästhetik in Spätmittelalter und Früher Neuzeit, Tübingen 1995, S. 266–279.

MALECZEK, Werner, Die Sachkultur am Hofe Herzog Sigismundus von Tirol († 1496), in: Adelige Sachkultur des Spätmittelalters. Internationaler Kongress Krems an der Donau, 22.–25. September 1980, Österreichische Akademie der Wissenschaften, Philosophisch-historische Klasse, Sitzungsberichte, 400. Band, Wien 1982, S. 133–167.

MARQUARDT, Rosemarie, Das höfische Fest im Spiegel der mittelhochdeutschen Dichtung (1140–1240), Dissertation Rheinische Friedrich-Wilhelms-Universität Bonn, Göppingen 1985.

MARTI, Susan, BORCHERT, Till-Holger und KECK, Gabriele (Hg.), Karl der Kühne (1433–1477). Kunst, Krieg und Hofkultur, Stuttgart 2008.

MCLINTOCK, David R., STEVENS, Adrian und FRIED, Wagner (Hg.), Geistliche und weltliche Epik des Mittelalters in Österreich, Göttingen 1987.

MERKER, Paul, Die Tischzuchtenliteratur des 12. bis 16. Jahrhunderts, in: Mitteilungen der Deutschen Gesellschaft zur Erforschung Vaterländischer Sprache und Altertümer in Leipzig 11, H1 (1913), S. 1–52.

MEYER, Karl, Erfurter Tischregeln, in: ZfdA 36 (1892), S. 56–63.

MOEGLIN, Jean-Marie, Fürstliche Ehre und verletzte Ehre der Fürsten im spätmittelalterlichen Deutschen Reich, in: SCHREINER, Klaus und SCHWERHOFF, Gerd (Hg.), Verletzte Ehre. Ehrkonflikte in Gesellschaften des Mittelalters und der Frühen Neuzeit, Köln, Weimar und Wien 1995, S. 77–91.

MOHRMANN, Ruth-E., Tischgerät und Tischsitten nach Inventaren und zeitgenössischen Bildern, in: MOHRMANN, Ruth-E. und WIEGELMANN, Günter (Hg.), Nahrung und Tischkultur im Hanseraum, Münster und New York 1996, S. 167–178.

MOHRMANN, Ruth-E., Fest und Alltag in der Frühen Neuzeit – Rituale als Ordnungs- und Handlungsmuster, in: Niedersächsisches Jahrbuch für Landesgeschichte 72 (2000), S. 1–10.

MOHRMANN, Ruth-E. und WIEGELMANN, Günter (Hg.), Nahrung und Tischkultur im Hanseraum, Münster und New York 1996.

MORAW, Peter, Von offener Verfassung zu gestalteter Verdichtung. Das Reich im späten Mittelalter 1250–1490, Berlin 1985.

MORAW, Peter, Die Hoffeste Kaiser Friedrich Barbarossas von 1184 und 1188, in: SCHULZ, Uwe (Hg.), Das Fest. Eine Kulturgeschichte von der Antike bis zur Gegenwart, München 1988, S. 70–83.

MORAW, Peter (Hg.), Deutscher Königshof, Hoftag und Reichstag im späteren Mittelalter, Stuttgart 2002

MÜLLER-OBERHÄUSER, Gabriele, Cynna gemyndig. Sitte und Etikette in der altenglischen Literatur, in: Frühmittelalterliche Studien 30 (1996), S. 19–59

MÜLLER-OBERHÄUSER, Gabriele, Norture newe founde or auncyent. Zur Tradierung von Höflichkeitsregeln im englischen Spätmittelalter am Beispiel von William Caxtons „Book of Courtesy", in: KELLER, Hagen, MEYER, Christel und SCHARFF, Thomas (Hg.), Schriftlichkeit und Lebenspraxis im Mittelalter, München 1999, S. 279–297

NEUER, Johanna Glora, The Historical Developement of Tischzuchtliteratur in Germany, Dissertation University of California, Los Angeles 1970.

NICHOLLS, Jonathan, The Matter of Courtesy. Medieval Courtesy Books and the Gawain-Poet, Woodbridge u. a., 1985.

NOLTE, Theodor und SCHNEIDER, Tobias (Hg.), Wernher der Gärtner „Helmbrecht". Die Beiträge des Helmbrecht-Symposions in Burghausen 2001, Stuttgart 2001.

OSWALD, Eugene, Early German Courtesy-Books, an account of The Italian Guest by Thoamsin von Zirclaria, of 'How the Knight of Winsbeke taugt his Son, and the Lady of Winsbeke her Daughter', the German Cato and Tannhaeuser's Courtly Breeding, in: FURNIVALL, Frederick James, A Booke of Precedence, London 1869, Part II, S. 77–148.

OTTOMEYER, Hans und VÖLKEL, Michaela (Hg.), Die öffentliche Tafel. Tafelzeremoniell in Europa 1300–1900 (Ausstellungskatalog), Wolfratshausen 2002.

OTTOMEYER, Hans, das Festmahl des Adels, in: ATZBACH, Rainer, LÜKEN, Sven und OTTOMEYER, Hans (Hg.), Burg und Herrschaft. Eine Ausstellung des Deutschen Historischen Museums Berlin, 25. Juni–24. Oktober 2010, Dresden 2010, S. 117–120.

PARAVICINI, Werner, Die ritterlich-höfische Kultur des Mittelalters (Enzyklopädie deutscher Geschichte, Bd. 32), München 1994.

PARAVICINI, Werner (Hg.), Zeremoniell und Raum. 4. Symposium der Residenzen-Kommission der Akademie der Wissenschaften in Göttingen, veranstaltet gemeinsam mit dem Deutschen Historischen Institut Paris und dem Historischen Institut der Universität Potsdam, Potsdam, 25.–27. September 1994 (Residenzenforschung, Bd. 6), Sigmaringen 1997.

PARAVICINI, Werner (Hg.), HIRSCHBIEGEL, Jan und WETTLAUFER, Jörg (Bearb.), Höfe und Residenzen im spätmittelalterlichen Reich. Bilder und Begriffe, Teilband I: Begriffe, Teilband II: Bilder, Ostfildern 2005.

PARAVICINI, Werner (Hg.), HIRSCHBIEGEL, Jan und WETTLAUFER, Jörg (Bearb.), Höfe und Residenzen im spätmittelalterlichen Reich. Hof und Schrift, Ostfildern 2007.

PASTOUREAU, Michel, L'etoffe du diable: Une histoire des rayures et des tissus rayés, Paris 1991.

PELZER, Jörg, Das Reich ordnen: Wer sitzt wo auf den Hoftagen des 13. und 14. Jahrhunderts?, in: PELTZER, Jörg, SCHWEDLER, Gerald und TÖBELMANN, Paul (Hg.), Politische Versammlungen und ihre Rituale. Repräsentationsformen und Entscheidungsprozesse des Reichs und der Kirche im späten Mittelalter, Ostfildern 2009, S. 93–111.

PELTZER, Jörg, SCHWEDLER, Gerald und TÖBELMANN, Paul (Hg.), Politische Versammlungen und ihre Rituale. Repräsentationsformen und Entscheidungsprozesse des Reichs und der Kirche im späten Mittelalter, Ostfildern 2009.

PIETH, Willy, Essen und Trinken im mhd. Epos des zwölften und dreizehnten Jahrhunderts, Dissertation Ernst-Moritz-Arndt-Universität Greifswald, Borna-Leipzig 1909.

POMPEN, Aurelius, The English Versions of the Ship of Fools. A Contribution to the History of the Early French Renaissance in England, London 1925.

RANKE, Leopold von, Geschichten der romanischen und germanischen Völker von 1494 bis 1535, dritte Auflage, Leipzig 1885.

RAPP BURI, Anna und STUCKY-SCHÜRER, Monica, zahm und wild. Basler und Straßburger Bildteppiche des 15. Jahrhunderts, Mainz 1990.

REUTER, Marianne, Text und Bild im Codex 132 der Bibliothek von Montecassino „Liber Rabani de originibus rerum". Untersuchungen zur mittelalterlichen Illustrationspraxis, München 1984.

RIEDMANN, Josef, Adelige Sachkultur Tirols in der Zeit von 1290 bis 1330, in: Adelige Sachkultur des Spätmittelalters. Internationaler Kongress Krems an der Donau, 22.–25. September 1980, Österreichische Akademie der Wissenschaften, Philosophisch-historische Klasse, Sitzungsberichte, 400. Band, Wien 1982, S. 105–131.

ROHR, Christian, Festkultur des Mittelalters, Graz 2002.

ROOS, Renate, Begrüßung, Abschied, Mahlzeit. Studien zur Darstellung höfischer Lebensweise in Werken der Zeit von 1150–1320, Dissertation Rheinische Friedrich-Wilhelms-Universität Bonn, 1975.

RÖSENER, Werner, Bauer und Ritter im Hochmittelalter. Aspekte ihrer Lebensform, Standesbildung und sozialen Differenzierung im 12. und 13. Jahrhundert, in: FENSKE, Lutz, RÖSENER, Werner und ZOTZ, Thomas (Hg.), Institutionen, Kultur und Gesellschaft im Mittelalter. Festschrift für Josef Fleckenstein, Sigmaringen 1984, S. 665–692.

RÖSENER, Werner, Die Hoftage Kaiser Friedrichs I. Barbarossa im Regnum Teutonicum, in: MORAW, Peter (Hg.), Deutscher Königshof, Hoftag und Reichstag im späteren Mittelalter, Stuttgart 2002, S. 359–386.

RÖSENER, Werner (Hg.), Jagd und höfische Kultur im Mittelalter, Göttingen 1997.

ROSSETTI, William Michael, Italian Courtesy-Books. Fra Bonvicino da Riva's Fifty Courtesies for the Table (Italian and English) with other Translations and Elucidations, in: FURNIVALL, Frederick James, A Booke of Precedence, London 1869, Part II, S. 1–76.

ROTTHOFF-KRAUS, Claudia, Krönungsfestmähler der römisch-deutschen Könige, in: KRAMP, Mario (Hg.), Krönungen. Könige in Aachen – Geschichte und Mythos. 2 Bde. (Ausstellungskatalog), Mainz 2000, Bd. 2, S. 537–582.

SAURMA-JELTSCH, Lieselotte E., Zum Wandel der Erzählweise am Beispiel der illustrierten deutschen „Parzival"-Handschriften, in: HEINZLE, Joachim u. a. (Hg.), Wolfram-Studien XII. Problem der Parzival-Philologie, Marburger Kolloquium 1990, Berlin 1992, S. 124–152.

SCHÄFER, Hans-Wilhelm, Kelch und Stein. Untersuchungen zum Werk Wolframs von Eschenbach, Frankfurt am Main 1985.

SCHIEDLAUSKY, Günther, Essen und Trinken. Tafelsitten bis zum Ausgang des Mittelalters, München 1956.

SCHIROK, Bernd (Hg.), Wolfram von Eschenbach „Parzival". Die Bilder der illustrierten Handschriften, Göppingen 1985.

SCHMIDT-WIEGAND, Ruth, Kleidung, Tracht und Ornat nach dem Bilderhandschriften des „Sachsenspiegels", in: JARITZ, Gerhard (Hg.), Terminologie und Typologie mittelalterlicher Sachgüter: Das Beispiel der Kleidung. Internationales Round-Table-Gespräch Krems an der Donau, 6. Oktober 1986, Österreichische Akademie der Wissenschaften. Philosophisch-historische Klasse. Sitzungsberichte, 511. Band, Veröffentlichungen des Instituts für mittelalterliche Realienkunde Österreichs Nr. 10, Wien 1988, S. 143–175.

SCHNEIDMÜLLER, Bernd, Reichsfürstliches Feiern. Die Welfen und ihre Feste im 13. Jahrhundert, in: ALTENBURG, Detlef, JARNUT, Jörg und STEINHOFF, Hans Hugo (Hg.), Feste und Feiern im Mittelalter: Paderborner Symposion des Mediävistenverbandes, Sigmaringen 1991, S. 165–180.

SCHNELL, Rüdiger (Hg.), Zivilisationsprozesse. Zu Erziehungsschriften in der Vormoderne, Köln, Weimar und Wien 2004. (SCHNELL I [2004])

SCHNELL, Rüdiger, Kritische Überlegungen zur Zivilisationstheorie von Norbert Elias, in: SCHNELL, Rüdiger (Hg.), Zivilisationsprozesse. Zu Erziehungsschriften in der Vormoderne, Köln, Weimar und Wien 2004, S. 21–83. (SCHNELL II [2004])

SCHNELL, Rüdiger, Mittelalterliche Tischzuchten als Zeugnisse für Elias' Zivilisationstheorie?, in: SCHNELL, Rüdiger (Hg.), Zivilisationsprozesse. Zu Erziehungsschriften in der Vormoderne, Köln, Weimar und Wien 2004, S. 85–152. (SCHNELL III [2004])

SCHNELL, Rüdiger, Gastmahl und Gespräch. Entwürfe idealer Konversation, von Plutarch zu Castiglione, in: HAHN, Alois, MELVILLE, Gert, und RÖCKE, Werner (Hg.), Norm und Krise von Kommunikation. Inszenierungen literarischer und sozialer Interaktion im Mittelalter, Berlin 2006, S. 73–90.

SCHNELL, Rüdiger, Tischzucht, in: PARAVICINI, Werner (Hg.), HIRSCHBIEGEL, Jan und WETTLAUFER, Jörg (Bearb.), Höfe und Residenzen im spätmittelalterlichen Reich. Hof und Schrift, Ostfildern 2007, S. 615–634.

SCHNELL, Rüdiger, Kommunikation unter Freunden vs. Kommunikation mit Fremden. Eine Studie zum Privaten und Öffentlichen im Mittelalter, in: KRIEGER, Gerhard (Hg.), Verwandtschaft, Freundschaft, Bruderschaft. Soziale Lebens- und Kommunikationsformen im Mittelalter, Akten des 12. Symposiums des Mediävistenverbandes vom 19.–22. März 2007 in Trier, Berlin 2009, S. 127–150.

SCHREINER, Klaus und SCHWERHOFF, Gerd (Hg.), Verletzte Ehre. Ehrkonflikte in Gesellschaften des Mittelalters und der Frühen Neuzeit, Köln, Weimar und Wien 1995.

SCHUBERT, Ernst, Essen und Trinken im Mittelalter, Darmstadt 2006.

SCHULTE, Aloys, Die Kaiser- und Königskrönungen zu Aachen 813–1531, Bonn und Leipzig 1924.

SCHULTZ, Alwin, Das höfische Leben zur Zeit der Minnesinger, Leipzig, 1. Bd. 1879, 2. Bd. 1880.

SCHULZ, Anne, Essen und Trinken im Mittelalter (1000–1300): Literarische, kunsthistorische und archäologische Quellen, Berlin und Boston 2011.

SCHULZ, Uwe (Hg.), Das Fest. Eine Kulturgeschichte von der Antike bis zur Gegenwart, München 1988.

SEELBACH, Ulrich, Kommentar zum „Helmbrecht" von Wernher dem Gartenære, Göppingen 1987.

SIEBERT, Johannes, Der Dichter Tannhäuser. Leben – Gedichte – Sage, Halle 1934.

SCHWOB, Anton, Das mittelhochdeutsche Mâre vom „Helmbrecht" vor dem Hintergrund der mittelalterlichen ordo-Lehre, in: MCLINTOCK, David R., STEVENS, Adrian und FRIED, Wagner (Hg.), Geistliche und weltliche Epik des Mittelalters in Österreich, Göttingen 1987, S. 1–17.

SPIESS, Karl Heinz, Rangdenken und Rangstreit im Mittelalter, in: PARAVICINI, Werner (Hg.), Zeremoniell und Raum. 4. Symposium der Residenzen-Kommission der Akademie der Wissenschaften in Göttingen, veranstaltet gemeinsam mit dem Deutschen Historischen Institut Paris und dem Historischen Institut der Universität Potsdam, Potsdam, 25.–27. September 1994 (Residenzenforschung, Bd. 6), Sigmaringen 1997, S. 39–61.

STEPHAN-CHLUSTIN, Anne, Artuswelt und Gralswelt im Bild. Studien zum Bildprogramm der illustrierten Parzival-Handschriften (Imagines Medii Aevi. Interdisziplinäre Beiträge zur Mittelalterforschung, Bd. 18), Wiesbaden 2004.

TAUBER, Jürg, Die Burg als Schauplatz von Festen, in: ZEUNE, Joachim (Hg.), Alltag auf Burgen im Mittelalter. Im Auftrag der Deutschen Burgenvereinigung. Wissenschaftliches Kolloquium des Wissenschaftlichen Beirats der Deutschen Burgenvereinigung Passau 2005, Braubach 2006, S. 117–121.

TESKE, Hans, Thomasin von Zerclaere. Der Mann und sein Werk, Heidelberg 1933.

THOMAS, Heinz, Die Staufer im Nibelungenlied, in: Zeitschrift für deutsche Philologie 109, 1990, S. 321–354.

TOLAN, John Victor, Petrus Alfonsi and his medieval readers, University Press of Florida, Gainesville 1993.

TSCHIRCH, Fritz, Wernhers „Helmbrecht" in der Nachfolge von Gottfrieds „Tristan". Zu Stil und Komposition der Novelle, in: WOLF, Alois (Hg.), Gottfried von Straßburg (Wege der Forschung, Bd. 32), Darmstadt 1973, S. 218–247.

VEIJALAINEN, Aila, Fest und Tischzucht in der deutschen höfischen Literatur des Mittelalters, Innsbruck 1983 (ungedruckt, digitale Datei der Universitäts- und Landesbibliothek Tirol).

VERDON, Jean, Le plaisir au Moyen Âge, Paris 1996.

VOIGT, Christiane, Forschungen zu den selbständigen deutschsprachigen Tischzuchten des Mittelalters und der frühen Neuzeit, Dissertation Johannes Gutenberg-Universität Mainz, Stuttgart 1995.

VOLLRATH, Hanna und Weinfurter, Stefan (Hg.), Köln – Stadt und Bistum in Kirche und Reich des Mittelalters. Festschrift für Odilo Engels zum 65. Geburtstag, Köln, Weimar, Wien 1993.

WIDDER, Ellen, Alltag und Fest am welfischen Fürstenhof im 15. und 16. Jahrhundert, in: Niedersächsisches Jahrbuch für Landesgeschichte 72 (2000), S. 11–43.

WINKLER, Andreas, Selbständige deutsche Tischzuchten des Mittelalters. Texte und Studien, Inaugural-Dissertation Philipps-Universität Marburg, Marburg 1982.

WINTER, Johanna Maria van, Kochkultur und Speisegewohnheiten der spätmittelalterlichen Oberschichten, in: APPELT, Heinrich (Hg.), Adelige Sachkultur des Spätmittelalters. Internationaler Kongress Krems an der Donau, 22.–25. September 1980, Österreichische Akademie der Wissenschaften. Philosophisch-historische Klasse, Sitzungsberichte, 400. Band, Wien 1982, S. 327–342.

WINTER, Johanna Maria van, Kochen und Essen im Mittelalter, in: HERRMANN, Bernd (Hg.), Mensch und Umwelt im Mittelalter, Stuttgart 1986, S. 88–100.

WINTER, Johanna Maria van, Nahrungsmittel in den Niederlanden im 15. und 16. Jahrhundert, in: WIEGELMANN, Günter und MOHRMANN, Ruth-E. (Hg.), Nahrung und Tischkultur im Hanseraum, Münster und New York 1996, S. 303–318.

WOLF, Alois (Hg.), Gottfried von Straßburg (Wege der Forschung, Bd. 32), Darmstadt 1973.

WOLTER, Heinz, Der Mainzer Hoftag von 1184 als politisches Fest, in: ALTENBURG, Detlef, JARNUT, Jörg und STEINHOFF, Hans Hugo (Hg.), Feste und Feiern im Mittelalter: Paderborner Symposion des Mediävistenverbandes, Sigmaringen 1991, S. 193–199.

YAMAUCHI, Hisashi, Shokugu [Essbesteck], Tokio 2000.

ZEUNE, Joachim (Hg.), Alltag auf Burgen im Mittelalter. Im Auftrag der Deutschen Burgenvereinigung. Wissenschaftliches Kolloquium des Wissenschaftlichen Beirats der Deutschen Burgenvereinigung Passau 2005, Braubach 2006.

Zeitschrift

ZfdA: Zeitschrift für deutsches Altertum (Bd. 1, 1841–), neue Folge, Zeitschrift für deutsches Altertum und deutsche Literatur (Bd. 7, 1876–).

Lexika

HRG: Handwörterbuch zur deutschen Rechtsgeschichte, hrsg. v. Adalbert Erler, Berlin 1971–1998.

Lex. MA.: Lexikon des Mittelalters, München 1980–1999.

Meyers Konversations-Lexikon: Meyers Konversations-Lexikon. Ein Nachschlagewerk des allgemeinen Wissens, 5. Auflage, Leipzig und Wien 1895–1901.

REALLEXIKON: Reallexikon der Germanischen Altertumskunde, hrsg. v. Heinrich Beck u. a.,
Berlin und New York, 1973–2007.

VL: Deutsche Literatur des Mittelalters. Verfasserlexikon, Berlin und New York, 1978–2008.

ZEDLER: ZEDLER, Johann Heinrich, Großes vollständiges Universal-Lexikon, 1961–1964.

Bilderkatalog

Abb. 1: Teppich von Bayeux (1070–1079)

Szene des Bildes: Schlacht in Hastings (1066), Bischof Odo segnet das Essen und Wein.

Bild: Aus dem Teppich von Bayeux (12. Jh.), Musée de la Tapisserie de Bayeux, Bayeux, Frankreich.

Schrift des Bildes: (oben 42) ET HIC MINISTRAVERUNT, (oben 43) HIC FECERUNT PRANDUM, (unten 43) HIC EPISCOPUS CIBUM ET POTUM BENEDICIT, (unten 44) ODO EPISCOPUS. WILLELM. ROBERT.

Literatur: GRAPE (1994), S. 138–141; EHLERT (2000), S. 148–149.

© Detail of the Bayeux Tapestry – 11th Century with special permission from the City of Bayeux

Abb. 2: Daedalus und Apicius (De universo oder De rerum naturis von Rabanus Maurus) (1022–1023)

Szene des Bildes: Zwei Herren (Daedalus und Apicius) sitzen am Tisch und speisen mit Messer und Gabel (?).

Handschrift: Montecassino, Biblioteca dell'Abbazia, Codex (Cas.) 132 (1022–1023), Rabanus Maurus, De universo (od. De rerum naturis), lib. XXII, cap. I „De mensis et escis".

Bildquelle: © Bridgeman Images (Bildnummer XIR177154)

Literatur: HENISCH (1976), S. 189; REUTER (1984).

Abb. 3: Zwei Herren (De universo oder De rerum naturis von Rabanus Maurus) (1022–1023)

Szene des Bildes: Zwei vornehme Herren (= vita communis) sitzen an einer reich gedeckten Tafel und speisen mit der Gabel (?).

Handschrift: Montecassino, Biblioteca dell'Abbazia, Codex (Cas.) 142 (1022–1023), Rabanus Maurus, De universo (od. De rerum naturis), lib. XVI, cap. IV „de civivus".

Bildquelle: © Bridgeman Images (Bildnummer XIR208677)

Literatur: REUTER (1984), Tafel LXIV.

Abb. 4: Heinrich V. und Mathilde beim Hochzeitsmahl (12. Jh.)

Szene des Bildes: Hochzeitsmahl Kaiser Heinrichs V. und Mathildes in Mainz 1114

Handschrift: Weltchronik Ekkehards von Aura, Fassung C, 1113 / 14, Cambridge, Corpus Christi College, Parker Library, MS 373, fol. 95v.

Literatur: WEINFURTER (1991), S. 152; ALTHOFF u. a. (1998), S. 66.

© Corpus Christi College, Parker Library, Cambridge, MS 373

Abb. 5: Wolfram von Eschenbach, Parzival (Mitte 13. Jh.)

5-a (49v oben)

Szene des Bildes: Hochzeit von Gramoflanz und Itonje, mit Artus (6. v. l.).

Handschrift: Bayerische Staatsbibliothek, München, Cgm 19, fol. 49v, urn:nbn:de:bvb:12-bsb00071690-7
(Wolfram von Eschenbach, Parzival, Titurel, Tagelieder, 1228–1236).

5 - b (50r Mitte)

Szene des Bildes: Das Fest für den Empfang Parzivals und Feirefizs von Gawain am Artushof.

Handschrift: Bayerische Staatsbibliothek, München, Cgm 19, fol. 50r, urn:nbn:de:bvb:12-bsb00071690-7
(Wolfram von Eschenbach, Parzival, Titurel, Tagelieder, 1228–1236).

5 - c (50v oben)

Szene des Bildes: Festmahl auf der Gralsburg, Repanse de Schoye überreicht Parzival den Gral.

Handschrift: Bayerische Staatsbibliothek, München, Cgm 19, fol. 50v, urn:nbn:de:bvb:12-bsb00071690-7 (Wolfram von Eschenbach, Parzival, Titurel, Tagelieder, 1228–1236).

Literatur: Wolfram von Eschenbach Parzival Titurel Tagelieder, Handschrift Cgm 19 der Bayerischen Staatsbibliothek, München, Bd. 1 Faksimileband, Bd. 2 Transkription der Texte von Gerhard Augst, Otfried Ehrismann und Heinz Engels mit einem Beitrag zur Geschichte der Handschrift von Fridolin Dreßler, Stuttgart 1970; BUMKE (1986), S. 252.

© Bayerische Staatsbibliothek, München, Cgm 19

Abb. 6: Rudolf von Ems, Weltchronik (Anfang 14. Jh.)

Szene des Bildes: Nathans Strafpredigt vor David, der mit seiner Frau Bethsabee und Vertretern des Hofes an einem gedeckten Tisch sitzt (eine Szene aus dem Alten Testament, 2. Samuel, 12).

Handschrift: Rudolf von Ems, Weltchronik. Der Stricker, Karl der Große, St. Gallen, Kantonsbibliothek, Vadianische Sammlung, VadSlg Ms 302, Teil 1, fol. 178v.

(www.e-codices.unifr.ch/de/list/one/vad/0302).

Literatur: Faksimile-Ausgabe, Begleitheft zum Faksimileband der Handschrift 302 der Kantonsbibliothek (Vadiana) St. Gallen, Rudolf von Ems Weltchronik, Der Stricker Karl der Große. Nacherzählung der Versdichtungen von Hubert Herkommer, Beschreibung der Miniaturen von Ellen J. Beer, Faksimile-Verlag Luzern 1982, S. 74.

© St. Gallen, Kantonsbibliothek, VadSlg Ms 302, Teil 1, fol. 178v, Foto: Codices Electronici AG, www.e-codices.ch

Abb. 7: Wolfram von Eschenbach, Willehalm (um 1320)

7-a (88rb)

Überschrift: Hie rouft der Markies di chuniginn. sein swester

Szene des Bildes: Der Markgraf (Willehalm) reißt der Königin, seiner Schwester, die Krone vom Haupt (Willehalm, 147, 15–21).

7-b (93rb)

Überschrift: Hie ezzent sev. der chunich di chuniginn vnd ir tochter und ander / fursten

Szene des Bildes: Eine folgende Szene von fol. 88rb. Das Festessen des Hoftags zu Laon (Munleun) (Willehalm, 173, 1ff.).

7-c (109r)

Überschrift: Hie ezzent auf dem palas di fu(e)rsten vnd fu(e)rstinn

Szene des Bildes: Festmahl auf Willehalms Burg in Orange anlässlich Willehalms Rückkehr mit der erfolgreichen Bewerbung der militärischen Unterstützung vom König Loys und seiner Familie (Willehalm, 234, 13ff.).

7-d (111ra)

Überschrift: Hie sitzet Rennbart pei Chyburch

Szene des Bildes: Eine folgende Szene von fol. 109r, Gyburg ließ Rennewart während des Festmahls auf dem Teppich sitzen (Willehalm, 274, 1ff.).

7-e (86ra)

Überschrift: Hie treit der wirt dem Markeis gu(e)t speis/ . der wil er nicht/ nu(e)r wazzer / vnd prot.

Szene des Bildes: Der Markgraf (Willehalm) wird beim Kaufmann Wimar reichlich bewirtet, aber wegen der Askese will er nur Wasser und Brot zu sich nehmen (Willehalm, 133, 1ff.).

Handschrift: Österreichische Nationalbibliothek, Wien, Codex Vindobonensis 2670 (Willehalm, 62va–145ra.).

Literatur: HEGER, Hedwig (Hg.), Willehalm mit der Vorgeschichte des Ulrich von dem Türlin und der Fortsetzung des Ulrich von Türheim, vollständige Faksimile-Ausgabe des Codex Vindobonensis 2670 der Österreichischen Nationalbibliothek. KNAPP, Fritz Peter (Kommentar), Wolfram von Eschenbach Willehalm, Codex Vinodbonensis 2670 der Österreichischen Nationalbibliothek, Teil 1: Fol. 1–145, Graz 2005. PARAVICINI (2005), Teilband 2: Bilder, S. 71.

© Österreichische Nationalbibliothek, Wien, Codex Vindobonensis 2670

Abb. 8: Urlich von Türheim, Rennewart (um 1320)

Überschrift: Hie ezzent sev vnd Malifer stet vor den chuniginn / vnd pitet sev vroleich / sein

Szene des Bildes: Hochzeitstafel von Penthesileas und Malefer

Handschrift: Österreichische Nationalbibliothek, Wien, Codex Vindobonensis 2670, 326v (Rennewart, 145va– 351vb).

Literatur: HEGER, Hedwig (Hg.), Willehalm mit der Vorgeschichte des Ulrich von dem Türlin und der Fortsetzung des Ulrich von Türheim, vollständige Faksimile-Ausgabe des Codex Vindobonensis 2670 der Österreichischen Nationalbibliothek. KNAPP, Fritz Peter (Kommentar), Wolfram von Eschenbach Willehalm, Codex Vinodbonensis 2670 der Österreichischen Nationalbibliothek, Teil 2: Fol. 145v–351, Graz 2005.

Abb. 9: Händewaschen an der Tafel König Marke (1320–1330)

Szene des Bildes: Eine Szene aus „Tristan und Isolde". König Marke und Isolde sitzen an der Tafel und waschen sich die Hände. Je ein Diener gießt aus einer langhalsigen Kanne Wasser über deren Hände. Das Wasser wird von einem großen Becken aufgefangen, das ein zweiter Diener kniend darreicht.

Handschrift: Paris, Bibliothèque National de France, Le Roman de Tristan, Ms fr. 755, fol. 115r.

(BnF Online Datenbank Gallica:
https://gallica.bnf.fr/ark:/12148/btv1b52503108b/f235.item.r=Tristan%20755, abgerufen am 25. 02. 2019)

Literatur: OTTOMEYER (2002), S. 173; HENISCH (1976), S. 166.

© Bibliothèque National de France, Paris, Ms fr. 755

Abb. 10: Balduin von Luxemburg (um 1340)

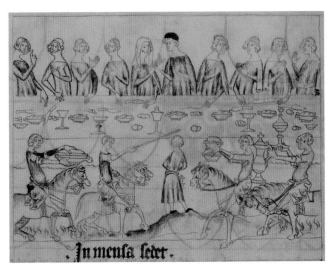

10-a (fol. 3r oben)

Bildunterschrift: IN MENSA SEDET

Szene des Bildes: Nach dem feierlichen Eintritt des Erzbischofs (i.e. Balduins) am 2. Juni (Pfingsten) 1308 in Trier und der ersten Messe im Dom wurde ein Festmahl veranstaltet.

10-b (fol. 8 unten)

Bildunterschrift: REX MILITIBUS REGINA DOMINABUS DEDERUNT MANDUCARE

Szene des Bildes: Nach dem Eintritt König Heinrichs VII. (Balduins Bruder) in die Stadt Asti am 11. November 1310 fand ein Festmahl statt.

10-c (fol. 24 unten)

Bildunterschrift: IMPERATOR COMEDIT IN SANCTA SAVINA

Szene des Bildes: Die Krönungsmahl in St. Sabina in Rom nach der Kaiserkrönung Heinrichs VII. in Lateran am 29. November 1312.

Handschrift: Kaiser Heinrichs Romfahrt, Codex Balduini Trevirensis, Koblenz, Landeshauptarchiv (LHA Ko Best.), 1 C Nr.1.

Literatur: OTTOMEYER (2002), S. 123; ROHR (2002), S. 87; BUMKE (1986), S. 250; HEYEN (1965).

© Landeshauptarchiv Koblenz

Abb. 11: Remède de la Fortune (um 1350)

Szene des Bildes: Giftprobe während eines Banketts

Handschrift: Bibliothèque nationale de France, Paris, ms. fr. 1586, Guillaume de Machaut, Remède de Fortune, fol. 23–58v, fol. 55.

(BnF Online Datenbank Gallica:
https://gallica.bnf.fr/ark:/12148/btv1b8449043q/f116.item.r=ms%20fr%201586, abgerufen am 25. 02.2019)

Literatur: OTTOMEYER (2002), S. 189.

Abb. 12: Festbankett zu Ehren Kaiser Karls IV. und Wenzels in Paris (um 1380)

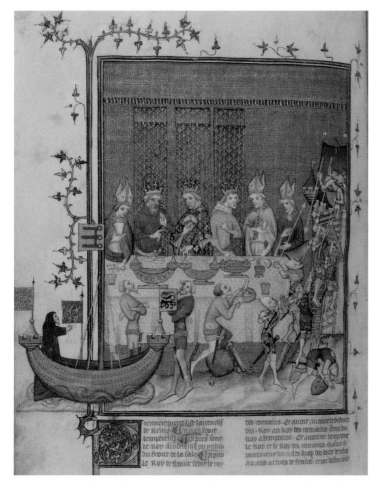

Szene des Bildes: Festbankett von Karl V., König von Frankreich, zu Ehren Kaiser Karls IV. und Wenzels im Louvre in Paris am Dreikönigstag 1378. Auf dem Tisch befinden sich schiffförmige Salzfässer und goldenes Geschirr. Beim Essen findet ein Schauspiel über die Kreuzzüge statt (rechts).

Handschrift: Bibliothèque nationale de France, Paris, Grandes Chroniques de France, ms. fr. 2813, fol. 473v. (BnF Online Datenbank Gallica: https://gallica.bnf.fr/ark:/12148/btv1b84472995/f958.item, abgerufen am 25. 02. 2019)

Literatur: OTTOMEYER (2002), S. 39; ROHR (2002), S. 83; BUMKE (1986), S. 258; EHLERT (2000), S. 192.

© Bibliothèque National de France, Paris, ms. fr. 2813

Abb. 13: Rennewart und Alyze (um 1378)

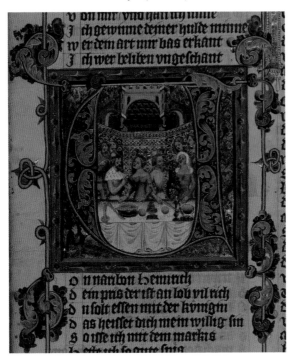

Szene des Bildes: Rennewart und Alyze speisen am Hof König Loys', aus: Wolfram von Eschenbach, „Willehalm". Eine Abbildung in der Initiale U.

Handschrift: Österreichische Nationalbibliothek, Wien, Codex Vindobonensis s. n. 2643, fol. 187r.

Literatur: ROHR (2002), S. 72f.

© Österreichische Nationalbibliothek, Wien, Codex Vindobonensis s. n. 2643

Abb. 14: Die runde Tafel (14. Jh.)

Szene des Bildes: König Artus und seine Ritter an der runden Tafel beim Weihnachtsmahl.

Handschrift: Bibliothèque nationale de France, Paris, ms. fr. 343, fol. 3.

Literatur: OTTOMEYER (2002), S. 124.

© Bibliothèque National de France, Paris, ms. fr. 343

Abb. 15: Lancelot und Tristan (um 1400)

Szene des Bildes: Lancelot führt Tristan an den Hof König Artus', aus „Tristan und Isolde".

Handschrift: Österreichische Nationalbibliothek, Wien, Codex Vindobonensis 2537, fol. 233r.

Literatur: ROHR (2002), S. 147.

Abb. 16: Hochzeit zu Kana (um 1390/1415)

Szene des Bildes: Hochzeit zu Kana, aus dem Neuen Testament.

Bild: Aus dem doppelflügeligen Altarretabel der Petrikirche in Buxtehude von Meister Bertram, Kunsthalle in Hamburg, Inv.-Nr. 501c-4 (Leihgabe).

Literatur: MORAW (1985), S. 337.

© bpk, Hamburger Kunsthalle, Elke Walford

Abb. 17: Festbankett zu Ehren Kaiser Karls IV. und Wenzels in Paris (um 1450/1460)

Szene des Bildes: Festbankett von Karl V., König von Frankreich, zu Ehren Kaiser Karls IV. und Wenzels im Louvre in Paris am Dreikönigstag 1378 (vgl. Abb. 12).

Handschrift: Bibliothèque nationale de France, Paris, Grandes Chroniques de France, ms. fr. 6465, fol. 444v.

Literatur: FOUQUET (1987); ROHR (2002), S. 123.

© Bibliothèque National de France, Paris, ms. fr. 6465

Abb. 18: Mahl der personifizierten Tugenden (um 1460–1470)

Szene des Bildes: Mahlzeit der personifizierten Tugenden („Recht", „Maß", „Stete (Stetigkeit)", „Milte (Barmherzigkeit)"), aus: Thomasin von Zerclaere, „Der wälsche Gast".

Handschrift: Universitätsbibliothek Heidelberg, cpg 320, fol. 101v, https://digi.ub.uni-heidelberg.de/diglit/cpg320/0208?template=wgd, abgerufen am 25. 02. 2019.

© Universitätsbibliothek Heidelberg, cpg 320

Abb. 19: Huge Scheppel (1455–1472)

Überschrift: Wye dye konnygin huge eynen gebraden phaen schickt vnd huge dem eyme verheyssen det

Szene des Bildes: Die Königin schickt Huge Scheppel (10. Jh.) einen gebratenen Pfau.

Handschrift: Staats- und Universitätsbibliothek Hamburg, Cod. in scrin. 12, fol. 13v, Roman „Huge Scheppel" der Gräfin Elisabeth von Nassau-Saarbrücken. „Huge Scheppel (od. Hug Schapler)" ist eine französische „chanson de geste" vom Gründer der Kapetingerdynastie Hugues Capet in Frankreich, die Elisabeth von Nassau-Saarbrücken ins Deutsche übersetzt hat.

Literatur: MORAW, Peter (1985), S. 57; Der „Huge Scheppel" der Gräfin Elisabeth von Nassau-Saarbrücken nach der Handschrift der Hamburger Stadtbibliothek mit einer Einleitung von Hermann Urtel, Hamburg 1905.

© Staats- und Universitätsbibliothek Hamburg, Cod. in scrin. 12

Abb. 20: Friedrich III. und Karl der Kühne (1474/1483)

Szene des Bildes: Gastmahl beim Zusammentreffen Kaiser Friedrichs III. mit Karl dem Kühnen von Burgund in Trier 1473.

Handschrift: Große Burgunderchronik Diebolds Schilling des Älteren, Zentralbibliothek Zürich, Ms. A5, s. 121.

Literatur: EHLERT (2000), S. 77, S. 112; MARTI u.a. (2008), S. 264f; ROHR (2002), S. 77.

© Zentralbibliothek Zürich, Ms. A5, s. 121

Abb. 21: Der ungetreue Marschalk (1480/1490)

Szene des Bildes: Festmahl der Wiedervereinigung des Königspaars, eine Szene aus der alemannischen Versdichtung von der Königin von Frankreich und dem Marschall, die in 12 Handschriften des 14. u. 15. Jh. überliefert ist.

Bild: Aus einem Wandbehang, Germanisches Nationalmuseum, Nürnberg, Inv.-Nr. Gew 678 (Straßburg um 1480/90).

Literatur: RAPP BURI u. a. (1990), S. 354–358; PARAVICINI u. a. (2005), Teilband 2: Bilder, S. 74.

© Germanisches Nationalmuseum

Abb. 22: Ansicht eines Krönungsmahls (1485)

Szene des Bildes: Krönungsmahl, Abbildung im 3. Kapitel „Von dem sitzen der Ertzbischoeffe von Mentz Trier und Koelne" der Goldenen Bulle.

Druck: Die güldin bulle. vnd künigclich reformacion, gedruckt von Johannes Prüssz, Straßburg 1485; Bayerische Staatsbibliothek, München, 2 Inc.c.a. 1567, Bl. 7 (b j), urn:nbn:de:bvb:12-bsb00029630-4.

Literatur: Die güldin bulle. vnd künigclich reformacion, Straßburg 1485. Der erste illustrierte Druck des Kaiserlichen Rechtbuches Karls IV. aus dem Jahre 1536, Faksimiledruck mit einer Einleitung von Armin Wolf, Frankfurt am Main 1968; KRAMP (2000), S. 575; OTTOMEYER (2002), S. 59.

© Bayerische Staatsbibliothek, München, 2 Inc.c.a. 1567

Abb. 23: Vorschneider an der Tafel König Salomons (1491)

Szene des Bildes: König Salomon (aus dem Alten Testament) sitzt allein an einem Tisch und seine 700 Frauen an den anderen zwei Tischen.

Druck: Fridolin Stephan, Schatzbehalter oder der schrein der waren reichtümer des heils und ewyger seligkeit genant, fig. 86, Holzschnitt von Michael Wolgemut (Nürnberg, 1434–1519), Germanisches Nationalmuseum, Nürnberg 1491, Inc. 4° 32581.

Literatur: OTTOMEYER (2002), S. 210.

Abb. 24: Gastmahl bei König Sigismund (1513)

Szene des Bildes: Gastmahl bei König Sigismund in Ulm 1430. Während des Gastmahls liest der Kanzler König Sigismund einen Turnierbrief des Sultans vor. An erhöhter Tafel unter einem damastenen Baldachin in einem gotischen Saal sitzend, lässt sich der König durch den Truchsess und den Mundschenken bedienen. Links der Bote des Sultans mit phantastischer Kopfbedeckung und Heroldsstab. Vor der Schranke tafelt die Hofgesellschaft. Rechts Musikinstrumente, Zinnkannen für Rot-und Weißwein, der Weißwein im Kühleimer (1430) (Kommentartext von E-codices).

Handschrift: Luzerner Chronik von Diebold Schilling dem Jüngeren, Luzern, Korporation Luzern, S 23 fol., fol. 38r (77), www.e-codices.unifr.ch/de/list/one/kol/S0023-2.

Literatur: Die Luzerner Chronik des Diebold Schilling 1513, Kommentar zur Faksimile-Ausgabe der Handschrift S. 23 fol. In der Zentralbibliothek Luzern, hrsg. V. Alfred A Schmid unter Mitarbeit von Gottfried Boesch u.a., Luzern 1981, S. 67; ROHR (2002), S. 89.

© Diebold-Schilling-Chronik 1513 – Eigentum der Korporation Luzern

Abb. 25: Elisabethaltar in der Elisabethkirche zu Marburg (um 1513)

Szene des Bildes: Hl. Elisabeth an der Festtafel, Wundergeschichte des Mantels im Hintergrund

„Es geschah aber einmal bei einem großen Fest, als sich eine stattliche Zahl Adliger und Ritter beim Fürsten auf der Wartburg eingefunden hatte und im großen Speisesaal versammelt die Ankunft der Königstochter und Gattin des Fürsten erwartete, dass sie auf folgende Weise aufgehalten wurde: Als sie zum Festsaal schritt, rief ein Bettler, der unter der Treppe saß, sie mit eindringlichem Rufen an, sie möge sich seiner erbarmen. [...] Da zog sie den kostbaren Mantel, mit dem sie bekleidet war, aus und gab ihn dem Bettler. [...] Er (Elisabeths Mann) fand sie in ihrem Zimmer und sprach: ‚Kommst Du mit zum Essen, Geliebte?‘ Sie antwortete: ‚Ich bin bereit, wie Du es gewünscht, liebster Bruder.‘ Jener fragte: ‚Wo ist Dein Mantel?‘ Sie sagte: ‚Dort im Schrank.‘ Die Dienerin fand den Mantel, den sie dem Armen geschenkt hatte, im Schrank, wohin er von Gott zurückgebracht worden war. In diesem gehüllt schritt die himmlische Frau also zum Festmahl. So kleidete also der himmlische Vater seine Lilie Elisabeth, wie nicht einmal Salomon mit all seinem Glanz sich hätte kleiden können" (DIETRICH VON APOLDA, Das Leben der heiligen Elisabeth, S. 66–69).

Bild: Aus dem Elisabethaltar (um 1513), linker Flügel, Elisabethkirche zu Marburg

Literatur: RENER (2007), Bilderseite ohne Seitenangabe.

Foto: Mamina Arinobu

Abb. 26: Christus beim Pharisäer Simon (1518)

Szene des Bildes: Jesus tafelt zu Simon Pharisäer (aus dem Neuen Testament, Lukas 7, 36–50). Auf dem Tisch (links unten) ist eine kleine Gabel als Essbesteck zu finden.

Bild: Aus der Mitteltafel des Triptychons in der Abtei Dielegem in Brüssel, Museés royaux des Beaux-Arts de Belgique, Brüssel, Inv.-Nr. 329.

Literatur: OTTOMEYER (2002), S. 7, www.fine-arts-museum.be/fr/la-collection/maitre-de-1518-triptyque-de-l-abbaye-de-dielegem-ouvert-panneau-central-jesus-chez-simon-le-pharisien-volet-gauche-la-resurrection-de-lazare-volet-droit-le-ravissement-de-marie-madeleine-et-un-abbe-premontre-en-donateur-ferme-l-apparition-de-jesus-a-marie-madeleine?letter=m&artist=maitre-de-1518-1 (abgerufen am 25. 02. 2019).

Abb. 27: Christus beim Pharisäer Simon (1490)

Szene des Bildes: Jesus tafelt zu Simon Pharisäer (aus dem Neuen Testament, Lukas 7, 36–50), vgl. Abb. 26.

Bild: Museés royaux des Beaux-Arts de Belgique, Brüssel, Inv.-Nr. 2580, Maler: Albrecht Bouts (Louvain, um 1451/1455–1549).

Literatur: www.fine-arts-museum.be/fr/la-collection/albrecht-bouts-jesus-chez-simon-le-pharisien?letter=b&artist=bouts-albrecht-1 (abgerufen am 25. 02. 2019)

Abb. 28: Krönungsmahl Ferdinands I. (1595)

Szene des Bildes: Krönungsmahl Ferdinands I. in Frankfurter Römer 1558

Bild: Staatsarchiv Nürnberg, aquarellierte Federzeichnung aus Handschrift Nr. 182 (Sig. StAN Rst. Nürnberg, Handschrift 182, Bl. 1–259: eine Nürnberger Chronik, betitelt: „Anfang vnd Vrsprung der Kaiserlichen Reichstat Nürnberg etc., bis 1595 reichend", Bl. 224 („das ist, wie die Römisch kay. May., Churfürsten vnd andern Herren gesetzt sind an einer Taffel, am Montag den 14. Martii [1558] zu Frankfurt am Main, an welchen tag ist der der Römisch könig zu Römischen Kayser erwelt worden").

Literatur: KRAMP (2000), S. 639.

© Staatsarchiv Nürnberg, Handschrift Nr. 182

Abb. 29: Sitzordnung an der kaiserlichen Tafel bei der Krönung Maximilians II. (1595)

Szene des Bildes: Sitzordnung an der kaiserlichen Tafel bei der Krönung Maximilians II. (Krönung zum deutschen König 1562 in Frankfurt am Main)

Bildquelle: Stadtarchiv Aachen, Hs. 174 (Repro: Anne Gold)

Literatur: KRAMP (2000), S. 637.

© Stadtarchiv Aachen

Abb. 30: Der gefüllte Ochse (1563)

Überschrift: Warhafftige Contrafactur deß Ochssen/ so auff Maximiliani/ Ro(e)m. Ko(e)n. Mt. Cro(e)nung/ den vier vnd zwentzigsten Wintermonats/ deß Tausend fünffhundert vnd zwey vnd sechtzigsten jars/ z(o) Franckfurt am Mayn vor dem Ro(e)mer gebrahten worden.

Szene des Bildes: Der gefüllte Ochse als Teil der Krönungszeremonien Maximilians II. 1562 in Frankfurt am Main. Der Ochse wurde mit einem Hirsch, einem Schwein, einem Kalb und verschiedenem Geflügel gefüllt. Das erste Stück des Bratens wurde dem neuen Herrscher serviert, die Reste wurden anschließend mit Freiwein und Brot dem Volk ausgegeben.

Bild: Aus einem Einblattholzschnitt, Germanisches Nationalmuseum, Nürnberg, HB 93.

Literatur: KRAMP (2000), S. 577.

© Germanisches Nationalmuseum

Abb. 31: Tafel anlässlich der Verleihung des Ordens vom Goldenen Vlies (1587)

Szene des Bildes: Eine Festtafel anlässlich der Verleihung des Ordens vom Goldenen Vlies in Prag und Landshut 1585

Bild: Aus einem Kupferstich von einem unbekannten Künstler, bez. „Das Kaijserlich Panqüet", in: Ordentliche Beschreibung mit was sattlichen Ceremonien und Feyerlichkeiten/ Die Ro(e)m. Kay. May. Vnser aller gnedgster Herr/ den Orden deß Guldin Fluß in disem 85. Jahr zu(o) Prag und Landshu(o)t/ empfangen vnd angekommen, Dillingen 1587, Staatliche Museen zu Berlin, Kunstbibliothek, OS 2820 kl.

Literatur: OTTOMEYER (2002), S. 134.

Abb. 32: Krönungsmahl Leopolds I. im Frankfurter Römer (1658)

Szene des Bildes: Krönungsmahl Leopolds I. im Frankfurter Römer 1658

Bild: Aus einem Kupferstich in: Caspar Merian, Beschreibung und Abbildung aller Königl. Und Churfürstl. Einzüge / Wahl und Crönungs Acta, Abbildung S. 29 „Abbildung deß Kayßerlichen vnd Churfürstlichen Banquets auff dem Römer in Frankfurt. den 22 July / 1 Augsti A° 1658", Frankfurt 1658, Staatliche Museen zu Berlin, Kunstbibliothek, Lipp Sba 12 mtl.

Literatur: OTTOMEYER (2002), S. 62.

© Staatliche Museen zu Berlin, Kunstbibliothek